AF509054

NOUVEAU

COMMENTAIRE

SUR

L'EDIT PERPETUEL.

A LILLE,
Chez CARRÉ DE LA RUE.

A PARIS,
Chez COSTARD.

NOUVEAU COMMENTAIRE

SUR

L'ÉDIT PERPÉTUEL,

Du 12 Juillet 1611.

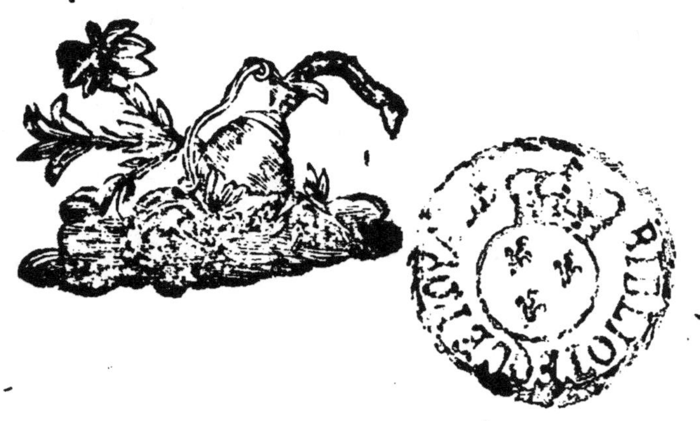

A LILLE;

Chez J. B. HENRY, Imprimeur-Libraire.

Avec Approbation.

AVERTISSEMENT.

DEux confidérations importantes ont engagé à donner au Public ce nouveau Commentaire fur l'Edit Perpétuel.

1.° Celui d'ANSELMO, tout excellent qu'il eft, étant écrit en langue Latine, ne peut être d'aucun ufage pour ceux qui n'entendent pas cette langue; c'eft la première raifon qui a déterminé à en publier un autre, en langue Françoife, afin que tout le monde put l'entendre.

2.° Depuis qu'ANSELMO a donné fon Commentaire fur l'Edit perpétuel, les difpofitions de cet Edit ont été interprêtées, étendues ou modifiées, par quantité de Loix, regiſtrées au Parlement de Flandres, qui d'ailleurs a rendu beaucoup d'Arrêts, ſans leſquels on ne peut bien entendre les diſpoſitions textuelles de notre Edit.

D'après cela, jugeant qu'un Ouvrage dans lequel on raſſembleroit ces autorités nouvelles, pourroit être regardé comme un Ouvrage utile, on a fait une Collection des Loix & des Arrêts analogues au plan qu'on avoit conçu, & on en a placé les diſpoſitions, ſous les Articles du Texte auſquels elles ont rapport.

On y a joint de plus toutes les notions qui ont paru né-ceffaires, pour développer de plus en plus, le véritable fens defdits Articles; & on a mis en tête de chacun d'eux, un titre propre à annoncer quelle eft la matière dont il traite.

TABLE
DES ARTICLES.

ARTICLE PREMIER. *De l'homologation des Coutumes en général.* pag. 4.

ART. II. *De la publication des Coutumes qui paſſoient pour notoires.* 14.

ART. III. *Des devoirs des Juges ſupérieurs.* 17.

ART. IV. *Des devoirs des Juges ſubalternes.* 19.

ART. V. *De l'homologation des ſtyles de Procédures.* 21.

ART. VI. *Des Devoirs des Huiſſiers & Sergens.* 24.

ART. VII. *Si les Juges peuvent prendre part ès biens confiſqués, &c.* 28.

ARTICLE VIII. *De quoi les Juges doivent s'abstenir dans les ventes par Décret ?* 36.

ART. IX. *De la compensation des dépens.* 39.

ART. X. *Des Enquêtes, & de leur publication.* 42.

ART. XI. *Des Testamens & de leurs formalités.* 55.

ART. XII. *Des formalités des Testamens, dans les Coutumes muettes ou non homologuées.* 65.

ART. XIII. *Des formalités des Testamens, quand il y a diversité de Coutumes.* 79.

ART. XIV. *Des incapacités de recevoir, tant par Testament que par Donation.* 83.

ART. XV. *Des Substitutions fidéicommissaires, & de leur Enrégistrement.* 89.

ART. XVI. *Des Degrés dans les Substitutions.* 107.

… DES ARTICLES. xj

ART. XVII. *De la clarté des expreſſions requiſe en fait de Fidéicommis.* 111.

ART. XVIII. *Si les Enfans mis dans la condition, ſont compris dans la Diſpoſition ?* 114.

ART. XIX. *De la preuve en matiere de convention.* 118.

ART. XX. *Des Regiſtres des Baptêmes, Mariages & Sépultures.* 136.

ART. XXI. *Des Regiſtres où doivent s'inſcrire les Actes de Profeſſion Religieuſe, &c.* 141.

ART. XXII. *De l'eſtimation des choſes contentieuſes.* 145.

ART. XXIII. *De la reſtitution des Fruits.* 151.

ART. XXIV. *De la néceſſité des Œuvres de Loi.* 157.

ART. XXV. *De la Dévolution coutumière.* 173.

ART. XXVI. *Du Douaire coutumier.* 176.

xij

TABLE

ART. XXVII. *Du Douaire conventionnel.* 181.

ART. XXVIII. *Des secondes Noces, & des avantages qui y sont défendus.* 187.

ART. XXIX. *Du Bénéfice de restitution en entier.* 193.

ART. XXX. *Du Bénéfice d'Inventaire.* 213.

ART. XXXI. *De la vente des meubles qui doit être faite par l'héritier Bénéficiaire.* 218.

ART. XXXII. *A quoi l'héritier Bénéficiaire est assujetti au bout de l'année.* 220.

ART. XXXIII. *De la jouissance accordée à l'héritier Bénéficiaire.* 223.

ART. XXXIV. *De la déchéance du Bénéfice d'Inventaire.* 226.

ART. XXXV. *De la défense d'accepter l'hérédité sous Bénéfice d'inventaire.* 228.

ART. XXXVI. *De la Purge d'héritages.* 230.

DES ARTICLES. *xiij*

ART. XXXVII. *Du Retrait lignager.* 235.

ART. XXXVIII. *Des Crimes &
Delits.* 241.

ART. XXXIX. *Des cas où l'on
peut décréter des perfonnes do-
miciliées.* 246.

ART. XL. *Des Interrogatoires &
des Informations en matière criminelle.* 250.

ART. XLI. *Des conclufions du Miniftère public.* 254.

ART. XLII. *Des peines contre les
Délinquants.* - 257.

ART. XLIII. *De la proportion des
peines aux Crimes.* 260.

ART. XLIV. *Des Tranfaclions en
fait de Délits.* 263.

ART XLV. *Des Sauf-conduits.* 265.

ART. XLVI. *De la forme de procéder en matière Criminelle.* 268.

ART. XLVII. *Des Lettres de Grace,
& de leur entérinement.* 271.

xiv TABLE DES ARTICLES.

INTERPRÉTATION & esclaircissement de certains doubtes & difficultés qui se sont rencontrées en l'Ordonnance & Edict Perpétuel des Archiducs nos Princes Souverains, du 12 de Juillet de cet an 1611, décrété pour la meilleure direction des affaires de la Justice ès Pays de pardeçà. 282.

Fin de la Table des Articles.

APPROBATION.

J'Ai lû par ordre de Monseigneur le Chancelier, le Nouveau Commentaire sur l'Edit Perpétuel, du 12 Juillet 1611 : *je n'y ai rien trouvé qui ne soit propre à en faire desirer l'impression ; tout m'y a paru exact, & exprimé avec beaucoup de précision & de clarté. A Paris, ce 26 Septembre 1770.* DEPASSE.

NOUVEAU
COMMENTAIRE
SUR
L'EDIT PERPETUEL,

Du 12 Juillet 1611.

LBERT ET ISABELLE CLARA - EUGENIA, INFANTE D'ESPAGNE, par la grace de Dieu, Archiducs d'Autriche, Ducs de Bourgogne, de Lothier, de Brabant, de Lembourg, de Luxembourg, & de Gueldre, Comtes de Hasbourg, de Flandres, d'Artois, de Bourgogne, de Tirol, Palatins & de Haïnaut, de Hollande,

A

de Zélande, de Namur & de Zut-
phen, Marquis du St. Empire de
Rome, Seigneur & Dame de Frise,
de Salins, de Malines, des Cités,
Villes & Pays d'Utrecht, Overiſſel,
& de Grœninghe : A tous ceux qui
ces préſentes verront, SALUT : comme par la malice du temps, pluſieurs choſes bien ordonnées, tant
par les Placards des Princes nos Pré-
déceſſeurs, que par le droit Civil,
en divers endroits, reçu en uſage,
ne ſont ſi exactement obſervées comme il convient, & que d'autre part
la diverſité d'humeurs & d'opinions
des hommes, en matières diſputa-
bles, y ont amené de l'ambiguité :
NOUS, deſirans y remédier, enſuite
de la bonne intention de feu d'heu-
reuſe mémoire le Roi, PHILIPPE II.
de ce nom, notre très-honoré Seigneur & Père (que Dieu abſolve)
ayant à ces fins fait joindre, aucuns ſes principaux Miniſtres, ſous
le Gouvernement général de feu de
bonne mémoire notre très-cher &
très-amé bon frère, l'Archiduc ER-
NEST, par leſquels, après viſitation

des avis des Confaulx, qui lors furent fur ce confultés, ont été conçus plufieurs Points & Articles aux fins que deffus; après avoir le tout fait revifiter en notre Confcil privé, & fur ce, autrefois eu l'avis defdits Confaulx, & rapport de tout, avons ftatué & ordonné, ftatuons & ordonnons par ces Préfentes, par forme d'Edit Perpétuel, & pour le bien public de nos Etats & Sujets, les Points qui s'enfuivent.

ARTICLE PREMIER.

De l'homolagation des Coutumes en général.

ART. j. PRemièrement , enchargeons & commandons à toutes les Villes & Châtellenies de nofdits Pays & Etats, qui, depuis l'an 1540, ont négligé d'obtenir décret & Emologation de leurs Coutumes & ufances, felon qu'avoit lors été ordonné par feue Sa Majefté Impériale , aient à envoyer au Confeil de leur Province , le cahier de leurfdites Coutumes , dont elles ont ufé jufques ores , en dedans fix mois , après la publication de cette, à peine que Commiffaire s'envoyra pour faire des devoirs à ce requis , aux dépens des défaillans , pour par après être envoyés par lefdits Confaulx , avec leurs avis refpectivement , à Nous ou à ceux de notredit Confeil privé , afin d'être décrétées en la forme que rouverons convenir au bien de no-

tre Peuple, & par ce moyen, ren- Art.
dre chacun certain de la Loi de ſon j.
quartier, & obvier aux grands dépens qu'on ſouffre à l'occaſion des
preuves deſdites Coutumes & uſances, accompagnées ſouventes fois
d'incertitudes & contrariétés.

S O M M A I R E.

De l'Article premier.

§ *I. Analyſe des diſpoſitions de cet*
 Article.

II. Coutumes. Ce que c'eſt.

III. Origine des Coutumes. Cauſes
 de leur diverſité.

IV. Comment elles ont acquis force
 de Loi.

V. Quand leurs homologations ont
 commencé.

VI. Si toutes nos Coutumes ont été
 homologuées. Comment on vé-
 rifie celles qui ne le ſont pas.

VII. Enquêtes par turbes. Ce que c'eſt.

VIII. Si les uſages peuvent prévaloir
 ſur les Coutumes.

A iij

ART. **j.** § *IX. Différences entre les Coutumes prohibitives & celles qui ne le font pas.*

X. Quand les Coutumes font claires il faut s'y tenir, & ni rien fuppléer.

XI. Quid ? Quand leurs difpofitions font obfcures ou ambigues.

XII. Droit Romain. Supplément de nos Coutumes.

XIII. Si leur autorité céde à celle des Ordonnances.

XIV. Par quelles Coutumes les Immeubles fe régiffent.

XV. Quelles Coutumes réglent les formalités des Actes.

PARAGRAPHE I.

L'Article premier de l'Edit Perpétuel a ordonné, 1.º que chaque Coutume fut envoyée dans les fix mois au Confeil de la Province ; 2.º que le Confeil Provincial en fit l'examen ; 3.º qu'enfuite il la fit paffer avec fon avis, au Confeil privé des Archiducs, pour y recevoir fon homologation.

Les Légiflateurs en ordonnant l'homo-　Art.
logation de nos Coutumes , ont eu le bien　j.
public pour objet : ils ont voulu éviter
par là ; 1.º les grands frais & les longueurs
que les Enquêtes par turbes occafionoient ;
2.º les incertitudes , erreurs ou contrariétés qui réfultoient fouvent de ces Enquêtes ; & enfin (ils ont voulu) fixer
d'une manière invariable, les Difpofitions
ou Points de chaque Coutume.

§ II.

» Les Coutumes font des Loix, qui
» dans leur origine n'ont pas été écrites,
» mais qui fe font établies, ou par le
» confentement d'un peuple , & par une
» efpece de convention de les obferver ,
» ou par un ufage infenfible, qui les a
» autorifées. » Les Coutumes ne font pas
parmi nous, un Droit non-écrit, comme
chez les Romains , elles forment au contraire une partie de notre Droit écrit.

» On peut attribuer l'indifpenfable né-
» ceffité des Loix, au malheureux pen-
» chant que l'homme a pour le mal.

§ III.

Nos Coutumes ont été formées durant
le dixième & l'onzième fiécles, qui eft
le temps le plus ténébreux de notre hiftoire ; c'eft pourquoi on ne peut rien dire
de pofitif fur les circonftances de leur
origine.

A iv

ART.
j.

Les caufes de leur diverfité ne font guères plus connues, & tout ce qu'on en fait, ne porte que fur des conjeɛures : le détail le plus curieux qu'on puiffe lire à ce fujet, fe trouve dans *l'hiftoire du Droit François*, qui eft en tête de l'Inftitution au Droit François, par ARGOU ; voyez auffi l'hiftoire du Droit Romain, par DE FERRIERE, Chap. 31, *in fine.*

§ IV.

Dans leur origine les Coutumes n'étoient que de fimples ufages ; on les a depuis rédigées par écrit, mais elles ne font devenues invariables, & n'ont acquis force de Loi, que par l'homologation de nos Souverains.

§ V.

Les homologations des Coutumes ont commencé dans la Flandre du temps de l'Empereur Charles V. & elles ont fini fous le règne de Charles II. Roi d'Efpagne; ainfi que nous l'enfeigne DE GHEWIET, en fes Inftitutions du Droit-Belgique, partie première, titre-premier, § 5, art. 1.

§ VI.

Ces homologations, quoique bien recommandées par l'Edit Perpétuel, n'ont cependant pas été générales ;   en effet, nous avons encore quelques Coutumes qui ne font point homologuées; entr'autres, celles de la Ville, Châtellenie & Cour féodale de *Warneton* ; celle du Bailliage *de Tournai, Mortagne & Saint-Amand ;* celle de la Gouvernance *de Douay* , & celle d'*Anvers* ; tellement que fi l'on venoit à en dénier l'ufage, il faudroit le vérifier par turbes ; le Parlement de Flandres n'accorde même aucun acte de notoriété fur fes ufages. *Vid.* DE GHEWIET , *loc. cit.* art. 5, & part. 4 , tit. 1 , § 8 , art. 7.

§ VII.

Avant l'homologation des Coutumes , les Enquêtes par turbes, aujourd'hui peu ufitées, étoient d'un très fréquent ufage : fi une Partie alléguoit en Juftice un *Point* de Coutume, pour le foutien de fa caufe, & que l'autre Partie vint à le dénier, le feul moyen de connoître fi ce *Point* de Coutume étoit en vigueur ou non, c'étoit de faire tenir une Enquête par turbes.

Une Enquête de cette efpèce étoit compofée de deux turbes, & chaque turbe de dix perfonnes qu'on choififfoit dans le nombre des Avocats ou Praticiens ; enforte, cependant, que ces deux turbes n'étoient comptés que pour deux témoins, quoiqu'ils fiffent enfemble le nombre de vingt perfonnes. Voyez les Inft. du Droit Belg. part. 1, tit. 1 , § 5 , art. 6; 7 , 8 ,

ART.
j.

& part. 4, tit. 1, § 8, art. 5 ; mais pour acquérir fur cela des notions plus étendues (qui toutefois feroient plus curieufes qu'utiles) on peut confulter l'Ordonnance de Charles VII. de l'année 1446, art. 22; celle de Louis XII. de 1498, art. 13; celle de François I. de 1535, chap. 7, art. 4 & 7.

§ VIII.

Les ufages contraires aux difpofitions des Coutumes homologuées, ne font d'aucune force, ainfi que l'établit ANSELMO, en fon Commentaire fur les quatre premiers articles de l'Edit Perpétuel, § 7 : telle eft d'ailleurs la Jurifprudence de tous les Tribunaux, & en particulier (celle) du Parlement de Flandres, fuivant deux Arrêts des 21 Novembre 1686, & 26 Juin 1692, rapportés par M. POLLLET, part. 3, nomb. 128.

§ IX.

Quand un article de Coutume eft prohibitif, ou irritant, il faut s'y conformer, car toutes conventions contraires feroient nulles ; & c'eft le cas de dire que la difpofition de la Loi fait ceffer la difpofition de l'homme.

Si au contraire la Coutume ne contient aucune prohibition formelle, & qu'elle ne foit point conçue en termes négatifs ou

irritans, alors on peut y déroger, & dans
ce cas, la difpofition de l'homme fait
ceffer celle de la Loi.

ART.
j.

§ X.

Lorfque les Coutumes font claires, on
doit s'y tenir, fans vouloir trouver la raifon de leurs difpofitions, quelques bizar-
res qu'elles puiffent paroître : on ne doit
point non plus fuppléer aux Coutumes,
ce qu'elles n'expriment point. Voyez M.
POLLET, part. 2, nomb. 114, & l'hiftoire
du Droit Romain, Chap. 31, p. 395.

§ XI.

» Quand un article de Coutume eft
» ambigu, il faut d'abord examiner fi,
» fans rien ajouter ni diminuer, on peut
» en découvrir le véritable fens, par quel-
» qu'autre article de la même Coutume
» qui ait rapport à celui-là : fi l'on ne trou-
» ve par ce moyen aucun éclairciffement,
» il faut examiner quel peut avoir été
» l'efprit de ceux qui ont rédigé la Cou-
» tume, par rapport aux ufages qui étoient
» auparavant obfervés, ou par rapport
» au génie du peuple, pour lequel la
» Coutume a été faite.

Du refte, il eft bon d'obferver que c'eft
plutôt dans l'efprit que dans la lettre
de la Loi, qu'on peut pénétrer fes véritables difpofitions. Voyez fur cela, le

Art. Praticien univerſel, par COUCHOT ; mais
j. voyez auſſi les obſervations notables de
BRUNEL , aux pages qu'il indique dans la
table, verb. *Coutumes.*

§ XII.

Lorſque nos Coutumes ſont muettes ſur
un point de Droit, il faut conſulter les
Ordonnances ; & ſi celles-ci ne décident
rien ſur le point dont il s'agit , on doit
recourir aux Loix Romaines, qui, dans
le ſilence des Ordonnances & des Coutumes , forment le ſupplément de ces dernières.

§ XIII.

Dans la régle exacte , l'autorité de nos
Coutumes le cède à celle des Placards &
Ordonnances , qui ſont nos Loix générales. Voyez les Inſt. du Droit Belg.
part. 1 , tit. 1.

§ XIV.

Les Immeubles & les Héritages, que
nous réputons Meubles à certains égards,
(& qui néanmoins ſont toujours des Immeubles de droit) ſe régiſſent ſelon la
Coutume du lieu de leur ſituation ; c'eſt
la régle générale : ſur quoi on peut conſulter M. POLLET , en ſon Recueil d'Arrêts,
part. 2, nomb. 1, DENISART , en ſa col-

lection de Jurifprudence, verb. *Coutume* ; ART.
& enfin, un Arrêt du Parlement de Flandres, du 3 Décembre 1700. du Recueil
de M. DESJAUNAUX, tom. 2, nomb.
293 ; mais voyez auffi la differtation que
Louis BOULLENOIS a faite, fur les Statuts perfonnel, réel & mixte.

§ XV.

Un principe reconnu & admis univer-
fellement, eft que lorfqu'il s'agit de la
formalité des actes, l'on doit confidérer
les Coutumes des pays où ils font paffés :
*fpectandam effe loci cujufque confuetudinem
ubi de folemnitate actûs, vel teftamenti agitur.* *BART.* ad. l. cunctos populos, Cod. de
fum. trin. DUMOULIN, fur la même Loi,
& MORNAC, fur la Loi 6, ff. *de evict.*

M. POLLET a établi le même principe
en fon Recueil d'Arrêts, part. 2, nomb.
31 ; voyez au furplus ce que nous dirons
à ce fujet fur l'Article XI du préfent Edit,
§ 9.

ARTICLE II.

De la publication des Coutumes qui paſſoient pour notoires.

Art. ij. ORdonnons en outre auxdits Conſaulx reſpectivement, de Nous avertir lors, quelles Coutumes & uſances ils tiennent pour communes & notoires, afin de les faire auſſi publier, & tenir pour telles, ſans que ſoit beſoin d'en faire autre preuve ni allégation : & en cas qu'ès autres Coutumes décrétées ci-devant, ils ont remarqué choſe qui mériteroit éclairciſſement ou changement, Nous en avertir, avec leurs avis ſur ce ſervans.

SOMMAIRE

De l'Article II.

§ I. *Devoirs des Conſeils Provinciaux, ſuivant cet Article.*

§ 2. *Premier motif de fes difpofitions.* **ART.**
3. *Second motif, femblable au pre-*
mier.

PARAGRAPHE I.

Le fecond Article de l'Edit Perpétuel,
conçu dans le même efprit que le premier, aftreignoit chaque Confeil Provincial à faire fon rapport au Confeil privé,
touchant les Coutumes, (du chef-lieu de
fon reffort) qui fans être revêtues d'homologation, paffoient néanmoins pour communes & notoires.

§ II.

Ces Coutumes, avant leur homologation, étoient dans le cas de celles dont
nous avons parlé fur l'Article premier;
il ne fuffifoit point de les alléguer, il
falloit les prouver quand elles étoient
contredites.

Les Archiducs ont voulu leur donner
le caractère de publicité, par l'homologation, & cela, dans la vue, 1.º d'éviter les Enquêtes par turbes, à caufe de
leurs inconvéniens ; 2.º de rendre les
difpofitions defdites Coutumes, certaines
& invariables.

§ III.

C'eft également dans la vue du bien

Art. ij. public, que les mêmes Souverains ont ordonné aux divers Conseils des Provinces, de faire des remarques, & de donner leurs avis sur les changemens ou interprétations qui pourroient être à faire dans les Coutumes homologuées : ce qui forme le troisième objet des dispositions du présent Article.

ARTICLE III.

Des devoirs des Juges supérieurs.

ENchargeons bien férieufement, à tous nofdits Confaulx & autres Siéges, où Nous avons nos Officiers Fifcaux, de s'acquitter duement & diligemment de leurs charges ; & foi régler felon les termes de leur inftruction refpectivement ; & s'ils y rencontrent, chofe méritant changement, Nous en avertiront.

SOMMAIRE
De l'Article III.

§ I. *Cet Article embraffe trois objets différens.*

II. *Premier objet.*

III. *Second objet.*

IV. *Troifième objet.*

PARAGRAPHE I.

Les Archiducs qui ne cherchoient qu'à

'Art. iij. mettre le bon ordre dans l'adminiſtration de la Juſtice, ont eu trois objets en vue, lors de la rédaction du préſent Article.

§. II.

En premier lieu, ils ont invité leurs Juges à bien remplir les devoirs de leur état, c'eſt-à-dire, à rendre bonne & prompte juſtice.

§ III.

En ſecond lieu, ils ont voulu qu'en adminiſtrant la Juſtice, leurs Juges ſuiviſſent pour la forme, l'inſtruction qu'ils avoient, touchant l'ordre des Procédures.

IV.

En troiſième lieu, ils ont recommandé, aux Officiers des différens Siéges ſupérieurs, de donner leurs avis ſur les changemens utiles qui pourroient être faits, dans leur inſtruction (ou ſtyle) de procédures, afin de perfectionner d'autant plus l'ordre judiciaire.

ARTICLE IV.

Des devoirs des Juges subalter-
ternes.

LE même, enchargeons à tous
Juges subalternes qui ont leur
style, & ordre judiciaire par écrit
émologué par Nous ou nos Prédécesseurs.

ART.
iv.

SOMMAIRE

De l'Article IV.

§ I. *Division de cet Article.*
II. *En quoi il diffère de l'Article*
III.

PARAGRAPHE I.

Cet Article contient en peu de mots,
les mêmes dispositions que l'Article III,
ainsi il reçoit naturellement la même division.

ART.
iv.

§ II.

Il suffit donc de renvoyer à ce que nous venons de dire sur l'Article III, dont celui-ci ne diffère en aucune façon, si ce n'est, qu'il a été fait pour les Justices subalternes, & que l'autre ne concerne que les Siéges supérieurs.

ARTICLE V.

De l'homologation des styles de Procédures.

ET quant à ceux, signamment au plat pays, qui n'en ont aucun émologué, lesdits Consaulx & Siéges supérieurs, leur ordonneront de leur envoyer par écrit, celui dont ils usent pour y être décrété ou leur donner autre : cependant, ils se régleront selon le style dont usent les Bailliages, Gouvernances & Châtellenies, Ammanies, ou autres Siéges supérieurs de leur ressort.

ART. V.

SOMMAIRE

De l'Article V.

§ I. *A quoi les Législateurs ont voulu pourvoir par le présent Article?*

ART. V. § II. *Dispofition provifionnelle y contenue.*

III. *Ce qu'on entend par plat pays.*

PARAGRAPHE I.

Comme il y avoit différens Siéges fubalternes qui, pour l'ordre de procéder n'avoient aucun ftyle homologué, & qui à défaut de ce, fuivoient les régles qu'ils s'étoient faites eux-mêmes, lefquelles pouvoient être abufives; les Archiducs voulant y pourvoir, ont par le préfent Article, ordonné aux Officiers de chacun defdits Siéges, d'envoyer par écrit le ftyle, qu'ils avoient jufqu'alors fuivi, au Confeil provincial ou autre Siége fupérieur de la Province, pour y être décrété, s'il étoit rrouvé bon.

§ II.

Mais, en attendant, & jufqu'à ce que les ftyles particuliers des Siéges fubalternes puffent être décrétés, l'Article V a voulu provifoirement que les Officiers defdits Siéges, fuiviffent le ftyle de la Jurifdiction fupérieure où chacun d'eux reffortiffoit.

§ III.

En diſtinguant les Villes des Châtellenies, on ſe ſert de l'expreſſion de *plat pays*, pour marquer qu'on parle des Châtellenies *ſeulement.* Voyez le Dict. géographique de la MARTINIERE, verb. *plat pays.*

ARTICLE VI.

Des Devoirs des Huissiers &
Sergens.

Art.
vj.

DÉfendant à tous Officiers, Huissiers & Sergens, servans auxdits Consaulx & Siéges, d'user de quelques exactions, compositions, ou autres malversations, ès exploits dont l'exécution leur sera commise, ains, y procéderont diligemment, avec le respect néanmoins, & modestie qu'il convient, même les extraordinaires, qui, pour être distribués en divers lieux de résidence, éloignées de leurs Supérieurs, se dispensent plus facilement de leur devoir. Et en cas de contravention, pour soulager nos Sujets de frais, Nous avons autorisé & autorisons par cette, les Magistrats des Villes & lieux, où le cas aviendra, pour par prévention, à la doléance des intéressés, prendre sur ce information,

tion, appeller pardevant eux, tel Art. Huiffier ou Sergent, l'ouir fur ce qui VI. réfultera à fa charge, recevoir preuve à fa décharge s'il en adminiftre, le plus fommairement & briévement que faire fe pourra : pour lors la matière ainfi inftruite, être le tout envoyé au Confeil ou Siége auquel il fert, pour en difpofer foit par condamnation ou abfolution, comme il appartiendra.

SOMMAIRE

De l'Article VI.

§ *I. Devoir des Huiffiers.*

II. Juges qui inftruifent, fur leurs prévarications?

III. Jufqu'où l'inftruction peut être faite par les Juges des lieux.

IV. A quel Siége ils doivent renvoyer le Jugement?

PARAGRAPHE I.

L'Article VI de notre Edit, ordonne aux Huiffiers & Sergens de remplir les

ART.
vj.

devoirs de leur état , avec décence , exactitude & fidélité ; leur enjoignant de n'user d'aucunes exactions , compositions , ou autres malversations , dans les Exploits qu'ils seront chargés de faire.

§ II.

Si un Huissier ou Sergent a prévariqué èn exerçant ses fonctions , soit pour avoir dit des injures à ceux contre qui il agissoit , ou les avoir maltraités , soit pour avoir voulu tirer d'eux ce qui ne lui étoit pas dû , ou de telle autre manière que ce soit ; dans tous ces cas , la Partie qui a droit de se plaindre , peut s'adresser aux Juges des lieux , où la prévarication a été commise , lesquels , par prévention ont droit d'instruire la cause jusqu'à ce qu'elle soit en état d'être jugée.

§ III.

Les Juges des lieux , une fois saisis du différend , doivent se faire rendre compte du genre de la prévarication , appeller l'Huissier ou Sergent pardevant eux , l'interroger & l'entendre sur ce qui se trouve étre à sa charge , l'admettre à prouver sommairement son innocence , s'il entend faire cette preuve , &c. &c. &c.

§ IV.

Et quand par ces différens moyens, la vérité est suffisamment connue, alors les Juges des lieux qui ont instruit la cause jusques-là, doivent en renvoyer le jugement aux Officiers du Siége auquel l'Huissier est attaché, lesquels sont seuls Juges naturels de ce qu'il peut avoir fait contre ses devoirs.

ARTICLE VII.

Si les Juges peuvent prendre part ès biens confisqués, &c.

ART. vij. DÉfendons à tous ceux qui ont judicature, soit ès Consaulx, ou autres Siéges inférieurs, de prendre part ou portion ès biens tombés en commise, ou amendes pécuniaires qui s'adjugent pour délits & crimes communs, contravention à nos Placards, ou autres à ce disposés.

SOMMAIRE

De l'Article VII.

§ I. *Ce qu'on entend par Biens tombés en commise ?*

II. Qui confisque le corps, confisque les Biens, &c.

III. *Juges, ne peuvent prendre part ès Biens confisqués.*

IV. *Ni dans les amendes.*

§ *V. S'ils peuvent acquérir des droits* Art.
litigieux ? VII

VI. Prévarications des Juges.

VII. Peines contre les Juges prévaricateurs.

VIII. Juges ne sont pas tenus des dommages & intéréts pour avoir mal jugé.

IX. Comment on doit entendre cette régle ?

X. Moyens de prise à partie contre les Juges.

XI. Si leurs gages sont saisissables ?

XII. Quid ? de leurs Épices.

XIII. Si les Juges peuvent faire les fonctions d'Avocat ?

PARAGRAPHE I.

Les Biens tombés en commise, sont ceux que l'on confisque sur les personnes condamnées à mort, ou à quelqu'autre peine emportant mort civile.

§ II.

Qui confisque le Corps, confisque les Biens, c'est la régle générale ; mais dans

'Art. nos pays cette régle eſt ſujette à beau-
vij. coup d'exception, au moyen des Priviléges particuliers accordés aux Habitans
de certaines Villes. Voyez entr'autres les
Lettres Patentes du 23 Janvier 1613,
par leſquelles les Habitans des Villes &
Châtellenies *de Lille*, *Douay* & *Orchies*,
ont été affranchis du droit de confiſcation, même pour crime de leze-Majeſté ;
mais voyez auſſi les Inſt. du Droit Belg.
part. 2, titre 2, § 4, art. 2, & tit. 4,
§ 22 ; voyez enfin la Capitulation de la
Ville & Châtellenie *de Lille*, *Douay* &
Orchies, art. 12, 52 & 70.

§ III.

Il eſt défendu aux Juges de prendre
ou acquérir aucune portion dans les Biens
tombés en commiſe ; c'eſt-à-dire, dans les
Biens confiſqués, lorſque la confiſcation
peut avoir lieu.

§ IV.

De même, les Juges ne peuvent prendre
ni acquérir aucune part dans les amendes
qui ſe prononcent, ſoit en matière criminelle, ſoit en matière civile.

§ V.

Il leur eſt encore expreſſément défendu
d'accepter des ceſſions de droits litigieux,

dont les Procès font pendans (ou peu-
les Juges ne doivent, ni directement, ni
indirectement, fe rendre adjudicataires des
Biens qui fe vendent par décret dans
leur Siége. Voyez BRETONNIER en fes Queftions de Droit, tom. 1, p. 243, & le
§ 2 de l'art. 8 ; voyez auffi la Collection
de Jurifprudence, par DENISART, *verb.*
adjudication, ainfi que les autorités qu'il
cite.

§ VI.

Les Juges doivent s'abftenir de préva-
riquer dans l'exercice de leurs fonctions.

Un Juge prévarique, 1.º s'il découvre
le fecret d'une information; 2.º s'il reçoit des préfens de ceux qui plaident pardevant lui ; 3.º s'il donne des confulta-
tions fur des affaires pendantes en fon
Siége ; 4.º fi, étant rapporteur d'un Procès, il omet fciemment de parler d'une
pièce importante, &c. &c. &c.

§ VII.

Les peines qu'encourent les Juges pré-
varicateurs font arbitraires, & doivent être
proportionnées au genre de prévarication.
Sur cette matière, on peut confulter M.
LE BRET, Traité de la Souveraineté du
Roi, liv. 2, chap. 2 & 3. *CAMBYSES ,*
Rex Perfarum , fecit excoriari quemdam ju-

ART.
vij.

dicem, & pellem ejus affligi, ad sedem ju-dicialem, & filium illius, posuit in locum patris, scribens desuper: fit tibi judicium, pellis, sedesque paterna.

A manibus, reseces munus: ab aure pre-ces.

§ VIII.

Les Juges ne sont pas tenus des dommages & intérêts des Parties, pour avoir mal jugé faute de capacité ou d'expérience. Arrêt du 22 Novembre 1706, rapporté par M. POLLET, partie première, nomb. 31 ; sur quoi on remarquera que ce point de Jurisprudence est certain, malgré la disposition contraire de la Loi dernière, ff. *de variis, & extraordinariis cognitionibus*, qui fait partie des Loix abrogées, suivant le témoignage de GRŒNE-WEGEN.

§ IX.

Toutefois, quoique suivant la régle générale, les Juges ne soient point tenus de répondre de leurs Jugemens, cela ne doit s'entendre que des Jugemens exempts de dol, de passion, de faveur, de partialité ; car ces vices opposés valablement aux Juges, donnent lieu à la prise à Partie contr'eux.

§ X.

Les moyens ordinaires qui donnent lieu à la prife à Partie contre les Juges, font au nombre de fept, fuivant DE GHEWIET, en fes Inft. du Droit Belg. part. 4, tit. 2, § 7, art. 2 ; fur quoi il faut confulter cet Auteur : mais on peut ténir pour principe général, que les Juges ne font point refponfables des erreurs de l'efprit, inféparablement attachées à la condition humaine ; & que la prife à Partie, ne peut être fondée que fur un crime du cœur.

§ XI.

Les gages des Juges & Officiers déjudicature font faififfables, fuivant un Arrêt du 26 Juillet 1707, rapporté par M. POLLET, part. 1, nomb. 33. Voyez à ce fujet, LOYSEAU, en fon Traité des Offices, liv. 4, chap. 8, nomb. 63 & 68.

§ XII.

A l'égard des Epices dûs aux Juges ; ils font infaififfables ; enforte que la faifie qui en auroit été faite, feroit déclarée nulle : c'eft ce qui a été jugé par Arrêt du 23 Juillet 1699, dont M. POLLET parle en la troifième partie de fon Re-

ART. vij.
cueil, nomb. 41, & que M. DESJAU-
NAUX rapporte plus amplement, tom. 2,
nomb. 266. Voyez en outre LOYSEAU,
au lieu cité, nomb. 59.

§ XIII.

Les Juges & Conseillers d'un Siége,
ne peuvent faire aucune fonction d'Avocat, plaider, écrire, ni consulter dans
les affaires pendantes en leur Jurisdiction.

Il y a, sur ce point, un Arrêt du Parlement de *Paris*, du 15 Avril 1622,
qu'on trouve dans FILLEAU, lequel Arrêt fait défenses aux Conseillers du Siége
de Baugé, de plaider, écrire, postuler,
n'y faire aucune autre fonction d'Avocat
en ce Siége, tant qu'ils y seront Conseillers.

Il y en a un autre du même Parlement,
qui a été rendu en la Chambre des Va-
cations, le 11 Octobre 1758, par lequel,
faisant droit sur les Conclusions des Gens
du Roi, LA COUR a enjoint au Lieutenant Criminel de la Ville *de Meaux*,
*d'observer les Ordonnances, Arrêts & Ré-
glemens DE LA COUR, notamment l'Article CXV de l'Ordonnance* de Blois *; en
conséquence, lui a fait défenses de s'entre-
mettre, de postuler, plaider & consulter au
Bailliage* de Meaux....... *tant..... qu'il sera
titulaire de l'Office de Lieutenant Criminel
audit Siége.*

Le Parlement *de Toulouse*, plus sévère

sur cet Article, a rendu un Arrêt le 7
Juillet 1719, qui veut que les Juges,
ayant fait fonction d'Avocat, dans des
Procès soumis à leur décision, soient interdits & condamnés en mille livres d'a-
mende. Cette prévarication ne peut être
trop févèrement punie, fi l'on confidère
que celui qui la commet, en donnant
fon avis comme Avocat, vend néceffairement fon opinion comme Juge.

ART.
vij.

ARTICLE VIII.

De quoi les Juges doivent s'abs-
tenir dans les ventes par Dé-
cret ?

ART.
viij.
PAreillement défendons , à tous
Juges, & officiers de quelle qualité ils foient , d'appofer ès conditions des ventes des Biens , taxer
ou recevoir aucun vin „ foit fur le
mis-à-prix ou autrement, à la charge
defdits Biens ou Héritages , expofés
en vente par décret & fubhaftation ,
ou autre voie de Juftice.

SOMMAIRE

De l'Article VIII.

§ I *Motif des difpofitions du préfent*
Article.

II. *Explication dudit Article,*
fuivant le principe qui l'a dicté.

III. Quid ? *dans les Coutumes qui disposent autrement que cet Article.*

PARAGRAPHE I.

Le motif de cet Article, est un motif d'équité ; les débiteurs font assez malheureux d'être obligés de voir vendre leur Bien, & d'en supporter les frais ordinaires, sans qu'on les astreigne encore à des charges qui ne font nullement de l'essence de la vente.

§ II.

Ainsi donc, c'est par un principe équitable, que les Biens vendus par décret forcé & subhastation, ou par toute autre voie judiciaire, ne doivent être chargés d'aucun pot de vin, ni envers les Juges, ni envers qui que ce soit. Voyez le § 5 de l'Article VII. page 30.

§ III.

Avant l'Edit Perpétuel on étoit dans l'usage à la Gouvernance *de Douay*, & au Bailliage *de Tournai*, d'imposer fur les Biens vendus en Justice, les charges dont il vient d'être parlé ; & l'on fe fondoit pour cela, fur les Coutumes de tout temps ob-

ART. viij.

fervées: mais comme l'Edit, en cet Article, déroge aux Coutumes, s'étant élevé des doutes fur la queſtion de ſavoir, s'il falloit ſuivre encore leſdites Coutumes, ou ſi au contraire il falloit ſe conformer à l'Edit; ſont intervenues deux Déclarations d'un même jour, 27 Août 1612, rapportées par ANSELMO, § 3, leſquelles ont décidé expreſſément, qu'il falloit ſe conformer aux diſpoſitions de l'Edit Perpétuel, Article VIII, nonobſtant toutes Coutumes ou uſages contraires.

ARTICLE IX.

De la compensation de dépens.

AFin d'aucunement retenir la témérité des Litigans, défendons à tous Juges subalternes & supérieurs, d'user de compensation de dépens : ains, de condamnation, à la charge de celui qui succombe au principal, ores que les Parties fussent parens ou alliés ; ne fut toutefois pour très-grandes Causes, dont Nous en chargeons leurs consciences ; vueillans au surplus que pour obvier, à toutes tergiversations & calomnies, soit par tous Juges observé le Placard sur ce édicté le dernier d'Août 1586.

ART. ix.

SOMMAIRE

De l'Article IX.

§. I. *Disposition de cet Article, avec le motif qui y a donné lieu.*

ART. ix.

II. Exception de la régle y con-tenue.

III. Caufes qui peuvent autorifer la compenfation de dépens.

PARAGRAPHE I.

Dans la vue de diminuer le nombre des Plaideurs téméraires, cet Article défend aux Juges, tant fupérieurs que fubalternes, de compenfer les dépens entre les Parties; voulant au contraire que celui qui fuccombe au principal, foit condamné dans tous les dépens.

§ II.

Cependant, cet Article qui forme une régle générale, y apporte une exception, en permettant la compenfation de dépens lorfqu'il y a des raifons fuffifantes pour y déterminer les Juges.

§ III.

Il n'eft pas poffible de fpécifier fur quelles raifons les Juges, peuvent prononcer la compenfation de dépens; cela dépend toujours de leur prudence, mais ils doivent fe fouvenir que la Loi ne le leur permet que pour de très-grandes cau-

fes. Du refte , voyez le Placard du dernier Août 1586 , & ce que DENISART
a dit dans fa Collection de Jurifprudence,
verb. Dépens , fous les nomb. 1 , 2 , 3 ,
17 , 19 , 20 , 35 , 37 , 38.

ARTi
iX.

ARTICLE X.

Des Enquêtes, & de leur publication.

'ART. X. ET comme jufqu'ès ores, au fait de la publication des Enquêtes, on a ufé diverfement ; Nous, pour le bien de la Juftice, ordonnons qu'en toutes Cours & Siéges de Juftice, fupérieurs & fubalternes, ès pays de notre obéiffance, la publication d'Enquête fe fera conformément à la difpofition du Droit commun.

S O M M A I R E

De l'Article X.

§ I. *Ce que c'eft qu'une Enquête ?*

II. *En quoi les Enquêtes diffèrent des informations ?*

III. *Des reproches contre les Témoins, & des falvations.*

§ *IV.* Si l'on peut faire nouvelle
Enquéte, fur les faits qui ré-
fultent des reproches, &c.

V. La preuve par Enquête eft refpective.

VI. Plus ample preuve teftimoniale, exclue après l'ouverture
d'Enquêtes.

VII. Sécus à l'égard de la preuve
par Titres.

VIII. Titres doivent être produits
en bonne forme.

IX. Cas dans lequel les Enquêtes
font nulles.

X. Autre caufe de nullité.

XI. Répétition des Témoins ne
fuffit.

XII. Des cas où les informations
fe convertiffent en Enquêtes.

XIII. Si hors ces cas-là, les informations font toujours fecrettes?

XIV. Des Compulfoires.

XV. Si l'on en peut diriger contre
des Tiers ?

XVI. Régle générale à cet égard.

Art.
x.

§ *XVII. Si le Compulfant eft tenu de s'expliquer fur l'emploi des Titres?*

XVIII. Des Compellations fur Faits & Articles.

XIX. Si elles font reçues en tout état de caufe?

XX. Du Serment ; fur ce que les dépofitions ont été faites de bonne foi.

XXI. Cas dans lefquels on ne peut être tenu de répondre à des Compellations.

XXII. Si la voie de Compellation a lieu au deffus de 300 florins.

XXIII. Du Serment de calomnie, & ce que c'eft.

PARAGRAPHE I.

Les Enquêtes font , en matière civile , ce que les informations font en matière criminelle; c'eft par elles qu'on parvient à découvrir la vérité des fairs , fur lefquels les Parties ne font pas d'accord. Voyez les Inft. du Droit Belg. part. 4, tit. 1, §. 8.

§. II.

Anciennement les Enquêtes étoient fe-crettes ; mais depuis l'Edit Perpétuel les Enquêtes fe communiquent: c'eft princi-palement en quoi elles différent actuelle-ment des informations. Voyez le § 4, de l'Article XXXVIII.

L'Article X de cet Edit, veut en effet que les Enquêtes foient publiées ; c'eft-à-dire, que chacune des Parties en puiffe prendre communication ; car la publica-tion des Enquêtes, n'eft autre chofe que la connoiffance qui s'en donne aux Par-ties : fur quoi on obfervera que le mot de *publication*, employé dans l'Edit Perpé-tuel, vient de ce qu'autrefois on faifoit une lecture publique des Enquêtes ; ce qui s'eft même pratiqué long-temps en France, en conformité de l'Article CL de l'Ordonnance *de Blois*, lequel eft à préfent tombé en defuétude.

§ III.

» Es Procès où.... la Publication d'En-
» quêtes fe doit faire, les Parties fervi-
» ront de reproches & contredits contre
» les perfonnes & dits des Témoins,
» tout par un volume, après icelle pu-
» blication, & n'auront à ces fins qu'un
» délai ; & fera le même obfervé pour
» les falvations. Article III du Placard

ART.
x.

du 28 Novembre 1611, qui a été rendu en interprétation de l'Edit Perpétuel.

§ IV.

» Mais ne feront lefdites Parties reçues
» ni admifes, à faire nouvelle Enquête
» fur les faits contenus efdits reproches
» & falvations, ne foit que le Juge ayant vu
» le Procès, trouve qu'il ne fe peut dé-
» cider fans enquérir la vérité defdits faits,
» foit à caufe que les témoins non due-
» ment reprochés ne demeureroient en nom-
» bre fuffifant pour s'y arrêter, ou pour
» quelqu'autre caufe pareille, auquel cas
» (& non autre) le Juge pourra rece-
» voir les Parties à faire preuves des
» faits contenus efdits reproches & falva-
» tions, qu'il trouvera recevables & per-
» tinens, tant feulement. » Telle eft la difpofition textuelle de l'Article IV, du Placard, cité fous le § précédent.

§ V.

La preuve teftimoniale ou littérale, qui fe fait par Enquêtes, eft toujours refpective ; c'eft-à-dire, que celui qui dé-favoue les faits, eft reçu à prouver qu'il font faux, comme fon adverfaire (eft admis à prouver) qu'ils font vrais : le Parlement *de Paris* a même rendu un Arrêt au rapport de M. ROUSSEL, en-tre le Prieur & les Habitans *de Villemou-*

tier, le 30 Août 1759 , par lequel, une
Sentence a été déclarée nulle, par la
feule raifon qu'en admettant une Partie à
faire preuve par Enquête des faits arti-
culés , *elle n'avoit pas admis l'autre Partie à faire preuve contraire ;* ce qui eft conforme à un Arrêt rendu au Bureau des
Caffations, (*unâ voce*) au rapport de M.
LEPILEUR D'APLIGNY , le 25 Juillet 1757.

ART.
X.

§ VI.

Après l'ouverture ou publication des
Enquêtes, il n'eft plus permis de faire
plus ample *preuve teftimoniale.* Voyez les
Arrêts rapportés par M. POLLET , part. 3 ,
nomb. 39, & ceux rapportés par M. le
Préfident DESJAUNAUX , tom. 1. nomb.
28 & 54; voyez auffi DE GHEWIET ,
part. 4, tit. 1 , § 8 , art. 15 , 17 & 18.

§ VII.

Mais la plus ample *preuve par titres ,*
eft encore recevable , malgré la publication d'Enquêtes ; c'eft ce que DE GHE-
WIET nous enfeigne , au lieu cité art. 16:
la raifon de cette différence eft fenfible ,
& confifte en ce que de nouveaux témoins pourroient être fubornés , au lieu
que la preuve par titres ne peut être fuf-
pecte, dans quelque temps qu'elle vienne.

§ VIII.

Lorsqu'un Défendeur fe prévaut de fes titres, & les emploie en fon Enquête, il les doit produire en bonne forme. Arrêt du 26 Juin 1697, qu'on trouve dans le Recueil de M. Desjaunaux, tom. 2, nomb. 164.

§ IX.

Il y a nullité dans les Enquêtes, fi la Partie adverfe n'a point été affignée pour voir jurer les témoins. Voyez le Recueil de M. Pollet, part. 3, nomb. 39; ce qu'il dit à cet égard eft affez conforme à l'Ordonnance de 1667, tit. 22, art. 5 & 20; laquelle Ordonnance a renouvellé en cela les difpofitions, 1.° de celle de Louis XII, de l'année 1512, art. 37; 2.° de celle de François premier, de 1535, chap. 1, art. 2; 3.° & de celle de Henri III, de l'an 1585.

§ X.

Les fonctions des adjoints aux Enquêtes (abrogées en France, par l'Ordonnance de 1667, tit. 22, art. 22,) ont lieu dans le reffort du Parlement de Flandres, (où cette Ordonnance n'a jamais été regiftrée :) une Enquête feroit même nulle, fuivant la Jurifprudence de ce Parlement, fi le

Commiſſaire,

Commiſſaire, chargé de la tenir, l'avoit ART.
tenue ſans l'aſſiſtance d'un Adjoint. Voyez x.
M. POLLET, en ſon Recueil d'Arrêts,
part. 3, nomb. 39, & DE GHEWIET,
part. 4, tit. 1. § 8, art. 12.

§ XI.

Quand une Enquête eſt déclarée nulle,
il ne ſuffit pas de répéter les témoins;
il faut les entendre tout de nouveau: .
ainſi jugé par Arrêt du 19 Février 1695,
rapporté par M. POLLET, au lieu cité ſous
le § précédent.

Si après publication des Enquêtes, une
Partie remarque que la ſienne eſt nulle
par le fait du Commiſſaire qui l'a tenue,
elle peut demander, que les mêmes témoins ſoient de rechef entendus dans les
formes, ſur les mêmes faits. Arrêt du 4
Mai 1699, rapporté par M. DESJAUNAUX,
en ſon Recueil, tom. 2, nomb. 259:
dans l'eſpèce de cet Arrêt, la nullité de
l'Enquête réſultoit de ce que le Commiſſaire l'avoit tenue ſeul, ſans Greffier ni
Adjoint; ainſi c'étoit une faute qu'on ne
pouvoit imputer à la Partie qui l'avoit
fait tenir.

§ XII.

Il y a des cas où un Procès, commencé
par la voie extraordinaire, peut ou même
doit être civiliſé; dans ces cas-là, les

ART.
x.

informations le convertiſſent ordinairemenn en Enquêtes, & alors on les communi-que comme on auroit fait, ſi l'action eut d'abord été intentée par la voie civile. Voyez l'Ordonnance Criminelle, tit. 20, art. 3, 4, 5, & le Commentaire de M. JOUSSE, ſur ces Articles.

§ XIII.

Quoique des Parties aient reſpective-ment fait emploi dans une Enquête au Civil, de ce qui peut réſulter des infor-mations, tenues dans un autre Procès inſ-truit à l'extraordinaire ; elles ne doivent pas pour cela avoir communication deſ-dites informations. Arrêt du 11 Janvier 1703, rapporté par M. DESJAUNAUX, tom. 3, nomb. 23.

§ XIV.

Les Parties peuvent en termes d'En-quêtes, compulſer l'une contre l'autre, les titres qu'elles veulent employer pour leur preuve littérale. Arrêt du 3 Novem-bre 1694, dont M. POLLET fait mention, en ſon Recueil, part. 3, nomb. 19. Le Compulſoire eſt une voie de droit, qu'on ne peut empêcher ni refuſer, ainſi qu'il a été jugé par un Arrêt du Parlement *de Paris*, du 28 Novembre 1705, qu'on trouve au Journal des Audiences.

§ XV.

Des personnes tierces, peuvent être compulsées de produire aux frais de la Partie requérante, les actes ou titres qu'elles ont en leur possession, encore que ces personnes-là n'aient aucun intérêt dans l'affaire dont il s'agit. Voyez les Inst. du Droit Belg. part. 4, tit. 1, § 9, art. 1.

§ XVI.

Régle générale : tous ceux qui peuvent être contraints à déposer *id est*, à porter témoignage en Justice, sont tenus de répondre & satisfaire au Compulsoire dirigé contr'eux; ce qui a lieu principalement à l'égard des Officiers publics.

§ XVII.

En matière de Compulsoire, le Compulsant est tenu de s'expliquer, sur l'emploi qu'il entend faire des titres à compulser, si l'autre Partie l'en requiert. Arrêt du 2 Août 1696, rapporté par M. POLLET, part. 3, nomb. 19.

§ XVIII.

Outre les Compulsoires , usités en termes d'Enquêtes , nous connoissons encore ce qu'on nomme Interpellations ou Com-

ART.
x. pellations, fur faits & articles : ces compellations ont été introduites pour qu'une
partie puiffe tirer de l'autre, [fous ferment
de calomnie] la vérité des faits, déniés
par celle-ci.

Les Compellations n'empêchent pas de
produire des preuves, pour détruire les
réponfes, fi elles font fauffes, encore
qu'elles aient été précédées du ferment.

§ XIX.

Il y a des endroits où les Compellations font reçues, en tout état de caufe,
dès que les faits font déniés ; ce qui s'obferve particulièrement en France, aux
termes de l'Ordonnance de 1667, tit. 10,
art. 1. Mais comme cette Ordonnance ne
fait pas Loi parmi nous, les Compellations n'ont lieu au Parlement de Flandres,
qu'après une admiffion à vérifier ou réglement à preuve. Arrêt du 7 Juin 1673,
dont DE GHEWIET parle en fes Inft. du
Droit Belg. part. 4, tit. 1, § 7, art. 1.

§ XX.

La Partie qui doit répondre aux Compellations, peut préalablement obliger
l'autre de jurer fous ferment de calomnie,
que fes pofitions de faits & articles, ont
été faites de bonne foi : Arrêt du 29 Juillet
1688. Il faut de plus que les faits & articles, foient pertinens ; car s'ils ne con-

cernent point la matière dont il eſt queſ- **Art.**
tion, on ne peut point obliger la Partie **x.**
de répondre.

§ XXI.

On n'eſt point tenu de répondre par
ſerment de calomnie, à des faits & articles qui ne forment que des queſtions de
Droit : Arrêt du 21 Juillet 1694, rapporté
par M. DESJAUNAUX, tom. 1. nomb.
35 : ni ſur des faits qui tendent à découvrir notre propre turpitude. Arrêt du 8
Juin 1698, rapporté par le même Arrê-
tiſte, tom. 1. nomb. 106. Voyez M. DAM-
HOUDERE, en ſa Pratique Civile, chap.
154, & les Conférences DE BORNIER,
ſur l'Ordonnance de 1667, tit. 10, art. 1.

§ XXII.

Toutes les fois que les Compellations
peuvent avoir lieu, on eſt obligé d'y répondre, encore qu'il s'agiſſe de plus de
300 florins : (voyez ci-après la Diſpoſition textuelle de l'Article XIX.) En
effet, il y a une grande différence entre la
peuve qui ſe tire de l'aveu de la Partie,
& la preuve par témoins ; la première eſt
toujours ſûre, l'autre eſt ſouvent ſuſpecte.

Comme nos Compellations ne diffèrent
pas beaucoup de ce qu'on nomme en
France interrogatoires ſur faits & articles,
on peut ſur cette matière conſulter Do-

Art. MAT, des Loix Civiles, liv. 3, sect. 5;
X. & le Commentaire de M. JOUSSE, sur
l'Ordonnance de 1667. tit. 10.

§ XXIII.

Le serment de calomnie, usité parmi nous
en matière de Compellation, est un serment
de crédulité, *credulitatis tantùm, non verita-*
tis ; C'est pourquoi la Partie compellée,
répond seulement *per verbum credit, vel non.*

DOMAT, parlant du serment de calomnie que les Loix Romaines exigeoient des
Plaideurs avant d'entrer en cause, dit, que
ce serment étoit presque toujours une occasion de parjure ; sur quoi un Auteur
moderne observe, que l'usage de ce même serment, qui prit sa source dans l'ancienne bonne foi des Romains, ne ser-
viroit qu'à éteindre le peu qu'il en reste
parmi nous, si nous l'adoptions encore.

ARTICLE XI.

Des Teftamens & de leurs for-malités.

POur obvier à la diverfité des Jugemens qui fe rendent fur la formalité des folemnités de la fac-tion des Teftamens, déclarons & ftatuons, qu'ès lieux de nos Pro-vinces, où les Biers font difponi-bles, & qui ont leurs Coutumes dé-crétées, on fe réglera felon la dif-pofition des Coutumes, à peine de nullité.

S O M M A I R E

De l'Article XI.

§ I. Ce que c'eft qu'un Teftament ?
II. S'il diffère d'un Codicile ?
III. Quelles perfonnes peuvent tef-ter ?

C iv

ART.
xj. § *IV. Combien il y a de manières de disposer de ses Biens ?*

V. Des Testamens olographes.

VI. Si ces sortes de Testamens sont connus parmi nous ?

VII. Quelle Coutume en régle la forme ?

VIII. Des Testamens authentiques.

IX. Quelle Coutume en régle la forme ?

X. Qualités nécessaires aux Témoins d'un Testament.

XI. S'il faut qu'ils soient domiciliés dans l'endroit où il se passe ?

XII. Si des dispositions verbales peuvent valoir ?

XIII. Esprit de l'Ordonnance des Testamens.

PARAGRAPHE I.

Un Testament est la déclaration équitable & réfléchie de notre volonté, sur ce que nous voulons qu'il soit fait après notre mort. *Testamentum est voluntatis nostræ, justa sententia de eo, quod, quis post mortem suam fieri velit.* liv. 1, § 3, ff.

Un Ancien a dit que les Teſtamens étoient **Art.**
l'image de l'eſprit & le miroir des mœurs.   **xj.**

§ II.

Parmi nous, les Codiciles ne diffèrent des Teſtamens, ni quant à la forme,
ni quant à l'exécution.

§ III.

» La Loi en accordant généralement
» la faculté de teſter, ne la refuſe qu'à
» ceux qui n'entendent pas ſuffiſamment
» ce qu'ils font ; & à ceux qui ſont pri-
» vés des droits de la vie civile : de la
» première partie de ce principe, il ſuit
» que ceux qui ſont en démence, les
» prodigues interdits, & les enfans, ne
» peuvent faire de Teſtament ; il en eſt
» de même des ſourds & muets de naiſ-
» ſance, à moins qu'il ne ſoit prouvé
» qu'ils ſavent lire & écrire.
» De la ſeconde partie du même prin-
» cipe, on conclut que les Aubains non
» naturaliſés, les Religieux profés, & tous
» ceux qui n'ont pas l'être civil, ſont
» incapables de diſpoſer par Teſtament. »
Au ſurplus, ce ne ſont-là que des principes généraux, & il faut toujours conſulter les Coutumes particulières, tant
ſur la faculté de teſter, que ſur les Biens
dont il eſt permis de diſpoſer par Teſ-

C v

ART.
xj.
tament. Voyez auſſi ce que nous dirons ci-après ſur l'Article XIII, § 1, 2 & 3.

§ IV.

Il n'y a plus que deux manières de diſpoſer de ſes Biens à titre gratuit, dont l'une eſt celle des donations entre-vifs, & l'autre celle des Teſtamens ou Codiciles, qui ſont ou holographes ou authentiques. Voyez la deſſus l'Ordonnance du mois de Février 1731, art. 3.

§ V.

L'Ordonnance du mois d'Août 1735, Article XIX, autoriſe l'uſage des Teſtamens & Codiciles olographes, *dans tous les pays où ils ont eu lieu juſqu'alors*; mais il faut qu'ils ſoient entièrement écrits, datés & ſignés de la main du Teſtateur, ainſi que le preſcrivent les art. 20 & 38 de ladite Ordonnance.

§ VI.

Parmi nous, on n'admet les Teſtamens & Codiciles olographes, que dans les Coutumes homologuées, qui en autoriſent expreſſément l'uſage, parce que l'Edit Perpétuel 'n'a point permis de diſpoſer de cette manière. Voyez les Coutumes des Ville & Châtellenie *de Lille*, tit. des Teſtamens, art. 2; [dans ces deux Coutumes, les Teſtamens & Codiciles olographes ſont autoriſés.]

Ainfi, un Teftament ou Codicile olographe, feroit nul dans une Coutume homologuée qui fe trouveroit muette fur ce point : & il en feroit de même dans une Coutume non homologuée, encore que cette dernière en eut autorifé l'ufage : c'eft ce qui réfulte d'une Déclaration du 9 Septembre 1620, rapportée par ANSELMO, fur les art. 11, 12, 13 & 14, § 48.

En conféquence de cette même Déclaration, qui fe trouve auffi au quatrième volume des Placards de Brabant, fol. 477, un Teftament (fait *à Douay*) entièrement écrit & figné de la main du Teftateur, eft nul, s'il n'eft en outre revêtu des folemnités prefcrites par l'Article XII du préfent Edit; ainfi, pour qu'un Teftament olographe foit valable *à Douay*, il doit être reconnu pardevant Notaire, Curé, ou vice-Curé, & deux Témoins à ce appellés : c'eft ce qu'on trouve attefté dans un Acte de notoriété, qui a été donné par le Lieutenant Général & les Confeillers de la Gouvernance *de Douay*, le 4 Avril 1719. Voyez les § XIV & XV de l'Article XII.

§ VII.

Quand on fait un Teftament olographe, comme le Teftateur eft fon miniftre à lui-même, c'eft la Coutume de fon domicile qui en régle la forme : d'où il

fuit qu'un homme domicilié dans un pays,
où le Teftament olographe eft autorifé,
peut en faire un dans les lieux mêmes où
cette forme n'eft pas reçue.

» Le Teftament [dit M. POLLET, en
fon Recueil, part. 3, nomb. 123,] le
» Teftament dans lequel le Teftateur a
» obfervé les formalités prefcrites par la
» Coutume du lieu de fon domicile, eft
» valable pour tous les Biens dont il a
» difpofé, quoiqu'ils foient fitués dans
» d'autres Coutumes, à moins que celles
» de la fituation n'en défendent la dif-
» pofition par Teftament; » fur quoi M.
POLLET, cite un Arrêt du Parlement de
Flandres, rendu le 26 Juin 1671, &
l'autorité d'ANSELMO, au § 89 du préfent
article. Voyez auffi MAILLART, fur la
Coutume d'Artois, art. 72, nomb. 227;
RICARD, du Don mutuel, N.° 307, &
M. BOUHIER, dans fes favantes Obfervations fur la Coutume de Bourgogne,
chap. 28, nomb. 20.

§ VIII.

Le Teftament ou Codicile authentique,
eft celui qui a été reçu par des perfonnes, ayant pour cela un caractère public.

Nos Coutumes (homologuées) portent
ordinairement de quelle manière les Teftamens ou Codiciles authentiques doivent
être paffés, & qui font ceux qui les peuvent recevoir : lorfque cela eft, nous de-

vons fuivre leurs difpofitions à la lettre ; ART. XII. mais quand elles n'ont rien réglé à cet égard, il faut fe conformer à l'Article XII de l'Edit Perpétuel, à peine de nullité. Voyez le § II, de l'Article XII, & le § III, de l'Article XIII.

§ IX.

Le Teftament ou Codicile authentique, n'eft valable, qu'autant qu'on y a obfervé les formalités prefcrites par la Coutume du lieu où il a été fait ; en quoi il diffère du Teftament olographe, dont les formalités fe réglent par la Coutume du domicile. Voyez le § VII du préfent Article, & ce que nous avons dit au § XV de l'Article premier.

Du premier principe que nous venons de pofer, il réfulte qu'un Teftament ou Codicile authentique, dans lequel le lieu de la paffation n'eft pas exprimé, doit être nul : cependant, par Arrêt du 23 Octobre 1991, le Teftament reçu par un Notaire, qui y avoit feulement fait mention de fa réfidence, fut déclaré valable, encore qu'il ne défignat point l'endroit où il avoit été paffé. On préfuma (dit M. POLLET,) qu'il l'avoit été au lieu de la réfidence du Notaire. Voyez cet Arrêtifte, part. 3, nomb. 123.

§ X.

Les Témoins inftrumentaires d'un Tef-

ART.
xj.

tament ou Codicile, doivent être âgés de 20 ans au moins, fuivant l'art. 39 de l'Ordonnance du mois d'Août 1735 : de plus, ils doivent être *idoines*, c'eft-à-dire, fains d'efprit, non interdits, irréprochables, mâles, regnicoles, en un mot, capables des effets Civils, art. 40 : les Réguliers, Novices ou Profès, de quelqu'Ordre que ce foit, ne peuvent fervir de Témoins dans un Acte de dernière volonté, art. 41 ; non plus que les Clercs, Serviteurs & Domeftiques, de l'Officier public qui le reçoit, art. 42 : de même, on ne peut prendre pour Témoins d'un Tefta-ment ou Codicile, ni les héritiers infti-tués ou fubftitués, ni les Légataires du Teftateur, art. 43 : ce qui eft conforme à l'axiome *nullus idoneus teftis in re fua intelligitur*. Enfin, on ne doit admettre pour Témoins, dans ces fortes d'Actes, que ceux qui favent & peuvent figner, & les Témoins appellés, doivent figner tous deux, art. 23 & 44, de ladite Or-donnance. Sur quoi on remarquera que toutes les difpofitions de cette Ordon-nance, qui concernent les qualités des Témoins inftrumentaires, doivent être exécutées à peine de nullité, comme le décide l'art. 47.

§ XI.

Suivant l'avis d'ANSELMO, il faut que les Témoins d'un Teftament, demeurent dans l'endroît où le Teſtament ſe paſſe, ſans quoi, ils n'ont pas la capacité requiſe pour prêter valablement leur miniſtère. La veuve *Chatelain* qui demandoit la nullité d'un Teſtament, fait en Artois, ſe ſervit de ce moyen, & ſe fonda ſur l'opinion d'ANSELMO; mais on lui répondit, qu'il ſuffiſoit que les témoins fuſſent honnêtes-gens, & domiciliés dans le reſſort de la Juriſdiction en laquelle le Teſtament étoit paſſé; & ces raiſons prévalurent, car par Arrêt du Parlement *de Paris*, du 29 Août 1746, la veuve *Chatelain* fut déboutée de ſa demande en nullité.

ART.
xj.

§ XII.

Toutes diſpoſitions Teſtamentaires qui ne ſeroient faites que verbalement, ſont nulles, & l'on ne peut en admettre la preuve par Témoins, même ſous prétexte de modicité: c'eſt la diſpoſition de l'Ordonnance des Teſtamens, art. premier; en telle ſorte, que quand il ne s'agiroit que d'un objet dont la valeur n'iroit pas à 300 florins, la preuve teſtimoniale n'en ſeroit pas encore admiſſible.

ANSELMO, ſous le § 61 des art. 11, 12, 13 & 14, rapporte une Déclaration du 7 Octobre 1623, qui a décidé [comme la ſuſdite Ordonnance] » que tous Teſ» tamens & Diſpoſitions de dernière vo» lonté, ſe doivent faire par écrit, &

ART.
xj.

» que celles faites autrement font nulles
» & de nulle valeur. Voyez le § II de
» l'Article XIX ci-après.

§ XIII.

Au furplus, nous lifons dans le préambule de cette Ordonnance, que l'intention
de S. M. n'a point été de faire un
changement réel aux difpofitions des
Loix, obfervées jufqu'alors ; mais qu'au-
contraire Elle a voulu en affermir l'autorité, par des régles tirées de ces Loix
mêmes : fur quoi M. SALLÉ fait cette ob-
fervation. » Le Légiflateur [dit-il] auroit
» pû fans doute, ramener fur ce point,
» à une feule & même Loi, tous les
» Peuples foumis à fon obéiffance ; & ce
» parti auroit femblé le plus capable de
» remplir le but d'unité & de fimplicité
» qu'il s'eft propofé. Mais voulant bien
» fe prêter au préjugé naturel qu'a chaque
» peuple, pour les ufages dans lefquels
» il eft né, il a laiffé à chaque Province
» fes Loix & fes Coutumes particulières ;
» & il s'eft contenté d'y réformer, ce
» qui étoit défectueux, d'y fixer ce qui
» étoit douteux & incertain, & d'y re-
» trancher ce qui n'étoit pas marqué au
» coin du bien public, qui doit être le
» principe & l'ame de toutes les forma-
» lités. »

ARTICLE XII.

*Des formalités des Teſtamens,
dans les Coutumes muettes
ou non homologuées.*

ET là où elles ne ſont encore décrétées, Nous pour, cependant,
retenir les penſées douteuſes & varia-
bles des hommes mourans, & éviter
à toutes ſuppoſitions & falſifications,
que les défunts ne peuvent arguer :
avons ordonné & ordonnons, que
tels Teſtamens, Diſpoſitions ou autre dernière volonté, ſeront ſignés
des Teſtateurs, & de deux Témoins
à ce appellés par les Notaires, Curés, ou vice-Curés, qui ſeront tenus dans l'un ou l'autre cas en faire
mention en leurs inſtrumens. Auxquels Notaires, Curés, ou vice-Curés, Nous défendons de recevoir
èſdits Teſtamens qui ſe paſſeront pardevant eux, aucunes donations ou
légats à leur profit, ou de leurs pa-

ART.
xij.

Art. xij. rens, jufqu'au quatrième degré, felon fupputation du Droit Civil, inclufivement.

SOMMAIRE

De l'Article XII.

§ I. *Réglement provifionnel contenu en cet Article.*

II. *Dans quelles Coutumes ont lieu les formalités qu'il prefcrit ?*

III. *Qu'elles font ces formalités ?*

IV. *Si les Curés réguliers peuvent recevoir des Teftamens, de même que les féculiers ?*

V. *Où les Curés & Deffervans, doivent dépofer les Teftamens qu'ils reçoivent ?*

VI. *D'où dérive le pouvoir qu'ils ont de recevoir des Teftamens ?*

VII. *Si pour un Teftament un fecond Notaire tient lieu de deux Témoins ?*

VIII. *A quoi eft tenu l'Officier public qui reçoit un Teftament ?*

§ IX. *S'il doit faire mention que le Testateur l'a signé ?*

X. Quid ? *à l'égard des Témoins.*

XI. *En quel cas la régle du* § X, *a principalement lieu ?*

XII. *Si les Témoins requis font censés appellés, lorsqu'ils se trouvent par cas fortuit ?*

XIII. *Unité d'action requise, entre toutes les signatures du Testament.*

XIV. *Formalités des Testamens, dans la Coutume de* Douay.

XV. *Effet de ces formalités, & du défaut d'icelles.*

XVI. *Si l'Officier public peut recevoir un Legs dans le Testament qu'il passe ?*

XVII. Quid ? *à l'égard de ses parens.*

Art. xij.

PARAGRAPHE I.

Cet Article a réglé provisionnellement les formalités qu'on devoit observer en fait de Testamens authentiques, dans toutes les Coutumes qui restoient à homo-

Art. loguer, lorſque l'Edit Perpétuel **a été**
xij. publié.

§. II.

Ces formalités [telles que l'Article
XII les décrit] n'ont plus lieu que dans
les Coutumes muettes, & dans celles qui
reſtent à homologuer, leſquelles ſont en
petit nombre. Voyez le § VIII. de l'Article
II, avec ce que nous avons dit ſur l'Article premier, au ſujet de l'homologation des Coutumes ; & en outre une Déclaration du 18 Mars 1620, qu'on trouve
dans le Commentaire d'Anselmo, ſur
les art. 11, 12, 13 & 14, § 21.

§ III.

Ainſi, quand une Coutume preſcrit la
forme de teſter, il faut en ſuivre les diſpoſitions, mais ſi elle eſt muette ou non
homologuée, on doit ſe conformer à
l'Article XII de notre Edit, qui veut que
le Teſtament ſoit reçu par un Notaire,
Curé ou vice-Curé, en préſence de deux
Témoins.

Suivant l'Ordonnance du mois d'Août
1735, art. 25, il eſt permis aux Curés ſécu-
liers ou réguliers, de recevoir des Teſtamens
& Codiciles *dans l'étendue de leurs Pa-
roiſſes*, en appellant avec eux, deux Témoins, comme l'Édit Perpétuel le preſcrit.

Cette Ordonnance accorde les mêmes pouvoirs aux Prêtres *féculiers*, prépofés par l'Evêque pour la defferte des Cures, mais elle les refufe aux Vicaires. Voyez l'art. 25 de ladite Ordonnance, & ce que nous avons dit fur l'Article XI, § X & XI, touchant les qualités des Témoins qui affiftent à la paffation des Teftamens.

ART. xij.

§ IV.

» Quoiqu'en général les Réguliers ; » foient morts civilement par état, & par » conféquent dans une incapacité active » & paffive, de tous les Actes de la fo- » ciété civile ; cependant les meilleurs » Auteurs ont toujours penfé, que lorf- » qu'ils étoient faits Curés, cette nou- » velle qualité les rendoit habiles à re- » cevoir des Teftamens, comme les au- » tres Curés....» C'eft pourquoi l'Or- donnance en confirmant aux Curés la fa- culté qu'ils ont de recevoir des Tefta- mens, *lorfque les Coutumes ou Statuts les y autorifent*, a admis à cette fonction pu- blique les Curés réguliers comme les fé- culiers, fans aucune diftinction.

§ V.

Comme les Curés & Deffervans, lorf- qu'ils reçoivent des Difpofitions de der- nière volonté, n'exercent en quelque forte qu'un miniftère *d'emprunt* ou de néceffité;

ART. xij. l'Ordonnance des Teſtamens veut, qu'ils n'en puiſſent délivrer aucunes expéditions ; & leur enjoint de dépoſer les Teſtamens qu'ils ont reçus, chez le Notaire du lieu, ou le Notaire Royal le plus prochain, ſeuls Officiers compétens, pour en donner des copies authentiques. Voyez l'art. 26 de ladite Ordonnance.

§ VI.

Les Curés tirent leur droit de recevoir les Teſtamens, d'un Décret canonique, encore que ſuivant la régle exacte, ce Décret ne faſſe point Loi parmi nous ; » mais dans ces ſiécles ténébreux, où » les Eccléſiaſtiques ont ſi fort anticipé » ſur la puiſſance temporelle, ils en ont » fait une Loi, qui, depuis que leurs » entrepriſes ont été réprimées, s'eſt con- » vertie en uſage. » Il a même été inſéré dans un des Canons du Concile *de Narbonne*, que les Teſtateurs qui auroient manqué d'appeller les Curés à la confection de leurs Teſtamens, ſeroient privés de la ſépulture eccléſiaſtique, & que les Notaires qui les auroient reçus, ſeroient excommuniés. Enfin, » la trop grande au- » torité que les Eccléſiaſtiques avoient » uſurpée ſur la puiſſance temporelle, » ayant été peu à peu reſſerrée dans de » juſtes bornes, les Notaires ont été ad- » mis à recevoir des Teſtamens, con- » curremment avec les Curés, & ſans

» être obligés de les appeller à la con-
» fection de ces fortes d'Actes. »

Art. xij.

§ VII.

Quoique l'Edit Perpétuel, & certaines Coutumes aient expreſſément décidé que les Teſtamens ou Codiciles authentiques, doivent être reçus par un Notaire..... en préſence de deux Témoins ; toutefois le concours de deux Notaires ſans Témoins, ſuffit pour la validité de ces fortes d'Actes, parce que le témoignage d'un ſecond Notaire , équivaut à celui de deux Témoins : c'eſt un principe fondé, 1.º ſur l'uſage univerſel ; 2.º ſur la Déclaration du Roi du 11 Octobre 1561 , rendue en interprétation de l'Ordonnance d'*Orléans* , art. 84. 3.º Et enfin , ſur l'Ordonnance du mois d'Août 1735 , qui dit que » les Teſtamens , » Codiciles, & autres diſpoſitions de der- » nière volonté..... ſeront reçues *par deux* » *Notaires......* ou par un Notaire..... en » préſence de deux Témoins. »

§ VIII.

L'Officier public qui reçoit un Teſta- ment ou Codicile , doit écrire de ſa pro- pre main les dernières volontés du Teſ- tateur , telles qu'il les dicte , & doit de plus faire mention que lecture lui en a été faite. Voyez l'art. 23 de l'Ordon- nance du mois d'Août 1735.

Art. xij. Dans bien des endroits, les Notaires qui reçoivent un Teſtament, ſont dans l'uſage d'écrïre tous deux la Diſpoſition teſtamentaire, de telle façon que quand le premier eſt prêt à finir, le ſecond achève de ſa main : cet uſage par-tout où il eſt ſuivi, aſſure d'autant mieux la préſence des deux Notaires, ſur laquelle on élève ſouvent des doutes, mais on peut s'en écarter, parce que l'Ordonnance n'exige autre choſe, ſinon que le Teſtament ſoit écrit par les deux Notaires, *ou par l'un d'eux.*

§ IX.

Quand un Teſtament ou Codicile eſt rédigé, le Teſtateur doit le ſigner, ſi par la lecture qu'il en a entendue, il le trouve conforme à ſes intentions : ſuivant la régle, il faut même que l'Officier public atteſte que le *Teſtateur a ſigné,* quoique ſa ſignature ſe trouve au bas de l'Acte. Voyez l'Ordonnance à l'art. cité ſous le § précédent.

» Et en cas (dit cette Ordonnance) » que le Teſtateur déclare qu'il ne ſait, » ou ne peut ſigner, il en ſera fait men- » tion, » ce qui a été décidé de même, (à peine de nullité) par une Déclaration du 18 Mars 1620, rapportée par Anselmo, ſur les art. 11, 12, 13 & 14, § 21.

§ X.

On a jugé à l'égard des Témoins d'un
Acte de dernière volonté, qu'il n'est pas
indispensablement nécessaire de faire mention (dans l'Acte) de leurs signatures,
lorsqu'ils l'ont signé l'un & l'autre ; l'effet
étant à leur égard, plus fort que les pa-
roles. Déclaration du 23 Juin 1637,
rapportée par ANSELMO, au lieu cité, §
123. Arrêt du 26 Juin 1671, cité par
DE GHEWIET. Autre Arrêt du 23 Octobre 1691, rapporté par M. POLLET,
part. 3, nomb. 123.

§ XI.

Ce qui vient d'être dit sous le § précédent, a lieu sur-tout, lorsque les Témoins sont notoirement qualifiés, comme
par exemple, si ce sont des Conseillers,
Praticiens, & autres personnes semblables,
connues aux Testateurs & aux assistans.
Interprétation du 12 Novembre 1618,
sur une Lettre du Conseil d'Etat de Bruxelles, que l'on trouve dans le Recueil de
M. VAN STEENBERGHE, fol. 17.

§ XII.

Celui qui reçoit un Testament ou Codicile, doit y faire mention, que les
Témoins *ont été appellés.*

D

Art.
xij.

Les Témoins qui se trouvent par ha-
zard ou cas fortuit, dans l'endroit où se
fait l'Acte, étant requis d'être présens,
sont censés *à ce appellés*, aux termes de
l'Edit, sans qu'il soit besoin de les con-
voquer, spécialement à cet effet. Déclaration du 18 Mars 1620, déjà citée sous
le § IX du présent Article.

§ XIII.

Lorsqu'un Acte de dernière volonté
est fini, & que le Testateur l'a signé, il
doit l'être ensuite par les deux Notaires ou autres Officiers publics, & par
les Témoins appellés à sa passation, s'il
y en a eu : le tout en la présence du
Testateur, & avant que de se transporter ailleurs ; l'Ordonnance exigeant une
unité d'action entre les signatures des Officiers publics ou Témoins, & celle du
Testateur.

§ XIV.

L'Acte de notoriété du 4 Avril 1719,
dont nous avons déja parlé sous le §
VI de l'art. XI, porte : » que dans la
» Coutume *de Douzy*, qui ne prescrit
» point la forme des Testamens, ils doi-
» vent y être faits avec les formalités
» requises par l'Article XII de l'Edit
» Perpétuel, à peine de nullité........

Sur quoi on remarquera que deux Déclarations, qui ont parues un fiécle avant
cet Acte, ont décidé, l'une, qu'à
Douay, les Teftamens ou Codiciles authentiques, font cenfés faits avec les folemnités prefcrites par l'Edit, lorfque ce
font deux Echevins qui les ont reçus,
en préfence d'un Greffier Secrétaire ou
Notaire : l'autre, que les Teftamens ou
Codiciles authentiques, faits *à Douay*,
font valables, quand ils ont été reçus
par deux Echevins, en préfence de deux
Témoins. Ces Déclarations fe trouvent
dans le Commentaire d'Anselmo ; l'une
eft du dernier Août 1613, & l'autre du
22 Mars 1632. Il y en a une troifième
du 2 Août 1617, qui décide qu'en Artois, un Teftament eft bon, quand il eft
paffé pardevant deux Echevins, en préfence
de leur Greffier. Voyez l'art. 24 de l'Ordonnance du mois d'Août 1735, & le
§ XIII de l'Article XI de cet Edit.

§ XV.

Le même Acte de notoriété dont il
vient d'être fait mention, porte encore:
» Qu'un Teftament fait *à Douay*,
» avec les formalités de l'Article XII, a
» effet pour tous les biens dont le Tef-
» tateur avoit la libre difpofition, quoique
» fitués dans des lieux où les Loix & les
» Coutumes, requièrent un plus grand
» nombre de Témoins, ou d'autres fo-

» lemnités plus grandes, pour la forme
» extérieure des Teſtamens, ſuivant la
» Déclaration expreſſe donnée par le Roi
» Catholique, en ſon Conſeil privé *à*
» *Bruxelles*, le dernier Juin 1634.

» Qu'au contraire, un Teſtament fait
» *à Douay*, ſans les ſolemnités dudit
» Article XII, eſt abſolument nul, & ne
» peut produire aucun effet, même pour
» les biens ſitués dans les Coutumes qui
» requièrent moins de formalités pour la
» paſſation des Teſtamens : parce que les
» formalités de l'Article XII étant pro-
» duites, pour aſſurer la preuve de l'Acte,
» & rendre la volonté du Teſtateur cer-
» taine, dès que ces ſolemnités man-
» quent, il eſt cenſé n'y avoir point de
» volonté, & par conſéquent, la diſpo-
» ſition eſt entièrement nulle. »

Tout ce que nous venons de dire en
ce §, peut s'appliquer à des Teſtamens
ou Codiciles paſſés dans d'autres Coutumes, pourvu qu'elles ſoient ſemblables à
celle *de Douay*; mais avant de faire
cette application, dans les cas particuliers qui ſe préſentent, il faut bien examiner les circonſtances, pour connoître
ſi l'application ſera juſte ou non ; car,
faute de ce ſoin, on aſſimile ſouvent un
cas à un autre, qui ſe trouve tout différent.

§ XVI.

Le Notaire, Curé, ou autre perſonne

qui reçoit un Acte de dernière volonté, n'y peut inscrire aucun legs à son profit.

Un Testament ou Codicile seroit même nul, si l'Officier public y étoit institué Légataire; & felon quelques Auteurs, la nullité ne tomberoit pas feulement fur le legs, mais fur tout le Testament (ou Codicile): c'est le fentiment de DENI-SART, qui cite les Notes de MAILLART, fur la Coutume d'Artois, art. 74, & différentes autres autorités.

Ceux qui foutiennent l'opinion contraire, fe fondent fur une Déclaration du 28 Juillet 1621, rapportée par ANSELMO, fur les art. 11, 12, 13 & 14, § 61. *A l'égard* des Témoins qui auroient été inftitués Légataires, voyez ci-deffus le § X de l'Article XI.

§ XVII.

Il eft également défendu au Notaire ou autre Officier public, qui reçoit un Acte de dernière volonté, d'y inscrire aucun legs en faveur de fes parens, *juf-qu'au quatrième degré inclufivement.*

ANSELMO, expliquant ces termes, dit, que la prohibition ne s'étend que jufques & compris le troifième degré ; cependant, fuivant le texte de l'Article XII, le quatrième degré paroît y être inclus.

Sur la manière de compter les degrés, felon la fupputation du Droit civil, voyez l'Inftitution au Droit François, par AR-

ART.
xij.

[ART.
xij.

GOU, tom. 1, chap. 29, & les Loix
civiles, par DOMAT, liv. 2, des Succeffions *ab inteflat*, tit. 1, fect. 3; mais
voyez fur-tout l'arbre généalogique qui
fuit cette fection, dans lequel on trouve
la manière de compter les degrés, tant,
felon le droit Romain, que fuivant le
droit Canonique.

ARTICLE XIII.

Des formalités des Teſtamens, quand il y a diverſité de Coutume.

SI ès lieux de réſidence des Teſtateurs, & de la ſituation de
leurs Biens, y a diverſité de Coutumes, pour le regard de ces diſpoſitions de dernière volonté ; Nous
ordonnons qu'en tant que touche
la qualité deſdits Biens, ſi on en
peut diſpoſer, en quel âge, & avec
quelle forme & ſolemnité, on ſui-
vra les Coutumes & uſances de ladite
ſituation.

SOMMAIRE

De l'Article XIII.

§ I. *Principes généraux ſur cet Article.*

§ *II. Exceptions des régles y conte-
nues.*

*III. Explication des dispositions
qu'il renferme.*

PARAGRAPHE I.

A suivre les principes généraux, nous
tenons pour certain :

1.º Que la faculté personnelle (ainsi
que l'âge) de tester, se règlent par la
Coutume du domicile du Testateur.

2.º Que les formalités du Testament
olographe, se règlent par la Coutume
du domicile de celui qui teste.

3.º Que celles du Testament authentique, ou passé pardevant Notaire, se réglent par la Coutume du lieu où on le passe.

4.º Que quant à la nature ou à la qualité des Biens, dont la Disposition testa-
mentaire est permise, il faut suivre les
Coutumes, sous l'empire desquelles ils se
trouvent situés.

Cette quatrième Règle, ainsi que la
seconde, ne souffrent aucunes exceptions,
mais on admet sur la première & sur la
troisième, les exceptions suivantes.

§ II.

Première exception. Si la Coutume du
domicile du Testateur & celle de la situa-

tion des Biens, déterminent différemment ART.
la faculté perfonnelle (ainfi que l'âge) xiij.
de tefter, il faut fuivre fur cela les difpofitions de la Coutumes où les Biens
font fitués, & non celle du domicile.

Seconde exception. De même fi la Coutume du lieu où l'on tefte, & celle de
la fituation des Biens, règlent différemment les formalités du Teftament authentique ; ce n'eft plus la Coutume du lieu
où il eft paffé qu'il faut fuivre, (dans l'accompliffement des formalités) mais bien
celle du lieu où les Biens font fitués.

§ III.

C'eft particulièrement dans l'Acte de
notoriété du 4 Avril 1719, dont nous
avons déja parlé, fur les Articles XI &
XII, qu'on peut trouver l'explication du
préfent Article : voici ce qu'il contient
à cet égard.

» La Difpofition de l'Article XIII (de
» notre Edit) ne regarde point les formes
» extérieures des Teftamens, qui fervent
» à établir la preuve de l'Acte, & à ren-
» dre la volonté du Teftateur certaine :
» elle ne peut avoir fon application qu'aux
» folemnités qui regardent le fond des
» Difpofitions, & fans lefquelles les Cou-
» tumes ne permettent point de difpofer ;
» comme il eft néceffaire en quelques
» Coutumes de fe deshériter, en d'au-
» tres d'avoir atteint un certain âge.......

Art. xiij. » à l'égard defquelles formalités, il faut » fuivre celles prefcrites par les Coutu- » mes, (de la fituation) & au furplus, » obferver la forme extérieure des Tef- » tamens, fuivant la Coutume du lieu, » [où ils fe font] fi cette forme y eft » prefcrite, » finon, fe conformer au difpofitif de l'Article XII dudit Edit.

Voyez à ce fujet deux Mémoires d'Avocats qui fe trouvent dans Brillon, au mot *Teftament*, fous les nomb. 13 & 14; c'eft tout ce qu'on peut lire de plus inftructif fur la matière dont il s'agit ici. Voyez auffi ce que nous avons dit fur l'Article XI, § VI, VII, VIII, IX, & fur l'Article XII, § II, III, VII, XIV & XV.

ARTICLE XIV.

Des incapacités de recevoir, tant par Testament que par Donation.

DÉclarons toutefois notre intention être, que là où lesdits Biens sont de libre disposition, ils ne pourront être laissés par tels Testateurs, soit par Testamens ou Donations d'entre-vifs, ou à cause de mort, ni en être fait autre Donation quelconque, au profit de leurs Tuteurs, Curateurs, ou Administrateurs, ou de leurs Femmes & Enfans, durant le temps de leur administration, selon qu'a été ordonné par feue Sadite Majesté Impériale, l'an 1540 : le tout à peine de nullité. Ce que toutefois n'entendons avoir lieu au regard des Pères, Mères, grand'-Pères & grand'Mères, Frères ou Sœurs, ores qu'ils soient de la qualité susdite.

ART.
xiv.

SOMMAIRE

De l'Article XIV.

§ I. *Motif de la prohibition conte-*
nue en cet Article.

II. *Quelles perſonnes ſont compri-*
ſes dans cette prohibition ?

III. *Si cette prohibition regarde*
ſeulement ceux qui ont une ad-
miniſtration ſuivie ?

IV. *Si elle peut durer au delà de*
l'adminiſtration ?

V. *Si elle a lieu contre les Pères,*
Mères, &c ?

VI. *Biens compris dans la prohi-*
bition.

VII. *Exception pour les effets mo-*
biliers.

PARAGRAPHE I.

Les Légiſlateurs, en établiſſant les incapacités de recevoir, dont nous allons
parler, ont eu pour objet de garantir les
perſonnes foibles, des entrepriſes de ceux
qui pourroient abuſer de leur pouvoir

sur elles ; & c'est pour cela que l'Edit Art.
Perpétuel a proscrit, comme l'effet de la xiv.
crainte ou d'une complaisance mal entendue, toutes les Dispositions que nous
pourrions faire, en faveur des personnes
qui ont de l'empire sur nous.

§ II.

Dans la prohibition du présent Article,
sont compris les Tuteurs, Curateurs, Gardiens, Baillistres & autres Administrateurs,
ainsi que leurs Femmes & Enfans ; ce
qui est conforme à l'Ordonnance de 1539 ;
art. 131 : surquoi on remarquera qu'on
ne peut éluder cette défense, quelque dé-
tour que l'on prenne, car les Dispositions
indirectes, sont aussi bien défendues que
celles qui seroient faites [en faveur desdits Administrateurs] directement ; lesquelles dans l'un & l'autre cas, sont toujours nulles, suivant notre Edit. Voyez
au surplus la Déclaration du Roi du mois
de Février 1549.

Le Placard du 4 Octobre 1540, rappellé dans le présent Article de l'Edit,
s'exprime ainsi en l'art. 14.

" Tous dons Testamentaires, légats,
" donations d'entre-vifs ou en cas de mort,
" faites par mineurs de vingt & cinq ans,
" des Biens immeubles, ou par lesquels
" les Biens immeubles seroient chargés
" de somme d'argent, ou rente à vie ou
" perpétuelle, au profit de leurs Cura-

ART.
xiv.

» teurs, Gardiens & autres, leurs Admi-
» niftrateurs, ou de leurs Enfans, ou au
» profit de leurs parâtres & marâtres (*id*
» *eft* du mari de leur Mère, ou de la
» femme de leur Père),.... feront nuls
» & de nulle valeur : ordonnant à tous
» Juges, ainfi les juger. »

§ III.

L'incapacité de recevoir des libéralités
des Pupilles, prononcée contre les Tuteurs, Curateurs, &c. ne doit s'entendre
que des Tuteurs & Curateurs, qui ont
une adminiftration fuivie, & non pas de
ceux qui n'ont été nommés qu'à l'effet
d'un feul Acte.

§ IV.

Au refte, cette incapacité ne dure
qu'autant que l'adminiftration, & dès
qu'elle eft finie, les Adminiftrateurs peuvent valablement recevoir des libéralités de leurs Pupilles ou autres, dont ils
ont géré les Biens ; mais il faut obferver
que l'adminiftration n'eft cenfée finie,
qu'après compte rendu & reliquat payé.

§ V.

L'Edit Perpétuel a excepté de la prohibition, exprimée fous le § II, les Pè-

res , Mères , Aïeux, Frères & Sœurs des
Pupilles , encore que ceux-ci foyent fous
leur adminiftration.

Art:
xiv.

§ VI.

On vient de voir quelles font les perfonnes auxquelles les Pupilles ne peuvent pas donner valablement; il faut remarquer à préfent , que dans la prohibition
font compris tous les Biens des Pupilles ,
de quelque nature qu'ils foient : ainfi ,
ils ne peuvent difpofer en faveur de leurs
Adminiftrateurs , ni de leurs Immeubles
réels , ni de leurs Immeubles fictifs , comme rentes ou autres chofes femblables,
ni de leurs cateux , maifons & autres
biens réputés meubles , ni même de leurs
effets purement mobiliers. Placard du 28
Novembre 1611 , art. 5 & 6.

§ VII.

Cependant , malgré la févéfité de ces
règles , & par une exception puifée dans
la Loi même , on permet aux Mineurs
(lorfqu'ils ont d'ailleurs la capacité requife)
de faire quelque libéralité modique *de leurs
effets mobiliers* , en faveur des perfonnes
dénommées au § II , foit par Acte entre-
vifs , foit par Teftament. pourvu que la
difpofition foit proportionnée aux facultés
du Mineur , & à ce que le Donataire ou

Art. Légataire a pu mériter de lui. Placard du
xiv. 28 Novembre 1611, art. 6.

Sur la matière des Teſtamens, voyez
le Traité de Furgole, en quatre volumes in-4°.

ARTICLE XV.

Des Subftitutions fidéicommif-
faires, & de leur Enrégiftre-
ment.

NOus ordonnons bien férieuſe-
ment, que le Placard de feu
notre Seigneur & Père, du 6 de
Décembre 1586, foit ponctuellement obſervé, & rafraîchiſſant les
points principaux d'icelui, ordonnons
autrefois que nulles clauſes de Fidéicommis, Subſtitutions, Prohibitions
d'aliéner ou ſemblables charges, ordonnées par Teſtamens, Donations
ou Contrats, fortiront effet de réaliſation ou affectation de droit, ne
foit que ladite clauſe des Teſtamens,
Donations ou Contrats, contenant
telle charge, foit notifiée & enrégif-
trée pardevant les Juges ou Loix,
où tels Biens font fitués, ou fi ce
font Fiefs, en la Cour d'où ils font
tenus & mouvans: lequel devoir

Art.
xv. Nous ordonnons être fait par celui
qui premier doit profiter de telles
difpofitions que deffus, auparavant
qu'il faffe appréhenfion du Bien ainfi
chargé, à peine de perdre la jouif-
fance d'icelui, au profit de fes Subftitués ou autres, en faveur defquels
l'aliénation feroit interdite.

S O M M A I R E

De l'Article XV.

§ I. *Ce qu'on entend par Fidéicommis ou Subftitution ?*

II. *On en connoît de deux fortes.*

III. *A qui la faculté de fubftituer
eft accordée ?*

IV. *Quels Biens on peut fubftituer?*

V. *Ce qui donne lieu à l'ouverture
d'un Fidéicommis?*

VI. *Si le droit de Tranfmiffion y
a lieu ?*

VII. *Quid ? Du droit de Repréfentation.*

VIII. *De la renonciation à un Fidéicommis.*

Art. xv.

§ IX. Si un Fidéicommis doit contenir prohibition d'aliéner ?

X. Si cette prohibition feule, peut former une Subftitution ?

XI. Exception à la régle du § X.

XII. Comment on fuccède en fait de Fidéicommis ?

XIII. De l'enrégiftrement des Subftitutions.

XIV. Où cet enrégiftrement doit fe faire ?

XV. Quid ? Quand il y a des Rentes comprifes dans la Subftitution.

XVI. Quid ? A l'égard des Actes d'emploi.

XVII. Caufes qui rendent l'enrégiftrement nul.

XVIII. Regiftre dans lequel l'enrégiftrement doit être fait.

XIX. Quelle perfonne eft tenue de faire faire l'enrégiftrement ?

XX. Peine qui réfulte de ce que l'enrégiftrement n'a pas été fait.

ART.
XV.

§ *XXI. De l'Ordonnance requise pour prendre possession des Biens substitués.*

XXII. Formalités de l'inventaire requis, dans le cas de Substitution.

XXIII. Où se portent les contestations sur cette matière?

XXIV. Des Lettres de Requête civile, en fait de Fidéicommis.

XXV. Comment l'Ordonnance du mois d'Août 1747, s'observe parmi nous?

PARAGRAPHE I.

On nomme Fidéicommis ou Substitution fidéicommissaire, une disposition par laquelle un homme charge son Héritier ou son Donataire, de rendre la succession qu'il lui laisse, ou la libéralité qu'il lui fait, à un autre, après son décès.

§ II.

Ainsi, nous admettons deux sortes de Substitutions, savoir : les Substitutions testamentaires, & les Substitutions par

Actes entre-vifs, qu'on nomme Subſtitu- ART.
tions contractuelles.   XV.

Ces dernières, qui ſe font le plus ordinairement dans des Donations ou dans
des Contrats de mariage, ſont irrévoca-
bles, ſuivant l'Ordonnance du mois d'Août
1747, tit. I, art. II.

Au contraire, une Subſtitution par Acte
de dernière volonté, n'a d'effet que du
jour du décès de celui qui l'a faite, lequel
eſt toujours maître de la révoquer, *uſque
ad extremum vitæ ſpiritum.*

§ III.

Pour pouvoir faire une Subſtitution
valable, il faut être maître de diſpoſer de
ſes Biens; ainſi, ceux qui ſont morts civilement, les Mineurs, les Interdits, &
tous autres qui ne ſont point *ſui juris*,
ne peuvent valablement ſuſtituer leurs
Biens. Voyez la ſuſdite Ordonnance, tit.
I, art. I.

§ IV.

On peut comprendre dans une Subſtitution, non-ſeulement les Immeubles réels,
mais encore les Immeubles fictifs, & tous
Biens réputés meubles : l'Ordonnance
permet même d'y envelopper le mobilier,
pourvu que ce ſoit à titre univerſel &
à la charge de l'emploi : ſur-tout cela,
voyez la même Ordonnance, citée ſous

Art. les deux § précédens, tit. 1, art. 2, 3,
xv. 4, 5, 6, 7, 8, 9 & 10.

§ V.

La mort civile du grévé de Subſtitution, donne lieu à l'ouverture du Fidéicommis, de même que la mort naturelle,
ſuivant ladite Ordonnance, tit. 1, art.
24.

§ VI.

Si les appellés à une Subſtitution, meurent avant que leur droit ſoit ouvert, ils
n'en peuvent tranſmettre l'eſpérance à
leurs enfans ni deſcendans, parce que la
tranſmiſſion d'un droit quelconque, ne
peut être par nous faite, que quand nous
en avons été ſaiſis nous mêmes; or, celui qui eſt appellé à une Subſtitution,
mais qui décède avant ſon ouverture,
n'avoit qu'une ſimple eſpérance de la recueillir; eſpérance qui, lui étant perſon-
nelle, doit néceſſairement périr avec lui.
C'eſt la diſpoſition de l'art. 20, du titre
1, de la même Ordonnance,

§ VII.

Cette Ordonnance abroge tout droit
de repréſentation en fait de Fidéicommis, à moins que l'Acte n'en contienne

une difpofition expreſſe & pofitive. Art. Art.
21, du même titre.   XV.

§ VIII.

Si le grévé de Fidéicommis, renonce
à ſa jouiſſance, elle paſſe à celui qui
étoit le premier appellé pour recueillir la
Subſtitution: de même ſi l'un des Subſtitués vient à renoncer à ſon droit, celui
qui ne devoit l'avoir qu'après ſa mort,
en devient maître dès l'inſtant de la renonciation. Art. 27 de la ſuſdite Ordonnance, au titre cité.

§ IX.

Il n'eſt pas néceſſaire qu'un Fidéicommis contienne une prohibition d'aliéner:
cette prohibition y eſt toujours compriſe,
ſans qu'elle y ſoit exprimée; DE GHEWIET,
part. 2, tit. 4, § 10, art. 4.

§ X.

La ſimple prohibition d'aliéner, n'o-
père point une Subſtitution, car une Subſtitution n'exiſte, que quand quelqu'un eſt
nommément appellé pour la recueillir:
ainſi le Légataire, l'Inſtitué, ou le Donataire, qui n'eſt point chargé de reſtituer à un autre, peut diſpoſer valablement de ce qui lui a été laiſſé, malgré
la prohibition d'aliéner, laquelle n'eſt re-

Art. gardée que comme un conseil, qu'on peut
xv. suivre ou rejeter; DE GHEWIET, *loc. cit.*

§ XI.

Cependant, si le Testateur ou Donateur, avoit dit : » je défends à mon hé-
» ritier d'aliéner mes Biens hors de sa
» famille ; » ces termes opéreroient une
sorte de Substitution, qui empêcheroit le
grévé de vendre & donner à des étrangers. Tel est le sentiment de DENISART,
conforme à celui de TULDEN, qui s'exprime ainsi : *Fideicommissum, non oritur
ex solâ prohibitione alienationis à testatore
factâ, nisi aut personam designavit ; aut
causam expressit, veluti ut bona maneant
in familiâ. vid.* TULDEN, *ad. cod. lib.*
6, *tit.* 42 , *n.* 2.

§ XII.

En fait de Fidéicommis, on succède
au Fidéicommissant, & non au Fidéicommissaire ; mais néanmoins, ce sont les plus
proches du Fidéicommissaire qui doivent
succéder. Arrêt du 10 Décembre 1697,
rapporté par M. DESJAUNAUX, tom. 2,
n. 194 : & dont DE GHEWIET fait mention, en ses Inst. du Droit Belg. part.
5, tit. 4, § 10, art. 26.

§

§ XIII.

En conſéquence de l'Article XV de l'Edit Perpétuel, & du Placard de PHI-LIPPE II, qui y eſt rappellé, les Subſtitutions & Fidéicommis, enſemble les défenſes d'aliéner, portées par des Actes entre-vifs ou par des Teſtamens, n'ont effet de réaliſation, que quand elles ont été préalablement régiſtrées: à quoi eſt conforme la Déclaration du Roi du 22 Juillet 1712, qui renouvelle en cela, les diſpoſitions de notre Edit.

Voici au ſurplus ce que l'Ordonnance du mois d'Août 1747, preſcrit à cet égard, par l'art. 18 du tit. 2.

» Toutes les Subſtitutions Fidéicom-» miſſaires, (dit cet art.) faites ſoit par » des Actes entre-vifs ou par des diſpoſi-» tions à cauſe de mort, ſeront publiées » en jugement, l'Audience tenante, & » enrégiſtrées au Greffe du Siége où la » publication ſera faite.

§ XIV.

Suivant la Déclaration de 1712, qui en ce point étoit conforme à notre Edit, il falloit que l'enrégiſtrement dont il s'a-git, fut fait, ſavoir: à l'égard des Fiefs, aux Greffes des Cours & Juriſdictions féodales, dont ils étoient tenus & mou-vans, & pour les Biens non féodaux,

aux Greffes des Juſtices des lieux où ils avoient leur ſituation.

L'Ordonnance du mois d'Août 1747, a d'abord apporté des changemens à ces diſpoſitions, mais elle a été elle-même modifiée & changée, relativement aux uſages de Flandres, par une nouvelle Déclaration du Roi, du 12 Juillet 1749. Voici ce que contient l'art. premier de cette Déclaration.

» Interprétant l'art. 19 du titre 2 de
» notre Ordonnance du mois d'Août 1747,
» & y dérogeant en tant que beſoin
» ſeroit, voulons que dans les cas où il
» ſe trouvera que tous les Biens ſubſti-
» tués ſont dans le reſſort de notre Parle-
» ment de Flandres, & que l'auteur de la
» Subſtitution y avoit auſſi ſon domicile,
» au jour de l'Acte qui la contient,
» ſi elle eſt faite par une donation ou
» contrat entre-vifs, ou au jour de ſon
» dècés, ſi elle eſt faite par une diſpo-
» ſition à cauſe de mort, la publication
» & l'enrégiſtrement de la Subſtitution,
» ſoient faits en notredite Cour, ſeu-
» lement ; & lorſque ledit domicile ou
» la ſituation deſdits Biens en tout ou en
» partie, ne ſe trouveroit pas également
» dans le reſſort dudit Parlement, la pu-
» blication & l'enrégiſtrement ſeront faits
» tant audit Parlement, qu'aux Siéges où
» ils doivent l'être, ſuivant notre Or-
» donnance relativement au domicile de
» l'auteur de la Subſtitution, ou à la ſi-

» tuation defdits Biens.» Surquoi voyez Art.
l'Ordonnance du mois d'Août 1747, tit. xv,
2, art. 19 & 20.

§ XV.

» La difpofition de l'art. précédent,
» aura lieu pareillement lorfque la Subf-
» titution comprendra des rentes de la
» qualité marquée par l'art. 22, du tit.
» 2 de ladite Ordonnance, ou des Offi-
» ces; & que le lieu où lefdites rentes
» fe payent, ou dans lequel fe fait l'exer-
» cice defdits Offices, fera dans le reffort
» du Parlement. » Art. 2 de la Déclaration du 12 Juillet 1749.

Les rentes dont il s'agit en cet article
font celles conftituées fur le Roi, fur
Paris ou autres Villes, fur le Clergé ou
fur des Pays d'Etats. Voyez l'Ordonnance
des Subftitutions, tit. 2, art. 22.

§ XVI.

» Voulons (dit l'art. 3 de la même
» Déclaration) qu'il foit auffi procédé
» par notredite Cour, à la publication &
» enrégiftrement des Actes d'emploi,
» ainfi qu'il eft réglé par l'art. 23 du tit.
» 2 de l'Ordonnance; lorfque l'emploi
» requis par cette Loi, aura été fait en
» acquifition de maifons, terres, rentes
» foncières, ou droits réels fur des héri-
» tages, ou en conftitution de rentes,

Art.
xv.
» de la qualité marquée par ledit art. 22,
» & que lesdites maisons, terres, ou se-
» ront situées dans les Pays du ressort de
» notredite Cour, ou que le lieu où se
» payent les fruits, sera dans l'étendue
» desdits Pays. »

Sur l'emploi que requiert l'Ordonnance
des Substitutions, il faut consulter les
art. 10, 11, 12, 13, 14, 15, 16 &
17 du titre 2 de cette Ordonnance;
voyez aussi l'art. 23 du même titre.

§ XVII.

» Le contenu aux trois articles précé-
» dens [de la Déclaration du 12 Juillet
» 1749,] sera observé (dit l'art. 4,) à
» peine de nullité des Actes de publica-
» tion & d'enrégistrement, qui seroient
» faits ailleurs que dans les Siéges ci-dessus
» marqués, sans préjudice au surplus de
» l'exécution des Substitutions, qui au-
» roient été ci-devant régistrées en la
» forme prescrite, par la Déclaration du
» feu Roi notre très-honoré Seigneur &
» Bisaïeul, du 22 Juillet 1712; (c'est
» celle dont il a été parlé sous le § XIII.)

§ XVIII.

L'enrégistrement des Substitutions doit
être fait dans un Registre destiné à cet
effet » qui sera côté & paraphé à chaque
» feuillet, clos & arrêté à la fin par le

» premier Officier du Siége, ou en son
» absence, par celui qui le suit, dans
» l'ordre du tableau, dans lequel Re-
» giftre seront transcrits *en entier* les Con-
» trats, Donations, Testamens ou Co-
» diciles, qui contiendront des Substitu-
» tions : » c'est la disposition de l'Ordonnance du mois d'Août 1747, tit. 2, art.
124, lequel article est conforme en partie,
à ce qui étoit déja prescrit à ce sujet,
par la Déclaration du 22 Juillet 1712.

§ XIX.

Les Actes entre-vifs ou Testamentaires, contenant Substitution, doivent
être regiftrés à la diligence de l'Héritier
institué ou *ab inteflat* donataire ou légataire, qui doit le premier profiter de la
disposition. Voyez la Déclaration du 22
Juillet 1712, & l'Ordonnance du mois
d'Août 1747, tit. 2, art. 18.

§ XX.

Cet enrégiftrement doit être fait avant
que le grévé de Substitution puisse le mettre en possession des Biens subftitués, sans
quoi il en perd la jouissance, qui passe
en ce cas, au premier des appellés, ou
à celui en faveur duquel la défense d'a-
liéner a été faite.

De même celui qui doit recueillir les
Biens subftitués, parce que le grévé a

ART. négligé l'enrégiftrement dont il étoit tenu ;
XV. celui-là, dis-je, eft également obligé de faire régiftrer l'Acte, contenant Fidéicommis ou défenfe d'aliéner, avant de pouvoir profiter defdits Biens, & fous la même peine. Voyez la Déclaration du 22 Juillet 1712.

Sur ce qui réfulte de l'accompliffement ou du défaut de l'enrégiftrement, ainfi que fur les autres queftions acceffoires, il faut confulter la fufdite Déclaration du 22 Juillet 1712 ; deux Arrêts, dont un du 21 Juillet 1671, l'autre du 13 Juillet 1690, tous deux rapportés par M. POLLET, part. 3, nomb. 118 ; l'Ordonnance du mois d'Août 1747, tit. 2, art. 27, 28, 29, 30, 31, 32, 33, 34, & enfin, un Arrêt du Parlement de Flandres, du 24 Janvier 1686, qu'on trouve dans le Recueil de M. POLLET, part. 3, nomb. 34.

§ XXI.

» L'Ordonnance requife par l'art. 35,
» du titre 2 de la fufdite Ordonnance
» (du mois d'Août 1747.) pour mettre
» ceux qui feront grévés de fubftitution,
» ou ceux qui prendront leur place, à
» leur défaut, en poffeffion des Biens
» fubftitués, fera donnée en notredite
» Cour de Parlement (de Flandres) fur
» les conclufions de notre Procureur
» Général, lorfque les Biens fubftitués
» feront fitués dans fon reffort, en tout

» ou en partie, en obfervant au furplus
» tout ce qui eft prefcrit par lefdits articles
» & par les art. 26, 37, & 39, & fans
» qu'il puiffe être reçu de plus grands
» droits, que ceux qui font réglés par
» l'art. 38 (de la fufdite Ordonnance) : »
Déclaration du 12 Juillet 1749, art. 5.

Voyez dans l'Ordonnance des Subftitutions, tous les articles qu'on vient de
iciter.

§ XXII.

» La confection de l'inventaire des
» Biens & Effets de celui qui aura fait
» une Subftitution, dans le cas où il y
» auroit lieu de faire l'inventaire en Juf-
» tice, fuivant les régles obfervées en
» cette matière, appartiendra aux Offi-
» ciers qui étoient ci-devant en poffef-
» fion d'y procéder dans le reffort de
» notredite Cour, & ledit inventairé
» fera fait en préfence de celui qui fera
» les fonctions de partie publique, outre
» les perfonnes dénommées dans les art.
» 4 & 5 de ladite Ordonnance (du mois
» d'Août 1747) : dérogeons à l'art. 6,
» en ce qui feroit contraire à la préfente
» difpofition. Déclaration du 12 Juillet
» 1749, art. 6.

Voyez fur cela l'Ordonnance des Subftitutions, tit. 2, art. 1, 2, 3, 4, 5,
6 & 7.

§ XXIII.

» Toutes les conteftations concernant

ART.
XV.

» les Subſtitutions fidéicommiſſaires, qui
» ſeront formées dans l'étendue deſdits
» Pays (du reſſort du Parlement de Flan-
» dres,) continueront d'être portées en
» première inſtance, devant les Juges
» auxquels la connoiſſance en appartenoit
» avant notredite Ordonnance (du mois
» d'Août 1747,) ſans qu'elles en puiſ-
» ſent être évoquées en aucun cas, en
» vertu de *committimus* ou autre privi-
» lége : dérogeons pour ce regard, aux
» diſpoſitions des art. 47 & 48, du ti-
» tre 2 de notredite Ordonnance ; &
» deſirant néanmoins pourvoir au bien
» des familles deſdits pays, & les faire
» jouir de l'avantage que nous avons
» voulu procurer à tous nos Sujets, par
» la diminution des degrés de Juriſdic-
» tion en cette matière ; voulons que
» toutes les appellations qui ſeront inter-
» jetées à l'avenir, des Ordonnances ou
» Jugemens rendus ou à rendre, ſur ce
» qui concerne leſdites Subſtitutions, ne
» puiſſent être relevées ailleurs qu'en no-
» tredite Cour de Parlement, encore que
» les Juriſdictions où elles auroient été
» rendues, n'y fuſſent pas reſſortiſſantes,
» directement en d'autres matières. » Déclaration du 12 Juillet 1749, art. 7.

§ XXIV.

» Les Lettres en forme de requête
» civile, qui ſeroient priſes par celui au

» profit duquel la Subſtitution ſera ou-
» verte, ainſi qu'il eſt réglé par les art.
» 50 & 54, du titre 2 de la ſuſdite Or-
» donnance, pourront être fondées, ſoit
» ſur les ouvertures mentionnées dans
» l'Edit du mois de Mars 1674, enré-
» giſtré en notre Parlement de Flandres,
» ſoit ſur les autres moyens mentionnés
» audit art. 50, en obſervant au ſurplus
» tout ce qui eſt preſcrit, tant par leſ-
» dits art. 50 & 54, que par les art.
» 51 & 52, concernant les délais dans
» leſquels les Lettres pourront être ob-
» tenues. » Déclaration du 12 Juillet
» 1749, art. 8.

Voyez dans l'Ordonnance des Subſtitutions, les articles qu'on vient de citer.

§ XXV.

On a ci-deſſus rapporté la teneur des
huit premiers articles de la Déclaration
du 12 Juillet 1749; l'art. 9 ne contient
rien qu'un plan qui n'eſt pas encore exécuté, & quant à l'art. 10 & dernier,
voici quelle en eſt la teneur.

» Voulons au ſurplus (dit cet article)
» que toutes les régles & formalités preſ-
» crites par notre Ordonnance du mois
» d'Août 1747, & auxquelles il n'a pas
» été apporté de changement par la pré-
» ſente Déclaration, ſoient exactement
» obſervées dans toute l'étendue du reſ-
» fort de notredit Parlement (de Flan-

Art. » dres,) ainſi que dans tous les autres
XV. » Pays de notre obéiſſance. »

Ainſi, pour bien entendre la matière
des Subſtitutions, il faut conférer cette
Déclaration, avec l'Ordonnance du mois
d'Août 1747, vulgairement appellée l'Ordonnance des Subſtitutions.

ARTICLE XVI.

Des Degrés dans les Subfti-
tutions.

QUe toutes telles difpofitions de Subftitutions, fidéicommis, probibitions d'aliéner , conditions de retour ou autres femblables , faites par ordonnance de dernière volonté , ou par Contrats d'entre-vifs, de mariage ou autres, que communément on appelle conventionnelles , fur quels termes elles foient conçues, n'auront effet que trois fois, y comprife l'inftitution première, & au profit de trois perfonnes , en ce comptée la première inftituée ; déclarant celles ultérieurement ordonnées, de nulle valeur.

S O M M A I R E

De l'Article XVI.

§ I. Comment JUSTINIEN avoit d'a-

bord réduit les degrés des Subftitutions ?

§ II. *A quels degrés elles font ré-
duites aujourd'hui ?*

III. *Comment les degrés s'accom-
pliffent ?*

IV. *Manière de compter les degrés lorfqu'il y a divifion entre l'ufufruit & la propriété.*

V. *Si les degrés fe comptent par
têtes ou par fouches ?*

PARAGRAPHE I.

» Autrefois le Teftateur avoit la li-
» berté de faire des Subftitutions gra-
» duelles & perpétuelles jufques à l'infini ;
» c'eft-à-dire, qu'il pouvoit charger les
» enfans de fes enfans, tant que la ligne
» duroit, & même paffer après cela dans
» les lignes collatérales, enforte que,
» tant qu'il y avoit des parens, ils ne
» fuccédoient pas les uns aux autres, aux
» Biens fubftitués, fuivant l'ordre des
» fucceffions ordinaires ; mais fuivant l'or-
» dre qui avoit été prefcrit par le Tef-
» tateur, qui faifoit pour ces fortes de
» Biens une Loi particulière & perpétuelle
» pour fa famille.

» Justinien jugea à propos de mo-   Art.
» dérer les Subſtitutions, & les réduiſit   xvj.
» à quatre degrés, la perſonne inſtituée
» non compriſe........

§. II.

Mais par l'Edit Perpétuel, qui fait pour nous une Loi inviolable, ces quatre degrés ſe trouvent réduits à trois, l'inſtitué compris, ou à deux non compris l'inſtitué, comme le décide l'Ordonnance du mois d'Août 1747, tit. 1, art. 30, dont voici les diſpoſitions.

» L'art. 59 de l'Ordonnance d'Orléans,
» ſera exécuté; & en conſéquence (dit
» celle du mois d'Août 1747,) toutes les
» Subſtitutions faites, ſoit par contrat de
» mariage ou autre Acte entre-vifs, ſoit
» par diſpoſition à cauſe de mort, en
» quelques termes qu'elles ſoient conçues,
» ne pourront s'étendre au-delà de deux
» degrés de Subſtitués, outre le Dona-
» taire, l'Héritier inſtitué ou Légataire,
» ou autre qui aura recueilli le premier
» les Biens du Donateur ou du Teſtateur.

§ III.

Ainſi quand les Biens chargés de Fidéi-commis ſont parvenus du grévé au premier Subſtitué & de celui ci au ſecond, la Subſtitution eſt accomplie, enſorte que le ſecond Subſtitué (qui fait le troiſième

ART.
xvj.

degré suivant notre Edit,) jouit alors librement des Biens qu'il a recueillis, & peut les vendre, aliéner, ou en faire telle difpofition que bon lui femble. Interprétation du préfent article, en date du 16 Mars 1620.

§ IV.

L'héritier inftitué ne fait que le premier degré de la Subftitution, quoique le Teftateur ait laiffé à un autre l'ufufruit des Biens Subftitués. Arrêt du 2 Août 1702, rapporté avec beaucoup de détail par M. POLLET, part. 1, nomb. 25.

§ V.

Suivant l'Ordonnance de 1629, vulgairement appellée le Code Michault, parce qu'elle eft l'ouvrage de Michel DEMARILLAC, on devoit compter les degrés dans une Subftitution par tête & non par fouche ; telle eft la difpofition de l'art. 124 de cette Ordonnance.

Celle du mois d'Août 1747 y eft conforme, & voici les termes dans lefquels eft conçu l'art. 33 du titre premier.

„ Les degrés de Subftitution (dit cette „ nouvelle Ordonnance) feront comptés „ par têtes & non par fouches ou géné„ ration, de telle manière que chaque „ perfonne foit comptée pour un degré. „ Voyez l'art. 34 de cette même Ordonnance.

ARTICLE XVII.

De la clarté des expreſſions re-
quiſe en fait de Fidéicommis.

ET pour obvier à toutes diſputes
qui ſouventes fois adviennent en
ces matières de ſubſtitutions & fidéicommis , nous enchargeons à ceux
qui en veulent uſer ès lieux où les
biens ſont de libre diſpoſition , d'expliquer clairement par inſtrument
qu'ils en feront dreſſer , leurs volontés & intentions , leſquelles voulons être ponctuellement ſuivies.

S O M M A I R E

De l'Article XVII.

§ I. *Comment on doit entendre cet*
Article?

II. *Si les Subſtitutions ſous ſeing*
privés , ſont valables?

ART. XVIJ.

§ *III. Si une Subſtitution conçue en termes clairs, doit toujours être exécutée?*

PARAGRAPHE I.

A ſuivre littérallement la difpoſition de cet article, on ne pourroit faire de Subſtitutions que par des Actes authentiques, tels que ceux paſſés devant Notaires ou autres Officiers publics ; mais il faut obſerver que cette difpoſition n'a été ainſi conçue que parce que l'Edit Perpétuel n'admet point l'uſage des Teſtamens olographes, leſquels ne font connus que dans les Coutumes (homologuées) qui les autoriſent Voyez ci-deſſus le § VI, de l'Article II.

§ II.

Ainſi il eſt toujours vrai de dire que dans les Coutumes où l'on peut faire des Teſtamens olographes, il eſt également permis de faire des Subſtitutions ſous ſeing privé ; leſquelles ont la même force que les Subſtitutions authentiques.

§ III.

L'Edit Perpétuel recommande que les Subſtitutions ſoient faites dans des termes

clairs & intelligibles, afin d'éviter les interprétations qui souvent se trouvent contraires à la volonté du Fidéicommissant.

Cet Edit veut même que quand une
Substitution est claire, elle ait son effet
telle qu'elle a été rédigée ; mais cela ne
doit être entendu à la rigueur, qu'autant
que la Substitution se trouve d'ailleurs conforme aux règles reçues en cette matière.

ART.
xviij.

ARTICLE XVIII.

Si les Enfans mis dans la condition, sont compris dans la Disposition ?

ET avenant qu'ils y ordonnent quelque subſtitution, au profit de quelqu'un, lors & ſi avant que le premier inſtitué viendroit à décéder ſans enfans, que pluſieurs ont tenu être mots conditionnels & ambigus, cauſants grande diſpute & diverſité d'opinions : Nous pour y mettre fin, déclarons qu'au cas ſuſdit, tels enfans mis en condition, s'entendront être appellés après leur père, qui par conséquent ne pourra aliéner les Biens chargés de cette ſubſtitution.

SOMMAIRE

De l'Article XVIII.

§ I. *Explication de cet Article.*

§ II. Si sa disposition doit prévaloir sur l'Ordonnance des Substitu- tions ?

III. Si la condition que le grévé vienne à décéder sans enfans, est arrivée, quand il n'y a que des enfans naturels, ou morts civilement ?

Art. xviij.

PARAGRAPHE I.

La question décidée par cet article a été long-temps controversée parmi les Juris-consultes : pour la bien entendre, il faut supposer qu'un Testateur en instituant un Héritier lui en ait substitué un autre dans le cas où le premier viendroit à décéder sans enfans.

Cela posé, on demande si cette con-dition, *en cas qu'il vienne à décéder sans enfans*, est une disposition en faveur des enfans de l'Institué, qui puisse gréver ce-lui-ci de Fidéicommis à leur égard, ou pour parler le langage des Jurisconsultes, on demande si les enfans mis dans la con-dition, sont présumés compris dans la dis-position ?

L'Edit Perpétuel a levé le doute en dé-cidant d'une manière positive que les en-fans mis dans la condition, sont censés appellés au Fidéicommis, ensorte que le pere (grévé en leur faveur) ne peut au-

ART.
xviij. cunement aliéner les Biens compris dans
la Subſtitution.

§ II.

Nous obſerverons ici que l'art. 19 du
titre 1 de l'Ordonnance des Subſtitutions,
eſt tout à fait contraire à l'Edit Perpétuel,
art. 18 ; mais nous devons ſuivre ſtricte-
ment la diſpoſition de l'Edit, préférablement à celle de l'Ordonnance : ainſi il eſt
de principe certain parmi nous, qu'un Fidéicommis conçu dans les termes que nous
venons de rapporter, renferme une véritable diſpoſition en faveur des enfans du
Fidéicommiſſaire.

Voyez l'Hiſtoire du Droit François,
pour les Provinces du Reſſort du Parlement de Flandres, deuxième partie, tit.
10, ſect. 5, pag. 203, où l'opinion contraire eſt établie.

*Conſtitutiones tempore poſteriores, potiores
ſunt hiſquæ ipſas præceſſerunt*, l. 4, ff. de
conſt. princ.

§ III.

„ Dans les Subſtitutions faites ſous la
„ condition *que le grévé vienne à décéder
„ ſans enfans*, le cas prévu par ladite con-
„ dition ſera cenſé être arrivé, lorſqu'au
„ jour du décès du grévé il n'y aura aucuns
„ enfans légitimes & capables des effets
„ civils, ſans qu'on puiſſe avoir égard à
„ l'exiſtence des enfans naturels, même
„ légitimés, autrement que par mariage

„ fubféquent , ni pareillement à l'exif- Arт.
„ tence des enfans morts civilement par xviij.
„ condamnation pour crime , ou incapa-
„ bles des effets civils par la profeſſion
„ folemnelle de la vie religieuſe , ou pour
„ quelqu'autre cauſe que ce ſoit. Ordon-
„ nance du mois d'Août 1747 , tit. 1 ,
„ art. 23. „

Sur la matière de Subſtitutions ; on peut conſulter les régles du Droit François, liv. 3 , chap. 5 ; ARGOU, liv. 2 , chap. 14 ; RICARD, (Auteur qui a bien approfondi cette matière ;) DOMAT, liv. 5 , tit. 3 , & DE GHEWIET , part. 2 , tit. 4 , § 10.

ARTICLE XIX.

De la preuve en matière de convention.

COmme plufieurs Procès fe meu-
vent entre nos Sujets, à caufe
de la multiplication de faits qu'on
pofe être entrevenus ès Conventions
& Contrats, en vertu defquels on
agit, comme fi plus y avoit été dit
& pourparlé, que ne contiennent
les inftrumens fur ce faits, foit fous
leur fignature, ou pardevant Notaire & Témoins ; comme de même
au fait des Difpofitions teftamentaires, Contrats de mariage, & toutes autres efpèces de Conventions
& Difpofitions, caufant une grande
incertitude,& par fois diverfité, voire
contrariété de preuves, & involu-
tions de Procédures, au très-grand
intérêt des Parties : Nous, pour obvier à ce, avons ordonné & ordonnons par cette, que de toutes chofes
dont nos Sujets voudront traiter ou

difposer, excédant la valeur de trois Art.
cens livres Artois, une fois, foit xix.
par ordonnance de dernière volonté,
Donations, Contrats de mariage,
Venditions, ou autres Contrats quelconques, fut de chofe réelle ou pécuniaire, de la valeur qıe deſſus,
ils aient à le faire par écrit, foit
fous leurs fignatures ou pardevant
Notaire & Témoins, ou autres perfonnes publiques, felon la qualité &
importance defdits Contrats & Difpofitions, qui en dépêcheront les
inftrumens en forme, lefquels feuls
ferviront de toute preuve èfdites matières, fans que les Juges pourront
recevoir aucune preuve par Témoins,
outre le contenu en iceux.

SOMMAIRE

De l'Article XIX.

§ *I. Des Conventions verbales.*

*II. Si l'on doit toujours rédiger
par écrit les Difpofitions entre-
vifs & teſtamentaires?*

120 *Nouveau Commentaire*

Art. xix.

§ *III.* Quid ? *A l'égard des Conventions.*

IV. Quels Actes doivent être passés devant Notaires ?

V. Preuve testimoniale inadmissible quand la convention (verbale) excéde 300 florins.

VI. Première exception de cette régle.

VII. Seconde exception.

VIII. Troisième exception.

IX. Quatrième exception.

X. Cinquième exception.

XI. Sixième exception.

XII. Septième exception.

XIII. Si en matière de preuves les faits doivent être pertinens ?

XIV. Si une Convention verbale excédant 300 florins, est absolument nulle ?

XV. Quid ? *Quand l'Acheteur tient note de ses marchés, & que le Vendeur n'en tient point.*

XVI. Si la preuve est admissible,

quand

quand on demande plusieurs sommes, moindre chacune, de 300
florins ?

§ *XVII.* Quid ? *Sur le paiement de
plusieurs sommes, moindre chacune de 300 florins.*

*XVIII. Si un Demandeur peut se
restreindre à 300 florins, pour
être admis à preuve ?*

*XIX. Pourquoi on rédige les Con-
ventions par écrit ?*

*XX. Si l'on reçoit la preuve tes-
timoniale, contre les conventions
écrites ?*

*XXI. Première exception ou mo-
dification de la régle contenue
au § XX.*

XXII. Seconde Exception.

XXIII. Troisième exception.

XXIV. Quatrième exception.

XXV. Cinquième exception.

XXVI. Sixième exception.
XXVII. Septième exception.

*XXVIII. Si les preuves écrites sont
reçues contre des Actes ?*

F

PARAGRAPHE I.

Les conventions verbales fi fréquentes dans l'ufage ne donnent aucune fûreté ; l'on n'a ordinairement d'autres reffources contre ceux qui refufent de les exécuter que leur ferment, à moins qu'on ne puiffe faire preuve teftimoniale de la convention, dans les cas où cette preuve eft admiffible. Voyez le § V du préfent Article.

Mais quand une partie demande l'exécution d'une convention verbale, excédant 300 florins, fi l'autre nie le fait, & que le Demandeur s'en rapporte à fon ferment, celle qui nie, eft toujours obligée de jurer. Déclaration du 20 Janvier 1622, rapportée par ANSELMO en fon Commentaire fous le § VIII du préfent Article. Voyez le § XIV.

§ II.

Toutes difpofitions tant entre-vifs que teftamentaires, doivent être rédigées par écrit, même lorfqu'il n'eft queftion que d'un objet au - deffous de 300 florins; l'Ordonnance du mois de Février 1731, & l'Ordonnance du mois d'Août 1735 le veulent ainfi, fous peine de nullité, & leurs difpofitions en cela doivent être étroitement fuivies, encore que l'Edit Perpétuel paroiffe autorifer les libéralités verbales lorsqu'il ne s'agit point d'un objet **Art.** excédant 300 florins. Voyez le § XII de **xix.** l'Article II.

§ III.

Quand dans un échange, une vente ou autre contrat quelconque, il s'agit d'un objet réel ou pécuniaire, excédant 300 florins, il faut rédiger la convention par écrit, soit sous seings privés, soit autrement, car au-dessus de cette somme, la preuve n'est plus admise. Voyez le § V.

§ IV.

Presque tous les Actes & Contrats peuvent être faits aussi bien sous seings privés que devant Notaires; mais il y en a quelques-uns qui seroient nuls, s'ils étoient faits sous seings privés.

De ce nombre sont :

1.° Les Donations entre-vifs, quelque modiques qu'elles soient.

2.° Les Contrats de mariage.

3.° Tous les Actes qui concernent la disposition & régie des biens des gens de main-morte, suivant la Déclaration du Roi du 19 Mars 1696, en conformité de laquelle le Parlement de Flandres a rendu un Arrêt le 5 Décembre 1708.

§ V.

D'après les dispositions de l'Edit Per-

ART.
XIX. pétuel, nous tenons pour principes certains, 1.º que la preuve testimoniale est
admissible en fait de conventions verbales, toutes les fois qu'il ne s'agit que d'un objet de 300 florins & au-dessous. 2.º Qu'au
contraire la preuve testimoniale ne peut
être admise, quand l'objet de la convention excéde 300 florins ; mais cette seconde régle est sujette aux exceptions suivantes.

§ VI.

1.º On admet la preuve par Témoins,
quelque considérable que soit l'objet, lorfqu'il y a un commencement de preuve par
écrit ; suivant la doctrine de M. POLLET,
part. 3, nomb. 35, laquelle est conforme à l'Ordonnance de 1667, tit. 20,
art. 3.

§ VII.

2.º On est reçu à faire preuve par
Témoins d'un Contrat, lorsqu'il a été
exécuté en partie, encore que l'objet excéde 300 florins. Arrêt du 27 Février 1671,
rapporté par M. POLLET, au lieu cité.

§ VIII.

3.º Lorsqu'il s'agit de prouver des faits
comme, par exemple, une perte, une dé-
gradation, la possession, la jouissance, la

livraison, &c. en ces cas, la preuve testimoniale est admissible à quelque somme que les faits puissent obliger, pourvu que ces faits ne tendent pas à détruire un Acte par écrit.

ART. xix.

§ IX.

4.° On doit admettre la preuve testimoniale, dans tous les cas où il n'a pas été possible de prendre un écrit : ainsi, dans un cas d'incendie, de naufrage, de ruine, de tumulte, d'écroulement, de pillage, la preuve par témoins est ordinairement admise sur le dépôt des effets chez un voisin, parce que dans ces cas, celui qui sauve ses effets, ne peut guères prendre un écrit du voisin, chez lequel il les dépose.

C'est ce dépôt qu'on appelle nécessaire : *secus* à l'égard du dépôt volontaire, ainsi qu'il a été jugé par Arrêt du Parlement de Flandres, du 25 Février 1694, rapporté par M. DESJAUNAUX, tom. 1, nomb. 20 ; en effet, quelque favorables que soient les dépôts, il faut passer Acte par écrit des dépôts volontaires, excédans 300 florins, car il y auroit beaucoup d'inconvéniens à en admettre la preuve testimoniale. Voyez l'Ordonnance de 1667, tit. 20, art. 2 & 3.

§ X.

5.° La preuve testimoniale doit être

F iij

admife contre les Aubergiftes au fujet des effets pris aux Voyageurs, foit par les gens de l'Auberge ou par d'autres, lorfqu'on en peut imputer la faute à l'Aubergifte, ce qui dépend toujours de la qualité des perfonnes & des circonftances du fait. Voyez la Collection de Jurifprudence de DENISART, au mot *Hôtellerie*; BURIDON fur l'art. 395, de la Coutume *de Reims*, & DOMAT, liv. 1, *des perfonnes*, tit. 16, fect. 1.

§ XI.

6.º La preuve par Témoins s'admet encore, lorfqu'il s'agit d'un dépôt fait par un Voyageur entre les mains de l'Hôtellier chez lequel il loge, & ce, *propter fidem publicam ;* ce qui a lieu fur-tout, lorfqu'il y a un commencement de preuve par écrit, ou des circonftances de nature à la faire admettre. Voyez CHARONDAS en fes Obfervations, lettre D, & en fes Rép. liv. 3, rep. 52; LOUET, lettre D, chap. 33; BRODEAU & CHENU, queft. 100; LE PRESTRE, en fa Centurie 3, chap. 114, & en fa cent. 4, chap. 22; DOMAT au lieu cité fous le § précédent; & enfin l'Ordonnance de 1667, tit. 20, art. 4.

§ XII.

7.º La preuve teftimoniale au-deffus de

300 florins, eſt reçue dans les Juriſdic- Art.
xix.
tions conſulaires en toutes ſortes d'affaires : elle eſt auſſi reçue dans la Juriſdiction de MM. les Maréchaux de France.
Voyez l'Ordonnance de 1667, tit. 16,
art. 7 & tit. 20, art. 2. Voyez auſſi les
Obſervations ſur le quatorzième Plaidoyer
d'Henrys.

Il ſeroit cependant d'une conſéquence
dangereuſe, d'admettre indiſtinctement la
preuve teſtimoniale au-deſſus de 300 florins, toutes les fois qu'elle eſt offerte
dans les Juriſdictions conſulaires : les Juge
& Conſuls doivent au contraire faire des
diſtinctions ſuivant les circonſtances ; par
exemple, il eſt naturel qu'ils admettent
la preuve, quand le Marchand qui l'offre
jouit d'une bonne réputation ; au contraire, ſi le Marchand eſt mal famé,
c'eſt une raiſon pour ne la pas accorder,
&c.

§ XIII.

Quand la preuve eſt admiſſible, s'il
s'agit de faits, il faut qu'ils ſoient pertinens ; (c'eſt-à-dire poſitifs, & probatifs,
comme dit l'Ordonnance *de Villers-Cot-*
terets, de l'année 1539, art. 42,) car
ſi la preuve des faits mis en avant peut
devenir inutile, on ne doit pas l'admettre : *fruſtrà probatur quod probatum nihil*
revelat. lege 21, *cod. de probat.*

F iv

§ XIV.

Anselmo, dans son Commentaire sur le présent Article, au § 28, tient pour principe, & démontre que la convention verbale, dont l'objet excéde 300 florins, n'est pas absolument nulle ; en effet, dans le cas de dénégation, on peut toujours demander le serment de celui qui dénie, & s'il demeure d'accord de la convention, il doit être condamné de l'entretenir, ce qui n'arriveroit pas, (dit un Auteur moderne,) si la convention étoit nulle, faute d'avoir été rédigée par écrit. Voyez le § premier.

§ XV.

Lorsqu'un Vendeur a négligé de tenir note de ses marchés, on ajoute foi à celles de l'Acheteur, ou du moins elles font un commencement de preuve par écrit, qui suffit pour faire admettre la preuve testimonale, encore qu'il s'agisse de plus de 300 florins: c'est une suite de ce que nous avons dit sous le § VI, & il en a été ainsi jugé par Arrêt du 23 Février 1695, qu'on trouve dans le Recueil de M. Desjaunaux, tom. 1, nomb. 55 ; voyez aussi M. Pollet, part. 3, nomb. 35.

Sur ce qu'on entend en général par *commencement de preuve par écrit*, il faut

conſulter l'Inſtruction facile ſur les Conventions, liv. 1 , tit. 5 , ſur la fin ; Denisart , à l'art. *commencement de preuves* ,
& Prevôt Delajannès, tom. 2, des
Exceptions , N.º 628.

§ XVI.

Quand on a fait à une même perſonne
la demande de pluſieurs ſommes , moindre chacune de 300 florins , mais qui
étant réunies , excédent cette dernière ,
ſi le Demandeur veut prouver que toutes ces ſommes lui ſont dûes , il doit le
faire autrement que par la preuve teſtimoniale , car en ce cas elle n'eſt point
admiſſible.

§ XVII.

Lorſqu'on a payé en différentes fois
pluſieurs ſommes , moindre chacune de
300 florins , on ne peut être reçu à la
preuve teſtimoniale de ces paiemens , s'ils
excèdent en total la ſomme de 300 florins : ſi au contraire les paiemens réunis
n'excèdent pas 300 florins , la preuve en
doit être reçue , quoiqu'ils aient été faits
à compte d'une dette beaucoup plus conſidérable ; cela a été ainſi jugé au Parlement de Provence , par un Arrêt que
Boniface, rapporte, liv. 8 , tit. 27, chap. 4:

F v

Art.
xix.

§ XVIII.

Quand la chofe dont il s'agit n'eft point évaluée, & peut excéder la valeur de 300 florins, celui qui forme fon action en Juftice, doit fe reftreindre à 300 florins, avant que de demander d'être admis à preuve.

Mais fi l'action étoit une fois formée pour plus de 300 florins, il ne feroit plus temps de faire cette reftriction, d'autant que ce ne feroit que pour être admis à la preuve teftimoniale, contre la prohibition de la Loi. Voyez ANSELMO fur le § 12 du préfent article.

§ XIX.

» On rédige par écrit les Conventions, » les Teftamens & les autres Actes, pour » conferver la preuve de ce qui a été » fait, par le témoignage des perfonnes » mêmes qui y expriment leurs intentions. » *Fiunt fcripturæ, ut quod actum eft, per* » *eas facilius probari poffit. L. 4, ff. de* » *fide inftr. l. 4, ff. de pignor.*

§ XX.

Lorfque les Conventions ont été rédigées par écrit, elles portent par elles-mêmes la preuve de leur vérité; c'eft pourquoi on ne reçoit aucune preuve par

Témoins, contre & outre le contenu aux
Actes, non plus que sur ce qui seroit al-
légué avoir été dit, avant, lors, ou depuis les Actes: c'est un principe général,
qui a son application aussi bien lorsqu'il
s'agit d'une somme ou valeur de 300 florins & au-dessous, comme s'il s'agissoit
de plus de 300 florins ; suivant l'axiome
de Droit, *contra scriptum Testimonium,*
non scriptum Testimonium non fertur. L. 1,
cod. de Test.

ART.
XIX.

C'est sur le fondement de ce principe,
que par deux Arrêts rapportés par CHA-
RONDAS, liv. 2, de ses Rep. Rep. 91,
il fut jugé, 1.° qu'on ne pouvoit pas être
reçu a prouver qu'une Quittance passée
pardevant Notaire, avoit été souscrite,
sans que le paiement eut été effectué,
mais sous la simple promesse que le Débiteur avoit faite de payer. 2.° Que quoiqu'un Bail à ferme fut fait pour neuf ans,
le Locateur en le passant, avoit néanmoins promis d'en consentir la résiliation
après trois années.

Cependant, le principe que nous venons de poser, (certain dans la thése générale) souffre des exceptions & des
modifications, ainsi qu'on va le voir par
les § suivans.

§ XXI.

1.° La Partie qui se plaint d'un Acte,
peut exiger le serment de son adversaire,

'ART.
xix.

tant fur le fens des claufes, (de l'Acte) que fur ce qui a été dit alors, avant ou après. Voyez l'Inftruction facile fur les Conventions, liv. 1, tit. 6, § 10, & furtout la note [*a*] qui fe trouve dans ce §.

§ XXII.

2.º On admet la preuve teftimoniale contre un Acte, lorfqu'il s'agit de juftifier que cet Acte eft feint ou fimulé. Voyez les Régles du Droit François, par PoQUET DELIVONNIERE, liv. 4, chap. 6, art. 10.

§ XXIII.

3.º La preuve par Témoins doit être admife, pour prouver qu'un Contrat a été fait frauduleufement, quand c'eft une tierce perfonne qui fouffre de la fraude, & qui veut faire cette preuve: *fecus* fi c'étoit l'un des Contractans. Voyez POQUET DELIVONNIERE, au lieu cité.

C'eft conformément à cette diftinction, qu'un Seigneur fut reçu à prouver par Témoins, que le Contrat d'échange, fait par fon Vaffal étoit frauduleux. L'Arrêt qui a admit cette preuve, fe trouve au Journal des Audiences, tom. 2, liv. 2, chap. 21.

§ XXIV.

4.º La preuve teftimoniale s'admet en-

core, quand on veut prouver qu'un Acte ART:
a été perdu ; ou que quelqu'un l'a fouf- xix.
trait & qu'il le retient. Voyez POQUET
DELIVONNIERE, à l'endroit déjà cité ;
BORNIER, fur le tit. 20 de l'Ordonnance
de 1667, art. 2 ; LOUET & BRODEAU,
lettre T, chap. 7 ; LE PRESTRE, cent.
4, chap. 22, n. 19, & cent. 1, chap.
60 ; BOICEAU & DANTY, Traité de la
Preuve, chap. 7 & 15.

§ XXV.

5.º Un commencement de preuve par
écrit, fuffit pour faire admettre la preuve
par Témoins, tant contre les Actes authentiques que contre les Actes fous
feings privés. Voyez ci-deffus le § VI
& le § XV.

§ XXVI.

6.º Quoique la preuve *contre & outre
le contenu aux Actes*, foit inadmiffible dans
la théfe générale, ainfi que nous l'avons
dit fous le § XX, on peut quelquefois
être admis à faire preuve de faits pofté-
rieurs, mais relatifs aux Actes, quand
même cette preuve tendroit directement
à empêcher l'exécution, ou même à
anéantir l'Acte dont il s'agit. Voyez dans
DENISART, au mot *Preuves*, fous le nomb.
19, l'efpèce d'un Arrêt du 10 Février
1767, qui confacre ce principe.

ART. xix.

§ XXVII.

7.° « Il ne faut pas étendre la régle
» expliquée fous le § XX, aux cas où
» l'on révoque en doute la foi d'un Acte,
» comme fi on prétend qu'il foit faux,
» ou qu'il ait été fait par l'impreffion d'une
» crainte & d'une violence qui le rendent
» nul. Car la preuve qu'on tire d'un Acte
» écrit, n'a pour fondement que la fidé-
» lité du témoignage que donne l'écrit,
» de la vérité de ce qu'il contient, &
» lorfqu'on donne atteinte à cette fidé-
» lité, l'écrit perd fa force. Ainfi, ce-
» lui qui prétend prouver qu'on a con-
» trefait fon feing, dans un écrit qui pa-
» roît figné de lui, doit être reçu à prou-
» ver ce fait. Ainfi, celui qui prétend
» qu'on l'a fait obliger par force & par
» violence, peut en faire preuve, & il
» en feroit de même dans tous les cas,
» où l'Acte écrit feroit débatu par quel-
» que vice qui pourroit l'annuller, com-
» me par quelque dol, ou par quelqu'er-
» reur qui puffent avoir cet effet ; ou fi
» c'étoit un Acte fimulé pour faire une
» fraude, comme une difpofition faite
» au profit d'une perfonne interpofée,
» pour faire paffer quelque libéralité à une
» autre perfonne à qui la Loi défendroit
» de donner, ou pour lui acquérir une
» chofe dont le commerce lui feroit dé-
» fendu. » *Loix Civiles*, liv. 3, tit. 6,
des Preuves, fect. 2, nomb. 5.

§ XXVIII.

On admet toujours les preuves par écrit, contre les Actes quels qu'ils soient : si l'on rejette la preuve testimoniale, c'est pour ne point abandonner le repos des familles à la foi des Témoins, qui est souvent très-équivoque, mais ces inconvéniens ne se rencontrant pas dans les preuves par écrit, il est tout naturel de les admettre.

ARTICLE XX.

Des Regiſtres des Baptêmes, Mariages & Sépultures.

ET comme ſouventes-fois ſurvien-
nent des difficultés ſur la preuve
de l'âge, temps de mariage & trépas des perſonnes, ſoit pour promo-
tion aux Ordres ſacrés, proviſion
de Bénéfices ou état ſéculier, reſtitution en entier & autres cas ſemblables, avons ordonné & ordonnons aux Echevins & autres Gens
de Loi, tant des Villes que des
Villages, que par chacun an ils lé-
vent doubles authentiques des Regiſtres des Baptêmes, Mariages &
Sépultures, que chacun Curé deſdits lieux aura tenu de ceux ave-
nus en ſa Paroiſſe durant ledit an,
que ledit Curé ſera tenu leur admi-
niſtrer, & que d'iceux ils en faſſent
ſeure garde en leurs Archives; veuil-
lans en outre que les Gens de Loi

des Villages fassent faire un double deuxième desdits Registres, & les envoyent au Greffe des Villes, Bailliages, Châtellenies, Gouvernances & autres Siéges supérieurs de leur Ressort, pour y être conservés; le tout à peine arbitraire contre ceux qui en seront défaillans. Si ordonnons que auxdits Registres & doubles d'iceux, ainsi levés & gardés, soit ajouté pleine foi, sans que soit besoin aux Parties d'en faire autre preuve.

ART. XX.

SOMMAIRE

De l'Article XX.

§ I. *Réflexions préliminaires sur cet Article.*

II. *Régle sur les Registres de Baptêmes, Mariages & Sépultures.*

III. *Quand les Curés en doivent déposer les doubles au Greffe?*

IV. *Si les doubles du Greffe sont aussi authentiques que les Registres de la Paroisse?*

ART.
XX.

PARAGRAPHE I.

« Tout ce qui intéreſſe l'état des hom-
» mes, eſt par ſa nature d'une ſi grande
» conſéquence pour l'ordre général de la
» ſociété, le bien des familles & le repos
» de tous les particuliers, qu'on ne peut
» apporter trop de ſoins pour rendre
» ſûre & inaltérable (autant qu'il eſt
» poſſible) la preuve de cet état. »
L'Edit Perpétuel a preſcrit quelques régles ſur cette matière importante, mais
il faut y joindre la Déclaration du Roi
du 9 Avril 1736, qui ne contribue pas
peu à en développer les diſpoſitions.
« Toutes les meſures qu'une ſageſſe éclai-
» rée peut ſuggérer, ont été priſes par
» cette Déclaration, pour rendre ſtable
» & conſtante la preuve de l'état des
» hommes, dans les trois principales épo-
» ques de leur vie ; c'eſt-à-dire, lorſqu'ils
» naiſſent, lorſqu'ils ſe marient, & lorſ-
» qu'ils meurent.

» Avant que nos Souverains euſſent
» interpoſé leur autorité pour donner
» une forme authentique aux Actes de
» Baptêmes, mariages & Sépultures, ca-
» pable de former une preuve juridique
» de l'état des Citoyens ; nous n'avions
» pour y ſuppléer que la preuve teſtimo-
» niale, ſi peu ſûre par elle-même, &
» ſujette à tant d'inconvéniens. »

ART.
XX.

§ II.

Depuis la Déclaration de 1736, on doit avoir dans chaque Paroiſſe deux Regiſtres, (qui ſont tous deux réputés authentiques, & font egalement foi en Juſtice) à l'effet d'y inſcrire les Baptêmes, Mariages & Sépultures qui ſe font dans le cours de chaque année ; leſquels Actes de Baptêmes, Mariages & Sépultures, doivent être inſcrits ſur chacun deſdits Regiſtres, & ſignés ſur l'un & ſur l'autre, par ceux qui les doivent ſigner, ſuivant l'art. 3 de ladite Déclaration.

§ III.

Dans les ſix ſemaines qui ſuivent l'expiration de chaque année, les Curés ſont tenus de porter ou d'envoyer un deſdits deux Regiſtres, au Greffe du Siége Royal du lieu où l'Egliſe Paroiſſiale eſt ſituée : c'eſt le diſpoſitif de l'art. 17 de la même Déclaration.

§ IV.

Il eſt au choix des Parties intéreſſées de lever des extraits des Actes de Baptême, Mariage & Sépulture, ſoit ſur le Regiſtre dépoſé au Greffe, ſoit ſur celui reſtant dans la Paroiſſe : l'un & l'autre eſt

'Art.
xx.

également authentique, & partant, les Extraits qu'on en tire, d'un côté ou de l'autre, portent toujours avec eux le même caractère de foi, s'ils font conformes à l'original, art. 19 de la fufdite Déclaration.

ARTICLE XXI.

{Des Regiſtres où doivent s'inſ-
crire les Actes de Profeſſion
Religieuſe, &c.

COmme auſſi voulons que les preuves des Tonſures, Vœu monachal, réception aux Ordres ſacrés, ſoient faites par Lettres & non par Témoins ; pareillement celles des Jugemens & Sentences, dont les Parties ſe voudront aider, ne fut qu'on allégueroit pertes de Regiſtres, dont en ce cas ſur l'un & l'autre, ſe pourra recevoir preuve par Témoins.

SOMMAIRE

De l'Article XXI.

§ I. *Dans quelle vue cet Article a*
été fait ?

ART. xxj.

§ II. *Si les Maisons Religieuses doivent avoir deux Registres ?*

III. *Combien leurs Registres servent de temps ?*

IV. *Si celui qu'on dépose au Greffe est aussi authentique que l'autre ?*

V. *Des Registres des Tonsures, Ordres mineurs & sacrés.*

VI. *Si les Lettres de Tonsure, &c. doivent être insinuées ?*

VII. *Si à défaut de Registres, on reçoit la preuve testimoniale ?*

PARAGRAPHE I.

Il étoit important pour l'intérêt particulier des familles, & pour l'ordre général de la société, de constater l'état de ceux qui s'engagent, soit en faisant Profession religieuse, soit en prenant les Ordres ecclésiastiques.

Dans cette vue l'Edit Perpétuel & la Déclaration du mois d'Avril 1736, ont donné des régles, qui feront la matière des § suivans.

§ II.

On doit avoir deux Registres dans cha-

que Maifon religieufe, pour y infcrire les
Actes de Vêture, Noviciat & Profeffion,
& il faut que ces Actes foient fignés
fur chacun defdits Regiftres, par ceux
qui les doivent figner, fuivant les art. 25
& 26 de la fufdite Déclaration.

§ III.

Les Regiftres des Maifons religieufes
fervent pendant cinq années, & dans les
fix femaines qui fuivent l'expiration de
la cinquième, on doit en dépofer le
double au Greffe; c'eft la difpofition de
l'art. 28.

§ IV.

Le double dépofé au Greffe, & celui
qui refte dans la Maifon religieufe, font
également authentiques; ainfi, l'on peut
indifféremment en prendre des Extraits
dans un endroit comme dans l'autre,
art. 29.

§ V.

A l'égard des Tonfures, Ordres mineurs & facrés, on doit en tenir un
Regiftre dans les Archevêchés & Evê-
chés, où lefdits Ordres font conférés;
mais les Archevêques ni Evêques, ne
font point tenus d'en dépofer un double au Greffe: le Regiftre *fimple* refte au

ART. Secrétariat, & les Parties intéreſſées peu-
xxj. vent en avoir là les Extraits dont elles
ont beſoin.

§ VI.

On peut encore lever des Extraits
deſdits Regiſtres, au Greffe des Inſinua-
tions eccléſiaſtiques, parce qu'aux termes
de l'art. 9, de l'Edit du mois de Décembre 1691, il eſt ordonné *que les Lettres de Tonſure, celle des quatre Mineurs,
de Soudiaconat, de Diaconat & de Prê-
triſe, ſeront inſinuées..... au Greffe du Dio-
cèſe de l'Evêque qui aura conféré ies Ordres :* ainſi, on les trouve dans ce Greffe,
comme au Secrétariat de l'Evêque.

§ VII.

D'après les principes que nous venons
de rappeller, il eſt conféquent que la
Profeſſion religieuſe ni les Ordres eccléſiaſtiques ne peuvent ſe prouver par Témoins ; c'eſt auſſi ce que l'Edit Perpétuel a décidé expreſſément, en conformité de l'Ordonnance *de Moulins*, art. 55 :
mais quand les Regiſtres ſont perdus,
alors la preuve teſtimoniale eſt admiſſible
aux termes du même Edit.

Voyez au ſurplus en entier la Déclaration du 9 Avril 1736, dont les diſpoſitions ſont trop étendues, pour trouver
place ici en leur entier.

ARTICLE

ARTICLE XXII.

De l'eſtimation de choſes con-
tentieuſes.

ES matières & Procès, où .y a
queſtion de la valeur des choſes contentieuſes, & où la preuve
ſe doit faire par Témoins, ordonnons que les Juges feront convenir
les Parties de certain nombre de gens
experts, & en ce cognoiſſans, & à
faute d'en convenir, leſdits Juges
en dénommeront d'Office, pour eſtimer & évaluer leſdites choſes, ſelon
le temps auquel l'eſtimation ſe doit
rapporter, ſans ſur ce autrement,
admettre les Parties à faire Enquête.

SOMMAIRE

De l'Article XXII.

§ I. *Comment on doit entendre la*
diſpoſition du préſent Article?

G

Art.
xxij.
§ *II. Du nombre des Experts.*

III. Cas dans lequel il faut nommer un tiers Expert.

IV. Si une Partie peut révoquer un Expert qu'elle a nommé, pour enfuite en prendre un autre?

V. Si le Juge doit abfolument déférer au rapport des Experts?

VI. S'il peut ordonner un fecond rapport?

VII. Régle que doivent obferver les Experts, dans l'eftimation des chofes contentieufes.

VIII. Si dans le cas de cet Article, on peut régler à preuve?

IX. Du ferment des Experts.

PARAGRAPHE I.

Il feroit infini de rapporter tous les cas, où l'eftimation des chofes contentieufes doit être faite par Experts; l'ufage & la pratique en fourniffent tous les jours des exemples nouveaux, felon les circonftances des affaires: mais le principe général, eft que la difpofition du préfent Article, a feulement lieu dans les cas où la preuve teſtimoniale eſt admiſſi- ble. Voyez ANSELMO ſur le préſent Ar- ticle, § XXIX ; mais voyez auſſi ce que nous avons dit ſous les § V, VI, VII, VIII, IX, X, XI & XII de l'Article XIX : les principes qui y ſont établis, trouvent ici leur juſte application.

ART.
xxij.

§ II.

Aux termes de l'Article XXII de no- tre Edit, & dans les conteſtations où il s'agit d'eſtimer les choſes contentieuſes, les Juges doivent faire convenir les Par- ties de certain nombre de Gens experts, qui puiſſent procéder à ladite eſtimation ; & s'il arrive que les Parties n'en dénom- ment point de bon gré, c'eſt aux Juges à en dénommer d'Office : l'uſage eſt qu'il y ait un Expert pour chacune des Parties, mais rien n'empêche que chaque Partie n'en nomme [ou n'en demande] pluſieurs, ſi elle croit devoir le faire. Sur quoi on remarquera que les choſes contentieuſes ne doivent être eſtimées, qu'après en avoir déduit les charges réelles & fon- cières, parce que ces charges diminuent d'autant leur véritable valeur.

§ III.

Si les Experts qui ont procédé à l'eſ- timation des choſes contentieuſes, ſe trou- vent d'avis contraire, les Parties (ou à

G ij

ART.
xxij.

leurs refus, les Juges) doivent nommer un tiers Expert pour les départager.

§ IV.

Une Partie qui a nommé un Expert, peut le révoquer pour en nommer un autre, fans être tenue d'en dire le fujet, pourvu que les chofes foient encore entières, c'eft-à-dire, que l'opération ne foit pas encore commencée : on le juge ainfi au Châtelet de *Paris*, fuivant le témoignage de DENISART.

§ V.

Dans la théfe générale, le rapport des Experts n'eft point regardé comme une autorité à laquelle le Juge doive abfolument déférer : il peut au contraire s'écarter du fentiment des Experts, s'il croit le fien meilleur ; mais lorfque le fait dont il s'agit, eft abfolument étranger aux lumières du Juge, alors c'eft le cas de dire, *artifici in arte fuâ credendum eft.*

Au Parlement de Flandres, on diftingue encore entre les Experts choifis par le Juge, & ceux choifis par les Parties ; dans le premier cas, le Juge peut s'écarter du rapport des Experts ; dans le fecond, le Jugement des Experts eft fans retour : ainfi jugé par Arrêt de l'année 1689, & par autre du 5 Décembre 1725, dont DE GHEWIET fait mention, part. 4, tit. 2, § 6, art. 3.

§ VI.

Si le Juge du différent ne trouve pas
sa Religion suffisamment instruite par un
premier rapport, il peut d'Office en ordonner un second, & ce second rapport
se trouve à son égard dans le même cas
que le premier, c'est-à-dire, que le Juge
est encore le maître ou d'y déférer, ou de
s'en écarter, selon le parti qui lui paroît le
plus raisonnable.

§ VII.

Les Experts doivent estimer la chose
contentieuse, *selon le temps auquel l'estimation se doit rapporter ;* ce qui varie suivant le genre ou la nature de chaque affaire, & selon les circonstances qui en
dépendent, de telle sorte, qu'on ne peut
donner à cet égard aucune régle certaine.
Voyez cependant le § IX de l'Article
XXIX.

§ VIII.

L'Edit Perpétuel, par le présent Article, veut que l'estimation des Experts
étant une fois faite, dispense & même empêche les Juges de régler à preuve sur la
valeur des choses estimées : en effet, il
est plus naturel de s'en rapporter par préférence au jugement que des gens con-

ART.
xxij.

noiſſeurs ont porté, qu'au témoignage de
perſonnes qui peut-être n'auroient pas les
lumières requiſes. Voyez cependant une
Déclaration du 16 ou 26 Octobre 1617,
qui eſt rapportée par ANSELMO, tant ſous
le § 33 du préſent art. que ſous le § 5
de l'art. 29.

§ IX.

Par le ſerment que font les Experts,
ils s'engagent de procéder à l'eſtimation
fidèlement, & en leur ame & conſcience:
*non eſt juramentum veritatis, ſed bonæ fi-
dei, vel credulitatis.* Les Experts en titre
ou par commiſſion, n'ont pas beſoin de
prêter ſerment chaque fois qu'ils opèrent, il ſuffit qu'ils l'aient prêté lors de
leur réception.

ARTICLE XXIII.

De la restitution de Fruits.

QUand y aura condamnation de restitution de Fruits, la liquidation d'iceux ne se fera à la plus haute estimation que lesdits Fruits auront valu, mais à celle qui aura eu plus commun cours & prix en chacune année, selon la vérification qui se fera par les Extraits des Registres qui se tiennent ès Villes & autres lieux où y a marché public; enchargeans aux Gens de Loi des lieux où on a usé de tenir tel Registre, d'ainsi le faire.

SOMMAIRE

De l'Article XXIII.

§ I. *Comment on définit la restitution de Fruits ?*

II. *A compter de quel jour les*

'ART.
xxiij.

*Fruits doivent être restitués par
le possesseur de bonne foi ?*

§ III. *Quel est celui qu'on peut appeller possesseur de bonne foi ?*

IV. *Comment le possesseur de mauvaise foi est tenu de la restitution de Fruits ?*

V. *De quelles dépenses on tient
compte à celui qui restitue les
Fruits qu'il a perçus ?*

VI. *Manière de procéder à la liquidation de Fruits.*

VII. *Dispositions de l'Ordonnance
de 1539, semblables à celles de
notre Edit.*

VIII. *Jouissance d'un bien contre
le propre titre de celui qui le
possède.*

PARAGRAPHE I.

La restitution de Fruits, est le dédomm-
magement que doivent ceux qui ont in-
duement joui des revenus appartenans à
d'autres ; c'est ainsi que DOMAT la définit.

§ II.

ART.
xxiij.

Possessor bonæ fidei fructus suos facit ; c'est un principe certain : ainsi, celui qui posséde de bonne foi l'héritage d'autrui, en rendant au véritable Propriétaire le bien qu'il revendique, n'est tenu de lui en restituer les Fruits qu'à compter du jour de la demande. *Bona fides tantumdem possidenti præstat , quantùm veritas, quoties lex impedimento non est. L.* 136, *ff. de reg. jur.* Voyez la L. 25, § 1. ff. de usur. & la L. 48, ff. de acq. rer. dom.

§ III.

On appelle possesseur de bonne foi (dit DOMAT) celui qui a une juste cause de se croire le maître, comme (par exemple) s'il a acheté un fonds qu'il croyoit appartenir à son vendeur, s'il l'a eu d'une succession, s'il lui a été donné, ou s'il l'a acquis par quelqu'autre juste titre, ignorant le droit du vrai maître.

§ IV.

Celui qui posséde de mauvaise foi l'héritage d'un autre, doit non seulement rendre cet héritage au véritable Propriétaire, mais encore lui restituer tous les Fruits de son indue jouissance, même ceux qu'il n'a pas perçus, s'il a pû raisonna-

G v

blement les percevoir : autant la poffeffion de bonne foi eft favorable, autant l'autre eft odieufe. *Certum eft malæ fidei poffeffo-res omnes fructus folere, cum ipfâ re præf-tare. L. 22, C. de rei. vind. L. 17, eod. L. 3, C. de condict. ex lege.*

§ V.

La reftitution des Fruits, ne s'étend pas à toute leur valeur, on en déduit les dé-penfes néceffaires qui ont été faites par le poffeffeur, comme font les frais de cul-ture, de femence, de récolte & autres femblables; fur quoi on remarquera que cette déduction eft accordée au poffeffeur de mauvaife foi, de même qu'au poffef-feur de bonne foi, parce que le Proprié-taire n'auroit pu tirer aucuns fruits de fon héritage, fans faire lui-même les dépenfes qu'un autre a faites pour lui.

§ VI.

Si les Fruits perçus font encore en la poffeffion de celui qui les doit rendre, la reftitution s'en fait en nature; mais comme on ne peut reftituer les Fruits confommés, & que la valeur des Fruits naturels pourroit être incertaine, l'Edit Perpétuel veut que l'on faffe enrégiftrer chaque jour de marché, le prix de la vente des gros Fruits (qui font les Bleds, les Grains, les Foins & autres

semblables), & que l'eſtimation de ces
ſortes de Fruits, lorſqu'il s'agit de leur
reſtitution, ne ſoit faite que d'après l'extrait
deſdits Regiſtres.

C'eſt donc en conformité deſdits en-
régiſtremens, que la liquidation des Fruits
doit être faite; en obſervant toutefois
qu'ils doivent être eſtimés *ſelon leur va-*
leur commune priſe dans chaque année, comme
l'Edit Perpétuel le preſcrit.

§ VII.

Les diſpoſitions que le préſent Article
renferme, ſont aſſez ſemblables à celles
de l'Ordonnance de 1539, art. 94, 102,
103 & 104, dont nous allons rapporter
la teneur, pour développer d'autant mieux
les diſpoſitions textuelles de notre Edit.

« En toutes matières réelles, pétitoi-
» res & perſonnelles, intentées pour héri-
» tages & choſes immeubles, s'il y a
» reſtitution de Fruits, ils ſeront adju-
» gés..... ſelon...... l'eſtimation commune
» qui ſe prendra ſur l'extrait des Regiſ-
» tres des Greffes des Juriſdictions ordi-
» naires. Art. 94.

» En tous les Siéges de nos Juriſdic-
» tions ordinaires.... ſe fera rapport par
» chacune ſemaine, de la valeur & eſti-
» mation commune de toutes eſpèces de
» gros Fruits, comme Bleds..... Foins &
» autres ſemblables, &c. Art. 102 & 103.

» Et par l'extrait du Regiſtre des Gref-

ART.
xxiij

ART.
xxiij.

» fes & non autrement, fe prouvera
» dorefnavant, la valeur & eftimation
» defdits Fruits, tant en exécution d'Ar-
» rêts ou Sentences, qu'en autres matiè-
» res où gît apprétiation. art. 104. »

§ VIII.

Celui qui jouit d'un bien dont il n'a
pas droit de jouir, fuivant fon propre
titre, en doit reftituer tous les Fruits
perçus, malgré la maxime de Droit *pof-*
feffor bonæ fidei fructus fuos facit, qui n'eft
point applicable à l'efpèce : ainfi jugé par
Arrêt du 12 Janvier 1703. Voyez le Recueil de M. DESJAUNAUX, tom. 3, nomb.
24, où l'efpèce de cet Arrêt eft rapportée avec beaucoup de détail.

Sur la matière des reftitutions de Fruits,
il faut confulter DOMAT, liv. 3, tit. 5,
feét. 3, & l'Inftitution du Droit François, par ARGOU, tom. 2, chap. 17.

ARTICLE XXIV.

De la néceſſité des Œuvres de Loi.

COmbien que nul droit récl ès biens immeubles, ſoit en tout par vente ou donation, ou en partie par hypothéque, ſe peut acquérir ſinon par les Œuvres de Loi à ce ſtatuées par les Placards des Princes nos Pré-déceſſeurs, ou par les Coutumes des lieux décrétées ou à décréter : tou-tefois, n'entendons par ce, être dérogé au bénéfice de l'hypothéque légale & préférence, compétant par diſpoſition de droit à Nous & notre Fiſc, ſur les Biens des Receveurs de nos Domaines & Revenus, à tous autres créditeurs dont les dettes ſeroient contractées depuis la date de la preſtation de leur ſerment ; de laquelle préférence nous enten-dons uſer contre tous leſdits Rece-veurs, en quelque Province qu'ils

Aᴿᴛ.
xxiv. exercent le fait de leur Charge, enfuite dudit privilége Fifcal, à Nous
à diverfes fois adjugé.

S O M M A I R E

De l'Article XXIV.

§ I. *La propriété des immeubles ne s'acquiert que par les Œuvres de Loi.*

II. *Il en eft de même de l'hypothé-que.*

III. *La Régle du § II, fujette à exceptions.*

IV. *Première exception.*

V. *Seconde exception.*

VI. *Troifième exception.*

VII. *Quatrième exception.*

VIII. *Cinquième exception.*

IX. *Sixième exception.*

X. *Septième exception.*

XI. *Huitième exception.*

XII. *Neuvième exception.*

XIII. *Dixième exception.*

§ *XIV. Sentences ne donnent aucune* **ART.**
    hypothéque fans être réalifées. **XXIV.**

XV. Première exception de cette
    régle.

XVI. Deuxième exception.

XVII. Ce que c'eft que les Œuvres
    de Loi ?

XVIII. Où les Œuvres de Loi
    doivent fe faire ?

XIX. Ce qui fuffit en Flandres
    pour les rendre valables ?

XX. Si pour acquérir hypothéque
    fur un Office, les Œuvres de Loi
    font néceffaires ?

PARAGRAPHE I.

La propriété des immeubles & des biens
réputés meubles (qui font toujours des
immeubles de droit, par cela feul qu'ils
font immobiles) ne peut s'acquérir dans
nos pays que par les Œuvres de Loi :
ni les ventes, ni les donations entre-vifs,
en un mot, nul Contrat n'eft tranflatif
d'une propriété immuable, que du jour
qu'il a été réalifé, enforte que jufques-
là, l'Acquéreur, le Donataire, &c. n'ont
que ce qu'on appelle *jus ad rem.* Cependant voyez Anselmo, fur le préfent Article, § XX, XXI & XXII,

ART.
xxiv.

§ II.

On ne peut non plus acquérir hypothéque fur les immeubles & biens réputés
meubles, que par la force des Œuvres de
Loi, parce que l'hypothéque eſt un droit
réel, qui imite celui de propriété: ainſi,
dans la régle générale, nous ne recon-
noiſſons ni hypothéques conventionnelles,
ni hypothéques tacites; à quoi ſont conformes pluſieurs de nos Coutumes, ſin-
gulièrement celle de la Châtellenie *de
Lille*, tit. des Hoſtigemens, art. 3.

§ III.

Néanmoins la régle contenue au § précédent, n'eſt pas tellement générale,
qu'elle ne ſouffre des exceptions & des
modifications, ainſi qu'on va le voir ſous
les § IV & ſuivans, juſques & compris
le § XIII.

§ IV.

1.° Les biens de ceux qui ſe trouvent
obligés envers le Souverain, ſoit comme
Officiers comptables, ou pour des Fer-
mes, ou pour d'autres Recettes & ma-
niemens de ſes deniers, ſont tacitement
hypothéqués pour toutes les ſommes de
cette nature qu'ils pourront devoir; ſur
quoi on remarquera que cette hypothéque

légale contre ceux qui touchent les de- **ART.**
niers du Roi, a fon origine au moment **XXIV.**
du titre de leur engagement ; c'eft-à-dire ,
du jour du Bail , fi c'eft une Ferme ; du
jour des provifions fi c'eft un Office , &
du jour de la commiffion fi c'eft un emploi. Voyez DOMAT , des Loix Civiles,
liv. 3 , tit. 1 , fect. 5 , nomb. 19 , 20 ,
21 , 22 & 23 ; DENISART , *verb. Comp-*
tables ; & particulièrement l'Edit du mois
d'Août 1669 , dont il rapporte (fous cet
article) les principales difpofitions. Voyez
auffi le même Auteur , au mot *hypothèque* ,
n. 47 , & DE GHEWIET, en fes Inft. du
Droit Belg. part. 2 , tit. 2 , §7 , art. 5 ;
Voyez enfin le Commentaire d'ANSELMO ,
§ 2 , 3 & 4 , & la Coutume de la Châtellenie *de Lille* , laquelle décide [par
l'art. 3 , du tit. des Hoftigemens] qu'il
n'y a aucune hypothéque tacite , fi ce n'eft
en faveur du Prince.

§ V.

2.° La même préférence ou hypotéque légale , a auffi lieu tacitement en
faveur du Fifc , & de tous ceux qui font
immédiatement aux droits du Roi. Voyez
à ce fujet un Arrêt du Parlement de
Flandres , en date du 23 Janvier 1696 ,
rapporté par M. DESJAUNAUX , tom. 1 ,
nomb. 87, & les Inft. du Droit Belg.
part. 2 , tit. 2 , § 7 , art. 3.

Le privilége du Roi & de ceux qui

ART. xxiv. le repréfentent, établi fur les biens des comptables, eft fondé comme le remarque DENISART, 1.° fur la préfomption que le comptable a détourné à fon profit les fonds qui lui étoient confiés, & que c'eft avec ces fonds qu'il a payé les biens qu'il poſſéde; 2.° Le Souverain ne pouvant pas par lui-même percevoir ſes revenus, & les tributs qui ſe levent dans ſon Royaume, il a fallu confier cette perception, à des perſonnes qui en devinſſent comptables; mais on a cru qu'il étoit indiſpenſable d'accorder des avantages à une confiance fondée fur la néceſſité & c'eſt encore fur cette ſeconde confidération, que porte l'hypothéque tacite, par le moyen de laquelle le Roi & le Fiſc. ſont préférés; 3.° ſi les Receveurs des Revenus & Domaines de Sa Majeſté, abuſent de la confiance qu'il eſt obligé d'avoir en eux, il eſt plus raiſonnable de pourvoir à la conſervation de ſes droits, qu'à l'intérêt particulier de ceux qui contraſtent avec leſdits Receveurs, leſquels peuvent auparavant s'informer de leurs moyens & facultés, tandis que le Roi n'en eſt jamais inſtruit: c'eſt ce qui ſe trouve développé dans une Déclaration du 10 Septembre 1611, rapportée par ANSELMO, fur le préſent Article, § II.

§ VI.

3.° Dans nos pays, les Fermiers des

) Octrois des Villes , (qui font fous Fermiers de Sa Majefté) prétendent avoir fur les biens de leurs redevables , un privilége égal à celui du Roi : cette prétention trouve des partifans, elle trouve auffi beaucoup d'adverfaires ; mais il feroit trop long d'entrer ici dans le détail des raifons pour & contre ; & au furplus , il n'eft pas de mon deffein, d'appuyer ni de combattre le privilége que ces Fermiers réclament.

Art. xxiv.

§ VII.

4.° Dans la régle exacte , les devoirs de Loi pour la conftitution de l'hypothéque ne font prefcrits que relativement à l'hipothéque conventionnelle, comme l'a fort bien obfervé M. POLLET , part. 2 , nomb. 59, où il cite ANSELMO, fur le préfent Article, § XVII.

Ainfi , toutes les hypothéques tacites , connues dans le Droit romain, doivent être reçues parmi nous , lorfque nos Coutumes ne les ont pas expreffément rejetées.

Par exemple , on doit admettre dans toutes les Coutumes qui ne l'ont pas rejetée, l'hypothéque tacite, que le Droit romain accorde à la femme pour la répétition de fa dot : voyez une Déclaration du 18 Juillet 1626, rapportée par ANSELMO fur le § XIX du préfent Article ; mais voyez auffi le § VI de l'Article XXVII, & l'Ordonnance des Subftitutions , tit. 1 , art. 44.

Art. xxiv. De même, les Mineurs qui par le Droit romain, ont une hypothéque tacite pour le reliquat de leur compte, doivent également jouir de cette hypothéque, dans celles de nos Coutumes qui ne l'ont pas rejetée; (voyez Anselmo, sous le § V du préfent Article) & a plus forte raifon doit-on l'admettre (l'hypotéque des Mineurs) dans les Coutumes qui en cela font conformes au Droit romain, telles que celles *de Bruges*, tit. 5 , art. 1, *Rouf-felar*, rub. 10 , art. 6 , &c.

Il eft donc certain, 1.º que l'Edit Perpétuel ne rejette aucune des hypothéques tacites , connues dans le Droit romain ; 2.º que conféquemment, toutes ces hypothéques font reçues dans celles de nos Coutumes qui n'ont point de difpofitions contraires : fur quoi nous remarquerons, qu'il n'eft pas néceffaire que nos Coutumes rejettent les hypothéques tacites du Droit romain, fous leur propre dénomination , pour qu'elles ceffent d'avoir lieu ; car lorfque toutes hypothéques tacites font rejetées par une Coutume, hors celle du Prince, comme dans la Châtellenie *de Lille*, il eft conféquent que le Prince feul eft excepté de la régle. *Inclufio unius eft exclufio alterius.*

Sur les différens cas où les hypothéques tacites fon reçus, il faut confulter les Coutumes , car elles feules ont borné à cet égard les difpofitions des Loix romaines ; voyez auffi l'Inftitution au Droit

françois, par ARGOU, tom. 2, liv. 4,
chap. 3, page 400, de l'édition de 1745;
& DE GHEWIET, en ses Institutions du
Droit Belgique, part. 1. tit. 2, § 31,
singuliérement les art. 12, 13, 14 & 16
de ce § : voyez encore le § 33, art. 6;
& enfin [dans la deuxième partie du même
ouvrage] le tit. 1, § 3, art. 9, avec le
§ 7 du tit. 2, art. 2.

§ VIII.

5.° Par une conséquence des principes
que nous venons de développer, les Mineurs ont à *Tournai* une hypothéque tacite,
sur les biens de leurs Tuteurs, précisément parce que la Coutume de cette Ville
n'a pas rejeté cette sorte d'hypothéque :
ainsi jugé par Arrêts des 12 Mars 1695,
18 Juillet 1696, & 27 Octobre 1707,
tous rapportés par M. POLLET, part. 2,
nomb. 59.

Il en est tout autrement dans la Coutume du Bailliage du Tournaisis, car l'on
juge qu'un Mineur dans le district de ce
Bailliage, n'a pas droit d'hypothéque tacite sur les biens de son Tuteur : c'est le
dispositif d'un Arrêt du 17 Mars 1701,
rapporté par M. DESJAUNAUX, en son
Recueil, tom. 3, nomb. 2, lequel Arrêt
est fondé sur l'usage ancien dudit Bailliage,
dont la Coutume n'est point homologuée,
usage qui a été constaté par Enquête,
avant que la Cour se soit déterminée à
prononcer définitivement.

'ART.
xxiv.

§ IX.

6.º On accorde à *Tournai* une hypothéque tacite, aux Maçons, Charpentiers
& autres femblables Ouvriers, fur les
Maifons qu'ils ont bâties ou réparées, &
ils font même préférés aux Créanciers hy-
pothéquaires, dont l'hypothéque fe trouve
antérieure à leurs Ouvrages. Tel eft l'effet de leur privilége, ainfi qu'il a été jugé
par Arrêt du 21 Mai 1706, dont M. Pollet fait mention en fon Recueil, part.
2, nomb. 59 : la Coutume de la Ville
de *Tournai*, n'accorde pas nommément
cette hypothéque aux Ouvriers, mais il
fuffit qu'elle ne l'ait pas rejetée, pour
qu'on l'admette, parce qu'elle fait partie
de celles introduites par le Droit romain. Voyez fur le privilége des Ouvriers, ce que Denisart en a dit dans
fa Collection de Jurifprudence, *verb. privilége*, nomb. 33 & fuivans, jufques &
compris le nomb. 41.

§ X.

7.º Il y a encore des exceptions à la
régle générale contenue fous le § II du
préfent Article, lefquelles exceptions fe
trouvent fondées fur les difpofitions de
quelques-unes de nos Coutumes, ou fur
des priviléges particuliers : par exemple,
dans la Châtellenie *de Lille*, le douaire

coutumier est réputé hypothéquaire, du ART.
jour de la consommation du mariage, xxiv.
ainsi que le décide la Coutume de ladite
Châtellenie, tit. du Droit de Douaire,
art. 4, (*secus* à l'égard du Douaire conventionnel, lequel n'est pas même préféré
aux créances chirographaires. Voyez le
§ VI de l'Article XXVII.)

§ XI.

8.º Dans la Ville de *Tournai*, l'hypothéque pour le Douaire conventionnel, est
acquise à la femme du jour de la consommation du mariage, & elle subsiste sur
les biens du mari, nonobstant qu'il les
ait aliénés ; ainsi jugé par Arrêt du 17
Juin 1706, cité par M. POLLET, part. 2,
nomb. 58. Voyez un autre Arrêt du 14
Août 1694, rapporté par le même Arrêtiste, au nomb. 57.

§ XII.

9.º On acquiert encore hypothéque par
les voies de plainte à Loi, saisie par
clain, mise de fait, & autres voies semblables ; sur quoi on peut consulter les diverses Coutumes qui traitent de ces formalités, singuliérement celle de la Ville
de Lille, tit. des hypothéques, art. 6, &
tit. des mises de fait, art. 4. Voyez aussi

ART. la Coutume de la Châtellenie, tit. des
XXIV. mises de fait, art. 1, tit. des plaintes à
Loi, art. 2, & tit. des hostigemens, art. 1.

§ XIII.

10.° Le Scel aux connoissances de la
Ville de *Lille*, & celui du Souverain
Bailliage, engendrent hypothéque tacite
en faveur des Créanciers, dont les titres
ont été passés ou reconnus, sous l'un ou
l'autre de ces Sceaux. Voyez la Coutume
de la Ville de *Lille*, tit. des hypothéques,
art. 1, & l'Ordonnance du 10 Septembre
1591, qui a été publiée à la Bretecque
de *Lille* le 10 Janvier 1592.

Sur quelques autres modifications de la
régle contenue au § II, du présent Article, on peut encore consulter deux Arrêts, l'un du 20 Décembre 1697, & l'autre
du 21 Mars 1698, tous deux rapportés
par M. DESJAUNAUX, en son Recueil,
tom. 2, nomb. 197, & 215.

§ XIV.

Nous avons vu sous le § II, qu'on
n'acquière point hypothéque sans les Œuvres de Loi réglées par les Placards ou
par les Coutumes des lieux; d'où il suit
que dans la régle générale, les Jugemens
ne donnent aucune hypothéque s'ils ne
sont réalisés: c'est en effet ce qui résulte
d'une Déclaration du Roi du 14 Mai 1685,

qu'on

qu'on trouve au Recueil du Parlement de Flandres, page 131, laquelle abroge, à l'égard de cette Cour, l'Edit du mois de Décembre 1684, touchant la reconnoiffance des billets fous feings privés. Cependant la régle générale dont on vient de parler, reçoit encore des exceptions, qui font fondées fur les difpofitions de quelques-unes de nos Coutumes.

ART. XXIV.

§ XV.

Première exception. Les Sentences du Siége Echevinal *de Lille*, donnent à l'impétrant une hypothéque (qu'on nomme judiciaire, ou prétorienne) fur tous les biens de la Partie qui eft condamnée, pour raifon de ce que la Sentence a adjugé à celui qui a eu gain de caufe: telle eft la difpofition de la Coutume *de Lille*, tit. des hypothéques, art. 16 ; & il a été ainfi jugé par Arrêt du 14 Février 1698, rapporté par M. DESJAU-NAUX, tom. 2, nomb. 202.

§ XVI.

Deuxième exception. La Jurifprudence a même étendu ce principe beaucoup plus loin que la Coutume : en effet, quoiqu'on doive regarder une condamnation fubie volontairement, de même qu'un Contrat, qu'on auroit foufcrit de libre volonté ; cependant, une Sentence des Mayeur & Eche-

H

vins *de Lille* , portant condamnation contre le débiteur d'une rente (qui reconnoît la devoir) acquiert hypothéque au Créancier sur les biens du condamné , encore que la condamnation soit volontaire de sa part : ainsi jugé par Arrêt du 31 Juillet 1700 , rapporté par M. DESJAUNAUX , tom. 2 , nomb. 286.

§ XVII.

Les Œuvres de Loi , sont certaines formalités de Justice , que les Placards de nos Souverains , & quelques-unes de nos Coutumes ont introduit , pour l'acquisition de droits réels sur les choses immobiliaires : on les connoît sous les noms de deshéritement & adhéritement , &c. C'est par rapport aux Œuvres de Loi , qui dans bien des cas sont usitées parmi nous , qu'on nomme *nos Pays* , pays de nantissement. Voyez les Observations notables de BRUNEL , aux pages indiquées à la Table , sous les mots *Enfaisinement* & *Nantissement.*

§ XVIII.

Par un Edit de l'an 1618 , art. 16 , que M. POLLET cite en son Recueil d'Arrêts , part. 3 , nomb. 29 , il est ordonné que tous devoirs ou Œuvres de Loi , soit pour vente ou hypothéque , seront faits dans le lieu ordinaire de la Justice ,

à peine de nullité: & la Coutume de la
Châtellenie *de Lille*, décide que « les Sei-
» gneurs supérieurs & leurs Justices, ne
» peuvent recevoir les deshéritemens,
» & bailler les adhéritemens des Fiefs
» Héritages tenus de leurs inférieurs,
» n'est en cas de refus. » Tit. 1 , art. 64.

ART.
xxiv.

§ XIX.

En Flandres, il suffit que les Œuvres
de Loi soient faites pardevant un Bailli,
quatre hommes de Fiefs, & un cinquième
homme de Fief, ayant fait les fonctions
de Greffier, quoiqu'il n'en ait pas pris la
qualité. Ainsi jugé par Arrêt du 14 Mai
1701, rapporté par M. DESJAUNAUX,
tom. 3, nomb. 6.

Au surplus, les Coutumes des lieux
prescrivent ordinairement la manière dont
les Œuvres de Loi doivent être faites,
& sur cela il faut consulter leurs dispositions.

§ XX.

L'hypothéque sur les Offices , se consti-
tue autrement que sur les immeubles réels,
& il n'est besoin à cet égard d'aucunes
Œuvres de Loi. Voyez un Arrêt du 28
Novembre 1698, dans le Recueil de M.
DESJAUNAUX, tom. 2, nomb. 242 ;
l'Arrêtiste explique en cet endroit, les
conditions requises & les formalités né-

H ij

'Art.
xxiv.

ceſſaires, pour que la ſaiſie d'un Office engendre hypothéque. Voyez auſſi l'Arrêt du 21 Mai 1695, que le même Auteur rapporte, tom. 1, nomb. 67, & l'Edit du mois de Février 1683. Voyez enfin la Collection de Juriſprudence de DENISART, à l'Article *Offices & Officiers.*

ARTICLE XXV.

De la Dévolution coutumière.

Laquelle préférence & affectation de biens, à l'effet d'icelle, en cas d'insolvence desdits Receveurs, Nous voulons sortir effet, nonobstant la dévolution de propriété qui, par les Coutumes d'aucunes Provinces & Villes, est introduite en faveur des enfans, par le trépas de l'un des Conjoints ; comme ne se pouvant faire qu'avec la charge susdite, pour & à concurrence de ce que leur père seroit lors redevable.

SOMMAIRE

De l'Article XXV.

§. 1. *Explication de cet Article.*

II. *Ce qu'on entend par la dévolution dont il parle.*

ART. XXV. § *III. De la Dévolution , par rapport au Brabant.*

PARAGRAPHE I.

Par cet Article il eſt décidé expreſſément, que l'hypothéque tacite, qui a lieu en faveur du Roi, & de ceux qui le repréſentent, doit militer contre les Receveurs de ſes deniers devenus inſolvables, nonobſtant que par le décès deſdits Receveurs, il y ait dévolution de propriété en faveur de leurs enfans, aux termes de quelques-unes de nos Coutumes ; c'eſt-à-dire, que leſdits enfans, malgré cette dévolution coutumière, ne peuvent s'emparer des biens de leur père, qu'avec la charge de payer à Sa Majeſté, ce dont le défunt ſe trouve être reliquataire envers Elle.

§. II.

Nous avons peu de Coutumes où la dévolution de ce genre ſoit reçue : dans celles où elle l'eſt, on la définit ainſi ; *devolutio eſt vinculum quod per diſſolutionem matrimonii, conſuetudo injicit in bonis immobilibus ſuperſtitis conjugis, nè illa ullo modo alienet, ſed integra conſervet ejuſdem matrimonii liberis, ut in ea ſuccedere poſſint, ſi parenti ſuo ſuperfuerint, vel ipſis qui ab ipſis nati fuerint, excluſis libe-*

ris, vel secundi, vel ulterioris thori.

Telle est la définition que M. Stock-
mans a donnée, de la dévolution dont
il s'agit.

M. Devaricourt a défini la dévolution à peu près de même : c'est (dit
ce Jurisconsulte) une défense que font
quelques Coutumes au mari survivant à sa
femme, ou à la femme survivant à son mari,
d'aliéner ses biens immeubles, avec injonction audit survivant, de les conserver
aux enfans issus de leur mariage, de manière qu'ils puissent y succéder, exclusivement aux enfans du second lit.

§ III.

Suivant ce que nous enseigne le Dic-
tionnaire de Trévoux, la France a prétendu que le Duché de Brabant étoit sujet au droit de dévolution, sur quoi on
a soutenu qu'en supposant que cela tut
vrai, il ne s'ensuivoit pas que par la dévolution, un fille sortie du premier mariage, dut être préférée à un fils sorti du
second. Voyez le Traité que M. Stock-
mans a fait sur cette matière, par rapport au Brabant.

ARTICLE XXVI.

Du Douaire coutumier.

POur aucunement remédier aux excès & défordres qui s'en vont croiſſans au fait des Douaires, Nous ordonnons que les marians, ſignamment les filles & veuves, ou leurs parens, ſtipulant pour elles, de quelle qualité qu'ils ſoient, ſe contentent de telle jouiſſance de Douaire que les Coutumes des lieux donnent au ſurvivant, ſur les biens du premier décédant.

SOMMAIRE

De l'Article XXVI.

§ I. *Définition du Douaire, & ſon origine.*

II. *Régle preſcrite par le préſent Article.*

III. *Si cette régle eſt abſolue ou relative?*

§ *IV. Ce qui donne ouverture au* ART.
Douaire ?   XXVj.

*V. A compter de quel inſtant il
eſt acquis à la femme ?*

*VI. Par quelles Coutumes ſe régle
le Douaire coutumier ?*

*VII. S'il différe ſuivant la diffé-
rence de qualité des perſonnes ?*

*VIII. Si dans la Châtellenie de
Lille il s'étend ſur les réputés
Meubles ?*

PARAGRAPHE I.

On nomme Douaire, la jouiſſance que
les Coutumes ou les Contrats de mariage accordent aux femmes, en cas de ſurvie,
ſur une certaine portion des biens de leurs
maris : ainſi, nous connoiſſons deux ſortes
de Douaires ; ſavoir, le Douaire coutumier, & le Douaire conventionnel, qu'on
nomme auſſi Douaire préfix.

« Le Douaire eſt d'inſtitution du Droit
» François, différemment réglé par les
» Coutumes : c'eſt une penſion alimentaire
» pour la veuve ; & en quelques Coutu-
» mes, une eſpèce de légitime pour les
» enfans.

H v

**ART.
xxvj.**

§ II.

Le préfent Article veut que les filles qui fe marient, ou les veuves qui convolent en fecondes nôces, fe contentent du Douaire coutumier, & il enjoint aux parens qui ftipulent leurs intérêts, de n'exiger pour elles d'autre Douaire que celui réglé par les Coutumes.

§ III.

Toutefois cette prohibition n'eft point abfolue, mais feulement relative à la poftérité des Conjoints, (comme le dénote affez l'Article XXVII) c'eft pourquoi, fi le Douaire a été porté plus haut que les Coutumes ne le réglent, quelque confiderable qu'il foit, il aura toujours lieu au cas qu'il n'y ait point d'enfans lors de fon ouverture. Voyez les § II & III de l'Article XXVII.

§ IV.

La mort naturelle du mari, eft la feule qui donne ouverture au Douaire, & non la mort civile : de-là cette maxime » *ja-* » *mais mari ne paya Douaire.*

§ V.

Dans certaines Coutumes, le Douaire

eſt acquis dès la Bénédiction nuptiale ; dans d'autres, il faut que le mariage ſoit conſommé. Voyez le § X & XI de l'Article XXIV , & les diſpoſitions particu‑lières des Coutumes.

Art. xxvj.

§ VI.

Le Douaire coutumier, étant un droit réel & foncier, il ſe régle toujours par les Coutumes des lieux où les immeubles (ſujets au Douaire) ſont ſitués, ſans avoir égard à celle du Domicile du défunt, ni à aucune autre. Voyez le Recueil de M. POLLET , part. 3 , nomb. 24 , où cet Ar‑rêtiſte cite M. CUVELIER, lettre C, nomb. 20 , qui (dit‑il) en rapporte neuf ou dix Arrêts du grand Conſeil de *Malines*. Voyez auſſi LOUET & BRODEAU , lettre R , chap. 31 , & le Journal des Audiences, tom. 1 , liv. 2 , chap. 46 , tom. 3 , liv. 11 , Chap. 21 , & tom. 5 , liv. 1 , chap. 2.

§ VII.

En Touraine, & dans quelques autres pays, le Douaire différe , ſuivant la dif‑férence de qualité des perſonnes : l'Edit Perpétuel a rejeté ces diſtinctions, vou‑lant que *ſans avoir égard à la qualité,* les filles & les veuves ſe contentent du Douaire coutumier, comme nous venons de le dire , ſous le § II.

§ VIII.

Dans la Châtellenie de *Lille*, où la
veuve prend fon Douaire Coutumier fur
les Fiefs du mari, ce Douaire s'étend fur
les édifices, arbres & autres biens réputés meubles, qui fe trouvent fur lefdits
Fiefs: ainfi jugé par Arrêt du 12 Avril
1704, rapporté par M. POLLET, part. 2,
nomb. 26, lequel Arrêt eft fondé fur ce
que ces fortes de biens ne font réputés
meubles, que relativement aux fucceffions,
& qu'à tous autres égards ce font toujours des immeubles de droit.

Sur la quotité du Douaire coutumier,
ainfi que fur les queftions relatives à
cette matière, il faut confulter les Coutumes où les biens (fujets au Douaire)
font fitués.

ARTICLE XXVII.

Du Douaire conventionnel.

ET fi avant qu'on vient à ftipu-
ler autre Douaire qu'on appelle
conventionnel de fomme certaine
par an, Nous permettons qu'on en
ufe, pourvu qu'en cas d'enfans, tel
Douaire n'excéde la moitié du revenu des biens immeubles que le
Trépaffé délaiffera.

SOMMAIRE

De l'Article XXVII.

§ I. *Régle qui limite le Douaire conventionnel.*

II. *Si cette régle eft abfolue ou relative ?*

III. *Si elle a lieu à l'égard d'un
veuf avec enfans ?*

IV. *Si la veuve peut opter entre
le Douaire conventionnel & le
Douaire coutumier ?*

ART.
XXVIJ.

§ *V. Si elle peut jouir de tous les deux ?*

VI. Douaire. Comment réglé à l'égard des veuves de Marchands ?

VII. Si on peut ſtipuler qu'une veuve n'aura point de Douaire ?

PARAGRAPHE I.

On vient de voir (ſous le § I de l'Article XXVI) qu'on diſtingue le Douaire en coutumier & en conventionnel : nous avons expliqué ce que c'eſt que le Douaire coutumier. Quant au Douaire conventionnel, l'Edit Perpétuel veut qu'il ne puiſſe excéder la moitié du revenu des biens immeubles du mari.

§ II.

Mais cette régle n'eſt point abſolue ; elle eſt ſeulement relative à l'intérêt des enfans, au préjudice deſquels on ne peut porter le Douaire conventionnel, plus haut que l'Edit ne l'a fixé ; enſorte que, ſi par le Contrat de mariage, le Douaire conventionnel a été ſtipulé plus fort que l'Edit ne le permet, quelque conſidérable qu'il ſoit, il aura toujours lieu, pourvu qu'au décès du mari il ne ſe trouve pas d'enfans ; devant ſeulement être réduit en cas qu'il y en ait.

§ III.

Par une conféquence de la difpofition du préfent Article, un homme ayant enfant d'un premier lit, ne peut faire à fa feconde femme un Douaire qui excéde la moitié du revenu des biens immeubles qu'il délaiffera : ainfi jugé par Arrêt du 24 Janvier 1696, qu'on trouve dans le Receuil de M. DESJAUNAUX, tom. 1, nomb. 88. Cependant, fi au décès du mari il n'exiftoit aucuns enfans, ni de fon premier ni de fon fecond lit, le Douaire conventionnel qu'il auroit pu accorder à fa feconde femme, auroit lieu quelque confidérable qu'il eut été ftipulé.

Le même Arrêt qu'on vient de citer, décide que le préfent Article de l'Edit Perpétuel, fait loi entre les nobles comme entre les Marchands, pour ce qui concerne le Douaire des veuves.

§ IV.

Quand on a ftipulé un Douaire conventionnel, la veuve doit s'y tenir, & ne peut demander le Douaire coutumier: Voyez DU FIEF, fous le mot *Douaire.* Si cependant le contrat de mariage porte qu'elle pourra opter entre l'un & l'autre, alors elle eft la maîtreffe de choifir celui qui lui convient le mieux.

ART.
xxvij.

§ V.

Bien plus : fi le Contrat de mariage porte que la veuve pourra prendre le Douaire conventionnel, & en outre le Douaire coutumier, dans ce cas elle jouira de tous les deux, s'il n'y a point d'enfans ; mais s'il y en a, elle devra fe contenter du Douaire coutumier, ou prendre le Douaire conventionnel, tel qu'il eft limité par le préfent Article de notre Edit.

§ VI.

Par Arrêt du 14 Février 1698, qu'on trouve dans le Receuil de M. DESJAUNAUX, tom. 2, nomb. 203, il a été jugé qu'à *Valenciennes*, la veuve d'un marchand ne peut demander fon Douaire, qu'après que les dettes de la maifon mortuaire font liquidées : il en doit être de même par-tout ailleurs, en conféquènce du Placard du 4 Octobre 1540, art. 7, dont voici la teneur.

» *Item*, Pour ce que plufieurs Mar
» chands s'advancent de conftituer à leurs
» femmes grands Douaires, & exceffifs
» dons & gagnaiges, fur leurs biens, tant
» pour faire bon mariage, que pour fau
» ver leurs biens pour leurfdites femmes
» & enfans, & après font trouvés infuf
» fifans de payer & contenter leurs cré
» diteurs, & voulant leurs femmes &

″ veuves, être préférées à tous crédi-
″ teurs, au grand préjudice du cours de la
″ marchandise : Nous voulons & ordon-
″ nons que lesdites femmes, qui doref-
″ navant contracteront mariage avec mar-
″ chands, ne puissent prétendre avoir ou
″ recevoir aucun Douaire, ou autre gain
″ sur les biens de leurs maris, ou pren-
″ dre part & portion ès acquêts faits par
″ leursdits maris ou constant leur mariage,
″ quand ores elles seroient inhérédées ou
″ inféodées, tant & jusque à ce que tous
″ les créditeurs de leursdits maris soient
″ payés & contentés, & lesquels voulons
″ quant à ce, être préférés auxdites fem-
″ mes & veuves, sauf à icelles leur droit
″ de préférence, tel que leur compète,
″ pour raison de leurs biens dotaux
″ par elles apportés en mariage, ou au-
″ tres à elles donnés ou succédés de leurs
″ parens & amis. Voyez à l'égard de cette
″ préférence le § VII de l'Article XXIV.

§ VII.

On peut valablement convenir par le
Contrat de mariage, que la veuve ne jouira
d'aucun Douaire, car le Douaire n'est pas
une suite nécessaire du mariage : cette maxime est attestée par les meilleurs Auteurs,
& on la trouve singulièrement dans les
principes de la Jurisprudence Françoise, par
Prevôt de la Jaunès, tom. 2, pag. 25.

Sur les diverses questions qui peuvent

'Art. se préfenter en matière de Douaire, il
xxvij. faut confulter le *Traité du Douaire* par
Renusson ; deux Arrêts que M. Pollet
rapporte en fon Recueil, part. 1, nomb.
21, & l'Ordonnance des Subftitutions,
tit. 1, art. 45.

ARTICLE XXVIII.

Des secondes Nôces, & des avantages qui y sont défendus.

ÈS lieux où les Coutumes permettent aux Conjoints par mariage, faire donations & advancemens l'un à l'autre, soit entre-vifs ou par disposition dernière ; si après l'un vient à mourir délaissant enfans, & le survivant à se remarier en secondes Nôces, Nous voulons que les biens ainsi acquis audit survivant, & dont il constera par instrument passé pardevant personne publique, soient réservés & demeurent affectés aux enfans communs de tel mariage, sans en pouvoir bénéficier celui ou celle avec qui tel second mariage se contracte, au préjudice desdits enfans.

SOMMAIRE
De l'Article XXVIII.

§ I. *Ce qu'on entend par secondes Nôces?*

ART. xxviij.

§ II. Régle contenue au préſent Article.

III. Si cet Article comprend toutes eſpeces de biens ?

IV. Si l'affectation de biens dont il parle, peut avoir lieu inégalement ?

V. Si l'uſufruit des biens eſt compris dans cette affectation, ainſi que la propriété ?

VI Charges de cet uſufruit.

VII. Si les enfans d'un ſecond mariage peuvent être avantagés au préjudice de ceux du premier ?

VIII. Si la prohibition (telle qu'elle eſt contenue en l'Article XXVIII) eſt abſolue ou relative ?

PARAGRAPHE I.

On appelle ſecondes Nôces, dit Do-MAT, tout mariage qui n'eſt pas le premier; car quelque nombre qu'il y ait eu de mariage, chacun d'eux eſt compris ſous ce nom de ſecondes Nôces, à l'égard de celui des conjoints qui avoit déja été marié.

§ II.

« Lorsqu'un homme survivant à sa fem-
» me, ou une femme à son mari, con-
» vole en secondes Nôces, ayant des en-
» fans de leur mariage, tous les biens qui
» lui étoient venus du prédécédé, soit
» pour gains acquis par leur Contrat de
» mariage, ou par des dispositions entre-
» vifs ou à cause de mort, (dans les lieux
» où elles sont permises) ou en quelqu'au-
» 'tre manière que ce puisse être, sont
» affectés dès le moment du second ma-
» riage, à leurs enfans communs » ainsi qu'il
sera expliqué sous les § suivans.

Sur quoi nous remarquerons que le présent Article de notre Édit, a été tiré de
l'art. 3, au Cod. *de secundis Nuptiis*, à
laquelle Loi l'Edit de 1560, (vulgairement appellé l'Edit des secondes Nôces)
est conforme pour une partie de ses dispositions.

§ III.

L'Edit Perpétuel dans la disposition de
l'Article XXVIII, comprend toutes espèces de biens sous quelque dénomination
qu'ils soient connus, tant meubles qu'immeubles, cateux verds & secs, biens réputés meubles, effets purement mobiliers
& autres, sans aucune exception; mais il
faut observer que l'Article XXVIII de

Art. xxviij. notre Edit, ne concerne que les biens possédés à titre lucratif, & non ceux que le survivant des conjoints pourroit avoir recueilli (du prédécédé) à titre onéreux.

§ IV.

Suivant Domat, la propriété des biens dont il s'agit dans le présent Article, est acquise aux enfans du premier lit, par portions égales : & le père ou la mère qui se remarie, n'a pas la liberté de choisir entre leurs enfans, pour préférer ou avantager les uns au deſſus des autres, ni pour le total de ces sortes de biens, ni pour une partie, car le second mariage leur fait le même tort, & les regarde & intéreſſe tous également. C'est la diſpoſition de la Nov. 22, c. 25.

§ V.

On n'a ci-deſſus parlé des biens affectés aux enfans, que relativement à la propriété, & non pas quant à l'uſufruit : en effet, les hommes & les femmes qui convolent en secondes Nôces, (ayant des enfans d'un premier lit) perdent bien la propriété des avantages qu'ils ont reçus de la première femme ou du premier mari, mais ils en conservent toujours l'uſufruit.

§ VI.

Celui qui convole en secondes Nôces,

ne retient l'ufufruit des libéralités dont il
s'agit, qu'à la charge 1.° de faire eftimer
les biens meubles & autres effets qui peuvent périr par l'ufage. 2.° De donner
caution fuffifante pour la reftitution defdits
meubles & effets, ou de la fomme à laquelle ils auront été eftimés. Voyez AN-
SELMO, fur le § V. du préfent Article,
& la Déclaration du 19 Août 1641, qu'il
rapporte au même endroit.

ART.
XXVIIJ.

§ VII.

Il n'y a aucune défenfe, ni par les Loix
romaines, ni par l'Edit Perpétuel, d'a-
vantager des enfans d'un fecond mariage,
au préjudice de ceux du premier; la prohibition n'eft en un mot, que contre celle
ou celui avec qui un veuf ou veuve,
contracte un fecond Mariage.

DE LACOMBE, rapporte fur cela un
Arrêt rendu le 29 Avril 1719, qui a
jugé valable une inftitution contractuelle,
que le nommé *Chauffart* avoit faite par le
Contrat de fon fecond mariage, au profit des enfans qui en naîtroient. (Cet Arrêt eft imprimé.)

§ VIII.

De ce qu'un veuf ayant des enfans, auroit
fait des avantages à fa feconde femme, procédant des libéralités de la première, il n'en
faudroit pas conclure que ces avantages,

Art.
xxviij.

fuſſent nuls dans tous les cas , car la prohibition de l'Article XXVIII n'eſt point
abſolue, mais ſeulement relative à l'intérêt des enfans ; enſorte, que ſi au jour
de la diſſolution du ſecond mariage, tous
les enfans qui exiſtoient à ſa célébration,
étoient morts, les avantages contenus au
Contrat de ce ſecond mariage ſeroient
valables, de même que ſi l'homme veuf
ſe fut remarié ſans enfans.

Ainſi, l'effet de la libéralité, dépend
donc uniquement de la queſtion de ſavoir , ſi à la diſſolution du ſecond mariage, la poſtérité du premier ſubſiſtera
encore , ou ſi au contraire elle ſera entièrement éteinte : dans le premier cas, la
libéralité eſt nulle , dans le ſecond , elle
eſt valable.

Sur les diſpoſitions de ceux qui ont
convolé en ſecondes Nôces, voyez les
Loix Civiles , liv. 3, tit. 4 : c'eſt cet excellent ouvrage qui m'a fourni la matière
des § du préſent Article.

ARTICLE

ARTICLE XXIX.

Du Bénéfice de restitution en entier.

QUe toutes refcifions & annulla-
tions de Contrats, ou autres
Actes quelconques, fondés fur lézion,
pour grande qu'elle foit, dol, circonvention, crainte ou violence,
fe prefcriront par le laps de dix
ans continuels, à compter dès le
jour qu'iceux feront faits, ou que la
crainte ou violence, empêchement
de droit ou de fait ceffera.

SOMMAIRE

De l'Article XXIX.

§ *I. Comment on définit la Refcifion ?*

*II. Où il faut fe pourvoir pour ob-
tenir les lettres néceffaires ?*

*III. Du temps accordé aux ma-
jeurs, à l'effet de la Refcifion.*

I

ART. XXIX.

§ IV. S'il est le même pour les Mineurs ?

V. Comment les Lettres de Rescision opèrent leur effet ?

VI. Jurisdiction dans laquelle elles doivent être entérinées.

VII. A quelles personnes s'accorde le Bénéfice de restitution ?

VIII. Pour quelles causes ?

IX. De la lésion qui donne lieu à la rescision.

X. Du Dol.

XI. De la crainte.

XII. De la force ou violence.

XIII. De l'erreur de fait.

XIV. Si les Mineurs sont restitués contre toutes sortes d'Actes ?

XV. Quid ? A l'égard des Majeurs.

XVI. Si les voies de nullités ont lieu parmi nous ?

XVII. De la nullité d'un Acte pour défaut de formalités.

XVIII. De la restitution contre un aveu fait par erreur.

§ *XIX. Si une veuve qui a renoncé* Aʀᴛ.
　peut fe faire relever de fa renon- xxix.
　ciation ?

XX. Quid ? *A l'égard de la veuve
qui s'eſt immiſcee.*

*XXI. Si la Refciſion pour cauſe
de léſion, peut être obtenue par
l'acheteur comme par le vendeur ?*

*XXII. Si elle a lieu contre les
ventes par décret ?*

XXIII. Quid ? *En matière de
de louage.*

XXIV. —— *Dans les partages ?*

XXV. —— *Dans les quittances
ou remiſes de ce qui nous eſt dû ?*

XXVI. —— *Dans les ceſſions
de droits incertains ?*

XXVII. —— *Dans les aditions
d'hérédité ?*

PARAGRAPHE I.

La Refciſion (qu'on nomme auſſi reftitution en entier) eſt un bénéfice que la
Loi accorde en certains cas , par le moyen
duquel celui qui a été léſé dans un Acte
peut en revenir , & fe faire remettre au

ART.
XXIX.
même état où il étoit, avant que l'Acte fut paffé. On dit indifféremment *refcinder* & *annuller*; ainfi, *annullation* & *refcifion*, font fynonymes dans cet Article.

§ II.

Il n'y a que le Roi, qui puiffe accorder le bénéfice de reftitution en entier; ce qui fe fait par des Lettres qu'on obtient en la Chancellerie établie près le Parlement, & qu'on appelle *Lettres de refcifion*.

§ III.

Dans tous les cas où la Refcifion peut avoir lieu, contre des Actes foufcrits par des Majeurs, il faut qu'ils fe pourvoient dans les dix ans.

Ce temps paffé, leur action eft prefcrite, fans efpérance de reftitution : c'eft le fentiment de DE GHEWIET, en fes Inft. du Droit Belgique, part. 3, tit. 1, § 4, art. 5; fur quoi on peut auffi confulter DOMAT, liv. 4, tit. 6, fect. 2, nomb. 13.

Les 10 ans commencent à courir contre les Majeurs, du jour de l'Acte dont ils fe plaignent, quand ils n'ont été gênés par aucun empêchement de fait ou de droit, mais, régle générale, ces dix ans ne courent point contre ceux qui ne peuvent agir.

Au nombre des empêchemens de droit, on compte l'abfence, l'interdiction : ainfi, les dix ans ne courent point contre les abfens ni contre les interdits, tant que dure l'abfence ou l'interdiction.

De même s'il y a eu quelque empêchement de fait, tel que la crainte, la force ou la violence, les dix ans ne courent que du jour que l'empêchement a ceffé. Voyez M. D'HERMAVILLE, Arrêt 110, pag. 442.

§ IV.

Les Mineurs, jufqu'à ce qu'ils aient atteint leur vingt-cinquiéme année, font dans un empêchement de droit, qui fait que la Prefcription ne peut courir contre eux ; *contrà non valentem agere, non currit præfcriptio.*

Ceux qui veulent fe pourvoir en Refcifion à titre de minorité, n'ont pas dix ans pour cela, mais feulement quatre années, qui fe comptent du jour que leur vingt-cinquième année a été révolue : voyez les Inft. du Droit Belgique, part. 3, tit. 1, § 4, art. 24, où l'Auteur cite, Libert-François CHRISTYN fur BUGNYON, des L. abrog. liv. 1, chap. 38 ; M. STOCK-MANS, Décif. 112, & TULDEN. ad C. lib. 2, tit. 53 ; telle eft d'ailleurs la Jurifprudence du Parlement de Flandres, fuivant deux Arrêts des 4 Mai 1671, & 6 Juillet 1714, (DE GHEWIET, *loc. cit.*)

ART.
XXIX. laquelle se trouve fondée sur la disposition du Droit romain, en la L. *ult. C. de tempor. in int. restit.*

Ainsi, l'action de Rescision en faveur des Mineurs, dure (seulement) jusqu'à ce qu'ils aient leur vingt-neuvième année accomplie ; avec cette observation, que dans les Coutumes où la majorité commence avant vingt-cinq ans, l'action dont il s'agit n'en est pas moins ouverte jusqu'à vingt-neuf ans accomplis, parce que la seule majorité reçue en cette matière, est celle de Droit, qui n'est acquise qu'à vingt-cinq ans, & non la majorité coutumière, qui est toujours bornée aux cas prévus par la Coutume.

Le délai de quatre années est péremptoire contre les Mineurs, en telle sorte que leur action est prescrite après ce terme, sans qu'ils puissent s'en faire relever. Arrêt du 3 Février 1682, dont DE GHEWIET fait mention, au lieu cité, art. 25.

§ V.

Les Lettres de Rescision s'accordent sans connoissance de cause ; c'est aux Juges à qui elles sont adressées, à peser les raisons qui doivent, ou les faire admettre, ou les faire rejeter : toutefois elles n'opèrent par elles-mêmes aucun effet, & la Rescision n'a lieu que quand elles sont entérinées. JOAN. VOET ad dig. Liv. 4, tit. 1, n. 24, 25, &c.

§ VI.

L'entérinement des Lettres, fe fait dans la Jurifdiction où le différent a été ou doit être porté ; & au furplus, les Lettres font toujours adreffées aux Juges qui les doivent entériner. Voyez GROE-NEWEGEN, *de leg. abr. ad eod. lib. 2. tit.* 47 , *l.* 2, quoniam *& l. ult.* DULAURY, Arrêt 49. DU FIEF , fous le mot *Refcifion.*

§ VII.

Les Majeurs comme les Mineurs , peuvent obtenir des Lettres de Refcifion , & jouir de leur bénéfice ; mais dans divers cas, & pour les caufes qui feront expliquées fous les § fuivans.

§ VIII.

Les principales caufes qui peuvent donner lieu à la Refcifion , & qui opèrent auffi bien en faveur des Majeurs que des Mineurs, font, 1.° la léfion, 2.° le dol ou circonvention, 3.° la crainte, 4.° la force ou violence, 5.° l'erreur de fait.

Ces vices détruifent tout engagement, parce que nul Contrat ne peut fubfifter fans la bonne foi [des Parties] qui eft l'ame des conventions; & que d'ailleurs l'effence d'un Contrat, confifte dans le confentement libre de ceux qui le foufcrivent.

ART. XXIX. Quand on demande la Refcifion d'un Acte, il faut prouver la réalité du motif qui peut y donner lieu, & la preuve dans ce cas eft toujours admife, encore qu'il s'agiffe d'un objet excédant 300 florins. Voyez le § XXVII de l'Article XIX.

§ IX.

On entend par léfion, le préjudice réfultant d'un Acte ou Contrat, contre un de ceux qui l'ont foufcrit : à l'égard des Majeurs, la léfion doit être d'outre moitié, pour que l'Acte qui la contient puiffe être refcindé ; mais relativement aux Mineurs, il fuffit pour cela qu'ils foient léfés, quelque légére que foit la léfion.

Le jufte prix fur lequel la léfion doit être reconnue, eft la valeur de l'immeuble au temps de la vente, & non au temps de l'action en reftitution. DOMAT, liv. I, tit. 2, fect. 9, nomb. 2, où il cite la L. 8, c. *de refc. vend.* Voyez l'Inft. facile fur les conventions, Liv. 2, tit. 11, § 1.

§ X.

On nomme Dol, (du mot latin *Dolus*) les tromperies, les furprifes, les fraudes, les fineffes, & toutes les autres mauvaifes voies employées pour tromper quelqu'un : *Dol* & *circonvention*, font à peu-près fynonymes en cet Article.

On diſtingue le Dol en perſonnel & en réel: il n'y a que le Dol perſonnel qui puiſſe donner lieu à la Reſciſion des Contrats, & encore cela dépend-t-il beaucoup des circonſtances, car il n'eſt pas toujours de nature à opérer cet effet.

Régle générale: le Dol ne donne lieu à la Reſciſion que lorſqu'on a uſé de mauvaiſes voies dans le deſſein de tromper, & qu'on a engagé celui qui eſt trompé à donner un conſentement qu'il n'auroit pas donné, ſi la tromperie lui eut été connue. Au reſte, ſur les diſtinctions qu'on doit faire ſelon les circonſtances du Dol, voyez DOMAT, liv. 1, tit. 18, des vices des Conventions, ſect. 3.

Le Dol ne ſe préſume jamais; ainſi, celui qui dit avoir été trompé, doit prouver le Dol, faute de quoi, les Lettres de Reſciſion priſes ſur ce motif, ne peuvent être entérinées. Voyez l'Article XIX, § 27, & l'Inſtruction facile ſur les Conventions, Liv. 1, tit. 11.

§ XI.

La crainte eſt un mouvement de l'eſprit, cauſé par un péril préſent ou qui peut arriver. On en diſtingue de deux ſortes; ſavoir, la crainte légère & la crainte grave: il n'y a que la crainte grave qui puiſſe former un moyen de Reſciſion.

Pour que la crainte ſoit réputée grave, il faut que les menaces qui y ont donné lieu, ſoient de nature à pouvoir épou-

ART.
xxix.

I v

ART.
XXIX.

vanter, finon un homme intrépide, au moins un homme ferme & conftant.

Ainfi, la crainte de la mort, celles des chaînes ou des prifons, la crainte de perdre tous fes biens, & autres femblables, font des motifs de Refcifion.

Ainfi, la crainte de déplaire à quelqu'un, ou d'encourir fa difgrace, feroient envain alléguées pour fair refcinder un Acte : cependant DOMAT, fur la nature des menaces, fait une diftinction en faveur des perfonnes foibles ou timides. Voyez ce qu'il dit à ce fujet, liv. 1, tit. des vices des Conventions, dans le préambule de la Section 2.

Lorfqu'on demande l'entérinement de Lettres de Refcifion, obtenues fur le motif de crainte, il faut prouver toutes les circonftances du fait, qui a pu infpirer la crainte, car il n'y a que les circonftances qui puiffent faire connoître fi la crainte a été grave ou legère. Voyez le § XXVII de l'Article XIX, & l'Inftruction facile fur les Conventions, Liv. 1, tit. 12.

§ XII.

On appelle force ou violence, (dit DOMAT,) toute impreffion illicite, qui porte une perfonne contre fon gré, par la crainte de quelque mal confidérable, à donner un confentement qu'elle ne donneroit pas, fi fa liberté étoit dégagée de cette impreffion.

Une des conditions requises pour la Art.
validité des engagemens, est qu'ils soient xxix.
souscrits d'une volonté libre, c'est pourquoi, la force ou violence qui détruit cette
volonté, est une juste cause de Rescision. Il n'est pas même nécessaire que celui contre lequel on se pourvoit, ait lui-
même employé cette voie, il suffit qu'il
en ait profité; car, encore bien qu'il ne
soit pas coupable, il seroit injuste qu'il
fit un gain illicite, en profitant du malheur d'autrui.

Voyez sur cela ARGOU, liv. 4, chap.
14, & DOMAT, liv. 1, tit. des vices
des Conventions, sect. 2.

§ XIII.

L'erreur de fait, qui est quelquefois
une cause suffisante pour obtenir le bénéfice de restitution, consiste à ne pas
savoir une chose qui est.

Pour que l'erreur de fait donne lieu
à la Rescision, il faut le concours de ces
deux choses, 1.º qu'on puisse discerner
que celui qui se plaint, n'a consenti à la
convention, que parce qu'il a ignoré *la
vérité d'un fait*; 2.º qu'il soit évident que
la convention se trouve n'avoir d'autre
fondement *qu'un fait contraire à cette vérité inconnue.* Voyez DOMAT au lieu cité,
sect. 1: cet Auteur y explique les cas où
l'erreur de fait suffit, & ceux où elle ne
suffit pas, pour opérer la Rescision des

Art.
xxix. Actes. Voyez auſſi l'Inſtruction facile ſur les Conventions, liv. 1, tit. 13.

§ XIV.

La Reſciſion eſt accordée en faveur des Mineurs, contre tous les Actes & Contrats, par leſquels ils ont été léſés ; quand même la léſion ne tomberoit que ſur leurs meubles, ce qui a lieu, encore que les Mineurs aient été émancipés lorſqu'ils ont ſouſcrit les Actes contre leſquels ils réclament. Voyez un Arrêt du 17 Décembre 1694, dont M. POLLET fait mention, part. 3, nomb. 104.

Toutefois le privilége de la minorité ne ſuffit ni en fait de meubles, ni en fait d'immeubles, pour donner lieu à la Reſciſion d'un Contrat ; *minor non reſtituitur ut minor, ſed ut læſus.*

§ XV.

Pour ce qui eſt des Majeurs, le bénéfice de reſtitution eſt moins étendu à leur égard, il a ſeulement lieu :

1.º Contre les Contrats de ventes de leurs immeubles, par leſquels ils ſont léſés de plus de moitié du juſte prix.

2.º Contre les Contrats de vente de leurs maiſons & héritages réputés meubles (où ils ſouffrent léſion d'outre moitié ;) car, ſous la dénomination d'immeubles, la Loi comprend tous les corps immobiles,

3.º Contre tous autres Contrats (con- ARTi
cernant leurs immeubles ou leurs meu- xxix,
bles,) lorfqu'ils ont été trompés & cir-
convenus par dol ou circonvention, ou
lorfqu'ils ne les ont paffés que par crainte,
force, violence ou erreur de fait.

La Refcifion pour caufe de léfion d'outre moitié, n'a pas lieu dans les ventes
de meubles & effets mobiliers, quand
elles ont été faites par des Majeurs: *fecus*
à l'égard des Mineurs.

§ XVI.

Dans notre ufage, les voies de nullité
n'ont pas lieu ; c'eft-à-dire, qu'on ne fait
pas annuller un Acte, en alléguant fim-
plement les caufes qui le rendent nul,
mais qu'il faut obtenir des Lettres de
Refcifion, avant de le pouvoir faire annuller.

Toutefois, on fait diftinction des nullités établies par les Ordonnances ou les
Coutumes, d'avec celles qu'on nomme
nullités de droit.

Quand il s'agit des nullités de la première efpèce, les Lettres de Refcifion font
furabondantes, il fuffit en ce cas d'alléguer la nullité pour la faire prononcer.

Mais lorfqu'il eft queftion de nullités
de droit, il faut abfolument prendre des
Lettres. Voyez DENISART, *verb. nullité.*

§ XVII.

La Prefcription que l'Edit Perpétuel dé-

ART.
XXIX.
clare acquife par le feul laps de dix ans, n'a pas lieu quand on demande la nullité d'un Acte, fur le fondement que les formalités réquifes n'y ont point été obfervées. Déclaration du 14 Novembre 1628, rapportée par ANSELMO, fous le § 10 du préfent Article; Arrêt conforme, rendu au Parlement de Flandres le 27 Janvier 1689, rapporté par M. le Préfident DESJAUNAUX, tom. 2, nomb. 198; autre Arrêt du 13 Octobre 1706, dont DE GHEWIET fait mention, part. 3, tit. 1, § 4, art. 6. On a trente ans pour oppofer les nullités de ce genre.

§ XVIII.

Celui qui demande d'être relevé d'un aveu pour caufe d'erreur, doit prouver l'erreur, encore bien qu'il s'agiffe d'une pure négative. Arrêts des 15 Mars 1691, & 29 Octobre 1692, rapportés par M. POLLET, part. 3, nomb. 105.

§ XIX.

Une veuve qui a renoncé à la communauté d'entr'elle & fon mari, ne peut fe faire reftituer contre fa renonciation, fous prétexte qu'elle s'en trouve léfée: Arrêt du 30 Mai 1699, qu'on trouve dans le Recueil de M. POLLET, part. 3, nomb. 103.

§ XX.

Le même Arrêtifte, fous le n. 102,

dit qu'une veuve majeure, ne peut être relevée de fon immixtion; & fuivant un Arrêt du 30 Avril 1697, rapporté par M. Desjaunaux, tom. 2, nomb. 151, il a été jugé qu'une veuve qui s'eft une fois immifcée, n'eft pas facilement reftituée après un long terme, à moins qu'il ne foit furvenu quelque chofe d'extraordinaire.

Art. xxix.

§ XXI.

Selon le fentiment de DE GHEWIET, l'acheteur majeur peut faire refcinder le Contrat, comme le vendeur lui-même, s'il fe trouve léfé d'outre moitié du jufte prix; cet Auteur cite même des autorités très-refpectables, pour appuyer fon opinion, ainfi qu'on peut le voir dans fes Inftitutions du Droit Belgique, part. 3, tit. 1, § 4, art. 7.

D'autres penfent que la Loi 2, c. *de refc. vend.* ne parlant que des vendeurs, relativement à la Refcifion des Contrats (pour léfion d'outre moitié) il en faut conclure que les Acheteurs (majeurs) n'ont pas droit de faire refcinder leurs acquifitions fous ce prétexte.

Cet avis eft fondé, 1.º fur la doctrine de DOMAT; 2.º fur le fentiment de DENISART, *verb. léfion*; 3.º fur l'opinion d'ARGOU, liv. 4, chap. 14, &c. &c. &c.

Voici comme ce dernier Auteur s'exprime, dans fon Inftitution au Droit françois.

ART. XXIX.

« La reſtitution n'eſt accordée qu'au
» vendeur ; l'acquéreur ne peut jamais
» être reſtitué, quelque léſion qu'il ſouf-
» fre, à moins qu'il ne ſoit mineur, ou
» qu'il n'y ait dol perſonnel de la part
» du vendeur...... La néceſſité force ſou-
» vent de vendre à vil prix, mais rien
» n'oblige d'acheter trop cher, que l'en-
» vie que l'on a de la choſe.

L'Auteur anonyme de l'Inſtruction facile ſur les Conventions, penſe de même : il dit en effet que le bénéfice
de reſtitution, pour cauſe de léſion, n'eſt
introduit qu'en faveur des vendeurs ; ce
qui eſt fondé (ajoute-t-il,) ſur ce qu'on
profite de leur ſituation, & des extrê-
mités preſſantes où ils ſe trouvent, pour
acheter au plus vil prix qu'on peut.

Mais à l'égard de l'acquéreur « on pré-
» ſume qu'il n'a acheté que par une ſuite
» de ſon affection, & pour payer celle
» que le vendeur avoit lui-même pour la
» choſe vendue, ce qui eſt inappréciable. »
M. DE HUMAIN, Arrêt 15, pag. 63,
rapporte un Arrêt du Conſeil de *Malines*,
du 24 Novembre 1615, qui a décidé en
faveur du premier ſentiment.

§ XXII.

DE GHEWIET, en ſes Inſtitutions du
Droit Belgique, part. 3, tit. 1, § 4,
art. 9, établit comme un principe certain,
que les ventes par décret forcé, peuvent

être refcindées pour léfion d'outre moitié, auffi bien que les ventes volontaires.

Cependant, le prix d'une adjudication par décret, eft toujours cenfé être la véritable valeur du bien vendu, par rapport à la faculté que chacun a d'enchérir; tel eft l'avis de DUMOULIN, fur l'art. 487 de la Coutume de Bourbonnois, avis qui paroît devoir être adopté dans nos pays, avec d'autant plus de raifon, que nous avons des Coutumes qui en ont une difpofition expreffe. Voyez celle d'*Anvers*, tit. 60, art. 23.

ARGOU, liv. 4, chap. 14, eft auffi d'avis que fous prétexte de léfion, on ne peut revenir d'une vente par décret forcé, parce (dit-il,) qu'elle a été faite publiquement par autorité de Juftice. Voyez à ce fujet BRODEAU fur LOUET, lettre D. n. 33; mais voyez auffi les autorités employées par DE GHEWIET, pour appuyer l'opinion contraire, & fpécialement les Arrêts qu'il cite en faveur de cette opinion.

M. DE BARALLE, Arrêt 20, pag. 48; &c. &c. &c.

§ XXIII.

La reftitution en entier pour léfion d'outre moitié, a lieu en matière de louage. Arrêt du Parlement de Flandres de l'année 1698; autre du mois de Décembre 1700, dont DE GHEWIET fait mention,

Art.
xxix.

part. 3 , tit. 1 , § 4 , art. 12.

La Jurifprudence eft contraire en France, fuivant le témoignage de Denisart, *verb.* bail , n. 10.

§ XXIV.

Elle a également lieu dans les partages entre co-héritiers, quand il n'y a point eu de lots j.... Arrêt du Parlement de Flandres du 31 Décembre 1697, rapporté par DE Ghewiet , au lieu cité, art. 13.

En fait de partage , la léfion du tiers au quart fuffit ; c'eft-à-dire qu'on en revient , quand on eft léfé de plus du quart.

Un Arrêt du 23 Octobre 1699 , dont DE Ghewiet fait mention , à l'endroit cité , art. 14, a même jugé qu'en ce cas , la léfion du quart eft fuffifante ; cependant , le principe général veut qu'elle foit du tiers au quart , *id eft* de plus du quart. Voyez Domat , Liv. 2, *des Engagemens qui fe forment fans Convention*, tit. 5 , fection , 2, dans une note du nomb. 14.

§ XXV.

La reftitution en entier pour caufe de léfion, n'a pas lieu dans les quittances ou remifes que l'on fait de fes droits, encore qu'on offre de prouver que la caufe pour laquelle la remife a été faite n'exiftoit point. Voyez l'Arrêt du mois de Mai 1790 , que DE Ghewiet , cite part. 3 , tit. 1 , § 4, art. 16.

§ XXVI.

Elle n'a pas lieu non plus dans les ceſſions de droits incertains, telles que celles de droits ſucceſſifs, & de droits litigieux. Voyez un Arrêt de 1698, rendu
entre Jean-Baptiſte *Vander Sſtraeten* &
François *Wyme.* Voyez auſſi l'Inſtitution
au Droit françois, par ARGOU, liv. 4,
chap. 14.

§ XXVII.

Enfin, la reſtitution en entier, n'a pas
lieu contre les aditions d'hérédité faites
par des Majeurs de droit. Voyez les Arrêts de M. D'HERMAVILLE, Arrêt 31,
pag. 121. *Semel hæres, ſemper hæres.*

Quant aux aditions d'hérédité faites
par des Mineurs de droit qui ſeroient Majeurs de coutume, ils peuvent en revenir par voie de Reſciſion. Arrêts de 1675,
& du 13 Février 1708, dont DE GHE-
WIET fait mention, au lieu cité, art. 21.

M. DEFLINES en cite un troiſième, pag.
337 ; c'eſt le vingt cinquième de M. DES-
JEAUNAUX, il eſt du 24 Mars 1694.

Celui qui a obtenu des Lettres de Chancellerie, pour être relevé d'une adition
d'hérédité, ne peut les faire entériner,
qu'en faiſant ajourner tous les créanciers
de la ſucceſſion, à l'effèt par eux de con-
ſentir à l'entérinement, ou de déduire

ART. leurs caufes d'oppofition, s'ils croyent
xxix. en avoir. Arrêt du 24 Mars 1694, qu'on
trouve dans le Recueil de M. DESJAU-
NAUX, tom. 1, nomb. 25, & dont M.
POLLET fait mention, part. 3, nomb.
104, ainfi que M. DEFLINES, *loc. cit.*

ARTICLE XXX.

Du Bénéfice d'Inventaire.

ET pour obvier à ce que le Bénéfice de droit accordé aux parens d'un trépaffé, pour appréhender
la fucceffion fous Inventaire, afin
de n'être plus avant tenu aux créditeurs, qu'à concurrence de la valeur des biens, ne foit pratiqué à
l'intérêt defdits créditeurs, & au
profit des impétrans de tel Bénéfice,
felon qu'on s'eft apperçu advenir
depuis quelques années en çà, étant
le dreffement defdits créditeurs tiré
en longueur ; avons ordonné & ordonnons par cette, que tels impétrans, feront tenus à cet effet, impétrer nos Lettres-Patentes en dedans
trois mois du trépas, & lefdites Lettres impétrées, feront tenus dedans
quarante jours fuivans, faire & achever l'Inventaire, & auparavant faire
appréhenfion, donner caution pour
le renfeing des meubles, & en de-

ART.
XXX.
dans la quinzaine fuivante, ils ob-
tiendront du Juge auquel compete
la cognoiffance, Lettres d'ajournement, avec claufe d'autorifation,
en refpect de ceux qui n'y feroient réfidens fous fa Jurifdiction ou Reffort,
en vertu duquel publié à la Bretef-
que du lieu de la demeure ordinaire
du trépaffé, & par affixion de billets ès lieux publics, feront appellés
tous ceux qui voudroient prétendre
quelque dette ou action contre ladite
maifon mortuaire, pour l'avenir pro-
pofer & vérifier pardevant le Juge;
dont auffi notification fe fera aux
perfonnes connues & préfentes, du
moins à leur domicile : le tout avec
claufe pénale; que tous ceux qui de-
meureront défaillans de ce faire, fi
comme ceux refidens ès Pays &
Etats de par-deçà en dedans les fix
mois prochains, & ceux réfidens hors
lefdits Pays, en dedans l'an du jour
de ladite publication, feront & de-
meureront privés de leurs dettes &
prétentions, fur lefdits biens vendus
& prifés, & fur les deniers en pro-
venus, répartis entre les créditeurs :

.oien pourront-ils venir fur le fur-   **ART.**
.roît d'iceux deniers, fi aucun y a.   **XXX.**

S O M M A I R E
De l'Article XXX.

§ *I. Effets du Bénéfice d'Inventaire.*

II. Ce qu'il faut faire pour en jouir?

III. Caution à donner pour raifon du mobilier.

IV. Quelles font les perfonnes intéreffées qu'on doit ajourner fuivant cet Article?

V. Si le Bénéfice d'Inventaire a lieu pour les veuves, à l'égard de la communauté?

PARAGRAPHE I.

Le Bénéfice d'Inventaire » eft un pri-
» vilége & un reméde de la Loi, qui
» fait que l'héritier n'eft tenu des dettes
» de la fucceffion, que jufqu'à concur-
» rence des biens, & qui empêche la
» confufion des droits actifs & paffifs
» d'une fucceffion, avec les droits par-
» ticuliers de l'héritier, en faifant par lui

ART.
XXX.
» l'Inventaire ; c'eſt-à-dire, la deſcription
» des biens & effets du défunt, avec les
» conditiōs & les formalités requiſes. »

§ II.

L'héritier préſomptif, qui veut jouir du
Bénéfice d'Inventaire, doit aux termes
de cet Article :

1.º Impétrer en la Chancellerie, établie près le Parlement, des Lettres qu'on
nomme Lettres de Bénéfice d'Inventaire;
& cela, dans les trois mois du décès de
celui *de cujus ſucceſſione agitur.*

2.º Faire faire un Inventaire des biens
de la ſucceſſion, lequel Inventaire doit être
achevé dans la quarantaine qui ſuit l'obtentiō des Lettres.

3.º Obtenir enſuite Lettres d'ajournement, & les faire publier, afficher & notifier: le tout de la manière expliquée en
l'Article XXX de notre Edit. Voyez ladeſſus le Recueil d'Arrêts de M. POLLET,
part. 3, nomb. 65, & les Inſtitutions
du Droit Belgique, part. 2, tit. 4, §
14, art. 8.

§ III.

Suivant ce même Article, l'héritier bénéficiaire, doit donner caution pour la
repréſentation des meubles, avant de pouvoir appréhender les biens de l'hérédité.

Il ſuffit que la caution ſoit ſolvable,
pour

pour pouvoir répondre du mobilier, parce que l'héritier bénéficiaire ne peut détruire ni déranger l'hypothéque acquise sur les immeubles.

Art. xxx.

§ IV.

Ceux qui selon le présent Article doivent être ajournés, tant personnellement que par publication & affiches, sont toutes les Parties qui ont un intérêt dans la succession, tels que créanciers, légataires, fidéicommissaires, & autres semblables.

§ V.

Le Bénéfice d'Inventaire n'a lieu qu'en faveur des héritiers: ainsi une veuve ne peut pas accepter, par bénéfice d'Inventaire, la communauté qui a été entr'elle & son mari; il faut, ou qu'elle l'accepte purement & simplement, ou qu'elle y renonce. Voyez l'Ordonnance de 1629, art. 127.

K

ARTICLE XXXI.

De la vente des meubles qui doit être faite par l'héritier Bénéficiaire.

LE ſuſdit ajournement ainſi fait, Nous ordonnons que tous leſdits meubles, bagues, joyaux, ſeront vendus par autorité dudit Juge à ſubhaſtation & licitation publique au plus offrant ; & les deniers en procédans conſignés, pour être promptement répartis au paiement des dettes privilégiées, s'il y en a, ſinon à celles plus liquides, ſur caution de rendre ce que pourroit être plus reçu en cas de courtereſſe.

SOMMAIRE

De l'Article XXXI.

§ I. *Pourquoi l'heritier Bénéficiaire eſt tenu de faire vendre les meubles ?*

§ *II. Comment se distribuent les deniers qui procèdent de cette vente ?* ART.
xxxj.

PARAGRAPHE I.

« L'héritier Bénéficiaire n'étant tenu
» d'acquitter les charges que des biens
» de l'hérédité, il doit faire vendre les
» effets mobiliers, comme le plus prompt
» secours pour y satisfaire. »

Cette vente, (dit DOMAT,) doit se
faire après des publications, lesquelles
sont nécessaires pour attirer des enché-
risseurs, & pour prévenir les fraudes des
ventes secrètes.

§ II.

Les deniers procédans de cette vente
doivent être consignés, & ensuite répartis aux créanciers privilégiés, s'il y en a;
sinon à ceux dont les créances se trouvent les plus liquides, en donnant par
eux caution de refonder s'il est nécessaire,
Voyez le § 2 de l'art. suivant.

K ij

ARTICLE XXXII.

A quoi l'héritier Bénéficiaire est assujetti au bout de l'année.

ET à l'expiration de l'année que dessus, connoissant l'impétrant la grandeur des dettes & charges, il sera tenu déclarer, s'il veut continuer sondit Bénéfice, ou bien soi porter héritier simple, auquel cas il demeurera en la possession & jouissance desdits biens, lesquels si besoin est, lui seront adjugés à charge desdites dettes, & en cas de continuation audit Bénéfice, Nous ordonnons que ledit Juge fasse incontinent aussi procéder à la vente & subhastation publique des biens immeubles, pour être le prix d'iceux aussi distribué au paiement desdites dettes, ne fut que l'impétrant requit que lesdits immeubles seroient estimés, & que l'appréciation faite, elle viendroit à surpasser ou du moins

s'égaler auxdites dettes, auquel cas ART.
ledit impétrant les pourra retenir, xxxij.
en payant & nantissant promptement
les deniers de ladite estimation, pour
être répartis comme dessus.

S O M M A I R E

De l'Article XXXII.

§ *I. Dans quel temps l'héritier Bé-*
néficiaire est tenu d'opter entre le
Bénéfice d'inventaire, & la qua-
lité d'héritier simple ?

II. Ce qui lui revient au premier
cas ?

III. Dans le second cas, quel est
son sort ?

PARAGRAPHE I.

Notre Edit veut, par cet Article, qu'à
l'expiration de l'année, dont il est parlé en
l'Article XXX, l'héritier Bénéficiaire,
connoissant les forces & charges de la succession, soit tenu de déclarer, s'il veut
continuer le Bénéfice d'inventaire, ou s'il
veut se porter héritier pur & simple.

§ II.

Au premier cas, on doit procéder en Juſtice à la vente des biens immeubles de l'hérédité, pour être le prix d'iceux réparti entre les créanciers du défunt, ſoit par contribution entr'eux, lorſqu'elle a lieu, ſoit en obſervant l'ordre de leurs priviléges & hypothéque.

Si cependant l'héritier Bénéficiaire demande que les immeubles ſoient eſtimés, l'eſtimation en doit être faite, après quoi il eſt le maître de retenir leſdits immeubles, en nantiſſant la ſomme à laquelle l'eſtimation aura monté, pourvu qu'en joignant à cette eſtimation les fruits accumulés, le prix des meubles vendus & les dettes actives, le tout égale au moins le montant des dettes paſſives, car il faut dans ce cas que les créanciers ſoient entiérement payés. Voyez les § 1, 2 & 3, de l'Article XXXIII.

§ III.

Au ſecond cas; (c'eſt-à-dire, ſi l'héritier Bénéficiaire abandonne le bénéfice d'Inventaire pour ſe porter héritier ſimple), il demeure en la poſſeſſion & jouiſſance de tous les biens de l'hérédité, à la charge des dettes, comme ſi dès l'origine il eut accepté la ſucceſſion, purement & ſimplement.

ARTICLE XXXIII.

De la jouiſſance accordée à l'héritier Bénéficiaire.

SI pourra ledit impétrant pendant la ſuſdite année jouir deſdits biens, ſur caution de répondre des fruits & revenus d'iceux, enſemble des dettes actives trouvées en la maiſon mortuaire, au même effet que deſſus, mais icelle année écoulée, en ſera fait comme dit eſt.

SOMMAIRE

De l'Article XXXIII.

§ I. *Sous quelle condition l'héritier Bénéficiaire jouit des fruits des immeubles ?*

II. Quid ? *A l'égard des dettes Actives.*

III. *Régles à obſerver touchant les fruits des immeubles & les dettes actives, ſoit quand l'héritier*

K iv

Bénéficiaire continue le Bénéfice d'Inventaire, foit quand il y renonce.

PARAGRAPHE I.

Aux termes de cet Article, l'héritier Bénéficiaire peut jouir durant l'année des biens immeubles de la fucceffion, en fourniffant un cautionnement pour la reftitution des fruits & revenus d'iceux, & à condition que lefdits fruits & revenus étant reftitués, il en fera difpofé conformément aux Régles prefcrites par l'Article XXXII.

§ II.

Il peut de même profiter des déttes actives de la maifon mortuaire, à charge de caution ; [voyez le § 3 de l'Article XXX,] & d'en rapporter le montant à la fin de l'année, pour en être difpofé comme il eft dit en l'Article XXXII de notre Edit.

§ III.

Si l'héritier Bénéficiaire continue le Bénéfice d'Inventaire, les fruits des biens immeubles, & les dettes actives qu'il eft obligé de rendre fuivant cet Article, doivent être joints au prix des immeubles,

avec le prix de la vente des meubles,
pour être le tout réparti entre les créanciers, comme nous l'avons dit fous le
§ II de l'Article précédent.

Si au contraire l'héritier Bénéficiaire,
renonce au Bénéfice d'Inventaire, pour
fe porter héritier fimple, alors les fruits
des immeubles, & les dettes actives qu'il a
touchées, lui reftent. Voyez le § III de
l'Article XXXII.

Art. xxxiij.

ARTICLE XXXIV.

De la déchéance du Bénéfice d'Inventaire.

LE tout à peine de déchoir du fruit dudit Bénéfice d'Inventaire, & d'être tenu pour héritier simple, en cas que sans observer ponctuellement tout ce que ci-dessus est dit, il fit appréhension de quelques biens de ladite maison mortuaire : défendant à tous Juges supérieurs, de, contre l'omission des solemnités ci-dessus, & ce qui est ultérieurement disposé, accorder aucun Bénéfice de reliévement ou restitution.

SOMMAIRE

De l'Article XXXIV.

§ I. *Sous quelle peine les formalités du Bénéfice d'Inventaire doivent être remplies ?*

§ II. *Si l'on peut être relevé contre l'omiſſion deſdites formalités ?*   Art.
xxxiv.

PARAGRAPHE I.

Si celui qui veut ſe prévaloir du Bénéfice d'Inventaire, n'obſerve pas ponctuellement les formalités preſcrites par l'Edit Perpétuel, s'il en néglige même une ſeule, cet Edit veut qu'il ſoit regardé comme héritier pur & ſimple, & partant, tenu de toutes les dettes de la ſucceſſion indéfiniment. Voyez l'Ordonnance de 1629, art. 128.

Le Parlement de Flandres en a décidé de même, par Arrêts des 12 Mars 1674, & 31 Mai 1675 ; & par un troiſième Arrêt du 27 Novembre 1691, rapporté par M. d'HERMAVILLE, n. 45, pag. 213.

§ II.

Suivant le diſpoſitif de notre Edit, on ne peut même être relevé de l'omiſſion deſdites formalités. Voyez les deux premiers Arrêts cités ſous le § précédent, & dont DE GHEWIET fait mention, part. 2, tit. 4, § 14, art. 5.

ART.
XXXV.

ARTICLE XXXV.

De la défense d'accepter l'hérédité sous Bénéfice d'inventaire.

ET advenant qu'aucun par Ordonnance de dernière volonté, & ès lieux où les biens sont disponibles, défende à son héritier d'accepter son hoirie sous le susdit Bénéfice, Nous déclarons telle défense être valide, pourvu que tel héritier ne soit de ses descendans.

SOMMAIRE

De l'Article XXXV.

§ I. *Analyse des dispositions de cet Article.*

II. *Pourquoi on n'est pas entré dans un plus grand détail sur le Bénéfice d'Inventaire ?*

PARAGRAPHE I.

Dans les endroits où les biens sont de

libre difpofition, un Teftateur peut défendre à fon héritier préfomptif d'accepter
fa fucceffion fous Bénéfice d'Inventaire,
& cette défenfe doit être refpectée, tant
qu'elle n'eft faite qu'à des afcendans ou
des collatéraux, mais elle feroit de nul
effet, fi elle étoit faite à des héritiers de
la ligne directe defcendante, comme les
enfans, petits enfans, &c.

§ II.

On n'eft pas entré dans un plus grand
détail, fur le Bénéfice d'Inventaire, parce
que cette matière eft fuffifamment ap-
profondie, dans quantité d'ouvrages qui
fe trouvent dans toutes les Bibliothéques
des Jurifconfultes.

On peut entr'autres, confulter fur cela
le Traité des Succeffions de LE BRUN;
les Queftions alphabétiques par BRÉTON-
NIER; les Loix Civiles, liv. 1, *des Succeffions en général*, tit. 2, fect. 2 & fect.
3; les Inftitutions du Droit Belgique
par DE GHEWIET, part. 2, tit. 4, § 14,
& la Collection de Jurifprudence de DE-
NISART, à l'art. *Bénéfice d'Inventaire.*

ARTICLE XXXVI.

De la Purge d'héritages.

D'Autre part, comme souventefois advient qu'en la vente ou charge des biens immeubles, les vendeurs recélent les charges antérieures, servitudes, prohibitions d'aliéner, ou autres charges ou obligations, auxquelles iceux biens se trouvent par après tenus & affectés, au grand préjudice des acheteurs : Nous permettons à tous ceux, ayant acquis tels biens immeubles, & soi doutans de tel recélement, de, à leurs dépens, eux pourvoir à l'assurance de leur achat de nos Lettres de Purge, consignant le prix sous la Justice qu'appartiendra, & faisant appeller à cri public tous ceux qui pourroient prétendre quelque droit sur lesdits biens, & ultérieurement y procédant à l'inthérinement desdites Lettres, selon le style de tout temps sur ce usité, ès quartiers de

Lille & Tournai, qui fera préfigé & **ART:**
expliqué par lefdites Lettres. **XXXVJ.**

SOMMAIRE

De l'Article XXXVI.

§ *I. Ce que c'eft que la Purge d'hé-*
ritages?

II. Coutumes qui l'ont introduite.

III. Si en matière de Purge il faut
fuivre les formalités prefcrites
par la Coutume de la Ville de
Lille, ou celles prefcrites par la
Coutume de la Châtellenie?

IV. Où s'obtiennent les Lettres de
Purge ?

V. Des Sentences d'ordre ufitées
en cette matiere.

PARAGRAPHE I.

Les Purges d'héritages font parmi nous, ce
que font les décrets volontaires en France;
elle en diffèrent à la vérité quant aux
formalités, mais l'effet des unes eft le
même que celui des autres.

ART.
xxxvj.

§ II.

« Comme dans quelques endroits de
» ces pays, les hypothéques ni les autres
» charges fuperficielles ne font pas tou-
» jours connues, & qu'il importe au pu-
» blic que les acheteurs des immeubles
» ne foient point trompés, les Coutu-
» mes de la Ville de *Lille*, chap. 13,
» art. 1, de la Châtellenie de *Lille*, tit.
» 24, art. 1, & de la Ville de *Tour-*
» *nai*, tit. 17, art. 2, ont introduit les
» Purges d'héritages. Voyez ces trois
» Coutumes, *loc. cit.*

» Où les Coutumes n'en parlent point,
» les Archiducs par leur Edit Perpétuel de
» 1611, Article XXXVI, ont permis de
» purger les immeubles, en obfervant
» les formalités ufitées ès quartiers de
» de *Lille* & de *Tournai.* »

§ III.

Sur la remontrance faite au Roi d'Efpagne, de la part des Echevins de la
Ville de *Douay*, contenant, 1.º que la
Coutume de la Ville de *Lille*, requérant quatre défauts en matière de Purge,
& celle de la Châtellenie n'en requérant
qu'un feul, ils ne favoient dans cette diverfité laquelle de ces deux Coutumes ils
devoient fuivre; 2.º que par les Lettres
qui fe dépêchent ordinairement en telle

matière , le style qu'on doit observer n'est **Art.**
préfigé ni expliqué, encore que cela doive **xxxvj.**
être fait aux termes de notre Edit, ce
qui ne contribuoit pas peu à augmenter
leur embarras.

« Sa Majesté, ce que dit est considéré,
» a déclaré...... que lesdits de *Douay* Sup-
» pliants, pourront au fait desdites Pur-
» ges, suivre le style observé en *la Ville*
» *de Lille* , jusques à ce que, par icelle
» Sa Majesté autrement soit ordonné ;
» en chargeant auxdits Supplians de faire
» publier incontinent cette Déclaration,
» [qui est du 5 Février 1624 ,] là, &
» ainsi qu'il appartiendra , en la manière,
» en tel cas accoutumés, afin que
» personne n'en puisse prétendre cause
» d'ignorance. »

§ IV.

Pour parvenir à faire purger les charges imposées sur des immeubles, il faut
obtenir des Lettres de Purge en la Chancellerie établie près le Parlement; c'est
la régle parmi nous : mais dans le Hainaut Autrichien , on suit la Déclaration
du 10 Septembre 1611 , laquelle permet
au grand Bailli du Hainaut d'accorder de
semblables Lettres. Voyez cette Déclaration dans le Commentaire d'Anselmo,
sous le § 2 de l'art. 45.

§ V.

« Après les Purges enthérinées, on » fait une Sentence d'ordre (comme dans » les décrets,) par rapport aux créan- » ciers opposans à la distribution des de- » niers. » Voyez à ce sujet les Institutions du Droit Begique , part. 4, tit. 5 , § 3 , art. 20.

Sur la matière des Purges d'héritages, on peut consulter DE GHEWIET, part. 2, tit. 6 , § 10, & particulièrement les Coutumes qui contiennent des disposi- tions à cet égard.

ARTICLE XXXVII.

Du Retrait lignager.

ET afin d'obvier aux différens, qui journellement adviennent au fait des Ratraites lignagieres, & remédier à la diverfité des Coutumes, difpofant fur le temps d'icelles; Nous ordonnons que par-tout, & généralement où la fufdite faculté de Ratraire eft en ufance, icelle devra être intentée en dedans l'an depuis l'adhéritance ès contrats volontaires, ou le décret du Juge, ès ventes par Juftice, & qu'icelui temps aura cours contre tous, foit abfens, mineurs, ou autres de quelque qualité qu'ils foient, & contre tel laps de temps ne s'accordera aucune reftitution.

SOMMAIRE

De l'Article XXXVII.

§ I. Définition du Retrait lignager.

ART. xxxvij. § *II. Des formalités du Retrait.*

III. S'il doit être intenté dans l'an & jour ?

IV. Pourquoi en matière de retrait, le jour a été ajouté à l'année ?

V. Comment se compte le terme d'an & jour ?

VI. Quid ? *Dans les Coutumes où le Décret n'a pas force d'adhéritance.*

VII. Si les Coutumes qui accordent un terme moindre qu'an & jour, doivent être suivies ?

VIII. Si le terme accordé pour retraire, court contre les Mineurs & autres Privilégiés ?

IX. De quelles manières on peut considérer le Retrait lignager ?

PARAGRAPHE I.

« Le Retrait lignager eſt un droit par
» lequel le parent du vendeur, pour con-
» ſerver dans ſa famille l'héritage vendu,
» peut le retirer des mains de l'acqué-
» reur étranger, en lui rembourſant les
» *deniers principaux* du marché, & *les*
» *léaux-coûtemens.*

§ II.

Il y a quantité de formalités à remplir en matière de Retrait lignager, qui font toutes de droit étroit, & qu'il faut obferver fcrupuleufement, car le défaut d'une feule emporte la nullité du Retrait, de telle manière qu'on ne peut même s'en relever par une nouvelle action: en un mot, en cette matière, tout eft *ftriétiffimi juris ; qui cadit à fillabâ cadit à toto.*

On n'entrera point ici dans le détail des formalités du Retrait ; chaque Coutume contient à cet égard des régles fi différentes & fi multipliées, qu'il ne feroit pas poffible de les rapporter toutes ; d'ailleurs, le préfent Article de notre Edit, ne déterminant rien autre chofe que le temps utile dans lequel l'action en Retrait peut être exercée; on n'a point dû aller plus loin.

§ III.

Le Retrait lignager doit réguliérement être intenté dans l'an & jour, mais il n'eft pas néceffaire que le premier jour fervant, foit renfermé dans ce même intervalle.

Ainfi, la demande en Retrait, dont la fignification a été faite dans l'an & jour, eft valable, encore que le jour affigné ne vienne qu'après l'expiration de cet efpace de temps.

§ IV.

L'Edit Perpétuel ne paroît accorder qu'un an pour l'exercice du Retrait ; mais une interprétation du 21 Juin 1614, porte que le temps utile eſt d'un an & jour, ce qui a été ainſi réglé pour faire ceſſer la queſtion de ſavoir ſi le jour du terme devoit être compris dans le terme.

On peut donc dire que ſuivant la maxime de Droit adoptée en cette matière, *dies termini, non computatur in termino.*

§ V.

Le délai d'an & jour, commence à courir ; ſavoir, à l'égard des Contrats volontaires, du jour que l'acheteur a été adhérité ; & à l'égard des ventes forcées, du jour du décret du Juge : c'eſt le diſpoſitif de notre Edit. Voyez cependant pour la Coutume de *Namur*, une Interprétation du 3 Septembre 1612, qui eſt rapportée par ANSELMO, ſous le § 13, des art. 30, 31, 32, 33, 34 & 35 de l'Edit Perpétuel. Voyez auſſi la Coutume d'*Anvers*, tit. 60, art. 33, laquelle eſt conforme à celle de *Namur*.

§ VI.

Dans les endroits où le décret du Juge

n'a pas force d'adhéritance, & où il eſt
par conſéquent néceſſaire que l'acheteur
le faſſe adhériter, l'an & jour du Retrait, ſe compte néanmoins du jour du
décret, & non du jour de l'adhéritement ; Déclaration du 9 Novembre 1621,
rapportée par ANSELMO, ſur le préſent
Article, § IX.

ART.
xxxvij.

§ VII.

Dans les Coutumes qui en matière de
Retrait, n'accordent pas un temps ſi long
qu'an & jour, on doit ſe conformer aux
diſpoſitions des Coutumes, & rejeter
celles de notre Edit, qui n'ont eu pour
objet que de reſtreindre la durée de l'action, & non de l'étendre. Interprétation
du 21 Mars 1613, rapporté par ANSELMO,
ſous le § IV du préſent Article ; à quoi
ſont conformes deux Arrêts du Parlement
de Flandres, des 10 Mars 1671, & 5
Mai 1675.

Ainſi, par exemple, la Coutume de
Lille, qui n'accorde que 40 jours pour
intenter l'action en Retrait, doit être
ſuivie, & l'eſt en effet, préférablement à
notre Edit. Sur quoi on remarquera
que les Coutumes de la Châtellenie de
Warneton, de *Bailleul*, de la Châtellenie d'*Ypres*, & quelques autres de la
Flandre flamande, ayant reſtreint le temps
utile pour la demande en Retrait, à un
terme plus court que celui de l'Edit ; ce

ART.
xxxvij. font également les difpofitions de ces
Coutumes qu'il faut fuivre, & non celles
du préfent Article.

§ VIII.

Le terme acordé pour l'action en Retrait, court tant contre les Majeurs que
contre les Mineurs, abfens & autres privilégiés, fans aucune efpérance de reftitution : ce qui eft ainfi réglé par le préfent Article de l'Edit Perpétuel, lequel
eft conforme en cela à la Coutume de
Paris, art. 131.

§ IX.

Le Retrait lignager peut être confidéré,
ou par rapport aux perfonnes à qui il
eft accordé, ou par rapport aux chofes
fur lefquelles il peut être exercé, ou par
rapport aux formalités fans lefquelles le
Retrait ne peut avoir lieu.

Sur tout cela il faut confulter *les* Coutumes, où les chofes fujettes à Retrait
ont leur fituation. Voyez auffi le *Traité
des Retraits*, par M. POTHIER D'ORLÉANS;
c'eft un excellent Ouvrage ; enfin, voyez
les Inftitutions du Droit Belgique, part.
3, tit. 1, § 23.

ARTICLE

ARTICLE XXXVIII.

Des Crimes & Délits.

VOulans aussi pourvoir aux abus qui se commettent par aucuns de nos Officiers & de nos Vassaux, quant à l'appréhension & poursuite des délinquants, usant vers eux de connivence & dissimulation ; commandons à tous & chacun desdits Officiers, qu'à l'instant que le Crime ou Délit sera perpétué & venu à leur notice, soit par bruit public, doléance de partie ou dénonciation, le délinquant soit appréhendé s'il se trouve en présent méfait ; sinon que l'information soit bien & duement prise, & icelle vue par le Juge, s'il en appert du moins par demie preuve ou véhémente suspicion, le délinquant soit constitué prisonnier, ou adjourné à comparoir en personne, selon le sujet du mes-us & qualité de l'accusé. Et le cas se trouvant disposé à confiscation, soit se-

Art. lon les Placards, ou autrement de
xxxviij droit commun, que jointement ſes
biens ſeront annotés & ſaiſis.

SOMMAIRE

De l'Article XXXVIII.

§ *I. Analyſe des diſpoſitions du préſent Article.*

*II. Dans-quels cas on peut arrê-
ter un accuſé, ſans information
préalable?*

*III. Des Décrets en matière Cri-
minelle.*

IV. Des Informations.

PARAGRAPHE I.

Cet Article veut que celui qui eſt trouvé
en préſent méfait, *id eſt, in flagranti delicto*, ſoit arrêté & conſtitué priſonnier,
ſur le ſeul bruit public, & ſans qu'il ſoit
beſoin d'aucune information préalable.

Mais hors du cas de flagrant délit, il
faut que ſur la dénonciation du Crime,
ou ſur la doléance de partie [qui n'eſt
autre que la plainte,] on procéde à l'information, avant de pouvoir appréhender

l'accufé; car il eft de principe général, que l'information doit toujours précéder le décret; principe qui eft toutefois fujet à l'exception ci-deffus, & à quelques autres établies par M. Jousse, fur le tit. 10 de l'Ordonnance Criminelle.

L'information faite, s'il en réfulte contre l'accufé au moins une demi-preuve, ou un foupçon violent, il y a lieu de décréter l'accufé de prife de corps, ou d'ajournement perfonnel, fuivant la nature du crime, & la qualité de la perfonne.

Telles font les principales difpofitions renfermées dans l'Article XXXVIII de notre Édit, avec lefquelles il faut conférer celles de l'Ordonnance de 1670.

Quant à la confifcation dont parle cet Article, nous tenons pour principe, que toute condamnation à mort naturelle, ou qui emporte mort civile, engendre la confifcation des biens du condamné, fuivant la régle *qui confifque le corps, confifque les biens;* mais parmi nous, cette régle eft fujette à beaucoup d'exceptions. Voyez le § II de l'Article VII, pag. 29, & les Lettres Patentes qui y font énoncées; voyez auffi la Collection de Jurifprudence par Denisart, à l'art. *Saifie, Annotation.*

§ II.

Par l'Ordonnance de Philippe IV, de

**Art.
xxviij.** l'année 1328, & par celle d'HENRI III,
de 1586, il étoit défendu de décerner
prife de corps, fans information préalable, finon en certains cas ; favoir, *in
facto præfenti ; vel nifi priùs de commiffo
delicto, fuerit judex legitimè informatus,
& maturè ; aut de delicto, effet fama pu-
blica, & præfumptio vehemens, feù verifi-
milis, & teneantur de fugâ.*

L'Ordonnance du mois d'Août 1670,
(vulgairement appellée l'Ordonnance Criminelle,) contient des difpofitions affez
femblables à celles que nous venons de
rapporter: c'eft ainfi qu'elle s'exprime en
l'art. 9, du tit. 10.

« Après qu'un accufé pris *en flagrant
» délit*, ou à la *clameur publique*, aura
» été conduit prifonnier, le Juge ordon-
» nera qu'il fera écroué..... » Ainfi, dans
ces deux cas on commence par la capture,
autrement l'information doit précéder la
prife de corps. Voyez le § I.

Remarquez que ce n'eft pas la capture
qui fait le prifonnier, mais bien l'écroue
de fa perfonne.

§ III.

Tous décrets doivent être rendus fur
les conclufions du Miniftère public : il y a
trois fortes de décrets qui fe prononcent,
felon la qualité des Crimes, des preuves
& des perfonnes ; favoir, le décret d'affigné pour être oui, le décret d'ajourne-

ment perfonnel, & le décret de prife ART.
de corps. Ordonnance Criminelle, tit. xxxviij;
10, art. 1 & 2. Voyez le Commentaire
de M. JOUSSE, fur ces articles.

§ IV.

Les informations ne doivent fe com-
muniquer qu'à la partie publique, & non
à l'accufé, ni aux parties civiles. Ordonnance de 1670, tit. 6, art. 15, laquelle
eft conforme en ce point, au Placard du
28 Novembre 1611, art. 1.

C'eft principalement en quoi les informations diffèrent des enquêtes. Voyez
l'Article X, § II, pag. 45.

Sur la forme des plaintes, dénoncia-
tions & accufations, voyez le Commentaire de M. JOUSSE, tit. 3, de l'Ordonnance de 1670.

Sur la matière des informations, voyez le
même Commentaire, tit. 6, & le tit. 10
fur la matière des décrets.

ARTICLE XXXIX.

Des cas où l'on peut décréter des personnes domiciliées.

NÉanmoins, afin que l'innocent ne soit injustement travaillé, Nous défendons à tous lesdits Officiers, de ne procéder à l'appréhension des personnes ayant fixe domicile, ni les ajourner à comparoir en personne, si ce n'est en l'un des trois cas suivans ; savoir, qu'il soit trouvé en présent méfait, & que les Juges aient décrété prise de corps, ou adjournement personnel, sur les informations préparatoires par eux vues, ou bien par accusation, & à l'instance de partie formée ès lieux où elle est reçue.

S O M M A I R E

De l'Article XXXIX.

§ I. *S'il faut qu'il y ait toujours*

information & décret, pour ar-
rêter un homme domicilié ?

§ II. Quid ? *Hors du cas de fla-*
grant délit.

III. *Des cas où l'on ne peut dé-*
créter que d'ajournement perſon-
nel.

IV. Quid ? *Quand le Miniſtère*
public eſt ſeul accuſateur.

V. *De la Procédure par partie for-*
mée.

ART.
XXXIX.

PARAGRAPHE I.

Il n'eſt pas beſoin qu'il y ait ni information, ni décret pour arrêter un homme
domicilié, lorſqu'il ſe trouve en flagrant
délit ; *le préſent méfait* vaut l'Information
la plus concluante, (relativement à la
priſe de corps.) Voyez M. JOUSSE, ſur
l'art. 1, du tit. 10, de l'Ordonnance
Criminelle, & ce que nous avons dit
ſous le § I de l'Article XXXVIII.

§ II.

Il en eſt tout autrement, lorſque la
perſonne domiciliée n'eſt pas priſe *in fla-*
granti delicto.

L'Ordonnance de 1670, veut même que

ART. XXXIX. [hors le cas de flagrant délit] il ne puiſſe être décerné décret de priſe de corps contre les domiciliés, ſi ce n'eſt pour crime qui doive être puni de peine afflictive, ou infâmante, tit. 10, art. 19. Voyez le Commentaire de M. JOUSSE ſur cet art.

§ III.

« Si le Crime n'eſt pas capital, ni
» de la qualité de ceux auxquels il échet
» peine afflictive ou infâmante, mais ſeu-
» lement diſpoſé à quelqu'autre peine, &
» que l'accuſé ſoit domicilié, le Juge doit
» décréter ſeulement d'ajournement per-
» ſonnel. »

§ IV.

Quelquefois le Miniſtère public eſt ſeul accuſateur, ſans qu'il y ait eu de plainte ni de dénonciation précédente.

Dans ce cas, ſi le genre de l'accuſa-tion peut donner lieu ou au décret de priſe de corps, ou au décret d'ajournel per-ſonnel, notre Edit veut qu'on décerne l'un ou l'autre de ces décrets; ce qui ne doit cependant ſe faire qu'après informa-tion bien & duement priſe.

§ V.

Quant à la procédure criminelle, qui,

suivant le préfent Article, s'inftruit à
l'inftance de partie formée ; voyez la Coutume de la Salle de *Lille*, titre de la Jurifdiction des Hauts-Jufticiers, &c. art.
18 ; les Notes & Obfervations des Anciens Jurifconfultes fur ledit titre, même
art. *actuellement* (1773),) *fous preffe, chez*
l'Imprimeur de ce Commentaire; la Coutume
d'Orchies, chap. 14, art. 1 , &c.

ARTICLE XL.

Des Interrogatoires & des Informations en matière criminelle.

ET fi-tôt que le Délinquant fera appréhendé ou comparu en perfonne, les Jugés & Officiers ne fauldront de promptement entendre à l'inftruction de fon Procès, à brefs & péremptoires délais, & de s'informer duement, & fournir à tous autres devoirs de Juftice, fervans tant à charge que décharge d'icelui. Et étant le Procès ainfi fommairement inftruit, lefdits Juges procureront de le vuider au plutôt que faire fe pourra, fans en aucune manière excéder le terme de fix mois, même ès caufes plus douteufes & difficiles ; & fi l'on trouve qu'en ce, foit par eux ufé de notable nonchalance & diffimulation, ceux de nos Confaulx fous lefquels ils reffortent, feront devoir

d'évoquer les caufes vers eux pour ART.
les vuider promptement, comme en xl.
droiturière Juftice conviendra, &
procéder en outre à la calenge &
châtoi de tels Juges & Officiers né-
gligens, felon que les circonftances
de leurs mes-us mériteront.

SOMMAIRE

De l'Article XL.

§ I. *Quel délai eft accordé au Juge*
   pour commencer les Interroga-
   toires?

II. *A qui les Interrogatoires doi-*
   vent être communiqués ?

III. *Dépofitions contre un accufé,*
   doivent être reçues tant à charge
   qu'à décharge.

PARAGRAPHE I.

« Les prifonniers pour crimes, feront
» interrogés inceffamment, & les Inter-
» rogatoires commencés au plus tard dans
» les vingt-quatre heures, après leur em-
» prifonnement, à peine de tous dépens,
» dommages & intérêts, contre le Juge

» qui doit faire l'Interrogatoire ; &
» à faute par lui d'y satisfaire, il sera
» procédé par un autre Officier, suivant
» l'ordre du tableau. » Ordonnance Criminelle, tit. 14, art. 1.

§ II.

Les Interrogatoires doivent être communiqués à la partie publique, pour prendre droit par eux, ou requérir ce qu'ils
aviseront.

On doit aussi donner communication des
Interrogatoires à la partie civile, art. 17
& 18, du tit. 14 de l'Ordonnance Criminelle.

Voyez le Commentaire de M Jousse
sur ce tit. & particulièrement les instruc-
tions qu'il a données sur la manière d'interroger les accusés ; c'est tout ce qu'on
peut lire de plus instructif.

§ III.

La déposition de chaque témoin (entendu dans une information,) doit être
rédigée tant à charge qu'à décharge ;
« c'est-à-dire, qu'un Juge doit, en fai-
» sant rédiger la déposition du témoin,
» avoir autant d'attention aux faits qui
» peuvent servir à la justification de l'ac-
» cusé, qu'à ceux qui peuvent servir à sa
» conviction. Il y a même, (dit M.
» Jousse,) plus d'injustice à supprimer

» un fait, qui peut aller à la décharge
» d'un accusé, qu'à supprimer ceux qui
» peuvent servir à sa conviction ; parce
» qu'il y a plus d'inconvenient à faire
» périr un innocent, qu'à sauver un cou-
» pable. »

Sur le surplus des dispositions du présent Article, voyez le tit. 25 de l'Ordonnance Criminelle, & le Recueil de M.
POLLET, part. 3, nomb. 74, & nomb.
77.

ARTICLE XLI.

Des conclusions du Ministère public.

ET afin que l'Officier ne se trouve en peine, quant à la formalité des Conclusions par lui à prendre à la charge des prisonniers, Nous ordonnons qu'il suffira que l'Officier propose le fait du Crime, dont il veut charger le prisonnier, ensemble les informations, confessions, & preuves qu'il a contre lui, en concluant seulement, à ce qu'il soit pour lesdits cas puni, selon droit & Justice, ou selon nos Placards, ou bien à telle autre peine que l'on trouvera au cas appartenir.

SOMMAIRE

De l'Article XLI.

§ 1. *Comment on doit entendre les dispositions de cet Article?*

§ *II. Des Conclusions définitives en matière Criminelle.*

Art. xlj.

III. Si elles doivent être écrites & cachetées ?

IV. Si elles doivent contenir les raisons sur lesquelles elles sont fondées ?

PARAGRAPHE I.

Les dispositions du présent Article, ne s'observent plus dans le ressort du Parlement de Flandres ; c'est-à-dire, qu'au lieu de conclure simplement *à la peine prononcée par la Loi*, il faut que le Ministère public conclue nommément à telle ou telle peine, laquelle doit être déterminée par les Conclusions. Voyez ci-après le § III.

§ II.

« Après que le récolement & la con-
» frontation auront été parachevés, nos
» Procureurs ou ceux des Seigneurs,
» prendront communication du Procès,
» pour y donner leurs Conclusions défi-
» nitives ; ce qu'ils feront tenus de faire
» incessamment : Ordonnance Criminelle,
» tit. 24, art. 1.

Sur la matière des récolemens & confrontations, voyez le tit. 15 de la même Ordonnance.

ART.
xlj.

§ III.

Les Conclufions définitives en matière Criminelle, doivent être données par écrit & cachetées, fuivant la difpofition de l'Ordonnance de 1670, tit. 24, art. 3 ; fur quoi M. JOUSSE obferve, que quand elles ne tendent à aucune peine afflictive ou infâmante, il fembleroit qu'il fut inutile de les donner cachetées ; « néan- » moins, [pourfuit ce Commentateur,] » l'Ordonnance ne fait ici aucune diftinc- » tion, & avec raifon, de peur que l'ac- » cufé venant à favoir le contenu des » Conclufions, n'en fut plus difpofé à nier.

§ IV.

Aux termes du même art. [de l'Or-donnance,] cité fous le § précédent, les Conclufions du Miniftère public, dans la matière dont il s'agit ici, ne doivent point contenir les raifons fur lefquelles elles font fondées, afin, (dit M. JOUSSE,) que ces raifons ne puiffent former aucun préjugé fur l'efprit des Juges.

Voyez le Recueil de M. POLLET, part. 3, nomb. 76.

ARTICLE XLII.

Des peines contre les Délin-quants.

LEs Juges procédans à Sentence condamnatoire du prisonnier ou accusé, seront tenus de juger & punir les Délinquants, par peines & amendes portées par nos Ordonnances, ou celles reçues par les usances du pays, si aucunes y a, sinon selon les Loix & le Droit écrit, leur administrer bonne & droite Justice.

SOMMAIRE

De l'Article XLII.

§ I. *Des peines en matière Criminelle.*

II. *En combien de sortes on les divise ?*

III. *Si un Juge peut condamner à mort, sans que la Loi ait prononcé cette peine ?*

ART.
xlij.

PARAGRAPHE I.

« Les peines..... font, ou légales, ou
» fondées fur l'ufage, ou arbitraires.

» Les peines légales, font celles qui
» font établies par les Loix du Royaume,
» pour certains Crimes; celles qui font
» fondées fur l'ufage, font prefque uni-
» formes dans tous les Tribunaux; les
» peines arbitraires font celles qui dépen-
» dent de la prudence du Juge, & qui
» s'infligent à proportion de la grandeur
» du Crime. » A l'égard de ces dernières,
voyez ce que nous dirons fur l'Article
XLIII, § I, & les Inftitutions du Droit Belgique, part. 4, tit. 6, § 1, art. 3.

§ II.

On divife les peines, en capitales, afflic-
tives, corporelles, infâmantes & pécuniaires. Voyez fur cela la Collection de
Jurifprudence, par DENISART, *verb. peines*; le Commentaire de M. JOUSSE fur
l'Ordonnance Criminelle, tit. 10, art.
19, & le Recueil de M. POLLET, part.
3, n. 78.

Suivant la délibération rapportée par
cet Arrêtifte, au lieu cité, le banniffement
à temps, eft une peine afflictive : MM.
JOUSSE & DENISART, le penfent de
même. Voyez les Arrêts du Parlement de

Flandres, recueillis par M. d'HERMA-
VILLE, Arrêt 93, pag. 379, où cette
opinion eft établie. M. DE BLYE, fur le
tit. 26 de l'Ordonnance de 1670, art.
6, pag. 411 & 412, eft d'avis contraire,
& on le pratique ainfi dans quelques Tribunaux.

§ III.

« Aucun Juge ne peut condamner un
» accufé à mort, à moins que cette peine
» ne foit prononcée par la Loi, contre
» le Crime dont il eft accufé.

-» C'eft aux Juges à examiner le fait,
» à le conftater, à en rendre la preuve
» certaine ; mais c'eft à l'autorité de la
» Loi, qu'il eft réfervé de prononcer la
» peine. »

Jufqu'au temps de CHARLEMAGNE,
tous les Crimes (excepté celui de Leze-
Majefté,) n'ont été punis que par des
peines pécuniaires, « qui étoient même
» fi médiocres, qu'on étoit quitte, de
» la mort d'un Evêque *pro nongentis fo-*
» *lidis.* »

ARTICLE XLIII.

De la proportion des peines aux Crimes.

ET touchant les délits extraor-dinaires, ou autres contraventions de nos Placards, où les peines & multes sont laissées à l'arbitrage des Juges, voulons & enchargeons, de justement & équitablement les estimer & arbitrer ; & ès matières d'import, prendre avis de gens lettrés & versés en pratique, & de bien peser les délits & contraventions, & leurs qualités & circonstances, tellement que la peine soit proportionnée & convienne à la grandeur du délit.

SOMMAIRE

De l'Article XLIII.

§ I. *De la proportion des peines aux Crimes.*

§ *II. Du nombre des Juges dans les* A_{RT.}
Sentences fufceptibles d'appel.   xliij.

III. Combien il en faut dans les Jugemens en dernier reffort ?

PARAGRAPHE I.

« La proportion des peines aux Cri-
» mes, dépend, 1.° de la qualité du dé-
» lit; 2.° de fa quantité ; 3.° des circonf-
» tances du temps, du lieu, & de la
» manière dont le Crime eft commis ;
» 4.° de la perfonne qui le commet;
» 5.° de la difpofition ou volonté du
» Criminel ; 6.° de la qualité de la per-
» fonne offenfée, ou des chofes volées
» ou profanées; 7.° de l'événement ou
» fuite du Crime. Suivant ces différentes
» confidérations, les Crimes deviennent
» plus graves ou plus légers, & par con-
» féquent, ils doivent être punis d'une
» peine plus ou moins févère. »
Voyez comment M. J_{OUSSE} a développé ces notions générales, dans le petit ouvrage (qui précède fon Commentaire fur l'Ordonnance de 1670,) ayant
pour titre, *Idée générale de la Juftice Cri-*
minelle, pag. 37, 38, 39, 40 & 41, de
l'édition de 1769.

§ II.

« Aux Procès qui feront jugés *à la*

'ART.
xliij

» *charge de l'appel*, par les Juges Royaux
» ou ceux des Seigneurs, efquels il y
» aura des conclufions à peine afflictive,
» affifteront au moins trois Juges, qui
» feront Officiers, fi tant il y en a dans
» le Siége..... » finon on doit prendre des
gradués (majeurs,) pour les remplacer.
Ordonnance Criminelle, tit. 25 , art. 10.

§ III.

Quant aux Jugemens *en dernier reffort*,
ils doivent être rendus par fept Juges au
moins, » Et fi ce nombre ne fe rencon-
» tre (pas) dans le Siége, ou fi quelques-
» uns des Officiers font abfens, recufés,
» ou s'abftiennent, pour caufe jugée lé-
» gitime par le Siége, il fera pris des
» Gradués. Même Ordonnance, tit. 25 ,
» art. 11.

ARTICLE XLIV.

Des Transactions en fait de Délits.

DEfendons à tous Officiers, d'u-
ser de compositions avec les
Délinquants, pour cas & crimes,
qui, par nos Edits & Placards, ou
les usances du pays, sont punissa-
bles de mort, bannissement perpétuel, ou autre peine corporelle; ordonnons à notre Procureur Général, de procéder contre l'Officier,
composant en tel cas, & aussi contre le Délinquant composé, ainsi
qu'il trouvera convenir, ne fut qu'en
aucunes Provinces, les Princes nos
Prédécesseurs, ou Nous, y aurions
donné autre ordre.

S O M M A I R E

De l'Article XLIV.

§ I. *Si les Officiers de Justice peuvent*

ART.
xliv.

tranſiger avec les Délinquants ?

§ II. Si les Parties peuvent tranſiger entr'elles, & dans quel cas ?

PARAGRAPHE I.

Par cet Arcicle, il eſt défendu à tous Officiers de Juſtice de tranſiger avec les Délinquants, lorſque leur crime eſt puniſſable de mort, banniſſement perpétuel, ou autre peine corporelle, &c.

§ II.

« Enjoignons à nos Procureurs, & à
» ceux des Seigneurs, (dit l'Ordonnance
» de 1670,) de pourſuivre inceſſamment
» ceux qui ſeront prévenus de crimes ca-
» pitaux, ou auxquels il échéra peine afflic-
» tive, nonobſtant toutes tranſactions &
» ceſſions de droit faites par les Parties.
» Et à l'égard de tous les autres (crimes,)
» ſeront les tranſactions exécutées, ſans
» que nos Procureurs, ou ceux des Sei-
» neurs puiſſent en faire aucune pour-
» ſuite. » Ordonnance Criminelle, tit. 25 , art. 19. Voyez M. JOUSSE ſur cet article.

ARTICLE

ARTICLE XLV.

Des Sauf-conduits.

ET comme Nous ſommes informés qu'aucuns de nos Officiers & Vaſſaux, préſument de donner Gelcydes ou Sauf-conduits aux Criminels, contrevenans directement au devoir de leur Office, les obligeant de procéder à l'appréhenſion & pourſuite d'iceux, Nous y voulant pourvoir ; interdiſons auxdits Officiers, de ne plus donner tels Gelcydes & Sauf-conduits, à peïne de nullité d'iceux, & de punition arbitraire à la charge deſdits Officiers.

SOMMAIRE

De l'Article XLV.

§ I. *A qui appartient le droit de donner des Sauf-conduits ?*

M

§ *II. Forme dans laquelle ils font ordinairement conçus.*

ART. xlv.

PARAGRAPHE I.

Dans fa régle bien exacte, le pouvoir d'accorder des Sauf-conduits, n'appartient qu'au Souverain, parce que le Souverain feul peut accorder des graces : cependant voyez une Déclaration du 10 Septembre 1611, rapportée par ANSELMO, fur le préfent Article, § II.

Le Sauf-conduit, (que l'Edit Perpétuel nomme indifféremment Geleyde) eft l'affurance qu'on donne par écrit à quelqu'un de la fûreté de fa perfonne, pour aller & venir en liberté. C'eft ainfi que FURETIERE définit le Sauf-conduit.

§ II.

Voici la forme d'un Sauf-conduit.

« Sa Majefté a accordé & accorde à
» (un tel), Sauf-conduit de fa perfonne
» pendant trois mois, lequel au cas qu'il
» fe repréfente, Elle a pris comme Elle
» le prend, & met en fa protection &
» Sauve-garde fpéciale, par ces préfen-
» tes.

» Mande & ordonne pour cette fin
» Sa Majefté, à tous Gouverneurs & fes
» Lieutenans Généraux en fes Provinces,
» Intendants en icelles, Gouverneurs

» particuliers de ſes Villes & Places,
» Maires, Echevins & Magiſtrats de ſeſ-
» dites Villes, & à tous autres ſes Of-
» ficiers qu'il appartiendra, de laiſſer
» paſſer, aller, & ſéjourner ſûrement,
» ledit (un tel,) pendant ledit temps de
» trois mois, ſans permettre ni ſouffrir
» que pour quelque cauſe que ce puiſſe
» être, il ſoit attenté à ſa perſonne, ni
» qu'il ſoit inquiété en aucune manière ;
» défend expreſſément Sa Majeſté, à
» tous Juges..... Officiers, &c. de mettre
» à exécution aucuns décrets, ſentences,
» jugemens & arrêts de condamnation,
» contre ledit [un tel,], & à tous Geo-
» liers & Gardes des Priſons, de le re-
» cevoir eſdites priſons........ à peine,
» &c.

Art.
xlv.

ARTICLE XLVI.

De la forme de procéder en matière Criminelle.

ET pour ce, qu'entendons que le ftyle au fait des Procédures Criminelles eft fort différent, & diverfement pratiqué ès Siéges fubalternes, Nous ordonnons que tous Juges inférieurs, n'ayant ftyle arrêté, feront tenus d'en fuivre le ftyle décrété du Confeil Provincial, fous lequel ils reffortent.

SOMMAIRE

De l'Article XLVI.

§ I. *Analyfe des difpofitions de cet Article.*

II. *Si l'ordre judiciaire en matière Criminelle, eft actuellement uniforme ?*

III. *Avantages qu'a procuré l'Ordonnance de 1670.*

PARAGRAPHE I.

Cet Article vouloit que chaque Jurifdiction inférieure , fuivit pour l'inftruction
des Procès Criminels, le ftyle du Confeil de fa Province, afin que l'ordre judiciaire fut uniforme , dans tous les Siéges
fubalternes foumis au même Tribunal fupérieur.

§ II.

Depuis que l'Ordonnance de 1670 eft
regiftrée au Parlement de Flandres , il
n'y a plus de diverfité dans l'inftruction des
affaires Criminelles ; cette Ordonnance
contenant à cet égard des régles unifor-
mes , qui s'obfervent dans tous les Siéges
du reffort.

§ III.

L'Ordonnance Criminelle a procuré de
grands avantages dans nos pays , « & l'on
» convient généralement, qu'elle a le
» caractère des Loix les plus parfaites ,
» c'eft-à-dire, qu'en peu de mots, elle
» renferme un grand nombre de difpo-
» fitions. » Il feroit à fouhaiter, (dit
DE GHEWIET,) que ladite Ordonnance
de 1670, fut adoptée dans les reffforts
des autres Cours de ces pays, à caufe
des réglemens judicieux qu'elle contient ,

M iij

Art.
xlvj.

& entr'autres, touchant l'effet suspensif des appellations, n'y ayant rien de si dur & de si malheureux, dans les Pays-Bas Autrichiens, qu'on y puisse appeller pour trente sols, & qu'on ne puisse y appeller quand il s'agit de la vie.

ARTICLE XLVII

ET DERNIER.

Des Lettres de Grace, & de leur entérinement.

ES caufes d'entérinement, de ré-miffions & pardons, Nous voulons que les impétrans d'icelles, après qu'ils les auront préfenté à la Cour où elles s'adreffent, tiendront prifon fermée à leurs dépens, ou aux aumônes s'ils font pauvres, jufques à ce que notre Procureur Général fe fera informé des Officiers du lieu où le cas aura été perpétré, & avec ce, de la partie intéreffée fi befoin eft, de l'advenue du cas ; & qu'icelui notre Procureur Général, les informations fur ce vues, confentira à l'élargiffement du prifonnier. Et au furplus, à l'endroit defdits impétrans de rémiffion, l'on fe réglera felon les Ordonnances

M iv

ART. xlvij.
de Sa Majefté Impériale du 20 Octobre 1541, & celle de fadite Majefté Royale, du 22 Juin 1589, lefquelles voulons être gardées ponctuellement.

SOMMAIRE

De l'Article XLVII & dernier.

§ *I. Des Lettres de rémiffion.*

II. Dans quels cas on en accorde ?

III. Ce qui les rend fubreptices ou obreptices ?

IV. Où on les obtient ?

V. Cas dans lefquels on ne peut les obtenir qu'au Grand Sceau.

VI. Si ces Lettres ont effet avant leur entérinement ?

VII. Quid ? *A l'égard de celles obtenues en la grande Chancellerie.*

VIII. Quel délai eft accordé aux impétrants, pour préfenter leurs Lettres ?

IX. Si les impétrans doivent tenir prifon ?

§ *X. S'il faut porter les informations aux Juges qui doivent entériner les Lettres ?*   ART. xlviij.

PARAGRAPHE I.

Les crimes ne font pas toujours punis : fouvent on accorde aux coupables des Lettres de rémiffion ou de pardon, qui non-feulement les affranchiffent de la peine, mais qui les remettent encore dans leurs droits, rangs & dignités, du jour qu'elles font entérinées.

§ II.

Les Lettres de Rémiffion, font celles par lefquelles le Souverain remet ou pardonne quelque crime : elles s'accordent dans tous les cas où l'on blefferoit l'équité, fi l'on puniffoit celui qui les demande ; par exemple, on accorde des Lettres de Rémiffion, 1.° pour les homicides involontaires ; 2.° pour les homicides qui ont été commis dans la néceffité d'une légitime défenfe de la vie, & quand l'impétrant a couru rifque de la perdre. Voyez l'Ordonnance de 1670, tit. 16, art. 2 ; le nouveau Commentaire de M. JOUSSE fur cette Ordonnance ; & la Déclaration du Roi, du 22 Novembre 1683, qu'on trouve, 1.° dans le Recueil Chronologique du même Commentateur, imprimé

M v

Art. xlvij.

en 1757, en trois volumes in-12, tom. 1, pag. 528; 2°. dans l'Histoire du Parlement de Flandres, par M. DESJAUNAUX, fol. 91; 3.° dans la dernière édition des Conférences de BORNIER, sur l'Ordonnance de 1670; 4.° & dans les Arrêts & Réglemens concernant les fonctions des Procureurs, imprimés à Paris in-4.°, en 1694.

§ III.

L'exposition d'un fait faux & la réticence d'un fait véritable, rendent les Lettres de Rémission subreptices ou obreptices.

« Tous recélemens aucunement agra-
» vans l'homicide, & qui nous eussent
» pu mouvoir, non si facilement donner
» ladite Rémission, font & feront la Ré-
» mission subreptice & nulle. Placard du
» 20 Octobre 1541, art. 16.

» Semblablement toutes fausses ex-
» pressions faites pour allevier le fait,
» si comme en narrant, l'impétrant être
» de bonne fame, ou le trépassé de mau-
» vaise vie, ou conversation & sembla-
» bles, font & feront la Rémission obrep-
» tice & nulle; même Placard, art. 17.

§ IV.

Les Lettres de Rémission s'accordent, tant en la grande Chancellerie, que dans celle établie près le Parlement ; on les obtient même sans difficulté en la petite Chancellerie , dans les cas exprimés sous le § II ; mais dans des circonstances plus graves, il faut recourir au grand Sceau , parce qu'alors elles sont plus de grace que de Justice.

ART. xlvij.

§ V.

Hors des cas exprimés au § II , tout crime est irrémissible dans la Chancellerie du Parlement ; mais le Roi par sa puissance souveraine , en peut accorder Lettres de Rémission dans sa grande Chancellerie , ou des Lettres d'abolition selon la nature & les circonstances du crime. Voyez le Commentaire de M. JOUSSE, sur le tit. 16 , de l'Ordonnance Criminelle.

§ VI.

Les Lettres de Rémission , n'ont d'effet que quand elles sont entérinées , ainsi que nous l'avons dit sous le § I.

Si les Lettres de Rémission obtenues en la petite Chancellerie , ont été accordées pour des cas qui ne soient point rémissibles , l'impétrant doit en être débouté.

De même , si l'exposé y contenu ne se trouve pas conforme aux charges , l'Ordonnance Criminelle , tit. 16 , art. 27., veut que l'impétrant ne puisse profiter de

'Art. xlvij. la faveur defdites Lettres ; mais pour cela, il faut que les circonftances foient tellement différentes, qu'elles changent la qualité de l'action. Ainfi réglé par la Déclaration du 22 Novembre 1683 , citée fous le § II.

§ VII.

A l'égard des Lettres de Rémiffion obtenues en la grande Chancellerie , il eft enjoint aux Cours , auxquelles l'adreffe en eft faite , de les entériner inceffamment : fi toutefois les circonftances réfultantes des charges & informations , étoient différentes de celles énoncées dans les Lettres , enforte qu'elles changeaffent la qualité de l'action & la nature du crime , en ce cas , les Juges doivent furfeoir l'entérinement, jufqu'à ce qu'ils aient reçu de nouveaux ordres du Souverain, & pendant ce temps, on ne peut ni élargir l'impétrant , ni faire aucunes procédures. Telle eft la difpofition de la Déclaration du Roi du 10 Août 1686 , qu'on trouve dans la nouvelle édition des Conférences de BORNIER , & qu'il eft bon de lire en entier , ainfi qu'une autre Déclaration du 27 Février 1703 ; & une troifième du 22 Mai 1723, rapportées , tant dans le même ouvrage , que dans le Recueil Chronologique de M. JOUSSE.

§ VIII.

Le Placard du 20 Octobre 1541 , par

l'art. 7, accordoit six mois à ceux qui
avoient obtenu des Lettres de Rémission,
pour les préfenter à leurs Juges, mais
l'Ordonnance de 1670, tit. 16, art. 16,
a reftreint ce délai à trois mois, qui
doivent courir du jour de l'obtention des
Lettres; paffé lequel temps, il eft défendu aux Juges d'avoir égard auxdites
Lettres, & les impétrans ne peuvent même
plus en obtenir de nouvelles, ni être
relevés du laps de temps écoulé contre
les premières : ce qui eft conforme à l'art.
7 dudit Placard (de 1541,) conçu en
ces termes.

« Tous impétrans de Lettres de remif-
» fion chargées d'entérinement, feront
» tenus de les préfenter aux Juges qu'il
» appartiendra, en dedans trois mois,
» après la date d'icelles, à peine que par
» faute de ce, lefdites Rémiffions après
» ledit temps..... feront tenues pour caf-
» fées & révoquées, fans que contre le-
» dit temps l'on donnera quelque refti-
» tution, pour quelque cas que ce foit. »
Voyez la Délibération du 9 Mars 1690,
dont M. POLLET parle en fon Recueil
d'Arrêts, part. 3, nomb. 75.

Cependant ANSELMO, fous le § II,
du préfent Article, dit, que fi le temps
accordé pour faire entériner les Lettres
de Rémiffion eft écoulé, fans que l'impétrant les ait préfentées, il peut pour
jufte caufe s'en faire relever, en prenant
des Lettres de Reftitution en entier:
& felon l'autorité de M. JOUSSE, elles peu-

ART:
xlvij.

Art. vent être préfentées après les trois mois ; xlvij. lorfque l'impétrant a obtenu des Lettres de furannation , & qu'il les préfente dans les trois mois après les avoir obtenues.

§ IX.

« Tous impétrans de Rémiffion , au » jour de la préfentation de leur Rémif- » fion, feront tenus comparoir perfon- » nellement, pour requérir l'entérine- » ment , & de-là aller & demeurer en » prifon, tant que par le Juge autrement » en fera ordonné , fans que le Juge pourra » élargir ledit impétrant, fans premier » avoir été en prifon fermée , & après » avoir vu & vifité l'information tenue » par l'Officier du lieu : » telle eft la difpofition textuelle de l'art. 10, du Placard de 1541.

L'Ordonnance de 1670, tit. 16, art. 15, contient à peu près les mêmes dif- pofitions.

« Ne pourront (dit cet art.) les Let- » tres...... de Rémiffion..... être préfen- » tées par ceux qui les auront obtenues, » s'ils ne font effectivement prifonniers » & écroués, & feront les écrous atta- » chés aux Lettres, & eux contraints de » demeurer en prifon pendant toute l'inf- » truction, & jufques au jugement dé- » finitif des Lettres. Défendons à tous » Juges de les élargir à caution ou au- » trement , à peine de fufpenfion de leurs

» charges, & de payer par eux les con- Art.
» damnations qui interviendront contre xlvij.
» les accufés.

§ X.

Les charges & informations, & toutes les autres pièces du Procès, même les Procédures faites depuis l'obtention des Lettres, doivent être inceffamment portées aux Greffes des Juges auxquels l'adreffe en eft faite. Voyez le Commentaire de M. Jousse fur l'Ordonnance de 1670, tit. 16, art. 18. Voyez auffi M. de Baralle, Arrêt 29, pag. 61, M. de Flines, Arrêt 53, pag. 346, & M. de Blye, fur les art. 21 & 22, du titre 16 de l'Ordonnance de 1670, pag. 405.

Si donnons en mandement à nos très-chers & féaux les Chef, Préfident & Gens de nos privé & grand Confaux, Chancelier & Gens de notre Confeil de *Brabant*; Gouverneur, Préfident & Gens de notre Confeil de *Luxembourg*; Gouverneur, Chancelier & Gens de notre Confeil de *Gueldres*; Gouverneur, Préfident & Gens de nos Confaulx de *Flandres* & d'*Artois*; grand Bailli de *Hainaut*; & gens de notre Confeil à

Mons ; Gouverneur, Préſident & Gens de notre Conſeil en *Hollande* ; Gouverneur, Préſident & Gens de notre Conſeil de *Namur* ; Gouverneur, Préſident & Gens de notre Conſeil de *Friſe* ; Gouverneur, Préſident & Gens de notre Conſeil d'*Utrecht* ; Gouverneur, Chancelier & Gens de notre Conſeil en *Overyſſel* ; Gouverneur de *Lille*, *Douay* & *Orchies* ; Bailli de *Tournay* & du *Tourneſis* ; Prévôt le Comte à *Valenciennes* ; Rentmaiſtres de *Beweſt*, & *Beoiſterſeheli* ; en Zélande ; Eſcoutette de *Malines* ; & à tous autres nos Juſticiers & Officiers, & ceux de nos Vaſſaux Cui ce regardera, leurs Lieutenans & chacun d'eux en droit ſoi, & ſi comme à lui appartiendra ; que cette notre préſente Ordonnance ils publient incontinent, & faſſent publier par-tout ès lieux & limites de leurs Juriſdictions reſpectivement, où l'on eſt accoutumé faire cris & publications, afin que perſonne n'en puiſſe prétendre cauſe d'ignorance : & au ſurplus, gardent, obſervent & entretiennent, faſſent garder, obferver & entretenir ladite Ordonnance inviolablement & à tou-jours, en tous fes points & articles felon leur forme & teneur, ceffants tous contredits & empêchemens au contraire. Car ainfi nous plaît-il : en témoin de ce, Nous avons fait mettre notre fcel à ces préfentes. Données à *Mariemont*, le douzième jour de Juillet, l'an de grace mil fix cent & onze.

A RT: xlvij.

Par les Archiducs, en leur Con-feil. *Signé*, VERREYKEN.

Et .eft ladite Ordonnance fcellée du grand Scel de LEURS ALTESSES, *en Cire rouge, pendant en double queue.*

INTERPRÉTATION
ET ESCLAIRCISSEMENT

De certains doubtes & difficultés qui se font rencontrées en l'Ordonnance & Edict Perpétuel des Archiducs nos Princes Souverains, du 12 de Juillet de cet an 1611, décrété pour la meilleure direction des affaires de la Justice ès Pays de pardeçà.

Du 28 Novembre 1611.

SUR ce qu'à esté représenté aux ARCHIDUCS nos Princes Souverains, par les Préfident & Gens de leur grand Confeil, & aulcuns Magiftrats & Officiers de leurs Villes principales, qu'en leur Ordonnance & Edict Perpétuel du douziefme de Juillet dernier, se rencontroient aulcunes difficultés & doubtes, ayans desja caufé, & qui pourroyent encores ci-après caufer plufieurs Procès & différens, à quoi

seroit bon de pourveoir , par esclaircissement & résolutions desdicts doubtes & difficultés. LEURS ALTEZES
ayans sur tout eu l'advis de ceulx
de leur Conseil Privé, ont fait,
& font par cestes , les déclarations
& interprétations qui s'ensuivent.

Premiérement , que l'Article
dixième de ladicte Ordonnance ,
contenant que les Enqueftes feroient
dorefnavant publiées ès lieux ou
jufques lors elles eftoient demeu-
rées fecretes, ne comprend point les
informations & aultres preuves qui
fe font en matières criminelles, ains
que l'on fe réglera au regard d'icelles , felon & en la mefme forme
& manière qu'a efté faict du paffé,
ne foit que ci-après à la requifition
des Eftats de quelque Province ou
Provinces , leurs dictes ALTEZES fuf-
fent meues d'aultrement en ordonner.

Que ladicte publication ne fera
auffi faicte des Enqueftes tenues en
matières civiles, ès caufes & Procès qui eftoient conclus en droit,
au temps de la publication de ladicte Ordonnance , ores que des

Sentences y rendues, y euſt appel
interjecté, & que ladicte cauſe d'appel ne fuſt encores parinſtruicte.

Item. Qu'ès Procès, où ſuyvant
ladicte Ordonnance, publication
d'Enqueſtes ſe doibt faire, les Parties ſerviront de reproches & con-
tredicts contre les perſonnes, &
dicts des teſmoings tout par vng volume après icelle publication, &
n'auront à ces fins qu'ung délai, &
ſera le meſme obſervé pour les ſal-
vations.

Mais ne ſeront leſdictes Parties re-
ceues ni admiſes à faire nouvelle
Enqueſte ſur les faicts contenus eſdictes reproches & ſaluations, ne
ſoit que le Juge ayant veu les Procès, trouve qu'ils ne ſe peuvent décider, ſans enquérir la vérité deſ-
dicts faicts, ſoit à cauſe que les teſ-
moins non deuement reprochés, ne
demeureroient en nombre ſouffiſſant
pour s'y arreſter, ou pour quelque
aultre cauſe pareille, auquel cas, &
non aultre, le Juge pourra recep-
voir les Parties à faire preuve des
faicts contenus eſdictes reproches &

saluations, qu'il trouvera recepva-
bles & pertinens tant seulement.

Déclarent en oultre leursdictes
ALTEZES, qu'entre les biens, dont
par l'article quatorziesme est défendu
de faire donation au prouffit de ses
tuteurs, administrateurs, & aultres
personnes dénommées audict article,
sont comprinses les rentes tant hypo-
thecquées, que non hypothec-
quées, les maisons, & aultres
biens ayans nature de fonds & hé-
ritaiges, ores que par les Couftumes
des lieux tenus, & reputés pour meubles en faict de successions, ou autres
cas semblables.

Et par ampliation dudict article,
que la prohibition y contenue aura
aussi lieu au regard des biens vraye-
ment mobiliers; ne voulans toutefois empescher que l'on ne fasse
desdicts biens mobiliers quelque libéralité gratieuse & moderée aus-
dicts Curateurs, Administrateurs,
leurs femmes, ou enfans, à l'advenant des facultés & moyens desdicts Donateurs ou Teftateurs, &
des mérites des Donataires, dont

en cas de difficulté, l'arbitraige demeurera au Juge, pour en eftre par
lui ordonné ce que de raifon.

Item. Que le contenu au feiziefme
article de ladicte Ordonnance, s'obfervera non feulement au regard des
fubftitutions faictes depuis la publication de ladicte Ordonnance, &
celles qui fe pourront encores faire
à l'advenir, mais aufli au regard de
toutes fubftitutions précédentes qui
n'eftoient encores ouvertes au temps
de ladicte publication.

Et comme au thiois de ladicte
Ordonnance y a quelques obfcurités
advenues, en faifant le tranflat du
François, leurfdictes ALTEZES entendent qu'ès difficultés qui pourront
advenir à cefte occafion, l'on aura
recours audict texte François.

Si mandent & ordonnent leurfdictes ALTEZES que les préfentes interprétations & déclarations feront publiées en tous lieux, où l'on eft
accouftumé de faire publications,
afin que perfonne n'en prétende caufe d'ignorance, ains que tous fe réglent en conformité de ce que ci-

deſſus eſt dict. Faict à *Mariemont* le vingt-huictieſme jour de Novembre mil ſix cens & vnze.

Ainſi paraphé G. Vt.

Soubſcriptz *Y. Albert*, *A. Iſabelle*, Et plus bas, Par ordonnnance de leurs ALTEZES, & *Signé*, VERREY-KEN.

FIN.

TABLE
ALPHABETIQUE
DES MATIÈRES
CONTENUES DANS CE VOLUME.

A.

Accusateur ; *voyez* Décret.

Acheteur ; s'il peut se faire reſtituer en entier ? 207.

Actes ; quelles Coutumes régiſſent la formalité des Actes ; 13. Quels Actes doivent être rédigés par écrit, 122, & quels doivent être paſſés pardevant Notaires ? 123. La preuve par témoins n'eſt pas reçue contre un Acte, 130. Exceptions à cette régle, 131 & *ſuivantes*. La preuve par écrit eſt reçue contre un Acte, 135. Nullité d'un Acte à défaut de formalités, 205.

Adition d'hérédité ; ſi elle eſt ſujette à la reſtitutión en entier ? 211.

Ajournement personnel ; *voyez* Décret.

N

AMENDE; les Juges ne peuvent point prendre part aux amendes, 30.

ARRÊT; dans quel cas on peut arrêter un accusé, sans information préalable? 343. *voyez* Décret.

AUBERGISTE; *voyez* Preuve.

AVOCAT; si un Juge peut en faire les fonctions? 34.

B.

BAPTÊMES; des Regiſtres des Baptêmes, 136 & *ſuivantes*. Régles à ce ſujet, 139. Quand les Curés doivent en dépoſer les doubles? 139. Si les doubles des Greffes ſont auſſi authentiques que les Regiſtres de la Paroiſſe? 139.

BENEFICE D'INVENTAIRE; *voyez* Inventaire.

C.

CAUTION; *voyez* Inventaire.

CESSIONS; ſi celles de droits incertains peuvent être annullées par la voie de reſtitution en entier? 211.

CHATELLENIES, compriſes ſous le nom de *plat-Pays*, 23.

CLAIN; ſaiſie par Clain donne hypothéque, 167.

CODICILE; s'il diffère du Teſtament? 57.

COMMUNAUTÉ; *voyez* Inventaire.

COMPELLATIONS fur faits & articles, quand peuvent le faire ? 51, 52. Cas où on eſt tenu d'y répondre, 53. Si on peut en faire quand il s'agit de plus de 300 flo. 53. *voyez* Serment.

COMPENSATION DE DÉPENS ne peut pas ſe faire ſans raiſon, 40.

COMPULSOIRS, quand peuvent ſe faire ? 50. Si on peut en diriger contre un tiers ? 50. Régle générale à cet égard, 51. Si on doit s'expliquer ſur l'emploi des titres ? 51.

CONCLUSIONS du Miniſtére public ; quand, comment elles doivent être données, & ſi elles doivent être motivées ? 255 & 256.

CONDITIONS ; *voyez* Enfans, Invèntaire.

CONFISCATION ce qu'on entend par-là, 29. De la maxime *qui confiſque le corps confiſque les biens,* 29, 243. Les Juges ne peuvent prendre part aux biens confiſqués, 30.

CONTRATS DE MARIAGE doivent être paſſés pardevant Notaire, 123.

CONVENTIONS verbales, 122. Si on doit toujours rédiger par écrit les Diſpoſitions entrevifs & Teſtamentaires ? 122. *Quid ?* Des Conventions, 123. Quels Actes doivent être paſſés pardevant Notaires ? 123. La preuve par témoin n'eſt pas reçue pour une obligation en deſſus de 300 florins, 123. Exceptions à cette régle, 124, 125, 126. *Voyez* Preuve. Si en matière de preuve les faits doivent être pertinens? 127. Si une convention verbale au deſſus de 300 florins eſt nulle ? 128. *Quid ?* Quand l'acheteur tient note de ſes marchés, & que le vendeur n'en tient point, 128. Si la preuve eſt reçue quand on demande pluſieurs ſommes, moindre chacune de 300 florins ? 129. *Quid ?* S'il s'agiſſoit du paiement de pluſieurs ſommes ? 129. Si on peut ſe reſtreindre à une ſomme moindre, pour être reçu à la preuve par témoin? 130. Pourquoi on rédige les Conventions par écrit ? 130. On ne reçoit point la preuve par témoins contre une convention écrite, 130. Exceptions à cette régle, 131, 132, 133 & 134. Si les preuves écrites ſont reçues contre un Acte? 135; *voyez* Douaire.

COUTUME, ce que c'eſt, 7. Leur origine, 7. Cauſe de leur diverſité, 8. Comment elles ont acquis force de Loi ? 8. Quand elles ont été homologuées ? 8. Si elles l'ont été toutes ? 8. Comment on vérifie celles qui ne l'ont pas été ? 9. Ce que c'eſt qu'une Enquête par turbes ? 9. Si les uſages prévalent aux Coutumes ? 10. Différence entre celles qui ſont prohibitives & celles qui ne le ſont pas, 10. Quand elles ſont claires il faut s'y tenir, 11. *Quid ?* Quand elles ne le ſont pas, 11. Le Droit romain ſupplée aux Coutumes, 12. Si leur autorité céde à celle des Ordonnances ? 12. Par quelles Coutumes ſe régiſſent les immeubles ? 12. Quelles Coutumes réglent les formalités des Actes ? 13. *Quid ?* Des Teſtamens, 59, 60, 61. *Quid ?*

Du Douaire, 179. *Quid*? De la Purge, 232.
Publication des Coutumes, 14. Devoirs des
Conseils Provinciaux à ce sujet, 15. *Idem*, des
Juges Supérieurs, 17. *Idem*, des Juges subal-
ternes, 19 ; *voyez* Retrait.

CRAINTE donne lieu à la restitution en entier,
201.

CRIMES ; *voyez* Peines, Délits.

CRIMINEL ; *voyez* Procès criminel.

CURATEURS ne peuvent rien recevoir des interdits, 86. Exception à cette régle, 285.

CURÉS; si les Curés réguliers peuvent recevoir des
Testamens? 69. Où les Curés doivent déposer les
Testamens ? 69. D'où dérive le pouvoir qu'ils
ont d'en recevoir ? 70. *Voyez* Testament. Quand
doivent-ils déposer les doubles des Registres
de Baptêmes, Mariages & Sépultures, & où?
139.

D.

DÉCLARATION du 12 Juillet 1749, sur l'Ordonnance du mois d'Août 1747, concernant
les Fidéicommis, 98 *& suivantes*.

DÉCRET ; comment doivent être rendus ? 244.
S'il en faut toujours un pour arrêter une personne domiciliée ? 247. *Quid* ? Hors du cas du
flagrant délit, 247. Du Décret d'ajournement
personnel, 248. *Quid* ? Quand le Ministére public est seul accusateur? 248.

294 TABLE

DEGRÉS; comment se comptent en matière de Fidéicommis, 107 & *suivantes.*

DÉLITS; Si on peut transiger sur les Délits? 264.

DÉPENS ne doivent pas être compensés sans raison, 40.

DÉPENSES; de quelles dépenses on tient compte, en cas de restitution des fruits, 154.

DÉPOSITIONS doivent être reçues à charge & à décharge, 252.

DÉPÔT; où doit se faire celui des Testamens? 69. *Quid?* Des Registres de Baptêmes, Mariages, Sépultures, 139; *voyez* Preuve.

DESSERVANS; *voyez* Curés.

DETTES; *voyez* Inventaire.

DÉVOLUTION; ce que ç'est? 174. *Quid?* En Brabant, 175.

DISPOSITIONS; il y en a de deux sortes, les Donations entre-vifs & les Testamens, 58. Si les Dispositions verbales sont valables? 63. Quelles sont celles qu'on doit rédiger par écrit? 122.

DISTRIBUTION DES DENIERS; *voyez* Vente, Inventaire.

DOL donne lieu à la restitution en entier, 200, & à la prise à partie, 33.

DOMICILE; *voyez* Décret.

DONATION entre-vifs, est l'une des deux fa-

çons de difpofer permife par l'Ordonnance , 58.
Quelles perfonnes ne peuvent recevoir de donations ? 83 & *fuivantes* , 285. Exception à cette
régle , 285. On doit les rédiger par écrit , 122 ,
& les paffer par devant Notaire , 123.

DOUAIRE eft hypothéquaire dans la Coutume
de *Lille* , 166 , & dans celle de *Tournai* , 167.
Sa définition & fon origine , 177. Régle du
Douaire coutumier , 178. Exception à cette régle , 178. Ce qui donne ouverture au Douaire ?
178. Quand il eft acquis ? 178. Par quelles Coutumes on le régle ? 179. S'il y en a de différentes efpèces , fuivant la qualité des perfonnes ?
179. Si dans la Châtellenie de *Lille* il s'étend
fur les réputés meubles ? 180. Régles du
Douaire conventionnel , 182. Ses exceptions ,
182 , 183. Si la veuve peut opter entre le Douaire
conventionnel & le Douaire coutumier ? 183.
Si elle peut jouir des deux ? 184. Comment on
peut le régler entre Marchands ? 184. Si on
peut convenir qu'il n'y en aura point ? 185 ;
voyez Hypothéque , Meubles.

DROIT ROMAIN , fupplée aux Coutumes , 12.

E.

EDIT PERTÉTUEL ; en cas de doute , il faut
fuivre le texte François , 286.

ENFANS ; fi la condition *fans enfans* eft cenfée

arrivée, quand il y a des enfans naturels ou morts civilement ? 116. Si ceux de secondes Noces peuvent être avantagés au préjudice de ceux d'un premier mariage ? 191.

ENQUÊTE par turbes, ce que c'est ? 9. Ce que c'est qu'une Enquête ordinaire, 44. En quoi elle diffère d'une information ? 45, 283. Des reproches contre les Témoins & des salvations, 45. Si on peut faire nouvelle Enquête sur les faits résultants des reproches & salvations ? 46, 284. La preuve par Enquête est respective, 46. On ne peut plus faire entendre des Témoins après l'ouverture d'une Enquête, 47, 284, mais on peut produire des titres, 47. Les titres doivent être produits en bonne forme, 48. Cas où les Enquêtes sont nulles, 48. Il ne suffit pas en cas de nullité d'une Enquête, de répéter les Témoins, 49. Cas où les informations se convertissent en Enquêtes, 49. Si les informations hors ce cas, sont toujours secrettes ? 50. Des Compulsoirs, 50. Si on peut en diriger contre un tiers, 51. Régle générale à cet égard, 51. Si le Compulsant doit s'expliquer sur l'emploi des titres ? 51. Des Compellations sur faits & articles, 51. Si elles sont reçues en tout état de cause ? 52. Du serment de Calomnie, & ce que c'est, 52, 54. Cas où on est tenu de répondre à une compellation, 53. Si la voie de Compellation est reçue au dessus de 300 florins ? 53. L'Article X de l'Edit concernant la publication des Enquêtes, ne regarde point les informations, 283 ; *voyez* Preuve, Paiement.

ENREGISTREMENT des Fidéicommis ; où doit se faire ? 97. *Quid ?* Quand le Fidéicommis comprend des Rentes ? 99. *Quid ?* A l'égard des Actes d'emploi, 99. Caufes qui rendent l'enrégiftrement nul, 100. Dans quel Regiftre on doit le faire ? 100. Qui eft chargé de le faire faire ? 101. Peine du défaut d'enrégiftrement. 101.

ENTÉRINEMENT des Lettres de Grace, Rémiffion, Pardon, &c. *Voyez* Grace. *Voyez* Reftitution en entier.

ÉPICES DES JUGES ; fi elles font faififfables ? 33.

ERREUR donne lieu à la reftitution, 203, 206.

ESTIMATION des chofes contentieufes doit être faite par Experts, 46. Nombre des Experts, 147. Cas où il faut en nommer un troifième, 147. Si une Partie peut révoquer celui qu'elle a nommé ? 148. Si le Juge doit déférer à leur rapport ? 148. S'il peut ordonner un fecond rapport ? 149. Régles à obferver par les Experts, 149. Du ferment des Experts, 150.

EXPERT ; *voyez* Eftimation.

F.

FIDEICOMMIS ; ce qu'on entend par Fidéicommis, 92. Il y en a de deux fortes, 92. Qui font ceux qui peuvent ordonner un Fidéicommis ? 93. Quels biens on peut fubftituer ? 93. Ce qui donne lieu a l'ouverture d'un Fidéicommis, 94. Si le droit de trafmiffion y a lieu ? 94. *Quid?* Du Droit de repréfentation, 94. De la renonciation à un Fidéicommis, 95. S'il doit néceffairement contenir une défenfe d'aliéner ? 95. Si cette défenfe feule forme un Fidéicommis ? 95, 96. Comment on fuccède en fait de Fidéicommis, 96. Enrégiftrement des Fidéicommis, 97. Où doit on le faire ? 97. *Quid?* Quand le Fidéicommis comprend des Rentes, 99. *Quid?* A l'égard des Actes d'emploi, 99. Caufes qui rendent l'enrégiftrement nul, 100. Regiftre dans lequel l'enrégiftrement doit fe faire, 100. Quelle perfonne doit faire faire cet enrégiftrement? 101. Peine qui réfulte de ce que l'enrégiftrement n'eft pas fait, 101. Ordonnance requife pour prendre poffeffion des biens Fidéicommiffés, 102. Formalités de l'inventaire requis en cas de Subftitution, 103. Où fe portent les conteftations fur cette matière ? 103. Des Lettres de Requête civile en fait de Fidéicommis, 104. Comment s'obferve l'Ordonnance de 1747 ? 105. Difpofitions de la Déclaration de 1749, *98 & fuivantes.* Des degrés de Fidéicommis, 107 *& fuivantes.* Si on les compte par têtes ou par fouches ? 110. Les claufes des Fidéicommis doivent être claires, 111, 113. Si on peut faire un Fidéicommis fous feing privé ? 112. Si les enfans mis dans la condition, font compris dans la difpofition ? 114, 115. Si la difpofition doit prévaloir fur l'Ordonnance ? 116. Si la condition *fans enfans*, eft cenfée arrivée quand il y a des enfans naturels ou morts civilement ? 116. De quelles Subftitutions doit s'entendre l'Edit Perpétuel, Article XVI ? 286.

Fisc a une hypothéque tacite fur les biens de fes débiteurs, 161.

Force ; un Acte paffé par force, eft fujet à la reftitution en entier, 20.

Formalités ; quelles Coutumes réglent les formalités des Actes ? 13. *Quid* ? Des Teftamens, 59, 60, 61. *Quid* ? Dans les Coutumes muettes ou non homologuées, 65 & *fuivantes*. *Quid* ? Quand il y a diverfité de Coutumes, 79 & *fuivantes*. Formalités de l'Inventaire requis en cas de Fidéicommis, 103. *Idem*. Des Œuvres de Loi, 171. Nullité d'un Acte à défaut de formalités, 205. Formalités en cas de Bénéfice d'inventaire, 227. *Idem*. De la Purge, & quelles Coutumes on doit fuivre, 232 ? *Idem*. Du Retrait lignager, 237.

Fraude ; on peut prouver par Témoin qu'un Acte eft frauduleux, 132.

Fruits ; reftitution des Fruits, comment définie ? 152. Depuis quel jour les Fruits doivent-ils être reftitués par le poffeffeur de bonne foi ? 153. Qui eft celui qu'on appelle Poffeffeur de bonne foi ? 153. *Quid* ? Du Poffeffeur de mauvaife foi ? 153. De quelles dépenfes on tient compte fur les Fruits, 154. Manière de liquider les Fruits, 154. Difpofitions de l'Ordonnance de 1539, à cet égard, 155. Celui qui jouit contre fon titre, doit remettre tous les Fruits, 156 ; *voyez* Inventaire.

G.

GAGES ; fi ceux des Juges font faififfables ? 33.

GELEIDES, fignifie Sauf-conduit, 286 ; *voyez* Sauf-conduit.

GRACES ; effet des Lettres de Grace, Rémiffion ou Pardon, 273. Dans quels cas on les accorde ? 273. Ce qui les rend fubreptices & obreptices, 274. Où on les obtient, 274. Cas où on doit les obtenir au grand Sceau, 275. Si elles ont effet avant leur entérinement ? 275. *Quid ?* A l'égard de celles obtenues en la grande Chancellerie, 276. En dedans quel temps on doit les préfenter ? 276, 277. Si les Impétrans doivent tenir prifon ? 278. S'il faut porter les informations aux Juges qui doivent entériner les Lettres ? 279.

H.

HÉRÉDITÉ ; *voyez* Adition d'Hérédité.

HÉRITIER ; *voyez* Inventaire.

HOMICIDE involontaire, ou néceffaire pour la défenfe de fes jours, eft fufceptible de Lettres de grace, 273.

HOMOLOGATION des Coutumes, quand a commencé, 8. Des ftyles de Procédures, 21.

HUISSIERS; leurs devoirs, 25. Par qui font puniffables en cas de prévarication? 27. Pouvoir & devoir des Juges du lieu, où la prévarication a été commife, 26.

HYPOTHÉQUE, ne s'acquiert pas fans Œuvres de Loi, 160. Exceptions à cette régle, 160 & *fuivantes. Voyez* Sentence. Hypothéque tacite du Souverain, 160. *Idem.* Du Fifc, 161. *Idem.* Des Octrois des Villes, 162. Hypothéques tacites reçues dans les Coutumes qui ne contiennent point des difpofitions contraires, 163. Sur les biens des Tuteurs, reçues à *Tournai* en faveur des Mineurs, 165. Ainfi que fur les Maifons en faveur des Ouvriers qui les ont bâties, 166. Pour le Douaire reçues à *Lille* & à *Tournai*, 166, 167. On acquiert hypothéque par plainte à Loi, faifie par Clain, Mife de Fait, &c. 167. *Idem.* En paffant un Acte fous le fcel aux connoiffances des Mayeur & Echevins de Lille, ou fous celui du Bailliage de la même Ville, 168. *Idem.* Par Sentence des Mayeur & Echevins de *Lille*, 169; *voyez* Office.

I.

IMMEUBLES; par quelles Coutumes font régis, 12.

IMPENSES ; *voyez* Dépenses.

INFORMATIONS ; en quoi elles diffèrent d'une Enquête , 45. Cas où elles se convertissent en Enquête , 49. Si elles sont secrettes ? 50 , 283. A qui elles doivent être communiquées ? 245 ; *voyez* Graces.

INSINUATION ; si les Lettres de Tonsure doivent être insinuées ? 144.

INTERPRÉTATION des Coutumes ; quand doit se faire ? 11.

INTERROGATOIRES ; en dedans quel temps doivent se faire ? 250. A qui doivent être communiquées ? 251.

INVENTAIRE ; formalité de celui requis en cas de Fidéicommis , 103. Effets du Bénéfice d'inventaire , 215. Ce qu'il faut faire pour en jouir , 216. Caution à donner en pareil cas , 216. Personnes qu'on doit ajourner , 217. S'il a lieu pour les Veuves envers la Communauté ? 217. Pourquoi l'héritier Bénéficiaire doit-il faire vendre les meubles ? 219. Comment se distribuent les deniers procédans de cette vente ? 219. Dans quel temps l'héritier par Bénéfice d'inventaire , doit-il opter entre le Bénéfice & la qualité d'héritier simple ? 221. Quel est son sort dans l'un & l'autre cas ? 222. Sous quelle condition il jouit des fruits ? 224. *Quid ?* A l'égard des dettes actives , 224. Régle à observer à cet égard dans les deux cas , 224. Comment on décheoit du bénéfice d'inventaire ? 227. Si on peut se faire relever de cette déchéance? 227. Si un Teſtateur peut y déroger? 228, 229.

JUGES; leurs devoirs concernant la publication des Coutumes, 15, 17, 19. Ne peuvent prendre part dans les biens confiſqués, 30; ni dans les amendes, 30. S'ils peuvent acquérir des droits litigieux? 30. Peines contre les Juges prévaricateurs, 31. Ne répondent pas du *mal-jugé*, 32, ſauf dans le cas de Dol, Paſſion, faveur, &c. 32. Moyens de priſe à Partie, 33. Si leurs gages ſont ſaiſiſſables? 33. *Quid?* De leurs Epices, 33. S'ils peuvent faire les fonctions d'Avocat? 34. De quoi ils doivent s'abſtenir dans les ventes par Décret? 36, 37. Uſage particulier des Villes de *Douay* & *Tournai* abrogé, 37. Quels Juges doivent connoître des cauſes de Fidéicommis? 103. Si le Juge doit déférer au rapport des Experts? &c. 148, 149. *Voyez* Interrogatoires, Peines, Graces, Reſtitution en entier. Ne peuvent accorder des Sauf-conduits, 265.

JURISDICTIONS CONSULAIRES; *Voyez* Preuve.

L.

LEGS; ſi celui qui paſſe un Teſtament peut recevoir un Legs? 77. *Quid?* A l'égard de ſes parens, 77.

LÉSION donne ouverture à la reſtitution en entier, 200.

LETTRES ; *voyez* Requête civile, Bénéfice d'inventaire, Purge, Grace.

LIGNAGER ; *voyez* Retrait.

LIQUIDATION DES FRUITS ; manière de la faire, 154.

LOI ; comment les Coutumes ont acquis force de Loi ? 8.

LOUAGE ; s'il peut être attaqué par la voie de restitution en entier ? 209.

M.

MAJEURS ; en dedans quel temps doivent se pourvoir par la voie de restitution en entier ? 196 ; *voyez* Restitution en entier.

MARCHANDS ; *voyez* Douaire.

MARIAGE ; *Voyez* Contrats de Mariage, Noces. Des Regîtres de Mariage, 136 & *suivantes*. Régles à ce sujet, 139. Quand les Curés doivent en déposer les doubles ? 139. Si les doubles des Greffes sont aussi authentiques que les Regîtres de la Paroisse ? 139.

MEUBLES ; tels réputés, s'ils sont sujets au Douaire dans la Châtellenie de Lille ? 180.

MINEURS ; *voyez* Restitution en entier, Retrait.

MISE DE FAIT est un moyen d'acquérir hypothéque, 167.

N.

NANTISSEMENT ; *voyez* Pays de nantissement, Œuvres de Loi, Propriété.

NOCES ; secondes Noces, sont toutes celles qu'on contracte après les premières, 188. Peines des secondes Noces, 189 *& suivantes.*

NOTAIRE ; si un second Notaire tient lieu de témoins dans un Testament ? 71. Dans quels Actes leur ministère est nécessaire ? 123.

NOTORIÉTÉ ; le Parlement de Flandres n'en a accordé aucun sur ses usages, 9.

NULLITÉ ; cas où les Enquêtes sont nulles, 48. Il ne suffit pas dans ce cas de répéter les témoins, 49. Cas ou l'enrégistrement d'un Fidéicommis est nul, 100. Si une convention verbale au dessus de 300 florins est nulle ? 128. Si les voies de nullité sont reçues dans ces Provinces ? 205. De la nullité d'un Acte pour défaut de formalités, 205.

O.

OBLIGATIONS ; *voyez* Conventions, Preuve.

OCTROIS ; si ceux des Villes sont privilégiés ? 162.

ŒUVRES DE LOI, nécessaires pour acquérir la propriété, 159. Il en est de même de l'hypothéque, 160. Exceptions à cette régle, 160 *&*

fuivantes. Ce que c'eft qu'une Œuvre de Loi ? 170. Où doit-on les faire ? 170. Leurs formalités néceffaires, 171. Si on doit y avoir recours pour acquérir hypothéque fur un Office ? 171.

OFFICE ; s'il faut des Œuvres de Loi pour acquérir hypothéque fur un Office ? 171.

OPTION ; en dedans quel temps doit la faire l'héritier par Bénéfice d'inventaire ? 221.

ORDONNANCES ; fi elles prévalent fur les Coutumes ? 12. Efprit de celle des Teftamens, du mois d'Août 1735, 64. Comment s'obferve celle de 1747, concernant les Fidéicommis, 105. Il y a été dérogé en partie par la Déclaration du 12 Juillet 1749, 98 *& fuivantes.* Difpofitions de l'Ordonnance de 1539, fur la liquidation des fruits, 155. Avantages de celle de 1670, 269.

ORDRES MINEURS ; *voyez* Tonfure.

ORDRES SACRÉS ; *voyez* Tonfure.

— P.

PAIEMENS ; fi celui en deffus de 300 florins peut fe prouver par témoins? 129. *Quid* ? S'il confiftoit en différentes fommes, chacune en deffous de 300 florins ? 129.

PARDON ; *voyez* Grace.

PARTAGE ; s'il peut être attaqué par la voie de reftitution en entier ? 210.

PARTIE FORMÉE; de la Procédure par partie formée, 248.

PAYS de NANTISSEMENT; ce que c'est? 170.

PEINES; comment on les divise? 258. Si un Juge peut condamner à mort, sans que la Loi ait prononcée cette peine? 258. Doivent être proportionnées aux crimes, 261. Nombre des Juges requis pour les prononcer, 262; *voyez* Juges.

PLAINTE A LOI, procure Hypothéque, 167.

PLAT-PAYS, signifie les Châtellenies, 23.

POSSESSEUR DE BONNE FOI; quels fruits il doit restituer? 153, 156. Qui est celui qu'on appelle Possesseur de bonne foi? 153.

POSSESSEUR DE MAUVAISE FOI; Quels fruits il doit restituer? 153.

POSSESSION; Ordonnance requise pour la prendre en cas de Fidéicommis, 102.

PRÉVARICATION des Huissiers; par qui doit être réprimée? 26, 27. Des Juges; comment se fait & comment est punie? 31.

PREUVE par Enquête est respective, 46. Par témoin n'est pas reçue après la publication d'une Enquête, *secùs* par titres, 47. Par témoin n'est pas reçue pour une obligation d'une somme en dessus de 300 florins, 123; à moins qu'il y ait un commencement de preuve par écrit, que le Contrat ait été exécuté en par-

tie, qu'il s'agiffe de la perte du titre, &c.
124. On la reçoit auffi quand il n'a point été
poffible de prendre un écrit, contre les Aubergiftes, en cas de dépôt néceffaire, & dans
les Jurifdictions confulaires, 125, 126, 127.
Si les faits doivent être pertinens? 127. Les
preuves par témoins ne font pas reçues contre un Acte, 130. Exceptions à cette Régle,
131 & *fuivantes*. La preuve par écrit eft reçue, 135 ; *voyez* Conventions, Profeffion religieufe, Tonfure, Enquête.

PRISE A PARTIE ; quand un Juge peut être pris
à partie ? 33.

PRISONS ; *voyez* Grace.

PROCÉDURE ; *voyez* Style, Partie formée.

PROCÈS CRIMINELS ; forme de procéder en
matière criminelle, 268 & *fuivantes*.

PROFESSIONS RELIGIEUSES doivent être inf-
crites dans deux regiftres, 142. Combien ces
Regiftres fervent-ils de temps ? 143. Si celui
qu'on dépofe au Greffe eft auffi authentique
que l'autre ? 143. Si à défaut de Regiftre on
reçoit la preuve par Témoins, 144.

PROPRIÉTÉ ne s'acquiert point fans Œuvres
de Loi, 159.

PUPILLES ; *voyez* Tuteur.

PURGE ; ce que c'eft que la Purge ? 231. Comment elle s'eft introduite, 232. Quelles Coutumes on doit fuivre pour les formalités de la

DES MATIÈRES. 309

Purge? 232. Où s'obtiennent les Lettres de Purge? 233. Sentences d'ordre uſitées en pareil cas, 234.

Q.

QUITTANCES ; ſi on peut les arguer par la voie de reſtitution en entier? 210.

R.

RAPPORTS DES EXPERTS ; *Voyez* Eſtimation.

REGISTRES de Baptêmes , Mariages , Sépultures , Profeſſion religieuſe, Tonſure , Fidéicommis &c. *Voyez* Baptêmes , Mariages , Sépultures , Profeſſion religieuſe , Tonſure , Fidéicommis.

RÉMISSION ; *voyez* Grace.

RENONCIATION ; en cas de renonciation à un Fidéicommis , le premier appellé remplace le grévé, 95.

RENTES ; *voyez* Fidéicommis.

RÉPETITION des Témoins ne ſuffit pas en cas de nullité d'Enquête, 49.

REPRÉSENTATION ; ſi elle a lieu en matière de Fidéicommis? 94.

REPROCHES contre les Témoins , 45. Si on peut faire une nouvelle Enquête ſur les faits réſultans des reproches? 46 , 284.

REQUÊTES CIVILES ; des Lettres de Requête

civile en fait de Fidéicommis, 104.

RESCISION ; *voyez* Restitution.

RESTITUTION ; *voyez* Fruits.

RESTITUTION EN ENTIER; comment on la définit? 195. Où doit-on se pourvoir pour l'Obtenir ? 196. En dedans quel temps les Majeurs doivent l'impétrer? 196. *Quid* ? Des Mineurs, 197. Effet des Lettres de restitution en entier, 198. Dans quelle Jurisdiction on doit les entériner ? 199. A qui on les accorde ? 199. Pour quelles causes? 199. De la Lésion qui donne lieu à la rescision, 200. Du Dol, 200. De la crainte, 201. De la force ou violence, 202. De l'erreur de fait, 203. Si les Mineurs sont restitués contre toutes fortes d'Actes? 204. *Quid* ? Des Majeurs, 204. De la restitution contre un aveu fait par erreur, 206. Si une veuve qui a renoncée, peut se faire restituer? 206. *Quid*? Si c'est une veuve immiscée? 206. Si elle s'obtient par l'Acheteur comme par le Vendeur ? 207. Si elle a lieu contre les ventes faites par décret ? 208. *Quid*? En matière de louage, 209. *Quid*? Dans les partages, 210. *Quid* ? Dans les Quittances, 210. *Quid* ? Dans les cessions de Droits incertains, 211. *Quid*? Dans les aditions d'hérédité, 211.

RETRAIT ; définition du Retrait lignager, 236. Ses Formalités, 237. Quand on doit l'intenter ? 237. Pourquoi on a ajouté le jour à l'année ? 238.

Comment fe compte le terme d'an & jour ?
238. *Quid ?* Dans les Coutumes où le décret
n'a point force d'adhéritance , 238 , fi on doit
fuivre celles qui donnent un terme plus court ?
239. Si le terme accordé court contre les mineurs & autres privilégiés ? 240. Comment on
peut envifager le Retrait lignager ? 240.

S.

SAISIE; fi on peut faifir les Gages & Epices
des Juges ? 33. Par Clain donne hypothéque ,
167.

SALVATIONS; *voyez* Témoins , Enquête.

SAUF-CONDUITS; qui peut en donner, & dans
quelle forme on les donne ? 266.

SCEL aux connoiffances de la Ville de Lille , engendre hypothéque , 168. Il en eft de même du
Scel du Bailliage de la même Ville , 168.

SENTENCES, ne donnent point hypothéque fans
être réalifées , 168. Exceptions à cette Régle,
169. Celles des Mayeur & Echevins de Lille
donnent hypothéque, 169. Sentences d'ordre ;
voyez Purge.

SÉPULTURES; des Regiftres de Sépultures, 136
& fuivantes. Régles à ce fujet, *139*. Quand les
Curés doivent en dépofer les doubles ? *139*. Si
les doubles des Greffes font auffi authentiques
que les Regiftres de la Paroiffe ? *139*.

SERGENS ; *voyez* Huiffier.

312   TABLE

SERMENT ; ce que c'eſt que celui de Calomnie ? 52, 54. Des Experts, 150. On peut exiger le ſerment de ſa Partie adverſe, ſur la ſincérité d'un Acte, 131.

SIGNATURES ; ſi on doit en faire mention dans un Teſtament ? 72.

SOUVERAIN a une hypothéque tacite ſur le bien de ſes Receveurs, Fermiers, &c. 160.

STYLE doit être homologué, 21. On doit ſuivre celui du Siége Supérieur quand on n'en a point un particulier qui ſoit homologué, 22.

SUBSTITUTION ; voyez Fidéicommis.

SUCCESSION ; comment on ſuccéde à un fidéicommis ? 96.

T.

TÉMOINS ; des reproches contre les Témoins & des Salvations, 45. Ne ſont plus reçus après l'ouverture d'une Enquête, 47. Doivent être ouis de nouveau, en cas de nullité d'Enquête, 49. Qualités néceſſaires au Témoin d'un Teſtament, 61, 62. S'il faut qu'il ſoit domicilié dans l'endroit où le Teſtament ſe paſſe ? 62, 63. Si un ſecond Notaire tient lieu de Témoin ? 71 ; voyez Teſtament, Preuve, Convention, Paiement.

TESTAMENT ; ce que c'eſt qu'un Teſtament ? 56. S'il diffère d'un Codicile ? 57. Quelles perſonnes peuvent teſter ? 57. Moyens de diſposer de ses biens, 58. Des Testamens olographes, 58. S'ils sont connus parmi nous ? 58, 59. Quelle Coutume en régle la forme ? 59, 60. Des Testamens authentiques, 60. Quelle Coutume en régle la forme ? 61. Qualités nécessaires aux Témoins d'un Testament, 61, 62. S'il faut qu'ils soient domiciliés dans l'endroit où il se passe ? 62, 63. Si des dispositions verbales peuvent valoir ? 63. Esprit de l'Ordonnance des Testamens, 64. Formalités des Testamens dans les Coutumes muettes ou non homologuées, 65 & *suivantes*. Si les Curés réguliers peuvent recevoir des Testamens? 69. Où les Curés & Desservans doivent déposer les Testamens ? 69. D'où dérive le pouvoir qu'ils ont d'en recevoir ? 70. Si un second Notaire tient lieu de Témoins ? 71. Devoir de celui qui reçoit un Testament, 71. S'il doit faire mention que le Testateur a signé ? 72. *Quid ?* A l'égard des Témoins, 73. Si un Témoin qui se trouve par hasard est censé appellé ? 73. S'ils doivent signer de suite ? 74. Formalités particulières des Testamens dans la Coutume de *Douay*, & leur effet, 74, 75. Si celui qui passe un Testament peut recevoir un legs ? 77. *Quid ?* A l'égard de ses parens, 77. Formalités des Testamens quand il y a diversité de Coutumes, 79. Quelles personnes ne peuvent recevoir par Testament? 83 & *suivantes*. Les Testamens doivent être rédigés par écrit, 122. Si on peut déroger par Testament au Bénéfice d'inventaire ? 228, 229.

TITRES ; peuvent être produits après l'ouverture d'une Enquête, 47. Doivent être en bonne forme, 48. *Voyez* Compulfoirs. Celui qui jouit fans titre, doit reftituer tous les fruits, 156.

TONSURE ; des Regiftres de Tonfures, Ordres Mineurs & facrés, 143. Si les Lettres de Tonfures doivent être infinuées ? 144. Si à défaut de Regiftre on en reçoit la preuve par témoins ? 144.

TRANSACTION ; fi on peut en faire pour délits ? 264.

TRANSMISSION ; fi elle a lieu en cas de Fidéicommis ? 94.

TURBES ; *voyez* Enquête.

TUTEURS, ne peuvent recevoir des libéralités de leurs Pupiles, 86. Exception à cette régle, 285.

V.

VENTES ; fi celles faites par décret, font fujettes à la reftitution en entier ? 208. Vente des Meubles en cas de Bénéfice d'inventaire, 219. Diftribution des deniers de pareille vente, 219.

VEUVE ; *voyez* Douaire, Inventaire. Si celle qui a renoncé à la Communauté, peut fe faire reftituer ? 206. *Quid* ? Si c'eft une veuve impifcée, 296. *Voyez* Douaire, Inventaire.

VIOLENCE, donne ouverture à la reſtitution en entier, 202.

VŒUX ; *voyez* Profeſſion religieuſe.

USAGES ; s'ils prévalent ſur les Coutumes ? 10.

Fin de la Table des Matières.

9 782329 343839

ESSAI

SUR

LES EAUX THERMALES

DE BARÈGES.

IMPRIMERIE D'HIPPOLYTE TILLIARD,
RUE DE LA HARPE, 88.

ESSAI

SUR LES

EAUX THERMALES

DE BARÈGES;

Par J. G. BALLARD,

DOCTEUR EN MÉDECINE, CHIRURGIEN EN CHEF DE L'HOPITAL
THERMAL DE BARÈGES.

PARIS,

F. G LEVRAULT, LIBRAIRE-ÉDITEUR,

RUE DE LA HARPE, 81.

STRASBOURG, RUE DES JUIFS, 33.

1834.

AVANT-PROPOS.

—

L'absence d'un ouvrage spécial sur les eaux de Barèges m'avait engagé à réunir les matériaux nécessaires pour remplir un jour un vide peut-être unique dans l'histoire des eaux minérales. Mon intention était de laisser encore quelque temps mûrir le fruit de mes travaux : mais les sollicitations pressantes d'un grand nombre de personnes, le besoin d'éclairer l'autorité sur le désordre et l'abandon dans lequel Barèges est plongé, m'ont déterminé à le livrer au public plus tôt que je n'avais envie de le faire. C'est pourquoi je réclame l'indulgence de mes lecteurs pour les négligences qui règnent dans cet écrit, en faveur des motifs qui m'ont dirigé en le composant, le désir d'être utile aux personnes qui viennent à Barèges, et l'espoir de contribuer à une réorganisation indispensable à la prospérité d'un établissement que M. Bourdon, dans un ouvrage qui vient de paraître sur les eaux de la France et de l'Allemagne, ne craint pas de regarder comme *la source minérale la plus vantée, et sans contredit la plus méritante de la France et de l'Europe.*

Post-Scriptum. Pendant la publication de cet ouvrage, de nombreux changements ont eu lieu dans l'organisation des divers services de Barèges : l'inspecteur ancien a été révoqué;

un nouveau régisseur est imposé par le préfet
au fermier des bains ; un accord parfait semble
régner entre l'administration de la guerre et
celle de la vallée ; on paraît vouloir s'occuper
de Barèges, et de nouveaux plans ont été
demandés pour son établissement thermal.
Malheureusement cette fois, comme à d'autres
époques, les plans proposés sont si vastes, et
les dépenses qu'entraînerait leur exécution sont
si peu en rapport avec les avantages qu'on en
retirerait, que l'on ne peut raisonnablement
espérer les voir adopter. Que demande-t-on
en effet ? De detruire tout ce qui existe en ce
moment, de raser des constructions qui viennent d'être à peine terminées, et cela lorsque
l'on recule depuis si long-temps devant une
dépense bien moins forte, le remplacement et
la démolition du pavillon qui, avec quelques
détails intérieurs peu coûteux, assurerait, sans
frais considérables, presque tous les avantages

que peuvent offrir les nouvelles combinaisons que l'on propose. Est-ce un délire? est-ce une fatalité attachée à Barèges? On serait tenté de croire que l'on ne laisse demander tant, que pour être dans le cas de paraître plus raisonnable et plus utile aux intérêts de la vallée, en refusant qu'en adoptant de semblables projets.

BIBLIOGRAPHIE.

Quoiqu'il n'existe, à proprement parler, aucun auteur qui ait traité spécialement et d'une manière un peu étendue des eaux de Barèges, je crois devoir indiquer les principales sources où j'ai puisé le peu que nous savons de l'histoire de cet établissement, et les faits pratiques qui ont précédé les observations que j'ai recueillies moi-même sur ces eaux.

JEAN MOULAUS, maître apothicaire juré de Baignères, in-18 de 32 pages. *Toulouse* 1685.

Des vertus des eaux minérales de Baignères et de Barèges, leur degré de chaleur, leur composition et leur véritable usage. Cet ouvrage, dédié à M. le prince du Maine, ne renferme que deux pages sur les eaux de Barèges. L'amour du pays emporte l'auteur dans les louanges qu'il donne aux eaux de Bagnères ; malgré cela il admet la supériorité de celles de Barèges dans les maladies chirurgicales et dans l'asthme.

PIERRE DESCAUNETS , chirurgien ; in-12 de 67 pages. *Toulouse,* 1685, 1718, 1729, 1745.

Traité de la propriété et effet des eaux , bains doux et chauds de Baignères et de Barèges ; ensemble des bouillons de cochléaria, d'écrevisses de rivière , et des valétudinaires, avec les observations raisonnées sur chaque fontaine en particulier.

Quoique peu de pages soient consacrées aux eaux de Barèges, c'est un ouvrage pratique bon à consulter. Les règles générales qu'il donne aux baigneurs pour les mettre en garde contre les accidents qui surviennent dans l'usage des eaux, par l'abus qu'on en fait, peuvent être citées dans tous les ouvrages que l'on écrira sur cette matière.

COUFFILTS, médecin de Barèges. Mercure de France, mars 1732.

Lettre adressée à Chevillard, fontainier du roi, sur la découverte d'une nouvelle source à Barèges. Il accorde à cette source, qui est celle des Bains neufs, des propriétés purgatives et une action particulière sur les engorgements des viscères abdominaux et les obstructions; mais le temps ni l'expérience ne paraissent pas avoir sanctionné cette opinion.

DESSAULT, *Paris, 1736.*

De la pierre des reins et de la vessie, avec une nouvelle Méthode simple et facile de la dissoudre sans endommager les organes de l'urine.

Il regarde les eaux de Barèges comme propres à fondre la pierre dans la vessie; le journal de Barèges et mes observations n'ont pas confirmé cette assertion trop générale établie sur quelques faits dont je suis cependant loin de contester la véracité.

CHRISTOPHER MEIGHAN, in-8°, *London, 1742—1764.*

A treatise of the nature and powers of the Baths

and Waters of Bareges in which their superior virtius for the cure of Gun-Shot and other Wounds, with all their complication of inveterate ulcers, fistulas callosities, and caries ; likewise of muscular and nervous contractions, schirous tumours, anchyloses and many other diseases, as will internal as external; are demonstrated, and confirmed by ratical observations. With a descriptive relation ef Bareges to which is added an enquiry into the cause of heat in bituminous waters and of their specifie variations.

Cet ouvrage m'avait paru assez remarquable pour être transporté dans notre langue, mais, après avoir terminé sa traduction, je me suis aperçu que la partie descriptive était trop différente de l'état actuel de Barèges pour être conservée, que la partie chimique ne pouvait plus offrir aucun intérêt et qu'il y avait plus d'avantage de consigner dans l'ouvrage que je devais publier les parties dignes d'en être extraites, en ayant soin d'indiquer les sources desquelles je les aurais tirées.

De 1746 à 1775 parurent les ouvrages des trois BORDEU, qui se sont succédé dans les fonctions de médecins de l'hôpital de Barèges et de surintendans des eaux de l'Aquitaine.

En 1746, une *Lettre contenant des essais sur les eaux minérales du Béarn, du Bigorre*, etc.; par Théophile Bordeu.

En 1750, *Dissertation sur les eaux minérales du Béarn*; par Antoine Bordeu.

En 1752, *An Aquitaniæ minerales aquæ morbis chronicis*, etc.; par Th. Bordeu.

En 1760, une seconde *Lettre sur les eaux de Barèges dans les maladies vénériennes;* par François Bordeu.

En 1763, *Troisième Lettre*, du même.

Enfin, en 1775 parut le résumé de tous ces ouvrages, du *Journal de Barèges, fondé en* 1749, et de la pratique des trois Bordeu pendant plus de trente ans. Dans cet ouvrage, intitulé : *Recherches sur les maladies chroniques et sur la manière dont on les traite aux sources de l'Aquitaine*, Th. Bordeu associe à sa gloire son père Antoine Bordeu, et son frère Antoine Bordeu, en plaçant leurs noms réunis en tête de son livre.

Ce premier volume de recherches, auquel devait en succéder un second, si la mort ne l'eût pas surpris au milieu de sa carrière, n'est point un traité sur les eaux minérales; il parle à peine de la manière d'employer les eaux. Ce ne sont, à proprement parler, que les nombreuses observations de guérisons opérées sous ses yeux par les eaux sulfureuses, et desquelles il a su tirer des dissertations physiologiques et pathologiques qui ont changé la face de la médecine en détruisant les hypothèses des mécaniciens et des chimistes, et qui ont fondé une nouvelle ère à la médecine, en lui donnànt pour base l'observation des phénomènes de la vie.

LEMONNIER. Mémoire de l'Académie des sciences, décembre 1747.

Examen de quelques fontaines minérales de la France et particulièrement de celles de Barèges.

Ce mémoire consiste principalement en expériences faites sur la perte que le corps éprouve par la transpiration pendant le bain ou d'absorption de l'eau. Il a constaté au Pic du Midi l'observation de Farenheith, que la pesanteur de l'air influe sensiblement sur le degré de chaleur auquel l'eau entre en ébullition, mais qu'elle nç change en aucune manière le point de congélation des liquides ni le terme de la chaleur auquel le plomb se solidifie.

SECONDAT. *Mémoire sur les eaux minérales de Barèges, lu à l'Académie de Bordeaux en* 1747.

Ce ne sont que des observations physiques et chimiques que permettaient de faire les connaissances de l'époque, c'est-à-dire d'aucune valeur.

LEBAIG. In-8°, Amsterdam 1750.

Parallèle des eaux Bonnes, des eaux Chaudes, des eaux de Cauteretz et de celles de Barèges.

Je n'ai pu me procurer cet ouvrage dont je ne connais que le titre.

THIERY, docteur-régent de la faculté de médecine de Paris, 1760, journal de médecine.

Relation d'un voyage fait à Barèges, Cauteretz et Bagnères à la fin de l'année 1752. Note entièrement chimique, mais dans laquelle on reconnaît un observateur attentif. Il avait remarqué que la quantité de glaires augmente dans les mêmes proportions que le

degré de chaleur des eaux diminue ; il regarde les eaux
de Bagnères comme très propres à préparer les malades.
à faire usage de celles de Barèges. Il rapporte quelques.
observations assez curieuses sur l'effet de ces dernières.
eaux.

En 1760 et 1769, parut sans nom d'auteur, un *Précis
d'observations sur les eaux de Barèges et autres eaux
minérales du Bigorre*. C'est un extrait de divers ouvrages périodiques au sujet de ces eaux. L'avis des
éditeurs de 1769 est remarquable par la manière dont
il fait justice des prétentions exagérées des eaux de
Bagnères. Je transcris ses propres expressions : « Malgré les avis réunis des magistrats, des médecins et
de la plupart des habitants sages de Bagnères, le projet
d'assimiler les eaux de Bagnères à celles de Barèges
germe encore dans quelques têtes. Est-ce un délire ?
Est-ce un dessein de tromper les hommes, d'en imposer à la face des voyageurs qui ont pu juger cette
querelle ? Je l'ignore.... On essaiera de vous prouver
que Bagnères compte dans son enceinte des sources
analogues à celles de Barèges et de Cauteretz, aux
eaux Bonnes et à celles de Luchon..... Cette eau est
aussi différente de celle de Barèges et des autres eaux

sulfureuses, que l'eau l'est du vin ou le cidre l'est de l'huile. »

En 1760, un Mémoire de Campardon, sur les eaux minérales de Bagnères de Luchon, donna lieu à une *Comparaison de ces eaux avec celles de Barèges et de Cauteretz*, par M. Roux. Je citerai assez souvent son opinion quand je traiterai de l'action des principales eaux des Pyrénées dans les diverses affections de l'économie.

CASTELBERT. *Bordeaux, 1762.*

Des vertus des eaux de Barèges, Cauteretz, Bagnères.

Ce petit ouvrage renferme un parallèle assez bon de ces différentes eaux.

CAMPMARTIN. Observations faites sur les eaux minérales et thermales de Barèges, le 17 juin 1769.

MONTAUX. Manuscrit, 1770.

Analyse des eaux de Barèges. C'est la première analyse vraiment chimique qui ait été faite de ces eaux ; elle sera citée à son lieu.

LOMET. *Paris*, in-8°, an III de la République.

Mémoire comprenant la recherche des moyens les plus propres à recueillir et à conserver les eaux minérales , et la description des monuments à élever pour utiliser les eaux salutaires à la guérison des blessures des défenseurs de la République.

Cet ouvrage, écrit sous l'inspiration des vertus républicaines , renferme des considérations de la plus haute portée sur les améliorations possibles des éta blissements thermaux, et particulièrement de celui de Barèges ; c'est un ouvrage profond et que les administrateurs ne sauraient trop méditer.

POUMIER , l'un des inspecteurs-médecins des eaux minérales de l'Empire; *Paris*, 1813.

Analyses et propriétés médicales des eaux thermales de Barèges , St-Sauveur, Cauteretz, Bagnères de Luchon, Bagnères-Adour, la Bassère et Cap-Vert, Bonnes, Chaudes, et Cambo, etc.

Cet ouvrage, entièrement chimique, est bien au-dessous des connaissances de l'époque à·laquelle il fut publié; ce n'est pour ainsi dire que la réminiscence de

quelques essais faits par l'auteur en 1772 et 1773, ac-
comodés au langage chimique de l'époque à laquelle
il parut. Ce n'est que de cette manière que l'on peut
expliquer les nombreuses erreurs dont cet ouvrage
est rempli; je n'ai jamais vu, comme il le prétend,
que l'on soit obligé de laisser refroidir l'eau pour la
boire; au contraire, bue ainsi, elle devient désagréable
au goût et d'une digestion beaucoup moins facile que
lorsqu'elle sort de la source.

M. LONCHAMP, en 1822, 23 et 30, a inséré, dans
les Annales de chimie et de physique, et publié dans
l'Annuaire des eaux thermales, plusieurs Mémoires sur
le dégagement du gaz azote au sein des eaux minérales,
sur l'état dans lequel l'alcali se trouve dans les eaux
de Barèges, et une analyse de ces eaux dont nous
parlerons en traitant ce sujet,

Le dernier ouvrage dont il nous reste à parler est
un mémoire de M. GASC, publié dans le Recueil de
médecine et de chirurgie militaires, ayant pour titre :
*Nouvelles Observations sur les propriétés des eaux
minérales naturelles de Barèges,* renfermant les faits
observés par lui pendant l'année 1827. La précision

qui règne dans ses observations, les conséquences qu'il sait en tirer rapplelent le genre de Bordeu, et promettaient un grand observateur de plus à Barèges s'il fût resté attaché à cet Établissement.

ESSAI

SUR

LES EAUX DE BAREGES.

—•—

MOTIFS DE CET OUVRAGE.

Écrire sur Barèges, c'est traiter un sujet que l'on croit bien connu : on va à Barèges des quatre parties du Monde, tout le monde en parle, et cependant personne ne connaît Barèges. Les malades qui vont y chercher la santé, les médecins qui les dirigent sur ces eaux, sont aussi peu éclairés à cet égard les uns que les autres *, et arrivés à ces

---

* Croira-t-on, quand on connaîtra Barèges, que le médecin le plus érudit qui ait écrit sur les eaux thermales, ait pu, en 1827, insérer dans son ouvrage l'article suivant :

« Depuis fort long-temps on remarque à Barèges *trois*

I

sources mêmes, la méfiance de leurs administrateurs ne laisse que difficilement percer l'obscurité qui règne sur leurs propriétés. Barèges est semblable à une divinité bienfaisante refusant rarement ses faveurs à ceux qui y ont recours, mais dont personne n'a encore osé soulever le voile : ses ministres, les dispensateurs de ses bienfaits, les Bordeu, les Borgela, les Dacieu, y ont acquis une gloire immortelle. Ils ne sont plus, et avec

» *sources principales* que l'on a désignées d'après la » plus ou moins grande intensité de leur chaleur :

» 1° La plus abondante se nomme la *source chaude*; » 2° celle qui lui est inférieure est nommée la *tempérée*; » 3° enfin, la moins copieuse et la moins élevée en » température, est nommée la *source tiède*.

» *Il y a en outre cinq bains situés au bas de* » *Barèges* :

» 1° Le bain de l'entrée, 2° le grand bain ou bain » royal, 3° le bain du fond, 4° le bain Polard, 5° le bain » de la Chapelle ou de la Grotte. »

(Alibert, *Précis des eaux minérales*, pag. 397.)

Après cette note, je n'ai pas besoin d'ajouter que l'on envoie chaque jour à Barèges des malades prendre des bains de vapeur qui n'existent pas, des douches qui ne méritent pas ce nom, et pour des affections auxquelles ces eaux sont plus nuisibles qu'utiles.

eux est tombée dans l'oubli l'histoire immense des faits passés ; avec eux se sont perdus les fruits d'une longue expérience : le temple ne renferme point les tables sacrées qui, dans les temps antiques, en eussent décoré l'enceinte, et le journal de ces savants * a été détruit ou perdu par leurs successeurs, comme s'ils eussent craint d'être accablés par une charge au-dessus de leurs forces, s'ils avaient été forcés de continuer ce beau travail.

* Le journal de Barèges, dit Bordeu, peut être regardé comme l'ouvrage d'un siècle entier d'observations et de discussions suivies sans interruption : de ses trois auteurs, l'un a travaillé à l'emploi des eaux plus de cinquante ans ; l'autre n'a pas cessé de s'en occuper pendant trente, et le troisième les administre depuis vingt. Ce travail a fourni une collection de plus de deux mille observations principales, et l'histoire de tout ce qui s'est passé à ces eaux pendant tout ce temps.

On a laissé perdre ce travail ; mais une partie de ses résultats est consignée dans l'immortel ouvrage de Bordeu sur les maladies chroniques. Depuis cette époque, disait M. Gasc, en 1829, la science a fait peu d'acquisitions nouvelles sur cet objet. Malheureusement aucun des médecins qui ont été à la tête de cet établissement, n'a rien écrit qui ait pu contribuer au progrès de la science.

1*

C'est ainsi qu'arrivant à Barèges en 1830, sans guide pour me diriger, sans observations sur lesquelles m'appuyer, j'ai été obligé de démêler, au milieu d'usages grossiers qui ne se sont perpétués que par l'ignorance et la barbarie, ceux qui pouvaient être le fruit de l'expérience ; j'ai mis tous mes soins à rassembler des observations que ma position à la tête de l'hôpital thermal de ce lieu me mettait, plus que tout autre, à même de réunir ; enfin, initié par le temps, j'ai jugé indigne de la gloire de Barèges cette obscurité dans laquelle il est enveloppé. Aujourd'hui j'ose renouer la chaîne des expériences interrompues depuis les Bordeu, montrer au grand jour la divinité, et porter une main hardie pour soutenir son temple s'écroulant de toutes parts sous les coups des Vandales : n'est-il pas en effet permis de traiter ainsi des administrateurs aveugles ou insouciants, des fermiers barbares et avides, et des inspecteurs sans énergie, qui semblent s'être réunis pour renverser un établissement dont le nom seul est un éloge, puisqu'il rappelle les guérisons sans nombre dont ces eaux ont rempli l'univers.

Avant d'entrer en matière, je crois devoir faire deux observations pour que l'on ne soit pas trompé en venant à Barèges, et en lisant cet ouvrage.

On peut envisager les eaux minérales sous deux points de vue différents : comme lieux de distractions, d'agréments où l'on va chercher un délassement à ses travaux et l'oubli de ses peines ; la seconde manière de les considérer est essentiellement médicale ou plutôt médicamenteuse, car la première est médicale aussi. Que ceux qui ne vont aux eaux que dans le premier but, s'éloignent de Barèges ; assez d'autres lieux leur offriront des distractions et des plaisirs qu'ils ne trouveraient que difficilement dans un séjour où l'on ne voit que les misères humaines sous tous les aspects, la nature dans un état de bouleversement qui approche du cahos, et la civilisation arriérée de plusieurs siècles. Ce n'est qu'aux personnes dont les infirmités réclament l'action puissante de ces eaux, que je conseille de remonter les rives arides du Bassan. Pour elles nos montagnes décharnées, les privations qu'il faut savoir s'imposer à Barèges ne doivent point être un sujet d'effroi : la tristesse du séjour disparaîtra devant les avantages qu'elles auront éprouvés, et peut-être finiront-elles, comme tant d'autres, par trouver que Barèges a son côté agréable.

L'ouvrage que je publie aujourd'hui est essentiellement médical, aride pour tout autre que pour les malades, qui y trouveront d'utiles conseils et des observations consciencieuses pour le médecin qui pourra embrasser d'un coup d'œil les résultats de plusieurs années d'observations, et pour l'administration qui verra les ressources que l'on pourrait tirer de ces eaux, si elles étaient dirigées d'après les principes que je vais tâcher de développer.

APERÇU HISTORIQUE SUR LA VALLÉE DE BARÈGES.

Les eaux de Barèges sont placées dans une vallée dont elles ont pris le nom. L'histoire de la découverte de ces eaux, les moyens à employer pour leur conservation et leur amélioration, rendent indispensable un aperçu rapide sur cette vallée et sur les effets qui résultent des droits de propriété qu'elle a conservés sur ces eaux.

Bien long-temps avant leur découverte, le nom de Barèges * servait à désigner une petite répu-

* On fait venir le nom de Barèges, Baretge, comme on le prononce dans le pays, *Baredgina Vallis* des anciennes chartes, d'un mot celtique *Baste* ou *Batte*, qui signifie lieu caché, enfoncement. M. Rasumot le fait dériver du chaldéen *Barat*, signifiant campagne inculte

blique étendue, le long des rives du Gave, depuis Gavarnie jusqu'au pont de Villelongue près de Pierrefite, et possédant toutes les vallées secondaires qui en forment les ramifications *.

ou désert. Il vaudrait mieux lui donner pour origine le mot Bath, Bat, Batte, Bad, employé pour désigner des eaux médicinales, si le langage même des habitants ne nous offrait de quoi satisfaire plus sûrement la manie des étymologistes.

* La vallée de Barèges contenait dix-sept paroisses, dont Lus était le chef-lieu et dont le magistrat prenait le titre de premier consul. Ces dix-sept paroisses étaient divisées en quatre vics ou cantons, de la manière suivante :

1° Vic du Plan.   Lus.
                       Esquieze.
                       Villenave.
                       Sère.
                       Visos.
                       La moitié d'Estère.
2° Vic de Bat,   Saligos.
                       Chèze (a)
                       Viscos.
3° Vic de D'arrelaigue, Sassis.
                       Sagos.
                       Grust.

Le nom de Barèges est tellement inhérent à la vallée entière, que l'on voit encore beaucoup de ses habitants désigner les eaux de Barèges par le nom du canton dans lequel elles sont situées, et dire les bains de La–Batte-Sus.

L'histoire de ce petit État se perd dans les premiers siècles de notre ère ; il jouissait, à une époque très reculée, de prérogatives particulières, et, quoique sous la dépendance des vicomtes du Lave-

4° Vic de La-Batte-Sus,	Viala.
	Belpouey.
	Sertz.
	Vic.
	Saint-Martin (*b*).
	L'autre moitié d'Estère.

Dans ces paroisses n'étaient pas comptés les villages de Gèdres et de Gavarnie qui faisaient partie de Lus, ni le bourg des bains qui n'était annexé à aucune paroisse. Aujourd'hui ce bourg dépend de la commune de Belpouey. Gavarnie et Gèdres n'ont pas cessé d'être compris dans la commune de Lus, et sont administrés par des adjoints qui y sont délégués.

(*a. b.*) Le 10 février 1601, les villages de Chèze et de Saint-Martin furent enlevés par les eaux du Bastan. Saint-Martin a été remplacé par le village de Vielle, depuis cette époque.

dan *, il s'administrait par des élus du peuple, *qui en outre se réservaient le droit d'approuver ou de rejeter les lois faites par leurs représentants.* On trouve la preuve de cet usage dans leur droit écrit, rédigé en 1760 par une assemblée où se trouvaient réunis les consuls des dix-sept communautés composant la vallée, à l'effet de remplacer la perte des livres coutumiers établis plus de quatre siècles auparavant ; *laquelle délibération fut approuvée par les habitants de chaque communauté.*

Quelques-unes de ces coutumes ont traversé les siècles sans éprouver d'altération. Il en est d'assez particulières au pays pour mériter une place dans l'histoire de Barèges; celle, par exemple, qui établit pour héritier de la maison le premier né, sans distinction de sexe **. Une seconde coutume dépen-

---

* Les premiers seigneurs connus de cette maison, sont Anermans et Ancits, vivant vers 945, et mentionnés avec le titre de vicomtes dans une charte de l'abbaye de Saint-Savin. Le dernier vicomte, Raymond Garcia, céda cette vallée en 1272 à Asquiva ou plutôt Assisva de Chabanne, comte de Bigorre.

** Le premier né du mariage, soit mâle soit femelle, est héritier de toutes sortes de biens, de quelque nature qu'ils soient, de souche ou avitiens, c'est-à-dire sans au-

dante de la première était et *est encore*, de marier la fille, que son droit de première née rend héritière, avec un cadet d'une autre famille qui, ainsi que les enfants provenant de ce mariage, prennent le nom de la femme et de la maison dans laquelle ils entrent. Aujourd'hui même que le code civil a détruit cette prérogative du hasard, ils ne manquent jamais de donner à l'aîné ou l'aînée la maison de ses ancêtres et la portion dont la loi leur permet de disposer ; et il existe encore une expression pour désigner celui qui dans une maison est appelé par sa naissance à jouir de ce droit.

Cette vallée possédait au douzième siècle quelques établissements religieux et militaires.

Le castel de Sainte-Marie et sa chapelle, prieuré régulier à la nomination des bénédictins du monastère de Saint-Savin, ainsi que la chapelle de Saint-Pierre.

Les templiers avaient à Gavarnie * une com-

---

cune différence possédés par les père et mère, aïeul ou aïeule ou autres en lignes supérieures ou ascendantes.

(*Coutumes de Barèges*, art. 1.)

* On conserve dans l'église de Gavarnie sept crânes que l'on dit être ceux des templiers qui furent exécutés

manderie de laquelle dépendait l'église de Lus, la chapelle de Saint-Justin * et la tour de l'Échelle **.

Malgré ces traces remarquables de civilisation, il n'est nullement question, à cette époque, des eaux de Barèges et de Saint-Sauveur.

Les États-généraux avaient fait de la vallée de Barèges le district du Gave; actuellement elle forme le canton de Lus, dépendant de l'arrondissement d'Argèles et du département des Hautes-Pyrénées.

après le jugement prononcé contre eux le 26 mai 1311. Mais ce qui rend ces restes peu authentiques, c'est que :

1° Dans toute la Bigorre, il n'y eut que six templiers arrêtés, et que quatre seulement purent être condamnés pour ne pas avoir fait les aveux exigés, ou pour les avoir rétractés plus tard.

2° Qu'ils ne furent pas exécutés à Gavarnie.

Enfin, que ceux qui subirent le dernier supplice, furent brûlés et non décapités.

* Cette chapelle n'a été détruite que dans le dix-septième siècle. La cloche sur laquelle se lit l'inscription *à sancte Justine*, a été transportée à cette époque à Barèges où, quoique cassée, elle sert à appeler, comme autrefois, les fidèles à la prière.

** Cette tour servait à défendre la route de Gavarnie ; les voyageurs étaient obligés de la traverser et de monter une échelle pour gagner la route de l'autre côté.

DÉCOUVERTE DES EAUX.

Aujourd'hui le bourg des bains absorbe presque à lui seul le nom de Barèges. Cet établissement est tout-à-fait moderne ; aucun monument, aucun acte historique ne fait remonter son illustration plus haut que le seizième siècle * ;

* Les ruines de quelques cellules voûtées qui se retrouvent à une petite distance au-dessous de Barèges , ont fait croire à un ancien établissement de bains dans ce lieu ; le nom de Vieux-Barèges qu'on leur a donné a favorisé cette croyance ; bientôt les étrangers ont vu dans ces ruines les bains de César , et cette sottise a été imprimée à la suite de tant d'autres.

Une autre légende mal écrite, donnée il y a quelques années comme une traduction de l'espagnol, accorde à ces ruines une origine moins ancienne, mais plus poétique : elle attribue leur fondation à un guerrier revenu blessé de la Terre-Sainte , et guéri par les eaux de cette source, dont un vieil ermite possédait le secret.

Nous sommes fâché de détruire des illusions qui plaisent au cœur; mais nous sommes forcé d'avouer que ces deux versions sont aussi fausses l'une que l'autre. Ces ruines sont les débris d'un établissement qui ne remonte

et tandis que la renommée amenait une foule empressée à Bagnères, tandis que le luxe des patriciens y élevait de somptueux monuments aux Dieux du plaisir et de la santé, Barèges, ignoré à quelques lieues de là, attendait que le hasard fît découvrir les qualités remarquables de ses eaux.

La tradition rapporte qu'une brebis sortant tous les jours de sa bergerie se frayait un chemin à travers les neiges; on la suivit et la source chaude fut découverte. Cette histoire ressemble à celle de toutes les eaux : il faut en tenir compte, parce qu'elle fait honneur à la modestie des hommes. La nature de ces lieux, leur entier abandon lorsque les neiges couvrent ces montagnes, empêchent toute supposition semblable. Disons tout simplement qu'une source d'eau chaude d'où s'élevaient des vapeurs sulfureuses, dans des lieux fréquentés pendant l'été par des bergers, devait bientôt frapper leur attention; ajoutons, qu'il est très probable que les troupeaux très avides de ces eaux ont suffi pour en indiquer le chemin ou du moins

pas à soixante ans, et qui n'a jamais été terminé, parce que les travaux qui ont été faits pour trouver la source chaude, n'ont jamais été poussés assez loin pour donner des résultats satisfaisants.

pour en faire soupçonner les qualités bienfaisantes.
Quelques guérisons parmi ces bergers que l'hiver
ramenait dans la vallée, auront complété leur découverte : il n'y aura plus de surprenant que la
lenteur avec laquelle la réputation de ces eaux s'est
propagée hors des limites de ce petit territoire ;
mais on cessera de s'en étonner quand on réflé-
chira à leur petite quantité, comparativement à
celles de Bagnères, Cauterets et Luchon, à leur
situation topographique isolée par l'immense barrière des montagnes, ne communiquant avec le
reste de la Bigorre que par une gorge étroite et un
sentier suspendu sur les rives du Gave. Une seconde
cause non moins réelle tient au caractère national
des habitants de ce canton, à leur esprit éminemment porté à s'isoler de leurs voisins avec lesquels
leur histoire nous les montre en lutte perpétuelle.
Ce caractère et cette nationalité se sont conservés
jusqu'à ce jour, et font encore de cette peuplade
une exception, consacrée par le nom de Toys,
qui distingue ses habitants des autres montagnards des Pyrénées. Il fallait un miracle pour
porter la renommée des eaux de Barèges au-delà
des monts.

La flatterie adulatrice des grands et de leurs
faiblesses a fait honneur de leur découverte à

madame de Maintenon, et dater leur célébrité
de la guérison du duc du Maine; mais il est
certain qu'elles étaient connues et déjà fréquentées
plus de cent ans avant cette époque.

En 1550, on se baignait dans un bassin en pierres brutes, du fond duquel surgissaient les sources
thermales. Ce bassin occupait l'emplacement du
chauffoir actuel; un hangard le couvrait, et deux
cabanes placées, l'une sur le penchant de la colline,
l'autre sur les bords du Gave formaient des ressources suffisantes aux montagnards qui venaient
s'y baigner. En 1630, on construisit un grand et
un petit bain : ces eaux étaient déjà assez fréquentées vers le milieu de ce siècle. Scarron lui-même,
assez long-temps avant son mariage avec made-
moiselle d'Aubigné, avait fait usage de ces eaux, et
comptait y retourner quand il fut obligé de partir
pour l'Amérique *. L'arrivée de madame de
Maintenon, du duc du Maine, de madame de Ven-
tadour, de Fagon et d'un grand nombre de per-

* Il écrivait à cette époque à M. Sarrazin : je pas-
serais à Bordeaux tout exprès pour la voir (Melle Viger),
si j'allais le printemps qui vient à Barèges, comme j'en
avais le dessein ; mais mon chien de destin m'emmène
dans un mois aux Indes Occidentales.

sonnes de la cour eut assez d'influence sur l'accroissement de Barèges, pour que nous nous arrêtions un instant à cette date qui est réellement son
époque historique. Ce fait eut lieu dans l'été de
1676.

Le fils chéri de Louis XIV et de madame de
Montespan grandissait et était charmant, mais il
boitait; des convulsions violentes survenues à l'é-
poque de la dentition avaient occasioné la rétraction de sa jambe droite. On avait inutilement épuisé
toutes les ressources de l'art : on l'avait conduit
sans succès à Anvers en 1674 ; on lui avait alongé
mécaniquement la jambe, mais sans la fortifier ; il
était plus boiteux que jamais. Madame de Maintenon était à Bagnères avec son élève, sans voir sa
position s'améliorer. Fagon, médecin de Louis XIV
et intendant du jardin des Plantes, les accompagnait.
Son amour pour la botanique l'avait conduit à Lié-
ris, au pic du midi, à Aigue-cluse *; il avait
franchi la barrière qui sépare la vallée de Bagnères

* Plus tard il visita la Casau d'Estiba de Lus, les environs de Barèges et de Gèdre; il recueillit plusieurs
plantes nouvelles et en consigna la découverte dans un
mémoire que son protégé, le savant Tournefort, a inséré
dans sa topographie botanique.

de celle de Barèges; il raconta à l'illustre gouvernante les cures merveilleuses que l'on attribuait à des eaux situées de ce côté, et peu de temps après, un ordre du roi abaissa le Tourmalet devant le royal enfant et ouvrit une communication entre les deux vallées. L'attente de madame de Maintenon ne fut point trompée, et après des accidents sans nombre, des peines infinies, son élève obtint une guérison que l'on n'osait plus espérer * ; aussi rien ne fut plus agréable à Louis XIV que la surprise qu'il éprouva quand il vit entrer dans sa chambre le duc du Maine marchant, et mené seulement par la main de madame de Maintenon.

Le roi ordonna la construction d'un nouveau bain que l'on appela le bain du Maine ou le bain neuf; la réputation de Barèges s'étendit rapidement, et la mode y attira de toutes parts une foule que le propre mérite de ses eaux y fixa plus tard. Les étrangers même rivalisèrent avec les Français; et en 1702, la princesse des Ursins y avait presque une cour.

* C'est dans la maison Maruquette, l'une des plus anciennes du pays, que la veuve de Scarron passait son temps à donner des soins à son élève, à filer et à écrire au roi ces lettres qui préparèrent son élévation.

Les eaux de Barèges ne fixèrent cependant l'attention du gouvernement qu'en 1722. Ce fut alors que fut entreprise la route de Pierrefitte à Luz. L'idée en fut suggérée à M. de Pomeru, commissaire des généralités, par M. Bernard d'Estrade, assesseur de cette vallée *. Ce projet éprouva beaucoup de difficultés de la part des habitants ; et les Pyrénées n'auraient pas encore un chemin que l'on pût citer, si l'administration, à la tête de laquelle se trouvait M. de la Beaume, ne fût venue à leur secours malgré eux. Ce prodige de l'art ne fut porté à sa perfection qu'en 1746, par l'ingénieur Polard, sous la direction active de M. Antoine Maigret d'Étigny, intendant de Gascogne **.

Louis XV fit construire un bâtiment souterrain renfermant les sources, qui étaient ensuite distribuées en bains séparés.

Ce bâtiment consistait en *trois chambres de bains placées sur la même ligne, et une quatrième* for-

* L'un des aïeux du digne abbé d'Estrade, aumônier de Barèges, dans lequel on aime à voir revivre le nom et les sentiments d'un des bienfaiteurs de ce pays.

** On voit la statue de cet administrateur à l'entrée de la promenade de la ville d'Auch, capitale de cette province.

mant avec les autres une espèce d'aile, la situation des sources ayant guidé pour la construction de ces bains.

La source la plus chaude surgissait *de la chambre du milieu,* nommée *le grand bain,* avec une telle abondance, qu'elle fournissait de l'eau à *deux chambres voisines* où elle arrivait après avoir perdu un peu de sa chaleur et de son activité.

Deux autres sources à peu près à la température du sang, coulaient dans chacune de ces deux chambres, et étaient nommées le bain des délices à cause de leur température agréable.

La quatrième source, d'une découverte plus récente, était dans l'aile de ce bâtiment, et tenait le milieu pour la température entre les deux premières.

Toutes ces eaux furent aménagées de manière à fournir à six baignoires, qui laissaient écouler par une soupape inférieure une quantité d'eau proportionnelle à celle qui arrivait ; ce qui joignait au plaisir de se baigner dans une eau pure, l'influence salutaire qu'elle produisait sur le corps.

Ces eaux étaient de là recueillies dans un *large bain destiné aux chevaux* qui la boivent avec plaisir, et qui y trouvaient un remède assuré contre un grand nombre de leurs maladies.

2*

A cette époque, les douches étaient reçues dans chaque bain, comme il serait à désirer que cela se pratiquât aujourd'hui.

En 1745, le rapport d'une commission chargée d'apprécier le mérite des différentes eaux thermales des Pyrénées décida le gouvernement à établir un hôpital à Barèges. Antoine Bordeu fut un des premiers médecins de cet établissement, que son Théophile rendit encore plus célèbre.

Gensy, fontainier de Bayonne, recueillit en 1775 une nouvelle source qui alimenta deux baignoires auxquelles son nom est resté attaché *.

En 1785, le pavillon fut élevé et voué aux défenseurs de la patrie. Cette augmentation de l'hôpital militaire fut faite aux frais des états de Bigorre.

Depuis cette époque, Barèges s'agrandit à vue d'œil. En 1788, il y avait déjà cinquante-trois maisons, le double de celles qui existaient cinquante ans auparavant **.

* Ces baignoires existent encore sous le pavillon, derrière le bureau du régisseur.

** Toutes ces maisons étaient placées au-dessus des bains, protégées du côté du midi par le bois du roi et la digue de Louvois ou de la Magdelaine, et garanties des éruptions du Bastan par celle que Colbert fit commen-

Sous la république, Lomet publia un mémoire sur les travaux à exécuter pour élever un monument thermal *digne de la France régénérée* : mais ce projet était trop grand et trop utile pour être exécuté.

Plus tard, les débris de l'empire vinrent y chercher un soulagement à d'honorables blessures et à d'illustres infortunes.

Les nations étrangères y envoient des malades réputés incurables qui ne font cependant pas inutilement le voyage de Barèges. Parmi eux, je dois citer le général anglais Crawfort *, que la vallée compte au nombre de ses bienfaiteurs.

En 1809, on reprit tous ces travaux sur un

cer. C'est l'ancien ou le haut Barèges. Depuis ce temps, les maisons ont gagné peu à peu les parties inférieures qu'elles ont disputées à l'avalanche, et se sont multipliées pour loger tous les malades.

* Attiré par la renommée de ces eaux, plus que par l'espérance de voir guérir une carie des os du crâne qui menaçait de laisser à découvert une partie du cerveau, il fit usage de ces eaux. Une première année améliora sa position, une seconde et une troisième déterminèrent un état si satisfaisant, que sa reconnaissance dota cet établissement d'une rente de 1200 fr. Cette rente, instituée en faveur des pauvres, n'a cessé d'être payée qu'à la mort de sa veuve, en 1831.

nouveau plan, et l'on construisit les bains du fond tels qu'ils sont actuellement. La galerie où se trouvent les bains Polard ne fut élevée qu'en 1818; et la seconde galerie ne reçut sa nouvelle destination qu'en 1830.

ÉTAT ACTUEL DE BARÈGES.

Barèges n'est ni ville ni même village; c'est une rue dont les soixante maisons ont été forcées de s'alonger sur deux files, pressées qu'elles sont, d'un côté par le Bastan, gave impétueux qu'il serait dangereux de vouloir forcer, et de l'autre, par une montagne trop escarpée pour que l'on puisse songer à y élever quelques constructions. Ces maisons laissent entre elles quelques intervalles qui ne sont point bâtis; ce sont des points que l'avalanche frappe le plus habituellement et sur lesquels grand nombre de tentatives ont prouvé qu'il était impossible d'asseoir un édifice durable. Pendant le temps des eaux, ces intervalles sont remplis par des baraques en bois dont on enlève les matériaux aux approches de la mauvaise saison.

Ces maisons appartiennent à différents propriétaires qui ne les habitent que pour les louer. Avant l'hiver, on démonte toutes les parties sujettes à se détériorer, les croisées , les meubles ; on transporte à Luz, à Betpouey, ou dans quelques autres villages voisins les matelas, le linge, et l'on réunit dans la pièce la plus sûre de la maison les objets les moins susceptibles d'être endommagés. Après cela , les portes , les fenêtres , les ouvertures de cheminées sont fermées hermétiquement , et Barèges est abandonné à des gardiens qui y bravent l'hiver avec quelques sacs de maïs et quelques fagots de bois qu'ils épargnent encore en passant une partie de leurs journées dans les piscines , que l'eau thermale entretient toujours à une température agréable. A cette époque , Barèges, aux deux tiers caché sous les neiges, ressemble à ces animaux dormeurs qui s'engourdissent avec l'hiver et attendent le retour du printemps pour sortir de leur léthargie, plus vivants que jamais. Alors, les maisons se rouvrent, on répare les dégradations que l'hiver peut avoir occasionées , les ameublements sont nettoyés et remis en place, et tout se dispose pour recevoir les étrangers qui arrivent peu à peu en juin, s'y entassent outre mesure pendant les mois de juillet et d'août, pour en repartir encore plus vite à la fin de ce mois et dans les premiers jours de septembre.

Cette population mobile de Barèges peut être

portée, année commune, à 1,200 étrangers, distribués à peu près de la manière suivante :

300 familles formant, avec leurs domestiques,	580 personnes.
50 étrangers à la France, avec leurs domestiques,	65
Étrangers au département, faisant usage gratuit des eaux,	80
Pauvres du département,	50
Officiers supérieurs,	25
Officiers,	100
Soldats,	300
	1,200

Qui restent, terme moyen, 45 jours à Barèges.

TOPOGRAPHIE PHYSIQUE.

La gorge, je dirai presque le ravin dans lequel Barèges est bâti, s'étend depuis la vallée qui suit le gave de Pau dont elle est une ramification, jusqu'au Tourmalet, col élevé par lequel elle communique avec la vallée de l'Adour. Sa longueur entière est à peu près de trois lieues et demie.

Elle est située au 42° 51″ de latitude, et à 2° 17″ de longitude occidentale ; à 1,280 mètres au-dessus du niveau de la mer. C'est dans les Pyrénées le point le plus élevé renfermant des eaux thermales.

Sa direction est de l'ouest-sud-ouest, à l'est-nord-est, c'est-à-dire, à peu près la même que celle de la grande chaîne des Pyrénées. Elle est creusée dans les couches qui séparent les roches granitiques de celles où l'argile et le calcaire commencent à dominer. La nature de ces terrains explique la facilité avec laquelle elle a dû se creuser au milieu d'eux.

Le sol de Barèges est appuyé en partie sur les rochers qui constituent la base des montagnes environnantes, et en partie formé par leur atterrissement et par des terrains d'alluvion, qui ne présentent que peu de stabilité.

Ces rochers se composent de bandes perpendiculaires de schiste argileux remplacé souvent par l'entracite ferrugineux, et souvent mélangé avec le fer à l'état d'oxide ou de sulfure. Ces bandes sont appuyées contre un calcaire magnésien talqueux dont un banc a été exploité il y a quelques années; elles se dirigent toutes parallèlement en suivant la direction de la vallée, d'abord sur la rive gauche du Gave, puis après l'avoir traversé au-dessus du pont de Souarès, elles vont se perdre dans la base du mont Saint-Justin. C'est dans cette direction que l'on a trouvé toutes les sources thermales que l'on connaît à Barèges ou dans les environs. Je note cette disposition, parce qu'il me paraît certain que c'est en coulant entre ces couches, que les eaux minérales viennent paraître à la surface de la terre après avoir suivi un certain temps leur direction.

Les atterrissements qui forment le reste du sol sont composés de débris schisteux, argileux, calcaires, mélangés d'un grand nombre de trapps, de macles, de granits, de quarts et d'ophites, confusément entassés, arrondis par le temps et par les forces qui les ont apportés.

DU BASTAN.

On nomme ainsi le gave * qui traverse la vallée dont nous venons de parler à laquelle il a

---

* Dans les Pyrénées, on distingue par un nom générique tous les différents torrents destinés à se réunir avant leur sortie des montagnes; ainsi, tout ce qui forme le gave de Pau, le Bastan, le torrent de Gavarnie, celui de Cauterets, etc., est gave comme lui; gave en langue basque signifie *eau* : il en est de même de l'*Adour*, de la *Neste*, qui sont les noms génériques de toutes les rivières de la vallée d'Aure et du pays des quatre Vallées.

donné son nom. Il prend naissance au Tourmalet
et arrive à Barèges après avoir reçu les eaux des
lacs d'Oncet et d'Escoubous, celles qui arrivent du
Neouvielle par le Liens, et celles du lac Gran par
le Rioumajou. Il coule avec une force qui est en
raison directe d'une pente de 0,088 centimètres par
mètre, et d'une rapidité acquise dans un cours
d'une lieue et demie. *

La nature du terrain sur lequel il roule ses eaux
est très mobile, offrant peu de stabilité, et qui ex-
pose Barèges à deux effets très différents quoiqu'ils
proviennent d'une même cause : une accumulation
de matériaux qui tendent de plus en plus à élever le
sol, ou la destruction de ce même sol lorsque ce
torrent rendu plus violent par quelque obstacle,
se fraie une nouvelle route à travers des débris
qu'il avait accumulés **.

* De l'église de Luz, à la porte des bains, on compte
531 mètres de pente sur une longueur horizontale de
6,287 mètres, ce qui donne 0,084 par mètre. La pente
de Barèges au Tourmalet est de 867 sur 5,400 mètres,
ou à peu près un décimètre et demi.

** Barèges manqua d'être détruit le 4 juin 1760 ; une
énorme quantité de neiges ayant brisé tout-à-coup les
glaces du lac d'Oncet qui la supportait, fit déborder les

Les sources thermales se trouvent ainsi exposées à être ensevelies et perdues au milieu de ces débris, comme cela est déjà arrivé pour quelques-unes; ou à couler au milieu du lit même du Bastan, comme celle qui se trouve au pont de Souarès. Elles n'échapperont pas à ces deux causes de destruction, si une administration éclairée n'exécute promptement des travaux qui seuls peuvent retarder cette

eaux en si grande quantité, que le Bastan en fut tout-à-coup grossi outre mesure; c'était pendant la nuit, et son cours offrit un spectacle qui répandit la terreur dans tous les esprits. Les masses de granit qu'il roulait, produisaient, sous l'eau, en s'entrechoquant, un bruit semblable au tonnerre, et accompagné d'éclairs perpétuels; c'était, dit M. Delaurière, alors commandant de place à Barèges et témoin de ce spectacle, *c'était un fleuve de phosphore allumé au milieu d'une eau écumante et qui tonnait de fureur.* Il y eut dix-sept maisons renversées, malgré tous les soins qu'on put y apporter. 1828 a vu se renouveler un semblable spectacle : la maison de **M.** Gradet à peine achevée fut renversée de fond en comble et disparut entièrement dans l'espace de quelques minutes.

L'année dernière, on ne vit pas sans frayeur le cours du Bastan augmenter tout-à-coup, et la couleur noire de ses eaux annoncer la déchirure de quelques points de la digue qui retient les eaux du lac d'Oncet.

catastrophe. Ces travaux se bornent à empêcher le rehaussement du lit du Bastan et à favoriser son déblaiement. On obtiendra ces résultats en redressant son cours, et en l'encaissant au moins vis-à-vis Barèges, pour lui donner plus de chasse. C'est dans ce but qu'avait été commencée *la digue de Colbert* qui protége les maisons situées à l'extrémité supérieure de Barèges ; elle fût augmentée en 1760. Plusieurs particuliers ont continué cette pensée en élevant une espèce de rempart derrière leurs maisons ; mais ces travaux particuliers, sans ensemble, sont plus nuisibles qu'utiles. En ne garantissant que des points isolés, les parties voisines restent sans défense ; le torrent irrité contre les obstacles qu'il a rencontrés, pénètre par les endroits faibles, tourne les digues, les renverse, et trouve dans leurs débris de nouvelles armes pour attaquer les parties inférieures.

Nous ne pouvons trop le répéter, une forte digue formant un travail d'ensemble au nord-ouest de Barèges, dans toute sa longueur, aurait le double avantage de mettre ses eaux à l'abri des irruptions du torrent, et d'offrir le long du Gave une promenade agréable à la place de ces décombres et de ces cloaques qui rendent le derrière des maisons inabordables. Cette construction serait peu coûteuse ; les matériaux sont là, dans le lit même du Bastan, et chaque propriétaire devrait s'empresser de concourir à un travail qui assurerait à ses bâtiments le double avantage d'une garantie contre les irruptions du Bastan, et d'une supériorité de valeur qui, malgré leur exposition favorable, leur est disputée aujourd'hui par les habitations du côté opposé de la rue, à cause de la double sortie dont elles jouissent sur la montagne.

Malgré toutes ces précautions, si la digue du lac d'Oncet ou celle du lac d'Escoubous venaient à se rompre, comme il y en a plusieurs exemples dans les Pyrénées, il est plus que probable que Barèges ne survivrait pas à cette catastrophe qui n'est peut-être pas trop éloignée pour que l'on ne cherche à la détourner à jamais. Le moyen est très simple et serait peu dispendieux ; il ne s'agirait que de faire une coupure artificielle dans ces deux digues, et de donner ainsi peu à peu un écoulement à une quantité d'eau qui, s'échappant tout-à-coup, entraînerait infailliblement Barèges avec elle.

DES MONTAGNES.

Les montagnes qui dominent directement Barèges ont une influence trop directe sur le sort de ses
établissements, pour que nous n'entrions pas dans
quelques détails, peut-être ennuyeux, mais certainement utiles à ce sujet.

Les montagnes sont, au nord, le Midau, et au
midi, le pic d'Ayré.

La première a une hauteur de près de douze
cents mètres et une inclinaison de plus de quarante-cinq degrés; sa base est recouverte par des
atterrissements considérables de cent mètres d'élévation; cés atterrissements forment un plateau recouvert d'une végétation active et de quelques
arbres très beaux. Malheureusement l'irrigation
qui produit ces résultats tend à ramollir le terrain
mobile qui se trouve sous cette enveloppe végétale;
ainsi détachée du sol, une chute d'eau un peu
considérable la fait couler de la montagne, si l'activité des propriétaires de ces terrains ne parvient à la
détourner. Il faut les voir dans les grandes averses,
la nuit sur-tout, courir à la lueur des torches pour

préserver leurs héritages de ces accidents qui menacent de détruire leurs espérances.

Après ce plateau, la montagne s'élève par huit gradins fort raides formés par des escarpements abruptes, taillés dans des schistes feuilletés, grisâtres, dégradés et à peine couverts d'une légère couche végétale. Quatre grands ravins, ouverts dans la montagne et le plateau, découvrent son pied et laissent voir à nu les roches schisteuses qui forment sa base.

C'est par ces immenses gouttières que descendent de cette montagne ces fléaux destructeurs, ces lavanges terribles, qui renversent, qui chassent même devant elles, avant de les atteindre, tout ce qui se trouve sur leur passage, et semblent menacer Barèges d'une entière destruction *.

---

* Les vieillards se rappellent encore la maison du père de M. Duco, bâtie au printemps sur l'emplacement actuel de la poste et des barraques qui sont au dessus. On lui avait donné toute la solidité possible; on venait d'achever de la meubler, lorsque la terrible avalanche de 1760 la renversa de fond en comble. Le sol où elle était bâtie fut entièrement balayé; les meubles, les glaces, des effets de toute espèce furent transportés à plus de soixante pieds de hauteur sur la montagne op-

Cependant, quand on a habité pendant long-
temps ce pays, quand on a examiné avec soin la
configuration de ces lieux, on se tranquillise sur
leur sort futur par l'expérience du passé; aucune
des avalanches n'a encore frappé Barèges que dans
des points bien connus, sur lesquels on a le soin de
ne bâtir que des baraques que l'on enlève avant la
mauvaise saison; la montagne qui domine Barèges diminue tous les jours de hauteur * ; le ravin
inférieur de Couradje tend sensiblement à s'ouvrir
dans le Bastan sous un angle plus aigu, et dans
une direction plus favorable à la conservation
de Barèges ; le ravin supérieur, celui d'Égat,
a cessé d'être redoutable, et ses flancs ouverts
se tapissent déjà d'une verdure qui annonce son
innocuité.

posée. On observa, comme on l'a fait depuis très souvent, que cette maison fut renversée quelque temps
avant le choc de la masse de neige qui ne fit que passer
sur ses ruines.

* Le célèbre physicien Celsius a établi par des calculs,
que les Pyrénées s'abaissent de 1 mètre 22 centimètres
dans un siècle; il assure qu'il ne leur reste plus que la
moitié de leur hauteur primitive.

Le ravin du centre, le Midaü, est celui qui offre encore le plus de sujet d'inquiétude, c'est la gouttière la plus rapide, c'est celle qui descend le plus directement du sommet d'une montagne élevée de douze cents mètres et sous un angle de plus de quarante-cinq degrés : la destruction prochaine de l'arête supérieure de ce ravin donne de justes craintes sur le sort futur des bâtiments militaires qu'elle avait garantis jusqu'à présent.

Il ne sera peut-être pas inutile de rappeler ici la manière d'agir des lavanges et d'indiquer les moyens que l'homme a en son pouvoir pour empêcher leur formation : car arrêter de semblables masses quand elles sont en mouvement, serait au-dessus de ses forces.

L'hiver remplit de neige les flancs creusés de la montagne. Si le froid a été continu, ces neiges ne prennent aucune consistance, elles n'ont aucune union entre elles, un coup de vent les déplace et suffit pour les porter au loin en tourbillon ; elles forment alors des lavanges de poussière funestes aux voyageurs qu'elles surprennent en chemin, mais qui n'ont aucune force contre les habitations ; on lui donne dans le pays le nom de *Lit-Boulatge*. Si la chute de cette neige est accompagnée ou suivie d'un temps doux ; si leur accumulation est favorisée par une alternative de nouvelles neiges et de demi-dégels, il en résulte une masse considérable, compacte, pesante, de plusieurs milliers de mètres cubes. Aux premières chaleurs du printemps, la terre s'échauffe, les couches inférieures se fendent, la masse se trouve détachée du sol : cette masse cède alors lentement, elle coule; sa vitesse s'accroît rapidement, et lorsqu'elle arrive c'est avec la rapidité de la foudre qui enlève, même avant de les avoir touchés, les objets qui se trouvent sur son passage; elle remonte sur les pentes opposées, se replie sur elle-même, et vient frapper obliquement, par derrière, les parties qu'elle avait épargnées à son premier passage ; c'est cette avalanche que les habitants du pays désignent sous le nom de *Lit-Terrère*. Souvent le tonnerre, un coup de vent suffisent pour déterminer ces catastrophes, d'autant plus terribles, que les conditions de sa formation que nous avons indiquées ci-dessus se trouvent plus réunies.

La montagne qui domine Barèges au midi est le pic d'Ayre ; ce serait pour Barèges son pic du midi si celui de Bigorre n'était pas si rapproché et n'avait usurpé ce nom. Ce pic moins célèbre que celui du midi, l'est cependant par les observations comparées des hauteurs directes et barométriques faites

3*

par MM. Monge et d'Arcet. En cotant la hauteur du mercure de dix en dix toises, depuis son sommet jusqu'au socle de l'église de Luz, ces observateurs ont trouvé que le sommet arrondi de ce pic était de 1189 mètres au-dessus de la place des bains de Barèges. Le baromètre marquait 21 *pouces 2 lignes,* tandis qu'il était à Barèges à 24 *pouces 4 lignes et demie.*

Sa base est entourée par des attérissements de même nature que ceux que nous avons rencontrés au pied du Midaü.

Ces attérissements s'élèvent à une hauteur considérable par deux gradins : l'inférieur, remarquable par une des plus jolies promenades des Pyrénées, est connu des étrangers sous le nom d'Allée, et porte dans le pays celui de *Cami-du-Trouguet,* fontaine qui se trouve à son extrémité.

L'autre gradin forme à 360 mètres au-dessus de Barèges une pelouse ou *couïla,* occupée pendant les chaleurs de l'été par des bergers et des troupeaux qui s'y réunissent autour de la dernière source qui se trouve dans cette région élevée.

De ce plateau incliné on s'élève jusqu'au sommet du pic par trois croupes, dont les deux premières

sont d'un accès facile; la dernière, qui s'étend jusqu'au *Néouvielle*, par une crête fréquentée seulement par les isards et les chasseurs qui les poursui-
vent dans ces derniers retranchements.

Les mêmes causes qui ont produit des avalanches sur les pentes du Midaü agissent de ce
côté; seulement comme les neiges sont fixées par
des bois, elles ne descendent plus en masse,
mais se fondent sur place, imbibent les terres,
les entraînent et produisent des ravins qui,
s'ils n'étaient surveillés, pourraient compromettre
l'existence de Barèges. Tous les ans la route
est ainsi attaquée de manière à intercepter toute
communication, jusqu'à ce qu'elle ait été ré-
parée.

Deux de ces ravins descendent sur Barèges,
le premier nommé *Barrancou-de-Mouré*, menace directement les bains. Une digue assez
forte, le *fort de la Magdeleine* et quelques autres
travaux ont facilité l'écoulement des eaux et suffisent pour leur donner une direction favorable. Le
Barrancou du Millet, situé au milieu de Barèges,
a éprouvé les mêmes améliorations.

C'est sur-tout d'un ravin situé immédiatement
au-dessous de Barèges, que l'on doit craindre, pour
la route, de plus fréquentes et de plus profondes

détériorations. C'est du Rioulay que je veux parler *. On ne conçoit pas d'abord comment un ruisseau qui n'a pas plus de 3oo mètres de cours peut, après un orage, entraîner des masses de rochers que ne mettrait pas en mouvement le torrent le plus rapide : il faut avoir remarqué avec attention ce phénomène pour se rendre compte d'effets aussi grands produits par de si petites causes.

L'eau provenant de la fonte des neiges, ou répandue en nappe après les orages sur les pelouses qui forment la base du pic d'Ayre, imbibe peu à peu les atterrissements que recouvre à peine un gazon de peu d'épaisseur ; ces terrains se ramollissent, tombent au fond d'une vase tranchée dans un terrain de même nature ; ces nouvelles terres sont détrempées à leur tour, et, quand leur fluidité a augmenté à un certain degré, elles s'écoulent et entraînent avec elles des blocs de rochers qu'une masse d'eau beaucoup plus considérable ne parviendrait pas à déplacer. Cette espèce de lave traverse la route et y creuse des ravins où disparaîtraient des voitures entières, si l'on arrivait la nuit sans être averti de ces dégradations. Quelques

* En langue du pays, ruisseau dangereux.

heures suffisent pour dessécher ce torrent; cette masse s'arrête, se durcit dès que la fluidité diminue et ne forme plus qu'une crête immense suspendue des deux côtés du ravin qui devient, en encombrant la route, un autre obstacle aux communications.

Ce ravin menaçait autrefois le bas de Barèges, mais la nature a changé heureusement sa direction; car la digue que l'on avait élevée pour protéger cette partie du sol, n'aurait servi qu'à rendre plus certaine sa destruction si son cours se fût porté de ce côté.

Il existe jusqu'à Luz beaucoup d'autres torrents qui agissent de la même manière, et encombrent la route d'une masse de sable qui est assez longue à déblayer.

Chaque année Barèges est exposé à ces doubles causes de destruction, d'un côté, des avalanches, d'un autre, des ravins qui ne permettent pas de confier à un seul mobile les constructions, et des routes souvent détruites par les ouragans. La première chose à faire, dans l'intérêt de Barèges, est d'empêcher ces accidents. Mais comment y parvenir? Observer la nature qui nous montre elle-même ce que l'art doit faire. D'un côté ce sont des avalanches à fixer, voyez le bois du roi : plantez sur les atterrissements opposés ; de l'autre, ce sont des ravins à cicatriser : observez le ravin de Louron près le vieux Barèges : les eaux ont pris une autre direction , leur écoulement a été favorisé et il offre aujourd'hui des angles adoucis et une surface qui s'est recouverte de gazons aussitôt que les eaux ont cessé d'agir sur lui. Ainsi ce sont des arbres à planter, des eaux à détourner avant qu'elles n'aient pris une trop grande force d'impulsion , et avant qu'elles n'aient détrempé des terrains qui se laissent trop facilement pénétrer par elles.

Comment remplir ce double but ? beaucoup de moyens ont été proposés ; mais il n'en est qu'un seul qui puisse lever tous les obstacles que les autres présentent.

Ce moyen paraîtra violent au premier abord ; mais la connaissance des lieux et du caractère des habitants, m'a démontré qu'il est le seul pratiquable : c'est d'exproprier les habitants de toutes les terres qui dominent Barèges ; alors, et seulement alors, on pourra éloigner les troupeaux qui les dégradent et qui s'opposeraient à la réussite de toute plantation que l'on voudrait y faire avant d'avoir pris cette mesure ; alors on pourra supprimer les irrigations qui , s'infiltrant entre les surfaces gazonnées et le sol , les détache, les entraîne dans les ravins et laisse ces terrains sans défense contre l'action directe des eaux ; alors on verra ces pentes se couvrir rapidement de bois qui suffiront pour arrêter tous les fléaux qui menacent Barèges. La belle végétation des arbres qui entourent les maisons du plateau, les nombreux rejets qui couvrent les parties les plus élevées de la montagne, quoique la hache du berger et la dent de son troupeau les attaquent chaque jour, prouvent assez que cette montagne se couvrirait rapidement , comme elle l'était autrefois , si elle était préservée pendant quelque temps des causes qui s'opposent à la croissance des arbres. Ainsi, je le répète encore, expropriez la vallée ; car sans cela vous n'obtiendrez jamais les changements et les améliorations qui seuls peuvent assurer l'existence future des sources et du bourg de Barèges.

SOURCES THERMALES.

Les sources thermales de Barèges sont situées au milieu de ce bourg. On leur donne le nom de *Grifjons*, sans doute à cause de la manière, divisée comme une griffe, dont elles arrivent à la surface du sol. Je les indiquerai dans l'ordre de leur position de haut en bas, avec la température de chacune d'elles.

1° La source *de la Chapelle*, à 25° degrés de Réaumur.

2° La source *de Jahan*, perdue.

3° La source *des Bains neufs*, à 29°50

4° La source *de l'Entrée*, à 31°

5° La source *du Fond*, à 28°

6° La source *du Tambour*, à 35°

7° La source *Polard*, à 30°

8° La source *Dacieu*, à 26°50

9° Source *de la Piscine militaire*, à 33°

Il ne sera pas inutile d'entrer dans quelques détails historiques sur leurs découvertes, leur amé

nagement, et les divers changements qu'elles ont
éprouvés jusqu'à ce jour. La perte des plans souterrains de ces sources, la disparition successive des
personnes qui ont travaillé à cet établissement,
peuvent rendre cette notice d'un grand secours
dans le cas de nouveaux accidents qui arriveraient
à ces sources. Ce sera en même temps une justice
rendue à des hommes dignes de la reconnaissance
publique, de consigner dans un traité sur Barèges,
le nom de ceux qui ont le plus contribué aux découvertes et aux travaux auxquels il doit toute sa
richesse.

La source actuelle de *la Chapelle* est formée
par la réunion de l'ancienne source de *la Grotte* et
de celle de *la Chapelle*. La première sortait dans
l'angle de la maison Vergès* à plus de six pieds au-
dessus de son réservoir actuel; la seconde s'échappait sous l'ancienne chapelle. *Gensy* avait conduit cette dernière assez loin dans des baignoires
qui portaient son nom : ce fut la perte de la

---

* La baignoire qu'elle alimentait existe encore dans
son ancienne place. Il en est de même de celles de
Gensy, que l'on peut voir sous le pavillon militaire,
derrière le bureau du régisseur des bains.

source de la Grotte, l'abaissement de température de celle de la Chapelle, qui donnèrent lieu aux travaux qui les ont réunies comme elles le sont aujourd'hui. La destruction des bâtiments qui couvraient ces sources *, et leur sortie directe du marbre, rendront toujours faciles les recherches que l'on aurait besoin de faire si elles éprouvaient de nouveau quelque altération. On doit, malgré cela, à M. Sirey une grande obligation pour avoir détourné avec beaucoup d'art les eaux froides qui en avaient abaissé la température de manière à les mettre hors d'usage. Leur réservoir est placé dans la muraille qui termine la galerie, à un mètre au-dessus du sol; on y pénètre par une fenêtre murée qui se trouve dans le premier cabinet des bains.

On avait donné le nom de *Jahan* à une source un peu plus chaude coulant sous le sol de la galerie devant les bains de la Chapelle. Cette source s'est perdue au milieu du terrain mobile d'où elle sortait lorsque l'on a creusé plus bas pour aménager la suivante.

La source des *Bains neufs* est située derrière les bains de ce nom ; elle est couverte par des massifs

* La Chapelle et l'ancien hôpital militaire.

de maçonnerie que l'on voit dans l'angle de la cour intérieure.

La source de l'*Entrée* se trouve derrière les baignoires qu'elle alimente. Elle fut d'abord captée en 1731 par Chevillard ; plus tard, en 1777, une extravasation d'eau pluviale ayant rempli la cave de l'hôpital, située alors au-dessus de ces bains, plusieurs tonneaux furent défoncés, et la source colorée d'une manière qui passa pour miraculeuse jusqu'à ce qu'on pût remonter à la cause de ce phénomène. Les travaux de *Moisset*, pour la retrouver, sont remarquables par les obstacles qu'il eut à surmonter : il fallut faire sauter des rochers sans endommager les maisons qui encombraient le terrain. Les unes furent soutenues par des étais ; on protégea les autres avec des matelas contre l'explosion de la mine, jusqu'à ce que le sol fût débarrassé des matériaux qui rendaient impossibles, les travaux que l'on voulait exécuter.

La source *du Fond* a son réservoir voûté et son entrée sous l'angle de la pièce qui sert de chauffoir : on prenait autrefois le bain à la source même. Les causes de sa perte et la manière dont elle fut retrouvée étant les mêmes que celles de la source du Tambour, nous réunirons son histoire à celle de cette dernière.

La *source du Tambour* s'élève dans le massif de maçonnerie que l'on voit à la douche de ce nom. En 1731 *le gouvernement voulant donner le plus d'extension possible à l'établissement de Barèges, Chevillard*, fontainier de Versailles, fut envoyé pour diriger ces travaux. Un déblai imprudent change la direction de la source, elle disparaît, et tous les efforts que l'on fait ne servent qu'à l'enfoncer plus profondément sous ce terrain mobile. Polard travaillait à tracer la route de Pierrefite, Chevillard fut le consulter. Polard arrive, son génie lui fait imaginer un moyen nouveau : il envoie chercher à Bayonne la pompe d'un navire ; il arme son extrémité d'un cône de fer ; il en ouvre les côtés par des trous nombreux, l'enfonce à coups de belier dans le sol, raffermit de la même manière ce terrain mobile, et est assez heureux pour voir reparaître et remonter de plus de neuf pieds une source que l'on n'espérait plus retrouver.

Ce moyen a été employé depuis pour la source du Fond : il est aujourd'hui adopté pour la plupart des sources de Bagnères ; on est même obligé d'apporter quelque surveillance à son emploi, parce qu'il est arrivé souvent qu'il a servi à porter dans un autre lieu le cours d'une source qui coulait chez un autre propriétaire.

Avant 1731, la source *Polard* se réunissait en partie à celle du Fond, et se perdait en partie dans le sol. *Chevillard* découvrit son origine dans un schiste talqueux, argileux, bleuâtre, la réunit dans un réservoir particulier et sa reconnaissance pour le service que Polard venait de lui rendre, lui imposa le nom de cet ingénieur.

La profondeur de ce réservoir est de six pieds à peu près, il est élevé au-dessus du sol de plus de deux pieds, il se trouve derrière le bain n° 11, par lequel on entre dans l'enfoncement voûté qui le recouvre. On a ajouté plus tard à cette source d'autres griffons, de manière à former un second réservoir qui communique avec le premier, et balance ainsi la température de leurs eaux.

La source *Dacieu* porte le nom du dernier médecin qui ait illustré les eaux de Barèges; elle a été captée il y a peu d'années. Ces eaux se perdaient derrière les bains; une forte maçonnerie les a forcé à s'élever dans un réservoir séparé seulement par une forte ardoise du second réservoir de Polard, dont ce contact élève ainsi de plus d'un degré la chaleur véritable de cette eau.

On a réuni, en dernier lieu, plusieurs petits griffons, plusieurs filets d'eau isolés ou échappés à la source du Tambour, avec lesquels on a formé un *réservoir* qui donne à la piscine militaire une eau vierge et l'entretient à une température de près de deux degrés au-dessus de la piscine civile.

Toutes ces sources réunies donnent à peu près dans vingt-quatre heures, cent soixante et dix mètres cubes d'eau. En calculant la quantité d'eau nécessaire à un bain à un demi mètre cube on trouve un produit de trois cent quarante bains, nombre que l'on ne peut guère dépasser et qui s'accorde parfaitement avec celui des baignoires qui existent dans l'établissement.

Outre ces sources, il existe encore hors de l'établissement quelques filets d'eau qui, aménagés convenablement, pourraient offrir de grandes ressources à Barèges où l'eau est toujours en quantité inférieure aux besoins des malades qui s'y rendent chaque année.

La première est une source située à l'extrémité de l'allée de la maison *Troy* ; elle y forme une mare d'eau plus ou moins abondante et d'une température assez élevée. Tout le sol, jusqu'au pavillon, est infiltré de ce filet d'eau thermale qui se perd à travers les débris dont il est formé.

La seconde est à dix minutes au-dessous de Barèges, un peu au-dessus du pont de Souares, sur la rive droite du Bastan ; son abondance et sa cha-

leur de vingt-trois degrés qu'elle donne au thermomètre, malgré la quantité d'eau froide qui se
mélange avec elle, prouvent le parti que pourrait
en·retirer le gouvernement ou la vallée.

Les recherches seraient peu coûteuses : le sol
mobile a peu d'épaisseur dans cet endroit, et l'on
pourrait facilement suivre la source assez loin du
lit du torrent pour ne pas en être incommodé.
L'année dernière, M. Filion, commandant de
place à Barèges, avait conçu le projet de faire
des recherches à ce sujet ; mais l'esprit inquiet des
habitants ne lui en laissa pas la possibilité. D'abord,
trois personnes différentes réclamaient la propriété
du terrain sur lequel la source se trouve, sans
compter le gave qui aurait bientôt fait ses preuves
de possession, si l'on voulait en tirer quelque
utilité ; de plus, pendant la nuit on venait souvent
détruire le peu d'ouvrages qui avaient été faits pendant la journée, de manière qu'il lui fut impossible
de continuer les recherches qu'il avait entreprises ;
cependant il est facile de concevoir de quelle utilité serait pour Barèges une succursale qui, comme
celles de Cauterets, viendrait augmenter les richesses du pays.

La source de *Pontis*, malgré les travaux qui
ont été commencés il y a plus de soixante ans, ne

me paraît pas offrir les mêmes avantages : la température de ses eaux est peu différente des eaux ordinaires ; et que l'on ne s'y trompe pas, l'abondance de la barégine est loin d'annoncer une eau d'une température très élevée ; au contraire, on a toujours remarqué que sa quantité augmentait toujours avec l'abaissement de la température des eaux qui contiennent cette matière ; cependant il serait avantageux que l'on continuât à ce sujet des recherches qui pourraient devenir utiles, et même que l'on essayât l'emploi de cette eau telle qu'elle est actuellement, en élevant artificiellement sa température.

DE LA CHALEUR ET DE L'ORIGINE DE CES SOURCES.

D'où viennent ces sources ? Quelle est la cause de leur chaleur ? Ces questions sont les premières qui se présentent à l'aspect d'une source d'eau chaude ; et quand ce ne serait que pour satisfaire une curiosité bien naturelle, il faudrait tâcher de leur donner une solution, à moins de répéter avec Moulans*, qu'elles sont chaudes par la volonté de Dieu. Pour nous cette question acquérera une nouvelle importance, quand nous l'envisagerons sous le rapport des travaux à exécuter pour éloigner les eaux froides et conserver sans altération les qualités qu'elles apportent du sein de la terre.

Avant d'exposer la cause la plus probable de la chaleur des eaux, je ne puis m'empêcher de rapporter les principales théories qui ont régné jusqu'à nos jours sur ce sujet.

Empédocle admettait au centre de la terre un feu qui occasionait les éruptions des volcans; c'est aussi à ce feu qu'il attribue la chaleur des eaux thermales. Ce n'est pas sans raison que je cite ce philosophe, puisque nous verrons que c'est à cette idée que l'on a été forcé de revenir après diverses hypothèses plus ou moins ingénieuses.

Les connaissances chimiques, au 17ᵉ siècle, ne permirent pas d'admettre, avec Fallope et Bordeu, l'existence d'un feu sans le secours de matières capables de l'alimenter, et plus tard sans la présence de l'air.

* Le premier qui ait écrit sur les eaux de Barèges.

4*

Le second soleil rêvé dans le centre de la terre par Jacques Collet n'eut pas plus de succès.

Buffon arriva, et sa théorie sur les volcans, sur les masses de charbons enflammés, séduisit tous les esprits. Dès lors, on considéra les eaux thermales comme échauffées dans une chaudière par ces feux souterrains, et pour ne pas multiplier à l'infini ces masses de charbons enflammés, on donna la montagne de Saint-Sauveur pour réservoir commun des eaux de Barèges, de Cauterets et de Saint-Sauveur, à cause de l'analogie de leur composition.

M. Fabas, père de l'inspecteur actuel des eaux de Saint-Sauveur, voyant partout des corps vivants, et donnant le sentiment aux montagnes des Pyrénées, n'a pas craint de regarder les eaux thermales comme le résultat excrémentitiel de la montagne qui les produit. Leurs propriétés, dit-il, viennent des émanations propres aux différentes congestions minérales qu'elle contient.

La découverte du calorique développé dans les actions chimiques vint changer tout-à-coup toutes ces idées. Les compositions et les décompositions qui ont lieu dans le sein de la terre furent regardées comme l'unique source de la chaleur des eaux thermales, et les explications ne manquèrent pas de varier à chaque progrès de la science. D'abord ce fut une fermentation opérée dans le sein de la terre au milieu du *soufre*, du *nitre* et du *bitume* : les volcans artificiels de M. Léméry ne laissaient aucun doute aux plus incrédules.

Salignac donna cette fonction à la combinaison d'un acide avec un alcali qui se réunissaient par des canaux différents ; et l'on écrivit, et le judicieux critique Feyjoo n'hésita pas à dire que l'on avait surpris la nature sur le fait.

Monet, Ethmuller, Valmont de Bomare, expliquèrent la chaleur des eaux par la décomposition des pyrites qui existeraient sur le trajet de ses sources ; et Lomet, si bon observateur de la nature, chercha aux environs de Barèges, quelles étaient les substances qui pouvaient jouer ce rôle. Faute de mieux, il le donna aux roches dont la pierre de corne fait la base, et qui sont fréquemment teintes en vert, tant par les oxides de fer qu'elles contiennent, que par un mélange de stéatite, de terre verte, matrice des cristaux, et contenant de petites pyrites ferrugineuses ; et comme ces pierres se rencontrent en grands bancs sur le versant du pic d'Ayre, Lomet en conclut que les sources thermales de Barèges ne pouvaient venir que de ce point.

Aujourd'hui que l'on a étudié le refroidissement

du globe, que l'on connaît la cause des volcans, et que l'on a constaté d'une manière positive que la température, dans le sein de la terre, croît proportionnellement avec la profondeur à laquelle on s'enfonce, le phénomène des eaux thermales doit être regardé comme une confirmation de toutes ces découvertes.

Des observations nombreuses et des calculs rigoureux * sur cet accroissement de la température dans le sein de la terre, nous ayant appris que la profondeur moyenne à laquelle l'eau doit se trouver à l'état d'ébullition est de 2,250 mètres (une demi-lieue de 25 au degré); que dans le voisinage des volcans et dans la zône sur laquelle on a remarqué que les mouvements convulsifs du globe étaient les plus fré-

* Ce fut Gensanne, qui en 1740 entrevit cette loi, qui a été confirmée par un grand nombre de savants, et surtout par les expériences de Cordier, que je cite avec d'autant plus de plaisir que ce savant a fait de nombreuses recherches sur les Pyrénées, et qui, par son mariage avec la fille d'un des derniers inspecteurs des eaux de Baréges, le considère comme un de ses enfants.

quents et les plus terribles, l'écorce de la terre paraissant moins épaisse, cette profondeur doit être encore beaucoup moins considérable, on peut donner pour cause de la température d'une source, thermale simple, la profondeur de laquelle cette source arrive à la surface du globe. Une partie des substances que les eaux thermales contiennent étant analogues à celles qui s'exhalent des cratères pendant ou après les éruptions volcaniques, doivent provenir d'un réservoir commun. Ces vapeurs venant à sortir par des fissures du globe, pourraient bien échauffer à leur passage des eaux fournies par les mêmes causes qui alimentent les sources ordinaires; les autres agents qui se trouvent dans ces eaux paraissent provenir de la décomposition des matières placées dans les canaux qu'elles ont à parcourir et suffisent pour occasioner l'altération et le remplacement de certains principes par d'autres nouveaux.

Cette manière d'envisager les sources thermales peut seule expliquer d'une manière satisfaisante la permanence de ces sources, leur température invariable et la singulière nature de certains principes qu'elles contiennent.

Pour la direction dans laquelle elles arrivent

à Barèges, nous pensons, qu'après avoir surgi de bas en haut, elles n'en peuvent suivre d'autre que celles des roches d'où on les voit sortir, mais cependant pas assez près de la surface du sol pour que Lomet n'ait pas trop exagéré le danger des irrigations dans les prairies qui se trouvent au-dessus des bains.

ÉTABLISSEMENT THERMAL.

Considéré comme monument thermal, l'établissement de Barèges est au-dessous de la plupart de ceux des Pyrénées ; envisagé sous le point de vue médical, il est loin de l'état où les connaissances actuelles auraient pu l'élever ; considéré administrativement, il est dans un état de barbarie qui semble repousser toutes les améliorations que l'on voudrait y apporter. Pour le moment, nous ne ferons qu'examiner son état actuel sous le rapport de ses constructions.

Une série de cabinets s'ouvrant sur une galerie, interrompue par une plus ancienne construction que l'on a cherché à accorder avec les nouvelles, forme la plus grande partie de l'établissement des bains. Cette galerie soutenue par dix-huit arcades en marbre non poli serait appropriée à l'usage auquel on l'a destinée (la promenade des malades pendant les jours pluvieux ou trop chauds, en buvant leur eau ou en attendant leur bain), sans les inégalités que l'on y a laissé subsister, ou même que l'on a créés à plaisir en la construisant. Pour réparer cette faute, il ne s'agit que de faire disparaître les trois escaliers en nivelant le sol, ou en les remplaçant par une pente douce.

Cette galerie devait être couronnée par une plate-forme de plain-pied avec la montagne, et servir de belvéder et de lieu de repos pour les baigneurs; on a craint l'accumulation des neiges, leur poids, leurs infiltrations, et cette terrasse a été remplacée par un toît bas, qui sans présenter les mêmes agréments, n'enlevait cependant rien à la solidité et à la régularité de cet édifice. Plus tard, la tendance de l'époque à établir partout des monuments religieux et la méchanceté se sont réunies pour enfanter un projet qui pût masquer le pavillon militaire, et en assurer la destruction par la privation d'air et de lumière; ainsi s'est élevée une chapelle à pleins murs, lourde, en pierres brutes, sur une galerie légère en marbre blanc, ouverte par des arcades nombreuses et soutenue par leurs

cintres délicats. Le poids de cette nouvelle construction a fait éclater leurs angles, déjeter une partie
des pilastres dont la force n'avait pas été calculée
de manière à porter une charge semblable. Les
choses en étaient là lors de la chute du dernier
gouvernement. L'administration nouvelle n'a pas
osé y placer les derniers matériaux et disposer cet
édifice pour l'usage auquel il était destiné, mais
elle n'a pas renié les faits d'une administration
ignorante et dilapidatrice, en jetant à bas cette
misérable construction. Fidèle à son système de
demi-moyens, elle s'est bornée à la couvrir le plus
légèrement possible, à la fermer, et cet édifice s'é-
lève encore, sans usage il est vrai, mais triste monument du concours malheureux d'un conseil de
la vallée aveuglé sur ses propres intérêts, d'un administrateur plus occupé à flatter les idées du pouvoir qu'à veiller aux intérêts de ses administrés, et
d'un gouvernement qui n'ose prendre une détermination et semble attendre une main ferme pour
mettre chaque chose à la place qu'elle doit occuper.

C'est sous cette même administration de M. de
la Rouzière, que fut conçue et exécutée l'heureuse
idée d'établir à Barèges un cimetière où personne
n'a été et ne sera enterré, puisque le petit nombre

des malades qui meurent pendant la saison ont besoin d'être transportés à la paroisse voisine pour y recevoir les derniers secours de la religion. Ce cimetière, placé à l'avant-garde de Barèges, est disposé de manière qu'on le voit de tous les points de la rue, et ressemble, comme le dit M. Lonchamp, à un poteau sur lequel on aurait gravé cette inscription : *Qui que tu sois, l'espérance t'a conduit à Barèges, la mort t'y retiendra.* C'est à la même époque que l'argent de la vallée fut employé à élever à Saint-Sauveur deux colonnes monumentales pour deux princesses, tandis que l'on réclamait quelques améliorations nécessaires pour Barèges, et que l'établissement de Saint-Sauveur tombait en ruines. J'ai cru cette petite digression nécessaire dans un temps où il faut considérer les personnes d'après leurs mérites, en attendant que l'on puisse rétribuer chacun selon ses œuvres.

La plus grande partie des bains est masquée par le pavillon militaire qui les rend sombres et humides ; les piscines sont placées devant l'autre partie, de manière que cet établissement, quoique considérable, est presque caché par les édifices qui l'entourent, l'écrasent, et en rendent les abords désagréables.

Espérons que la vallée, éclairée sur ses intérêts,

rendra à cet édifice sa forme première en le déchargeant d'une masse qui menace de l'ensevelir sous ses ruines ; espérons du concours amical de deux administrations qui ont besoin de se prêter un secours mutuel, la destruction du pavillon qui le masque, et qu'à la place d'une ruelle étroite, sans issue, remplie d'immondices, on verra régner devant les bains une terrasse unie et une double rangée d'arbres propre à offrir aux baigneurs une promenade facile et un ombrage agréable pendant les chaleurs de l'été.

Les cabinets de bains ainsi que les baignoires sont au nombre de seize. La température de ces différents bains et leurs propriétés varient comme celles des sources qui les alimentent ; elles peuvent être modifiées ou sont invariables selon qu'ils reçoivent de l'eau d'une seule ou de deux sources différentes. Les demandes adressées à ce sujet par les malades se répètent si fréquemment, qu'il est indispensable d'indiquer ici toutes les variétés que présentent ces différents bains.

Les numéros 1, 2 et 3, nommés *bains de la Chapelle*, reçoivent leur eau de la source de ce nom ; *la température du bain préparé* est de 24° Réaumur.

Le n° 4 était alimenté par la source de Jahan,

qui a été perdue. Quoiqu'il reçoive encore un filet d'eau de la source de la Chapelle, il est aujourd'hui sans usage.

Les n°ˢ 5 et 6 appelés *bains neufs*, sont à 29". La source de ces bains est peu abondante et ne peut gnère fournir plus de dix-huit bains par jour ; le n° 6 sur-tout ayant sa prise d'eau plus élevée que le n° 5 manque très souvent d'eau lorsque ces deux baignoires sont en activité. Il ne s'agirait que de donner aux deux robinets le même niveau pour que ce bain fût employé plus utilement ; on éviterait en même temps les plaintes continuelles de la part des malades placés à ce bain et obligés d'attendre souvent plusieurs heures, ou même de s'en retourner sans avoir pu se baigner.

Les n°ˢ 7 et 8, *bains de l'entrée* reçoivent de l'eau de la source de ce nom à 30°. Ils ont en outre un robinet d'eau à 24° venant de la source de la Chapelle, de manière que leur température peut-être variée de 23 à 30, ce qui les rend très commodes.

Les n°ˢ 9, 10 et 11, *bains du fond*, ont leur source à 27°.

Les n°ˢ 12, 13, 14 et 15 reçoivent leur eau de la source *Polard*, dont ils portent le nom. Un second robinet leur fournit de l'eau de la source

Dacieu, qui permet de varier leur température de 26 à 29°, et en rend l'usage très agréable.

Le n° 16, bain *Dacieu*, est à une température de 27°. Tous ces cabinets ont des baignoires en marbre. La conductibilité de cette matière pour le calorique fait perdre rapidement la chaleur du bain, de manière que, préparé, la température de la source a baissé de près de deux degrés.

Il serait à désirer que les bains les moins chauds eussent des baignoires en bois; la chaleur de l'eau se conserverait plus long-temps, et l'on éviterait le renouvellement fréquent d'un liquide que l'on ne saurait trop ménager.

Un carrelage et un plafond en marbre rendent ces cabinets très froids, et il devient indispensable de s'envelopper immédiatement en sortant du bain dans une chemise de flanelle.

La plupart des robinets ferment mal et laissent échapper l'eau malgré les tampons en bois et les chiffons dont ils sont entourés, les soupapes du fond sont remplacées par des bondons en bois qui ne ferment pas exactement et laissent souvent les malades à sec au milieu de leur baignoire.

PISCINES.

Les peuples anciens, et même jusqu'à des temps modernes assez rapprochés de nous, ne faisaient guère usage que des bains de piscine, leurs bains particuliers même étaient de véritables piscines. Une délicatesse exagérée a multiplié les baignoires, mais l'art de guérir y a perdu dans beaucoup de cas; comment, en effet, remplacer la température égale d'une masse d'eau, comme celle qui remplit une piscine, par un bain particulier qui se refroidit rapidement, et dans lequel on éprouve, malgré les plus grandes précautions, des alternatives inévitables de trop chaud ou de trop froid? comment obtenir dans un cabinet une atmosphère de vapeur pénétrant facilement la peau avant et pendant l'immersion, et continuant à entretenir une douce transpiration à la sortie du bain, comme cela arrive à la piscine? Comment exécuter dans une baignoire étroite des mouvements rendus plus faciles dans une piscine par une masse d'eau qui supporte déjà à moitié le corps et laisse un espace convenable au jeu libre de tous les membres.

Les piscines établies par Moisset réunissent tous

çes avantages : chaleur égale du bain, températature extérieure douce, vapeur concentrée sous une voûte qui ne la laisse point échapper. Trois degrés ou gradins régnant dans toute son étendue, servent de siége et permettent de prendre un bain entier, un demi-bain, ou d'y plonger seulement les extrémités, selon le besoin du malade, tandis que le reste du corps, enveloppé par une atmosphère de vapeur, ne court aucun risque d'éprouver un refroidissement qui serait inévitable dans un bain particulier *.

L'une de ces piscines, *dite de Charité*, est attribuée nominativement aux pauvres, en faveur desquels elle a été fondée. Elle s'alimente du superflu

---

* Chaque piscine a 3 mètres 66 centimètres sur 1 m. 92 cent. de largeur. La hauteur de l'eau jusqu'au conduit de trop-plein est de 0 m. 78 cent., deux degrés en rétrécissent la capacité totale qui est de 3,36 mètres cubes. Il faut encore en retrancher le volume d'eau que remplacent douze baigneurs, c'est-à-dire à peu près 0,60, ce qui donne 2,73 pour la quantité d'eau nécessaire à remplir ce bain. L'écoulement total du liquide pour la piscine militaire est de 0,23, par minute ce qui donne à peu près deux heures pour le temps moyen nécessaire à son remplissage.

des différents réservoirs, du trop-plein des baignoires et des eaux provenant des douches et de la buvette, sa température varie de 27 à 29°, selon que l'eau vient directement des réservoirs, ou qu'elle est fournie par les trop-pleins.

La seconde piscine appartient au service militaire ; elle reçoit, en partie, les mêmes eaux que la précédente, mais elle a en outre un réservoir particulier qui lui fournit un filet d'eau assez abondant pour maintenir la température de ce bain à une moyenne de 30°, à peu près deux degrés au-dessus de celle de Charité. C'est sans doute à ce degré de chaleur constante, à une atmosphère de vapeur de 25°, dans lequel le corps se trouve plongé, qu'il faut attribuer les guérisons nombreuses qui s'y sont opérés depuis son établissement, et la réputation dont elle jouit de posséder des qualités supérieures à tous les autres bains. Quoique cette piscine soit destinée spécialement aux militaires, la bienveillance du gouvernement a voulu que les heures qui ne seraient pas employées pussent être utilisées en faveur des malades civils qui en demanderaient l'autorisation du médecin ou du chirurgien en chef de l'hôpital.

Cette piscine ne laisserait rien à désirer si les anciennes baignoires, enfoncées dans le sol et

placées à côté d'elle, étaient converties, l'une en
une douche que l'on pourrait prendre en sortant
ou au milieu du bain, l'autre en un cabinet destiné
au *massage* et aux frictions qui s'allient avec tant
d'avantages à l'usage des bains.

DOUCHES.

On donne le nom de douche à une colonne de
liquide d'un certain diamètre qui vient frapper
avec une vitesse déterminée une partie quelconque du corps. D'après cette définition, est-il permis d'appeler ainsi l'eau qui s'échappe sans impulsion d'un réservoir à peine élevé de quelques pieds
au-dessus du sol. Cette espèce d'affusion a cependant produit des effets assez surprenants, pour que
l'on puisse en attendre encore de plus grands d'un
système de douche fondé sur les lois de l'hydrau-
lique et administrées d'après les principes d'une
médecine rationnelle.

Deux douches existent à Barèges : celle du *Tambour* et celle du *Fond*. La première est la seule
employée ; le peu de force de la seconde ne mérite
pas que l'on en fasse mention autrement que pour
mémoire.

Celle du Tambour est douée d'une prodigieuse activité, non comme douche véritable, mais comme bain de vapeur ; aussi est-elle essentiellement utile lorsque l'affection que l'on a à combattre demande la réunion de la douche et du bain de vapeur. Appliquée comme médication générale, ses effets ne sont jamais indifférents ; mais s'il s'agit d'une affection locale, il faut toujours s'assurer d'avance que le reste de l'économie pourra la supporter, ou bien on sera exposé à des accidents d'autant plus graves, qu'au milieu des torrents de vapeurs développées par l'eau qui coule brûlante sur toutes les parties du corps, il est très facile de perdre la tête, et que n'ayant personne pour venir à son secours, on serait exposé à de graves accidents. Chaque année plusieurs malades sont ainsi trouvés sans connaissance par ceux qui viennent les remplacer à la douche, et l'on pourrait citer plusieurs cas d'apoplexie qui ont été déterminés par cette cause.

De nombreuses observations sur l'état actuel de la source des douches m'ont conduit à un projet dont l'exécution offrirait le double avantage de rendre les douches de Barèges d'une application plus facile, plus utile et plus générale, et de multiplier leur nombre. La vallée verra en même temps l'intérêt qu'elle pourrait retirer des avances né-

cessaires pour arriver aux résultats que je vais indiquer.

La *source du Tambour*, qui alimente les deux
douches et la buvette, fournit 25 litres d'eau par
minute. Lorsque l'écoulement de cette eau est arrêté, elle s'accumule dans son réservoir, d'abord
assez rapidement, puis très lentement et toujours dans une proportion bien inférieure à son
écoulement ordinaire, puisqu'au bout d'une demi-
heure la quantité surabondante d'eau ne s'élève
qu'à 550 litres au lieu de 1,700 qu'aurait fourni
cette source si elle eût eu son écoulement ordinaire. Passé cette limite, l'eau n'augmente plus et
sa quantité reste stationnaire dans le réservoir.

De ce fait bien constaté par des expériences
nombreuses, on peut conclure :

1° Qu'il se fait une perte de liquide très considérable toutes les fois que cette source est en repos.

2° Que la hauteur à laquelle on a forcé cette
source à s'élever la rend moins abondante que si
elle avait son niveau beaucoup plus bas.

3° Que si, par un moyen quelconque, on élevait
cette eau dans un autre bassin à mesure qu'elle arrive, on augmenterait considérablement son écoulement.

Il est du ressort d'un ingénieur de déterminer le

mécanisme le plus convenable pour élever cette eau, la capacité nécessaire au réservoir destiné à la contenir, et les moyens les plus propres à lui conserver son calorique.

Cette eau ainsi élevée serait divisée de manière à former trois douches d'égal volume, mais dont un appareil additionnel augmenterait ou diminuerait la force à volonté. Le local serait disposé de manière à favoriser leur application sur les différentes parties du corps le laissant exposé à la vapeur qu'elles développent, ou en évitant son action lorsqu'elle pourrait devenir nuisible ; elles communiqueraient avec le plus grand nombre possible de cabinets de bains pour permettre de recevoir deux actions qui, réunies, produisent les effets les plus avantageux ; il serait établi à côté de chaque douche deux cabinets échauffés et disposés de manière à ce que l'on pût s'habiller ou se déshabiller d'une manière commode et sans être exposé à une vapeur qui pénètre les vêtements, ou à un froid qui peut répercuter d'une manière mortelle une transpiration développée avec tant de force.

Au lieu d'une demi-heure que l'on accorde pour se déshabiller et traîner péniblement son corps sous un robinet qui ne change pas de place, et se vêtir, on n'aurait qu'un quart d'heure, mais pendant tout ce temps, on recevrait commodément la colonne de liquide sur un lit sanglé, au moyen d'une allonge flexible, et d'une hauteur favorable à l'action des eaux: le baigneur qui serait chargé de la diriger serait là pour prévenir les accidents qui pourraient arriver et aider à les combattre s'ils avaient lieu.

Par ce moyen, au lieu de 96 douches que l'on peut administrer actuellement, et dont moitié n'est pas employée, à cause du peu de force de la douche du Fond, on pourrait avoir 192 douches, c'est-à-dire le double, et beaucoup plus actives. Au lieu de vingt-quatre heures employées sans interruption, on aurait deux repos de quatre heures chacun pendant les instants les moins commodes du jour et de la nuit, qui seraient employés à monter l'eau dans les réservoirs. L'administration militaire possédait une de ces douches, que l'on pourrait placer à côté de sa piscine et l'établissement ayant deux douches en pleine activité, pourrait consacrer quelques heures aux pauvres qui en ont été privés jusqu'à ce jour *.

---

* Un passage de Poumier porterait à croire qu'il y avait en 1813, époque à laquelle son ouvrage a été publié, ou, du moins, de 1772 à 73, temps qu'il a passé sur les lieux, *une pompe placée à la grande douche*, qui en

BUVETTE.

La dernière chose dont il nous reste à parler est la Buvette : cette eau est fournie par la source du Tambour. Dans le trajet qu'elle parcourt, elle a perdu plus d'un degré de température, peut-être même déjà quelques-unes de ses propriétés essentielles, qui l'a rendu moins *aromatique*, moins agréable et moins facile à digérer que celle prise directement à la source du Tambour. Les travaux à faire aux douches pourraient s'appliquer à une disposition plus favorable de la buvette.

ADMINISTRATION DE L'ÉTABLISSEMENT.

Lorsque l'on réfléchit sur le but que doit se proposer un gouvernement dans l'administration d'un

fournissait deux autres pour les bains. Secondat parle positivement de cinq douches existant en 1750, et qu'il désigne ainsi :

Douche temp. du bain du fond, à 99° 3/4 de Farenheith.

Douche chaude du bain du f., à 111° 1/4

Douche du bain de l'entrée, 111° 1/2

Douche tempérée du bain royal, 111° 1/4

Douche chaude du bain royal, 112° 3/4

établissement destiné au soulagement des infirmités humaines , on s'étonne des moyens par lesquels
il tend à y parvenir, et l'on serait presque tenté de
croire que le bien-être des peuples est toujours la
dernière pensée qui dirige ses actions.

La plupart des établissements thermaux sont
aussi éloignés que possible de l'état de perfection-
nement où ils pourraient rendre tous les services
que l'on doit en attendre, sur-tout si on les envisage
relativement à la classe peu opulente de la société,
car l'argent du riche donne toujours à ce dernier
les moyens d'obtenir des secours qu'il faut qu'un
gouvernement paternel sache offrir à peu de frais
aux classes qui ne peuvent y pourvoir elles-mêmes.
C'est sur-tout à Barèges que l'on est frappé, non-
seulement de cet oubli du peuple, mais encore
des moyens qu'une gestion anti - sociale emploie
pour lui faire perdre peu à peu les avantages
qu'avaient préparés à cette classe quelques personnes que le pays compte parmi les hommes qui
ont bien mérité de l'humanité.

Nous allons entrer dans quelques considérations
générales sur les bases vicieuses qui s'opposent
au principe d'humanité qui devrait toujours entrer
en première ligne pour l'administration des bains.

Un établissement destiné au traitement des ma-

lades ne saurait être considéré comme une ferme
que l'on exploite toujours de manière à en retirer
le plus grand bénéfice possible ; des idées plus
élevées devraient diriger les administrateurs appelés à prononcer sur un objet aussi délicat. Nous
allons montrer ce qui résulte d'une amodiation
aux enchères : nous ne ferons malheureusement
pas de suppositions; c'est ce qui se passe depuis
long – temps à Barèges que nous allons décrire.

Une compagnie, sous la raison nominale d'un
de ses membres, devient adjudicatrice des eaux
à un prix qui rend presque impossible tout bénéfice légal; mais on compte sur la tolérance. Diverses causes font presque toujours porter cette
ferme à un prix trop élevé ; les rivalités des sociétés
entre elles et la jalousie de toutes contre l'é-
tranger qui voudrait entrer en concurrence avec
elles. De ce prix excessif, auquel monte le plus
souvent la ferme, dérive le pressurage de la bourse
de l'étranger; de là, le barbare rançonnement du
pauvre, pour combler un déficit que s'est creusé
l'entêtement mal placé de ces montagnards. Si l'on
veut se plaindre de la violation journalière du
cahier des charges, ceux qui sont préposés pour
le faire exécuter sont les premiers à vous dire : ils
perdent sur leur ferme; ils perdent sur leur ferme,

répond-on, quand on s'indigne à la vue des malades entassés, hors de nombre, dans une piscine, dite de charité, pour faire monter à six francs et même jusqu'à dix, une location qu'une administration tutélaire a positivement défendu d'élever jamais au-dessus de trois francs par heure! ils perdent à leur ferme, ose-t-on répondre, quand l'indignation publique signale une rétribution pour le prix d'une douche prélevée sur des malheureux recevant cinq francs par semaine de la charité publique! Que l'on ne croie pas que je m'amuse à tracer des tableaux exagérés; c'est l'expression des faits qui se sont passés en 1831 dans cet établissement. Espérons que tout ira mieux; mais il n'en est pas moins vrai qu'il est bien malheureux que des choses semblables soient possibles, qu'elles soient arrivées, et qu'elles puissent encore se renouveler.

Ce système d'amodiation devient encore d'autant plus funeste, que le bail à ferme est moins long; l'avant-dernier était de trois ans. Que peut-on attendre de fermiers qui, trouvant tout en désordre la première année, ne font, à l'instant d'entrer en jouissance, que les réparations d'urgence; qui tâchent de récolter pendant la seconde, et qui s'embarrassent fort peu de l'état dans lequel ils laisseront l'établissement après la troisième, et si, par une mauvaise gestion, ils détruisent des germes de prospérité qui ne sont rien pour eux.

Que sera-ce, si cette ferme, au lieu d'être adjugée pour trois ans, ne l'est que pour une seule, comme elle l'a été en 1824, comme elle l'était encore l'année dernière? Qu'attendre d'un adjudicataire sans aucune connaissance de l'administration des bains, entrant dans une charge semblable pour si peu de temps? En 1831, cet adjudicataire était un marchand de Luz, les années suivantes, c'était un forgeron. Mais le réglement veut qu'il y ait un régisseur? sans doute ce serait une garantie, si ce régisseur n'était pas seulement fictif; c'est sur les baigneurs que retombent tous les soins du service; et quel service attendre de ces baigneurs, gens honnêtes, mais grossiers, souvent infirmes, qui ne passent à ces fonctions délicates qu'après avoir fait pendant long-temps le métier de porteur, et à un âge ou il est impossible qu'ils puissent se former aux soins qu'exigent des malades, qu'ils ne savent ni essuyer, ni aider dans aucun de leurs besoins, ce qui rend ainsi impossibles les secours que l'on devrait pouvoir exiger d'eux?

Quelle différence si la vallée propriétaire jouissait, par un administrateur intelligent, du revenu des eaux; alors, éclairée sur ses intérêts, elle ne sacrifierait pas au présent un futur qui n'existe pas pour un fermier ; chaque année verrait faire des améliorations que ne peuvent entreprendre des gens sans connaissance, limités par le temps, in-- certains sur un bénéfice douteux, et tremblant pour des pertes qu'il leur importe d'éviter par tous les moyens possibles.

C'est avec une profonde connaissance de l'état des choses, que j'ose dire qu'une gestion sous les ordres directs du chef de l'administration de l'ar- rondissement, et sous la surveillance commune de l'inspecteur des eaux et des chefs de service de l'hôpital, peut seule faire sortir Barèges de l'ornière dans laquelle l'ont fait tomber, malgré l'immense supériorité de ses eaux, les vices nombreux dont je ne peux que signaler la cause, et rendre à ses eaux le rang qu'elles doivent occuper parmi celles des Pyrénées.

Il faut dire la chose : ce n'est qu'en expropriant la vallée que l'on retirera Barèges de l'état désas- treux où il se trouve. Bourbonne ne doit le dé- veloppement qu'a pris son établissement thermal qu'à cette mesure du gouvernement.

En attendant que l'on prenne ce parti, auquel on ne peut manquer d'être amené par la force des abus, je rapporterai ici le réglement et une partie

du cahier des charges qui régissent cet établissement; j'y joindrai quelques observations que j'ai
cru devoir adresser à M. le préfet des Hautes-
Pyrénées, persuadé que la publicité est le seul
moyen de faire cesser les abus, et que les rapports
atteignent rarement ce but, parce qu'on ne les lit
pas et qu'ils restent enfouis dans un carton.

TARIF ET RÉGLEMENT

DES EAUX ·THERMALES DE BARÈGES.

Le Préfet du département des Hautes-Pyrénées, Chevalier de l'Ordre royal de la Légion-
d'honneur,

Vu l'ordonnance royale du 18 juin 1823, et les
anciens réglemens;

Le médecin inspecteur, le Maire de Luz, et le
Sous-Préfet du 3me arrondissement, entendus*;

Arrête les Tarif et Réglement ci-après, pour

Observations sur ce Réglement.

* Pourquoi aucun des membres de l'administration
militaire, qui possède comme la vallée et doit être con-
sultée aussi bien qu'elle sur des intérêts qui leur sont
communs.

les eaux, bains et douches de l'établissement thermal de Barèges :

TARIF.

§ 1. La boisson aux diverses sources est gra-
tuite.

§ 2. Le prix de la grande bouteille d'eau
qu'on exporte, est de vingt-cinq centimes, dont
cinq pour remplissage, bouchonnage, goudron-
nage, ci   25 c.

§ 3. Le prix de la petite bouteille, de quinze
centimes, dont cinq pour le remplissage, bouchonnage, etc., ci   15 c.

§ 4. On entend par grandes bouteilles, toutes
celles qui ont une contenance de 3/4 de litre
• (vulgairement appelées de *Bordeaux*) ou une
contenance plus forte, jusques et y compris deux
litres. On entend par petites bouteilles, toutes
celles dont la contenance est moindre de 3/4 de
litre.

§ 5. Le prix du litre d'eau qu'on exporte en
vaisseaux, est de dix centimes, dont deux pour le
remplissage, etc. du vaisseau *, ci   10 c.

----

* § 2, 3, 4 et 5. La latitude est un peu grande : le même
prix pour trois quarts de litre ou pour deux ! pourquoi

§ 6. Les expéditions d'eaux minérales hors de la commune ne peuvent avoir lieu que selon la loi, sous la surveillance de l'Inspecteur. Les envois seront accompagnés d'un certificat d'origine délivré par lui; ce certificat constatera les quantités expédiées, la date de l'expédition, la manière dont les vases ou bouteilles ont été scellés au moment même où l'eau a été prise à la source.

§ 7. Le prix d'un bain ou douche est de un franc, ci   1 f.

§ 8. On donne le même prix de la quantité d'eau qu'on fait puiser et transporter pour garnir une baignoire dans une maison particulière, ci 1 f.

ne pas exprimer un prix moyen, 20 centimes, par exemple pour chaque litre? Cette disposition serait avantageuse à la vallée et aux malades. A la vallée, parce que la plus grande partie de l'eau exportée l'est en doubles litres; aux malades, parce que, arrivée dans les lieux de dépôt, cette eau est transvasée dans des bouteilles de moindre contenance, avec une perte préjudiciable de ses principes constitutifs. La même observation est applicable à l'eau transportée en vaisseaux, et par cette raison je la fixerais au même prix et j'accorderais même une prime de 5 francs par cent bouteilles exportées en verre, et aucune pour celle exportée d'une autre manière.

§ 9. Les quantités inférieures prises et transportées pour des bains partiels sont payées en proportion. ,

§ 10. Le fermier doit laisser baigner, dans la piscine et dans toutes les baignoires, aux heures vacantes, les malades peu aisés au prix que ceux-ci peuvent payer.

§ 11. Les habitants de la vallée de Barèges se baignent gratuitement.

§ 12. Les contestations entre le Fermier et les malades peu aisés, sur le prix que ces derniers doivent payer leur bain, sont jugées par M. le Médecin inspecteur, le Commissaire de police entendu.

§ 13. Les pauvres continueront à se baigner gratuitement dans la grande piscine construite pour eux.

§ 14. Quel que soit le nombre des malades réunis dans la même piscine, le Fermier n'en peut exiger une somme cumulative excédant trois francs par heure. Il lui est interdit d'y faire baigner plus de douze malades ensemble *.

---

* § 10, 12, 13 et 14. Qu'entend-on par malades peu aisés? quel est le prix qu'ils peuvent payer? qu'entend-on par pauvre? quelles sont les heures vacantes à la

§ 15. En sus du prix des bains et douches, on paie vingt centimes aux baigneurs et baigneuses

piscine? En soulevant ces questions, on en a laissé la solution à l'arbitraire des personnes qui peuvent être intéressées à les résoudre d'une manière défavorable aux malades. Les intérêts dont traitent ces articles touchent de trop près les fermiers et les malades, pour qu'il ne soit pas indispensable de leur donner une interprétation qui ne laisse point d'équivoque dans le sens à leur donner.

J'insiste sur la révision de ces divers articles, parce qu'il est de notoriété publique que l'on a exigé d'un grand nombre de malades 10, 15 et même 20 sous par bain, et ceux qui ne l'ont payé que 5 sous sont des malheureux dont on n'a pu tirer davantage. Je puis certifier que pendant toute la saison il n'y a pas eu une seule heure dans la piscine qui n'ait rapporté plus de *trois francs*, et quelquefois même plus du double de cette somme. J'ai entendu soutenir que, d'après le réglement, s'il n'y avait que trois malades à la piscine, on pourrait exiger de chacun d'eux un franc par bain ; on prévoit ce que l'on peut faire avec une semblable interprétation.

La seule manière de concilier les intérêts de l'humanité et ceux des fermiers serait de diviser les vingt-quatre heures d'après leur commodité, le nombre des personnes admises à la piscine, et le prix des bains, en trois classes.

Pour les personnes jouissant d'une certaine aisance,

qui, en retour, fournissent à leurs frais le chauffage du linge, ci   20 C.

Pour les gens peu fortunés,
Enfin pour les pauvres.

Une subdivision de chacune de ces classes en séries,
d'après le genre de maladie, irait au-devant des exi-
gences des malades les plus délicats et débarrasseraient
les médecins de l'ennui de réclamations fatigantes, auxquelles il ne peut souvent faire droit sans blesser d'autres
susceptibilités.

1re classe à 50 c. 10 personnes.	1° de 4 à 6, affections peu ap- parentes. 2° de 6 à 8, blessures, tumeurs. 3° de 8 à 10, maladies de la peau.

2e classe, gratui.
14 personnes.
	1° de 10 à 1. idem.
	2° de 1 à 4. idem.
	3° de 4 à 6. idem.
	    de 6 à 7, nétoyage obligé de
	              la piscine.

3e classe à 25 c.
12 personnes.
	1° de 7 à 9. idem.
	2° de 9 à 12. idem.
	3° de 12 à 3. idem.
	    de 3 à 4, nétoyage obligé de la
	             piscine.

Il est de même indispensable de fixer un prix pour les
bains que les vacances de place permettraient d'accorder

§ 16. Si l'on pourvoit soi-même au chauffage de son linge, on ne donne aux baigneurs et baigneuses que dix centimes *, ci.   10 c.

à la piscine militaire, à de vieux serviteurs en retraite ou à d'autres personnes. L'on pourrait l'établir à 60 c. pour les heures des officiers, et à 30 pour celles des soldats. C'est ici le lieu de faire remarquer qu'il n'a jamais été question de douches pour les pauvres que l'on a toujours fait payer lorsqu'on leur en a accordé. Le réglement se tait à cet égard et a reçu l'année dernière une interprétation qui leur est contraire; cependant, quand un malade est autorisé à faire usage gratuit des eaux, cette autorisation comprend nécessairement tout ce qui est nécessaire pour amener sa guérison. On pourrait leur accorder quelques-unes des heures les plus incommodes de la nuit, en attendant que les améliorations que j'ai présentées permissent de leur consacrer un temps plus long.

* § 15 et 16. Jusqu'à présent, le linge pour essuyer le malade, le charbon propre à le chauffer et la chandelle pour éclairer le bain, sont fournis par les filles des maisons dans lesquelles chaque malade habite. Il résulte de là une privation de sommeil pour ces malheureuses et pour les malades un bruit souvent très incommode au chauffoir et dans les environs des bains. Il serait beaucoup plus décent et plus convenable, en attendant que l'administration puisse fournir le linge, que celui donné par les malades

§ 17. Les porteurs reçoivent vingt centimes , y compris le loyer de la chaise, pour aller au bain et en revenir *, ci .   **20 c.**

§ 18. Pour puiser et transporter dans les maisons l'eau d'un bain, les porteurs ont trente centimes**, ci.   **3o c.**

fût remis, sur un bon, au chef des baigneurs, qui le ferait placer dans une case particulière et entretenir dans un état convenable de propreté jusqu'à leur départ.

* § 17. Les chaises à porteur dont on se sert sont d'une incommodité et d'une pesanteur qui demandent une prompte réforme, dans l'intérêt des malades et des porteurs.

** § 18. Vingt sous pour le prix de l'eau pour un bain, six sous pour son transport! après cela, on pourrait croire que l'on va vous fournir une baignoire pour prendre votre bain; pas du tout, il n'en existe pas dans l'établissement, et l'on est très heureux si, dans un besoin urgent, on peut s'en procurer une à Barèges au prix de vingt sous par bain. Il est important que l'administration soit pourvue de deux baignoires portatives au moins, de deux bains de siége, deux de bras et deux de pieds dont on pourrait fixer la location de la manière suivante :

   Baignoire, 5o c.
   Bains de siége, 25 c.
   Bains de pieds et de bras, 15 c.

§ 19. Pour l'eau d'un demi-bain, quinze centimes, ci.   15 c.

§ 20. Pour les quantités au-dessous, sept centimes et demi, c.   7 1/2

§ 21. On ne portera l'eau thermale dans les maisons particulières, pour bains ou douches, que sur un certificat d'un médecin ou d'un officier de santé constatant la nécessité, pour le malade, de se baigner à domicile. En cas d'abus ou d'inconvénients pour le service, le médecin inspecteur en peut limiter le nombre *.

§ 22. Le baquetage ne pourra jamais s'effectuer qu'aux heures vacantes.

§ 23. La piscine militaire reste expressément

---

* § 21 et 22. Quels sont les abus ou les inconvénients prévus par cet article? pourquoi cette faculté donnée à l'inspecteur de limiter le nombre de ces bains? et comment compter sur un service qui ne pourra s'effectuer qu'aux heures vacantes? Cela signifie tout simplement que si vous n'êtes pas le malade de M. l'inspecteur vous courez grand risque d'attendre indéfiniment votre bain général ou local, parce qu'il n'y aura point d'heure vacante, ou que l'on trouvera qu'il y a inconvénient dans ce service. Ou bien si le malade est un privilégié, malheur à la personne sans appui que l'on ira, sans res-

consacrée aux officiers et soldats hospitalisés, qui en jouiront gratuitement comme par le passé.

§ 24. Les cabinets de douches réservés aux officiers et soldats hospitalisés leur seront ouverts, le soir, de midi à quatre heures; dans la nuit, de minuit à quatre heures du matin.

§ 25. En outre, les militaires hospitalisés peuvent se baigner gratuitement, chaque jour, dans toutes les baignoires de l'établissement, pendant deux heures, le matin, de trois à cinq heures.

§ 26. Pareillement, sont admis à l'usage gratuit des eaux, pendant les heures affectées aux militaires, les officiers (le grade de capitaine inclus) et les soldats en activité de service non hospitalisés, porteurs d'ordres et de congés de convalescence.

pect, tourmenter dans sa douche pour y chercher une eau qui alors sera regardée comme nécessaire.

Ne vaudrait-il pas mieux fixer une heure pour ce service, de onze à midi, par exemple, à une des douches et à un bain peu employé, le n° 1. Cette heure aurait le double avantage d'être peu nuisible au service ordinaire et de séparer par un intervalle les heures civiles et les heures militaires à la douche, ce qui éviterait les rapprochements qui ne sont pas toujours sans inconvénient.

RÉGLEMENT.

Article premier. Le Régisseur est chargé d'un registre public, sur lequel tout malade venu à Barèges et désirant se baigner, à heure fixe, s'inscrit lui-même, ou par un tiers, pour faire connaître le bain, douche ou piscine, dont il veut faire usage.

Immédiatement, le Régisseur donne avis au Médecin inspecteur des demandes ou inscriptions consignées sur ce registre que doit vérifier, chaque jour, le Commissaire de police.

Le Médecin inspecteur est chargé de la répartition des heures, et se conforme, pour les priorités, à l'ordre des inscriptions. Il arrête définitivement le registre.

Deux personnes peuvent être autorisées à se baigner alternativement, à la même heure, de deux jours l'un. Il faut, pour cela, qu'elles s'entendent, qu'elles forment simultanément leur demande à l'Inspecteur, et que leur rang d'inscription sur le registre soit connexe. Ainsi le n° 1ᵉʳ et le n° 2, ou le n° 3 et le n° 4, s'entendront dans le but ci-dessus, non le n° 1ᵉʳ et le n° 3, ni le n° 1ᵉʳ et le n° 4, etc., sans le consentement de l'inscrit ou des inscrits intermédiaires.

Pour garantir l'effet de l'inscription, le Médecin inspecteur signe et donne à chaque malade qui le demande, ou de vive voix ou par écrit, une carte énonçant le nom du malade, ainsi que l'heure et le cabinet de son bain.

Pendant les heures vacantes, le Régisseur peut mettre un bain à la disposition du malade qui le demande, par la voie de l'*inscription* *.

ART. 2. Dès qu'une ou plusieurs heures de bains

---

*Art. 1er. Les divers paragraphes de cet article sont entièrement en opposition entre eux. Il faut décider d'une manière précise ce qui doit prévaloir, ou de l'inscription au registre qui donne une date certaine à la demande que l'inspecteur ne peut se refuser à autoriser, ou de la carte de l'inspecteur qui force un malade à s'adresser à lui directement en payant, ou indirectement avec le risque de ne pas obtenir ce qu'il demande, ce qui établit un véritable monopole sur la vie et la bourse des malades. Carte qui peut être anti-datée, annulée; tandis que le registre seul ne peut éprouver aucune altération qui ne soit sensible, et peut diminuer, en les faisant connaître, les nombreux passe-droits qui avaient lieu tous les jours avant son établissement.

ou douches deviennent libres, ces heures profitent à ceux qui, les premiers, les ont sollicitées sur le registre d'inscription.

A mesure qu'une heure est rendue libre, le baigneur en prévient le premier inscrit ainsi que le Médecin inspecteur qui autorise les mutations.

Chaque inscription utilisée perd son rang. Une deuxième mutation, s'il y a lieu, est l'objet d'une nouvelle inscription *.

ART. 3. Pour connaître le mouvement journalier de l'établissement, et quelles sont les heures occupées ou libres, le registre d'inscription porte un *état de situation,* indiquant le nom des malades et leur numéro d'ordre.

ART. 4. Le Médecin ou le Chirurgien en chef de l'hôpital ont exclusivement le droit de donner l'heure des bains et douches aux militaires hospi-

* Art. 2. L'autorisation à chaque mutation me semble aussi intolérable ; l'inspecteur des eaux y est véritablement converti en un teneur de livres en partie double, et le malade, qui a un autre médecin que l'inspecteur, est fatigué par des démarches réellement inutiles, puisque l'inscription au cahier consacre ses droits.

talisés et à ceux que mentionne le dernier paragraphe du tarif, en prenant pour limites de ce droit les explications du même tarif.

Néanmoins, les cartes délivrées à ces militaires par le Médecin et Chirurgien précités, ne sont valables qu'après le visa du Médecin inspecteur.

Les cartes sont remises au Régisseur qui vérifie et surveille leur régularité. Pour lui faciliter ce contrôle, le Directeur de l'hôpital lui remet un état nominatif de MM. le officiers munis de cartes.

Les militaires non hospitalisés, sont tenus, dans le même but, de soumettre au Régisseur, avec leur carte, les titres qui justifient leur droit *.

Art. 5. La piscine de Charité est nominativement affectée aux pauvres. Elle leur est ouverte gratuitement, aux heures que fixe le Médecin inspecteur, eu égard à leur nombre et à leurs infirmités *.

----

* Art. 4. Les trois derniers paragraphes de cet article sont nuls de droit et n'ont jamais reçu leur exécution, puisque l'administration de la guerre est propriétaire comme la vallée et que ses représentants ne peuvent être soumis à aucun contrôle de la part de l'administration de la vallée.

*Art. 5. Nous avons développé plus haut les améliora-

Si elle n'est pas occupée, et sur la demande du Médecin ou du Chirurgien en chef de l'hôpital, elle peut être cédée aux militaires hospitalisés ; le matin, de 4 à 5 heures; l'après-midi, de 3 à 4 heures *.

ART. 6. S'il est reconnu qu'un militaire ne peut sans inconvénient se baigner aux heures militaires notées au tarif, le Médecin ou Chirurgien en chef de l'hôpital atteste le fait, et demande, par écrit un changement d'heure au Médecin inspecteur, qui ne peut le refuser sans un grave empêchement. Le refus est déféré à M. le Sous-Préfet qui peut accorder, de son chef, la mutation **.

tions à apporter dans le sort des pauvres ; elles devront amener de grands changements dans les dispositions de cet article.

* L'hôpital militaire ne recevant que les malades qu'il peut baigner avec ses propres ressources, n'a jamais usé de cette faculté qui ne serait qu'illusoire puisqu'il ne s'agirait que de faire occuper la piscine par quelques malades civils à l'heure demandée pour que les fermiers pussent se refuser à son exécution, comme on le verra par l'observation suivante.

** Art. 6. Je n'ai demandé qu'une seule fois à faire jouir un officier du bénéfice de cet article à une époque où

ART. 7. Dans le cas de vacance des douches, bains ou piscines que la vallée accorde aux militaires, M. le Médecin inspecteur en peut disposer au profit de tous autres malades *.

ART. 8. MM. les étrangers doivent observer la plus grande ponctualité à se rendre aux bains ou douches ; ils se règlent sur l'horloge de l'établissement. L'heure sonnée leur compte, absents ou présens.

Pour mieux garantir cette exactitude, le Régisseur préviendra tout malade par les baigneurs, baigneuses ou porteurs, un peu avant son bain **.

une grande partie des baignoires et des heures étaient vacantes (1ᵉʳ septembre), l'inspecteur l'avait autorisé, mais il n'a pas eu le pouvoir d'en obtenir l'exécution des fermiers ; M. le sous-préfet fut obligé de l'ordonner.

* Art. 7. L'administration militaire étant propriétaire de ces douches, bains et piscines, le médecin et le chirurgien en chef de l'hôpital ont seul le droit d'en disposer, sous la surveillance de l'intendant militaire, chef de leur administration.

** Art. 8. Pour que cet article pût être exécuté, il faudrait qu'il y eût une horloge marquant et sonnant exactement les heures. Celle de Barèges est loin de remplir ces deux conditions. Quand on parle de la changer, on

ART. 9. Tout étranger qu'un cas de maladie, d'absence ou toute autre cause obligera d'interrompre ses bains, en préviendra le Régisseur. S'il ne le prévient pas, il doit les bains non utilisés.

Le malade, dans le cas en question, peut céder son heure à quelqu'un des membres de sa famille

crie à la profanation. Changer une horloge donnée par le duc de Richelieu ! Ils ne sont pas capables d'une si noire ingratitude. Je suis porté à croire qu'ils y seraient moins attachés si l'état dans lequel la vétusté l'a mise ne leur donnait la facilité de faire des jours de 25 et même de 26 heures, comme je m'en suis assuré plusieurs fois, comme cela est de notoriété publique, et l'on pourrait dire passé en habitude, puisque tous les cahiers des charges portent l'ordre exprès de confier l'horloge à tout autre qu'à un baigneur, pour prévenir cet abus.

Un carillon qui avertirait cinq minutes avant l'heure les baigneurs de porter le linge aux malades, les malades de sortir de leur bain, et les porteurs de se tenir à leur poste, aurait le double avantage de l'exactitude et de l'incorruptibilité; on ne laisserait pas un malade privilégié jouir d'un quart d'heure de plus que son heure, aux dépens d'un autre qui sera chassé impitoyablement à l'heure fixe, quelle que soit celle à laquelle il y est entré.

habitant avec lui, sans que le cessionnaire ait besoin de l'inscription *.

ART. 10. Les enfants, au-dessous de dix ans, peuvent se baigner dans la même cuve avec leurs parents ; cette circonstance n'élève pas le prix du bain.

ART. 11. La durée du bain est d'une heure, y compris les moments d'entrée et de sortie.

La durée de la douche est d'un quart d'heure ; on a un autre quart d'heure pour se vêtir.

* Art. 9. Un moyen bien simple ferait cesser tous les abus qui naissent de la mauvaise interprétation de cet article, et mettrait fin aux contestations qui s'élèvent chaque jour entre les malades et les fermiers pour le nombre des bains pris par les premiers.

Ce moyen serait, comme cela se pratique dans un grand nombre d'établissements de ce genre, de donner à la personne qui vient s'inscrire, le nombre de cartes demandées par elle, portant le n° et l'heure de son bain, en datant la dernière ; les cartes non utilisées à l'époque fixée seraient annulées. Je ne connais pas d'autre remède à apporter aux altercations qui troublent la tranquillité de la colonie de Barèges, en entretenant un levain de discorde entre les préposés de cet établissement et les malades.

ART. 12. Le Fermier nomme, de droit, le Régisseur. Cette nomination est soumise à l'agrément de M. le Médecin inspecteur, et à l'approbation de M. le Sous-Préfet *.

Celui-ci peut, d'office, révoquer le Régisseur, sauf le recours à M. le Préfet; il peut également le remplacer d'office, jusqu'à présentation d'un nouveau Régisseur par le Fermier.

Ce dernier peut provoquer le changement du

* Art. 12. Une expérience de cinq années et l'essai de plusieurs régisseurs m'ont convaincu qu'il était indispensable que l'administration imposât un régisseur aux fermiers. Sa nomination par le fermier qui peut en provoquer le changement sans même rendre compte de ses motifs, en fait l'agent soumis de toutes les manœuvres employées pour augmenter leur bénéfice sur la ferme des bains; l'approbation de l'inspecteur n'est qu'à l'avantage de ce dernier, et le met en opposition avec tous les autres intérêts. Il devient impossible de faire cesser les délits les plus graves qu'un régisseur puisse commettre lorsqu'ils tournent en partie à l'avantage des personnes qui le nomment et qui approuvent la nomination.

Un régisseur nommé par le sous-préfet, recevant une solde assurée, peut seul offrir une garantie à tous les intérêts.

Régisseur, sans rendre compte de ses motifs, et sa demande doit toujours être accueillie.

Art. 13. Le Régisseur tient à jour les écritures. Il commande aux baigneurs, baigneuses et porteurs; il fait exécuter les répartitions d'heures; il veille à la propreté de l'établissement, et dirige tout le mouvement du service, sous les ordres de M. l'Inspecteur.

Il ne peut quitter son poste sur aucun prétexte, sans la permission expresse de ce dernier *.

Art. 14. Dix baigneurs, six baigneuses, quatorze porteurs sont chargés du service civil, tant intérieur qu'extérieur, des bains.

Ils sont nommés par le Préfet, sur la présentation du Maire de Luz, de l'avis du Médecin inspecteur et du Sous-Préfet. Ils peuvent être révoqués par le Préfet, sur les plaintes de l'Inspecteur, du Commissaire de Police, du Régisseur, ou des malades.

---

* Art. 13. Il faudrait que le réglement assignât les heures auxquelles on doit trouver le régisseur à son poste; autrement, on est certain qu'il n'y sera que lorsqu'il voudra qu'on le trouve.

Ils doivent être rendus, chaque année, à Barèges, à l'ouverture de la saison.

Ils portent une mise distincte et uniforme que règle M. l'Inspecteur. Tout baigneur ou porteur est muni d'une plaque ou médaille apparente , qui le fait reconnaître. Cette plaque est marquée d'un numéro que l'on reproduit sur la chaise *.

ART. 15. Sur le nombre des baigneurs précités , il en est pris un ayant nom de *chef,* qui a droit d'injonction sur les autres baigneurs ou baigneuses.

Les porteurs reçoivent également un chef par le même mode, et ayant le même droit **.

* Art. 14. Il est indispensable que les baigneurs et porteurs de garde aient leurs noms inscrits sur un tableau et qu'ils soient distingués par une marque particulière sans cela on ne sait jamais à qui s'adresser pour faire préparer son bain et à qui se plaindre lorsque l'on a été oublié, alors ils se renvoient tous la faute les uns aux autres.

** Art. 15 , il faudrait qu'il y eût deux chefs de baigneurs et de porteurs , ou plutôt deux chefs seulement commandant aux uns et aux autres ; ils se releveraient alternativement toutes les vingt-quatre heures ; un service aussi pénible ne peut être exécuté autrement.

Outre ce reglement il existe un cahier des charges qui prescrit aux fermiers de tenir toujours propres

L'un et l'autre chef est nommé par l'Inspecteur.

ART. 16. Le chef baigneur désigne journelle-

et bien entretenus une tringle et des rideaux, d'un tissu serré, à chaque croisée des bains et des douches (lesquels rideaux devront être en nombre double, afin de pouvoir les blanchir quand besoin sera); *un couvercle* et une planche-à-pied à chaque baignoire; une serrure, un loqueteau et une targette à chaque porte; une chaise, une petite table, *un miroir* et une sonnette à chaque cabinet; de blanchir, dans le cours de mai, les cabinets et les corridors à la colle à chaux; d'entretenir proprement et de renouveler, dans les premiers jours de mai, les peintures à l'huile, des portes, des fenêtres et des cloisons en bois; de faire balayer habituellement et tenir propres, par les baigneurs, baigneuses et porteurs, l'intérieur des bains, la place et tous les lieux avoisinants; de fournir et confier au baigneur de la piscine dite de Charité, à Barèges, deux draps de qualité et de dimension suffisante pour assurer le service; de tenir en bon état, journellement nétoyés et bien éclairés, pendant toutes les nuits, depuis le 1er juin jusqu'au 1er octobre, la totalité des reverbères dont ils ne devront confier le soin qu'à un seul homme dans chaque établissement, avec défense d'employer les baigneurs pour ce service; d'entretenir l'horloge et de la faire monter, tous les jours, par tout autre qu'un baigneur, sous la direction immé-

ment ou par semaine les baigneurs ou baigneuses qui auront à servir la piscine de Charité. Le service de cette piscine est fait avec la même exactitude, les mêmes égards et tous les soins qu'on donne aux malades qui paient.

Le fermier fournit deux draps pour le service de cette piscine.

diate du commissaire de police qui demeurera détenteur de la clef (a).

Les fermiers devront fournir, à leurs frais, des éponges pour nétoyer les baignoires : il y en aura une par cabinet.

En outre de l'entretien des reverbères de Barèges, le fermier devra placer, et tenir allumées pendant toute la nuit, trois lanternes pour éclairer le péristile des bains nouveaux et de la Buvette.

(a) Les couvercles manquent presque à chaque baignoire, il est cependant des plus utiles non-seulement pour retarder le refroidissement de l'eau et éviter son renouvellement ; mais encore pour empêcher l'évaporation des gaz qui entrent pour beaucoup dans l'action des eaux sur l'économie. Le miroir n'a jamais existé; c'est cependant un meuble devenu nécessaire au moins pour les dames.

Je voudrais des rideaux derrière les portes des bains qui s'ouvrent directement sans vestibules sur la galerie. Des soupapes à chaque baignoire, une lampe allumée dans chaque cabinet pendant les heures de bain et aux piscines.

7*

Le Régisssur est responsable de l'exacte observation du présent article.

Art. 17. Le chef porteur charge aussi deux porteurs, par semaine ou par jour, de la garde des piscines, de la police des entrées et sorties, de l'éclairage, de la propreté des avenues et des escaliers (y compris celui qui mène aux promenades), en un mot, de tout ce qui peut, dans ce genre de service, opérer le bon ordre.

Art. 18. Sous aucun prétexte, pendant la durée des bains et douches, les baigneurs, baigneuses et porteurs ne quittent leur poste, sans permission de l'Inspecteur et sans s'être préalablement pourvus d'un remplaçant.

Art. 19. On défend expressément aux baigneurs, baigneuses et porteurs, de demander d'autres étrennes que celles que porte le tarif. Les excédant d'étrennes, dus à la générosité de l'étranger, ne seront pas déguisés. Tout ce qui est perçu comme étrenne est mis, comme par le passé, en masse, et partagé par les précités.

Art. 20. Chaque baigneuse a trente francs de gages; chaque baigneur ou porteur, soixante fr. Ces gages sont pris sur le revenu des eaux thermales.

En sus des gages, les baigneurs, baigneuses et

porteurs se partagent le produit commun des étrennes.

Les baigneurs et porteurs ont, en outre, le privilége de la décharge des voitures.

ART. 21. Les gages ne sont payés que sur un certificat de l'Inspecteur, du Commissaire de police et du Régisseur, portant que les baigneurs, baigneuses et porteurs ont rempli tous leurs devoirs avec zèle. S'ils ne les ont remplis qu'en partie, ils éprouvent telle diminution de traitement que précise M. le Sous-Préfet.

ART. 22. S'il s'élève des différends concernant les baigneurs, baigneuses ou porteurs entre eux, ou s'ils s'élèvent entre les précités et les étrangers, le Médecin Inspecteur saisi de la contestation prononce, et même a le droit de suspension provisoire, sauf compte à rendre immédiatement à M. le Préfet par l'organe du Sous-Préfet.

Toutes plaintes contre M. l'Inspecteur ou le Commissaire de Police s'adressent à M. le Sous-Préfet qui les transmet, avec son avis, à M. le Préfet.

ART. 23. Outre les agents ci-dessus, il y a un garde-fontaine qui, du 1er octobre au 31 mai suivant, est chargé de la garde de l'établisse-ment

Il est nommé selon le mode établi pour les baigneurs et porteurs, révoqué de même, et jouit d'un traitement annuel de 250 francs.

Il a soin de l'extérieur des bâtisses; il signale à l'administration toute réparation urgente qui n'entre pas dans le devoir du Fermier. Il habite constamment à portée de l'établissement; il empêche que d'autres que les malades restés l'hiver à Barèges pour faire usage des eaux, s'introduisent dans les cabinets.

Il prépare, dans cette saison, les bains nécessaires, et ne peut charger de ce soin tout autre que lui. Il doit être prévenu par le Fermier si, à cette époque, celui-ci veut accorder quelques bains.

Il exige que le Fermier ouvre de temps en temps les cabinets pour aérer l'établissement et atténuer les mauvais effets de la vapeur.

Il est chargé de la garde et du soin des promenades; il les entretient, et fait exécuter tous les travaux nécessaires que prescrit l'administration. En retour, il recueille à son profit le foin provenant du fonds qu'il surveille.

Le Garde-fontaine est responsable de la stricte exécution du présent article, sauf le cas de force majeure.

Art. 24. Indépendamment de ses fonctions spéciales, le Commissaire de Police doit aider M. l'Inspecteur dans la direction générale de l'établissement, le bon ordre et l'exécution du Réglement.

Art. 25. Le présent Réglement, imprimé, sera affiché au lieu ordinaire des affiches, dans l'établissement thermal de Barèges.

Un certain nombre d'exemplaires en sera transmis, par l'intermédiaire du Sous-Préfet, à l'Inspecteur des eaux, à l'Intendant militaire, au Médecin et au Chirurgien en chef de l'hôpital, au Commissaire de police, au Fermier des bains, aux propriétaires des principales maisons.

Le Sous-Préfet veillera à son exécution.

Tarbes, le 14 Mai 1833.

Le Préfet,

Ed. DE St.-AIGNAN.

Vu et approuvé par le Ministre du Commerce et des Travaux publics.

Paris, le 17 juin 1833.

THIERS.

————

HOPITAL MILITAIRE.

L'hôpital militaire de Barèges remonte aux premières années du 18ᵉ siècle. A cette époque il était
situé dans l'emplacement qu'occupent aujourd'hui
les Bains neufs et ceux de la Chapelle ; plus tard le
vieux pavillon, puis le neuf, puis la caserne neuve
agrandirent cet établissement que de nouveaux
besoins firent transporter où il est aujourd'hui.

Une petite digression historique sur les causes
qui ont motivé cette translation ne sera pas indifférente pour ceux qui aiment à remonter à l'origine
des choses ; elle servira en même temps à détruire
des prétentions réciproques qui ont laissé entre la
vallée et l'administration militaire une sorte de ri-
valité et d'aigreur qui ont nui, plus qu'on ne pourrait le croire, à la prospérité de Barèges.

La perte de quelques sources et le besoin d'augmenter le nombre des bains faisaient désirer à la
vallée la démolition de l'hôpital et de la Chapelle
sous lesquels ces sources étaient placées. La concession de ces bâtiments et des terrains sur lesquels
ils étaient élevés lui fut accordée par décision mi-

nistérielle du 19 février 1822, moyennant l'engagement que contracta la vallée de louer un local convenable pour recevoir le nombre de lits *actuellement* établis dans la *vieille caserne* jusqu'à l'époque où la construction d'un nouvel hôpital pût être terminé : ces loyers provisoires furent évalués à la somme annuelle de 1,090 fr. que la vallée consentit à payer à la guerre.

Plus tard un projet du Sous-Préfet d'Argèles, approuvé le 1er avril 1827 par le conseil de la Vallée, proposa à l'administration de la guerre la concession de deux heures de bains à toutes les baignoires existantes et à toutes celles que l'on viendrait à construire par la suite ; ces heures furent fixées de 3 à 5 heures du matin, laissant à l'Inspecteur des eaux et aux chefs de service de l'hôpital la faculté de s'entendre pour les changer, si d'autres heures étaient plus avantageuses et plus commodes au service ; moyennant quoi, la vallée demandait que le ministre de la guerre lui fît la remise des loyers, mis à leur charge et du capital de 20,000 francs, dont on lui réclamait le remboursement pour l'appliquer à la construction de l'hôpital ; en outre, elle voulait que les deux pavillons fussent démolis et leur terrain abandonné au service public ; elle s'engageait, pour cela, à ne plus élever de prétentions sur la propriété du sol et du bâtiment de la caserne neuve qu'elle abandonnait, comme auparavant, au service militaire. Le 9 juin 1829, cette décision ministérielle adopta cet arrangement, *sauf la démolition des Pavillons dont la demande fut regardée comme non avenue.* Cette nouvelle décision fut approuvée par le conseil de Luz, mais les autres communes composant la vallée ne voulurent pas lui donner leur sanction, et bientôt celle de Luz elle-même commença à agir avec elles d'une manière opposée à ses délibérations.

Alors commença, contre l'administration de la guerre, dans la personne des militaires envoyés aux eaux, une lutte dont le premier résultat fut le rétablissement d'un service de santé militaire, pour faire cesser, est-il dit, les plaintes portées chaque jour sur l'administration des eaux. Alors commencèrent ces demandes irréfléchies * qui auraient privé Bagnères de la partie la plus sûre de son revenu, ces intrigues tendant à faire transporter l'hô-

---

* L'hôpital de Barèges ne laisse pas moins de 5o,ooo f. dans la vallée, comme on peut l'établir par un calcul opéré sur les bases les moins élevées :

3oo soldats restant chacun 5o jours, terme moyen ,

pital à Bagnères de Luchon, puis à Arles ; alors fut exécutée cette construction monstrueuse de la chapelle pour amener la démolition du pavillon en le privant de lumière et d'air. Aujourd'hui les deux administrations commencent à s'entendre, et au moyen de quelques sacrifices de part et d'autre, Barèges peut espérer un développement nouveau qui tournera au bien-être des étrangers et à la richesse du pays.

En ce moment, l'hôpital est formé par la réunion de sept maisons que l'on a réunies l'année dernière en tâchant de les ordonner entre elles de manière à les rendre propres à un service régu-

et dépensant à l'hôpital 1 f. 40 c. par journée , donnent un total de   21,000 f.

100 officiers restant 60 jours et y dépensant 2 f. 55 c., ce qui forme   15,700

Ce n'est pas trop d'évaluer la dépense extraordinaire de chaque soldat à 25 c. par jour,   3,750

Et celle de l'officier à 1 f.   6,000

Resterait 4,500 f. pour compléter les 50,000 f. Cette somme est de beaucoup dépassée par l'argent laissé par les divers employés de l'administration militaire et par les frais de transport de tous ces malades de Luz à Barèges.

lier* et du pavillon militaire**, c'est mieux pour la régularité du service que ce qui existait jusqu'alors, mais c'est plus mal pour Barèges, parce que, d'un provisoire qu'il était indispensable de faire cesser, on est tombé dans un nouveau provisoire qui pourra durer long-temps si l'avalanche et le Bastan n'en font pas justice. On ne saurait trop déplorer les vues étroites qui ont conduit à la construction d'un établissement qui est loin de répondre à l'importance de Barèges et au souvenir de tant de guérisons inespérées.

Je ne ferai qu'énumérer les principales raisons qui forceront, tôt ou tard, le gouvernement à adopter un des projets qui lui étaient proposés, avant que le mauvais génie qui a présidé à Barèges fît prendre le plus mauvais de tous, puisqu'après des dépenses inutiles, il ne lui sera pas même possible de retirer quelque chose de bâtiments achetés très cher, mais que l'on aurait pu vendre sans

* Il faut rendre justice à M. Falret pour le parti qu'il a su tirer d'un projet détestable et de mauvaises maisons qui lui ont opposé des obstacles en tout genre, que son talent a su surmonter.

** Masse énorme qui ne peut loger que 32 malades, la pharmacie et un magasin.

perte après la démolition du pavillon qui ôte une partie de leur valeur.

La position de ces bâtiments menacés par l'avalanche dont ils ont été préservés jusqu'à ce jour, seulement par un éperon de terre qui se détruit tous les ans et finira par les laisser sans défense contre un si terrible ennemi.

Un sol mobile menacé chaque année et assez souvent attaqué par les irruptions du torrent.

L'insuffisance de ces bâtiments pour loger l'administration et établir les magasins lorsque la force de la nécessité amènera la démolition des pavillons.

Le peu d'espace qui reste derrière cet établissement pour pouvoir y établir une promenade suffisante à cent cinquante malades. Il est cependant indispensable de séparer de la population de Barèges des soldats en costume d'hôpital, souvent indécent, toujours misérable, autant par respect pour eux que pour les baigneurs dont ils choquent continuellement la vue dans cet accoutrement.

Des divers projets qui ont été présentés pour la construction d'un hôpital *, un seul aujourd'hui

---

* On a proposé successivement de placer l'hopital

est susceptible d'être exécuté, c'est celui de Lomet, *chargé par le comité de salut public de lui rendre compte des moyens les plus propres à faire jouir les défenseurs de la liberté du secours des eaux de Barèges*, c'est celui qui réunit le mieux toutes les conditions nécessaires à un semblable établissement.

Lomet proposait d'adosser aux rochers de la marbrière un édifice très alongé dont le premier étage se fût trouvé de plain-pied avec une vaste prairie qui, convertie en jardin et plantée d'arbres, eût permis d'isoler les militaires du reste de Barèges en leur offrant une promenade agréable. Le rez-de-chaussée voûté eût été consacré aux cui-

sur la partie de la montagne située immédiatement au-dessus des bains, et M. Coujet a prouvé depuis quel parti l'on pouvait tirer de cet emplacement, l'un des plus agréables de Barèges.

Moisset avait choisi l'emplacement des moulins du haut Barèges un peu au-dessous de la carrière de marbre.

Donat se plaçait où il est actuellement, mais il commençait par établir une forte digue et élevait une construction régulière, après avoir mis ce terrain à l'abri des attaques du bastan.

sines, aux réfectoires et aux magasins de toute espèce.

C'est ce projet qu'il faudra reprendre lorsque l'on aura senti pendant quelques années les inconvénients de ce qui existe.

Le nombre des malades admis chaque année à l'hôpital de Barèges a varié considérablement. Jusqu'en 1828, les militaires désignés pour faire usage des eaux des Pyrénées étaient presque tous dirigés sur cet établissement; de cette manière il arrivait souvent que leur nombre se trouvait hors de rapport avec les bains et les lits à leur donner. En 1824, il s'éleva à plus de 700. Il était nécessaire de prendre des mesures pour obvier à ces inconvénients, mais on est tombé dans un excès opposé, en fixant à 50 ou 60 officiers et 150 ou 160 soldats le nombre des militaires à recevoir pour chaque saison; de cette manière on s'est livré à de nouvelles dépenses en envoyant d'autres militaires à Arles et aux établissements dont on pourrait se passer dans les temps ordinaires. Les ressources en logement et en eau permettent de le porter à 200 soldats et 100 officiers pour la première saison, et comme on peut compter un quart pour les malades que l'on peut les obliger de garder plus long-temps, il faut réduire ce nombre à 150 soldats et 75 officiers pour la seconde saison.

Une observation que je ferai par rapport à ces deux saisons, est relative à l'époque de l'envoi aux eaux. Le commencement de la première saison étant ordinairement assez froide et pluvieuse ; la manière dont ils sont envoyés du 1er au 15 juin est assez bien établie. Pour la seconde saison, il conviendrait qu'ils fussent dirigés de manière à arriver du 15 juillet au 1er août, tandis qu'ils n'arrivent souvent qu'à la fin d'août et même jusqu'au milieu de septembre. Les premières évacuations sont faites le 15 juillet et permettent ce croisement de saison, le froid et les pluies du mois de septembre le rendent presque indispensable ; il faudrait, de plus, par économie pour le gouvernement, qu'il fût stipulé que passé le 1er septembre personne ne pourra être admis à l'hôpital.

Il est tenu chaque année un journal où sont rapportés avec soin le nom de chaque malade, son tempérament et une description succincte de la maladie pour laquelle il est envoyé aux eaux, du traitement qu'il y a suivi, et des changements qui se sont opérés sous l'influence de ces moyens. Une analyse de ce travail est envoyée au ministre de la guerre, et ce journal est conservé dans les archives des officiers de santé en chef auxquels il sert de guide pour les cas semblables qui peuvent se présenter dans leur pratique. Ce sont là les véritables sources dans lesquelles on peut puiser les connaissances nécessaires dans l'administration des eaux ; des tables établies par genre d'affection le rendent facile à consulter, et chacun pourra y rechercher par lui-même les effets que les eaux ont produit sur des personnes affectées de maladies semblables ou analogues à sa propre affection, et par induction ce qu'il est en droit d'attendre de l'usage des eaux.

Ce journal ne laisserait rien à désirer, si l'on pouvait obtenir que chaque régiment adressât tous les ans une note des effets ultérieurs des eaux sur les militaires envoyés par eux l'année précédente.

ROUTES, PROMENADES, VOITURES.

Les routes du département des Hautes-Pyrénées en général, et celles sur-tout qui conduisent à Barèges, sont entretenues dans un état qui tient même au luxe de l'art ; mais c'est en vain que le gouvernement a tout fait pour aplanir les difficultés qui rendaient si pénible l'abord de ces lieux, si les moyens employés pour y parvenir, lorsque ces routes étaient dans le plus mauvais état, n'ont pas changé. Les voyageurs en poste jouissent seuls des avantages qui leur ont été préparés, les voitures ordinaires sont encore de misérables fiacres, traînés péniblement par de malheureux chevaux qui font quinze lieues et une ascension de près de mille mètres sans relayer; aucune diligence n'est établie depuis Tarbes, sur une route qui communique directement avec trois des établissemens les plus considérables des Pyrénées, Cauterets, Saint-Sauveur et Barèges; et cependant les prix sont assez élevés et le nombre des voyageurs assez considérable pour que le gain ne soit pas douteux. Depuis deux ans il s'est établi de Pau à Barèges une diligence qui arrive et part à peu près tous les deux jours; malgré sa pesanteur et son peu de régularité, elle finira par détourner de la route de Tarbes une partie des voyageurs qui y passaient autrefois si cette ville ne se hâte de profiter de la leçon que ses voisins lui ont donnée; qu'elle fasse mieux, la chose est facile : une diligence à seize places irait jusqu'à Argèles, deux autres diligences légères, à dix et six places, monteraient, l'une à Cauterets, l'autre à Saint-Sauveur, en laissant à Luz les voyageurs qu'une voie plus légère encore transporterait à Barèges, avec les voyageurs de Saint-Sauveur et de Cauterets qui voudraient en profiter; par ce moyen, on ferait en huit heures, d'une manière agréable, ce que l'on met aujourd'hui le double à faire de la manière la plus fatigante. Ces voitures redescendraient le lendemain matin, et serviraient aussi, non-seulement de Tarbes à Barèges, mais établiraient une communication active et des rapports d'agrément entre les trois établissemens du Lavedan, et seraient pour ce pays une nouvelle source de richesses.

Nous avons dit le bon état dans lequel le gouvernement a placé la route de Barèges, les établissemens de voitures qui peuvent la rendre commode aux voyageurs; indiquons ce qui reste à faire pour qu'elle ne laisse rien à désirer. De Luz à Barèges il n'y a que 3,600 toises, mais l'ascension est de 0,088 par mètre, et la chaleur, souvent étouffante sur cette route resserrée entre deux montagnes, dont la plus grande partie est dépouillée de toute espèce de végétation. Des orages fréquens surprennent le voyageur ou le promeneur entraîné en descendant par la facilité du chemin; et lorsque épuisé de fatigue ou surpris par la pluie, il veut regagner Barèges, il se trouve obligé à des efforts pénibles qui le rendent souvent plus malade qu'à son arrivée.

Pour prévenir ces accidens, il faut élever sur cette route quelques lieux de station où l'on puisse se reposer ; le granit et l'ardoise se convertiront à peu de frais en abris modestes, en bancs rustiques; la rapide végétation des frênes garnira promptement la route de ces arbres utiles par les avantages que leur bois offrira dans un pays où chaque jour l'imprévoyance des habitans le laisse diminuer, et leur feuillage peut devenir une ressource pour les troupeaux pendant les hivers rigoureux, après avoir garanti par leur ombrage le voyageur qui monte les bords rapides du Bastan.

Barèges n'a, à proprement parler, que la route dont nous venons de nous occuper; celle de Barèges à Bagnères, par la montagne, n'est praticable que pour les piétons et les gens à cheval; c'est plutôt une promenade qu'une route pour les baigneurs. On pourrait cependant, au moyen de dépenses peut-être moins considérables que celles que l'on fait pour l'entretien de la route de Tarbes, ouvrir, par ce côté, une communication avec la plaine. Elle serait plus directe, plus facile et sujette à moins d'accidens que celle de Pierrefitte.

Les promenades de Barèges se bornent à celle

de ces routes, que pour cela je voudrais voir plantées dans toute son étendue, et à la promenade du bois que l'on se propose de continuer jusqu'à la grande allée; alors, et seulement alors, cette promenade offrira des ressources à tous les baigneurs trop resserrés sur la pente de la montagne, dans de petits sentiers que l'on ne peut se hasarder à dépasser sans les plus grandes fatigues. Un sentier semblable établi de l'autre côté du Bastan, et conduisant au plateau, complèterait un système de promenade qui, en ce moment, n'est praticable que pour les jeunes gens bien portans, et même habitués aux montagnes. Le plateau, le hêtre de Marcellus, Saint-Justin, seraient des buts de promenades d'autant plus agréables, que dans les maisons qui couvrent ce plateau on trouverait du laitage et une hospitalité qui fait la base des ressources et du caractère de ces braves montagnards.

Plusieurs causes rendent le séjour de Barèges peu agréable; les premières tiennent à l'état sauvage du pays et aux infirmités que la plupart des baigneurs y apportent; ce sont des inconvéniens auxquels il faut se résigner. Les autres sont entre nos mains, il faut savoir les combattre; ces dernières dépendent sur-tout de la manière dont on vit, isolés les uns des autres; les maisons n'étant pas disposées de manière à pouvoir réunir à une même table toutes les personnes qui y sont logées, chacun mange dans sa chambre, sans aucun point de contact avec ses voisins, pas même aux bains, puisque l'on y va en chaise à porteurs et à des heures différentes. De cette manière, si une personne riche et bien disposée, qualités rarement réunies, ne vient pas réunir ensemble les élémens de la société, une partie de la saison se passe avant que le hasard et l'instinct de la sociabilité ait pu rassembler des personnes faites pour se rendre agréable un séjour où la société est indispensable; ce n'est souvent qu'à l'instant de partir que l'on s'aperçoit de toutes les ressources que l'on aurait pu trouver à Barèges si l'on se fût connu plus tôt.

C'est dans le but d'établir des rapports de société et de distraction que M. Laborde a fait établir un wauxhall, qui, s'il ne répond pas à ce que l'on pourrait attendre, n'en est pas moins plus favorable que tout autre à former un centre de réunion qu'il est important d'établir de bonne heure, sauf à s'en retirer si la société ne convenait pas. Je ne puis trop recommander cet établissement en engageant le propriétaire à l'augmenter d'un piano; la musique et la présence des dames empêcheront qu'il ne soit converti en une salle de jeu, et là, comme partout ailleurs, la société leur devra des plaisirs que l'on ne saurait trouver sans elles.

Je ne puis m'empêcher de relever ici une assertion aussi fausse que déplacée de M. Lonchamp, sur les causes qui *empêchent qu'il y ait à Barèges de société intime. Il y a peu de dames*, dit-il, *qui aimeraient à passer leurs soirées au milieu d'une centaine d'officiers, et même les bourgeois ne seraient pas toujours à l'aise dans un salon où il ne pourrait pas faire un pas sans heurter contre des éperons.* Le nombre des officiers envoyés à Barèges ne dépasse jamais soixante; plus des trois quarts, par goût ou à raison de leurs souffrances, ne peuvent prendre part aux plaisirs d'une réunion nombreuse, et toutes les fois qu'il y a eu des bals à Barèges, je puis dire que l'on a toujours regretté que le nombre des officiers n'y fût pas plus considérable; je puis même ajouter que sans leur présence, il n'y aurait pas de bal possible à Barèges. Nous ne sommes plus au temps des officiers à éperons, et le simple bourgeois ne peut se trouver déplacé à côté de quelques braves près desquels il est appelé chaque jour à affronter le danger, et dont il sait, quand il le faut, partager la gloire en défendant ses libertés.

PROPRIÉTÉS PHYSIQUES DE L'EAU DE BARÈGES.

L'eau de Barèges, sortant de la source, est claire, transparente, d'une grande limpidité, et d'une pesanteur spécifique un peu plus grande que celle de l'eau distillée, à peu près comme 1,00039. Sa température varie de 25 à 45° centigrades *. Elle laisse à la peau une sensation savonneuse; elle exhale une légère odeur d'œufs durs, unie à un atôme particulier dont Meighan avait déjà constaté la présence. Sa saveur n'est nullement fade et nauséabonde comme on l'a fait dire à M. Alibert; au contraire, elle laisse à la bouche un sentiment de fraîcheur qui n'a rien de désagréable, et qui la fait boire sans aucune répugnance, et je dirai même avec un certain plaisir après quelques jours d'usage.

Il se dégage de chaque source des bulles d'un gaz qui a été pris tour-à-tour pour de l'acide hydrosulfurique (gaz hydrogène sulfuré), pour de l'acide carbonique, pour un mélange de ces deux gaz, et enfin pour du gaz azote pur, mais

---

* Nous avons donné la température des diverses sources et la description de ces sources, pages 42 — 50.

qui n'est qu'un mélange de ces deux derniers gaz dans l'état naturel, et du troisième lorsque ces principes ne sont plus retenus par les conditions inconnues de l'existence de ces eaux.

Aussitôt que l'eau de Barèges commence à se refroidir au contact de l'air, elle se décompose, répand une odeur insupportable, sur-tout lorsqu'elle est en quantité un peu considérable; elle a perdu toute son odeur après vingt-quatre heures. Quand son refroidissement se fait sans le contact de l'air, cette décomposition est plus lente et n'a même pas lieu entièrement; alors elle peut conserver son odeur très long-temps.

Elle contient en suspension des filaments d'un blanc jaunâtre qui nagent dans ce liquide et qui adhèrent, à la longue, aux parois; les bassins en forment des couches d'une matière à laquelle on a donné le nom de barégine. Cette substance a été considérée tour-à-tour comme de simples dépôts de soufre, comme des corps organisés, végétaux, animaux; elle est assez importante pour que nous y revenions par la suite.

COMPOSITION CHIMIQUE.

La composition chimique des eaux de Barèges est encore peu connue. Les analyses qui ont été faites diffèrent tellement entre elles, qu'il faut penser que leurs résultats quoique donnés par des hommes instruits, capables, se sont ressentis d'idées particulières et de la précipitation avec laquelle ils ont opéré, lorsque, comme me l'a avoué, un de leurs auteurs, elles n'ont pas été formulées entièrement sous le manteau de la cheminée.

La dernière analyse que M. Lonchamp vient de publier offre des résultats si opposés à ceux que l'on connaissait ou que l'on soupçonnait, que malgré le talent reconnu de son auteur, et l'apparente exactitude fractionnelle des chiffres, on peut attribuer à une préoccupation particulière, à la rapidité avec laquelle elle a été faite, ou à la malignité de quelque collaborateur, les erreurs qui défigurent ce travail.

Ce sont ces motifs qui, en 1830, m'avaient engagé à demander au ministre de la guerre les instruments nécessaires à cette opération, persuadé que, sur les lieux, ayant devant moi un temps suf-

fisant, pouvant répéter les expériences si les premières ne réussissaient pas, je me trouvais dans la
position la plus favorable à sa réussite. Cette demande avait été accueillie favorablement : la caisse
qui contenait les instrumens et les réactifs avait été
expédiée de Paris ; elle était arrivée à Toulouse ;
elle était en route pour Tarbes, lorsque des motifs,
que je ne veux point signaler, empêchèrent son
arrivée à Barèges ; depuis ce temps il n'a plus été
question d'analyse. Il est cependant indispensable
qu'elle se fasse pour que l'on soit fixé sur les véritables principes constituans de l'eau de Barèges ;
en attendant, je me bornerai à l'*examen critique*
de celles qui ont été faites jusqu'à ce jour, et à
exposer, d'après quelques essais particuliers, ce
qu'il y a de plus probable sur la composition chimique de ces eaux.

Les eaux de Barèges avaient été analysées très
anciennement par M. Venel. MM. Montaut et
Pagès ont fait connaître, il y a soixante ans,
qu'elles étaient composées d'une petite portion de
foie de soufre, de *natrum,* de *sel marin,* d'*une
terre,* dont une très petite quantité soluble dans les
acides, l'autre de nature argileuse, contenant en
outre une substance grasse à l'état savonneux, et
qui leur a semblé être un composé de *bitume.*

d'un peu d'alcali fixe minéral, d'une terre insoluble dans les acides, d'un peu de fer et d'une minime quantité de soufre. Quoique cette analyse soit loin d'être en rapport avec les connaissances actuelles, en sait-on plus aujourd'hui?

M. Borgella, ancien inspecteur des eaux, avait commencé l'analyse de cette eau, et avait reconnu la présence de l'hydrochlorate de magnésie, — du chlorure de sodium, — du sulfate de magnésie, — du sulfate de chaux, du carbonate de chaux, — du soufre, — de la silice et d'une substance grasse à l'état savonneux. C'est cette analyse que donne aussi M. Alibert dans son *Précis historique des eaux minérales* (p. 399—année 1826).

Un autre chimiste a donné le résultat suivant, qui s'en approche beaucoup.

Sulfate de magnésie	0,07
de chaux .	0,11
Hydrochlorate de sodium	0,03
de magnésie	0,09
Carbonate de chaux	0,05
Silice dissoute	00,1
Soufre	00,1
Gaz acide carbonique en volume sur cent parties d'eau	9,00
Gaz acide hydro-sulfurique	3,00

D'après M. Lonchamp, un kilogramme ou un litre de l'eau de Barèges contiendrait :

Sulfure de sodium	0,042100
Sulfate de soude	0,050042
Chlorure de sodium	0,040150
Silice	0,067826
Chaux	0,002902
Magnésie	0,000344
Soude caustique	0,005100
Potasse caustique	des traces.
Ammoniaque	*idem.*
Barégine	*idem.*

Gaz azote, 4 centimètres cubes.

« Ces résultats, dit M. Lonchamp, se rattachent
» merveilleusement avec les idées de Dawi sur la
» constitution intérieure du globe, parce qu'on peut
» regarder comme certain que les eaux des Pyré-
» nées résultent de la réaction de l'eau sur une
» masse qui contient du sulfure de sodium, du sul-
» fure de calcium, du chlorure de sodium et du
» silicium. Le résultat de l'analyse de la grande
» douche de Barèges, ajoute-t-il, mettra plus évi-
» demment cette opinion hors de doute, en faisant
» voir qu'il n'y a dans l'eau de cette source ni
» soude caustique, ni chaux, ni magnésie libre,

» et que les bases s'y trouvent complétement satu-
» rées par le soufre. »

Que penser de cette analyse quand on saura
que la grande douche, la buvette et la petite douche sont alimentées par une seule et même source?
Sans doute qu'il y a eu mystification de la part de
ceux qui lui ont donné des renseignements ou qui
l'ont aidé dans son travail.

« Selon M. Lonchamp, on a pris le silicate de
» chaux et le sulfate de baryte pour du carbonate
» de chaux et de baryte, tandis qu'il n'existe, dans
» ces eaux, aucune trace d'acide carbonique ni de
» carbonates. »

Ces résultats étaient trop différens de ce que
l'on prenait des eaux de Barèges pour qu'il ne fût
pas important de vérifier ce fait.

Il ne s'agissait pas d'une analyse exacte des eaux
de Barèges, mais seulement de constater d'une
manière rigoureuse si elles contenaient un alcali
libre à l'état caustique, ou si l'acide carbonique
lui était uni, car c'était là où se trouvait le point
de la question. Quoique délicate, cette opération
était facile à faire et j'y ai procédé par un moyen
indiqué par M. Anglada, professeur de chimie à
l'école de Montpellier.

Deux cent cinquante centimètres cubes d'eau de Barèges, de la source du Tambour, ont été placés dans une cornue tubulée et armée d'une allonge communiquant avec une série de deux flacons, remplis entièrement d'eau de baryte.

Le liquide élevé à l'ébullition n'a laissé dégager aucun gaz qui troublât la transparence du réactif; alors on a introduit dans la cornue une petite quantité d'acide sulfurique étendu d'eau, on a eu bientôt un dégagement de matières gazeuses qui ont noirci légèrement et formé un principe abondant de l'eau du premier flacon. Lorsque l'on a pu penser que tout dégagement gazeux avait cessé, le liquide qui avait absorbé le gaz a été filtré, et le filtre lavé avec beaucoup d'eau bouillante. L'appareil où s'opéraient les filtrations et les lavages a été renfermé sous une cloche, afin de préserver autant que possible le contact de l'air. Le filtre, chargé de carbonate de baryte, ayant été séché à l'étuve et pesé, a été lavé avec de l'acide acétique, faible et chaud, qui a produit une vive effervescence et dissous la presque totalité de ce précipité. Lavé et séché de nouveau, il avait perdu 0,06 grammes de carbonate de baryte; 1,000 centimètres cubes d'eau de Barèges contiennent donc la quantité d'acide carbonique représenté par 0,24 de carbonate de baryte, c'est-à-dire 0,052 grammes qui, unis à 0,076 grammes de soude, pour former un sous-carbonate, donneraient 0,129 grammes de ce sous-sel. D'après cela, on peut regarder l'eau de Barèges comme contenant 0,129 de sous-carbonate de soude.

Ce qui a pu induire M. Lonchamp en erreur, c'est sans doute que l'eau de baryte n'est pas instantanément touchée par l'eau de chaux, mais la réaction n'en a pas moins lieu après quelque temps.

Cette lenteur de la chaux à enlever l'acide carbonique au sous-carbonate de soude, dépend sans doute de la petitesse des proportions du sous-carbonate de soude, ou du concours de la silice, ou de la matière pseudo-organique qu'elle contient. M. Lonchamp prétend que c'est l'air qui forme cette quantité de carbonate. Pour éviter toute erreur dans l'expérience qui démontre ce phénomène, il suffit d'agir hors le contact de l'air. On obtient ce résultat en remplissant aux trois quarts un flacon bouché à l'émeril de l'eau de Barèges, en y ajoutant autant d'eau de chaux qu'il en faut pour le remplir entièrement, sans y laisser aucun vide. En moins d'une demi-journée, il se forme un précipité blanc adhérant au vase et se détachant par l'agitation sous forme pulvérulente qui offre tous les caractères du carbonate de chaux.

Ces deux épreuves témoignent donc irrésistiblement que les eaux de Barèges recèlent de l'acide carbonique, que l'alcali s'y trouve à l'état de sous-carbonate, et que, par conséquent, l'alcali libre n'est pas la cause de *ces beaux miracles qu'elles opèrent* sur les plaies anciennes, comme on l'a prétendu dernièrement.

DE LA BARÉGINE.

Pour compléter les notions que nous voulons donner sur les eaux de Barèges, il nous reste à parler de la matière glaireuse qu'elles tiennent en suspension et qu'elles laissent déposer. Comme ces concrétions se retrouvent dans toutes les eaux sulfureuses, quelle que soit leur température, et jamais dans les eaux thermales non sulfureuses, on doit penser que leur existence est liée au mode d'élaboration, qui, dans le sein de la terre, fait naître les eaux sulfureuses *, et elle mérite, sous ce

* M. de Gimbernat a vérifié au Vésuve et à la Sol-

double rapport, un examen particulier que M. Anglada a fait de cette substance.

La barégine est une substance d'un aspect muqueux, à peu près incolore, fade, très peu soluble dans l'eau même bouillante, ne se prend jamais en consistance gélatineuse par son refroidissement, et n'est coagulable ni par la chaleur ni par le froid.

La dessiccation lui fait prendre une élasticité et une demi-transparence cornée; son séjour dans l'eau la fait repasser à l'état glaireux.

Jetée sur des charbons ardens, elle noircit et se charbonne, sans se liquéfier comme les tissus cornés, ce qui semble la rapprocher des matières végétales. Elle donne une fumée épaisse et exhale une odeur empyreumatique, fétide, sensiblement animale, mais fort éloignée de celle de la corne. Le résidu charbonneux retient sa forme primitive et se montre très difficile à incinérer.

fatare, que les vapeurs qui se dégagent de leurs cratères, sont formées en grande partie par l'eau vaporisée, mêlée à une substance analogue à la matière animale, et il a reconnu que cette substance devait être assimilée à cette découverte dans les eaux sulfureuses. Nous avons déjà parlé de ce phénomène en traitant des causes probables de la chaleur des eaux.

Insoluble dans l'alcool et l'éther, elle est précipitée de sa solution aqueuse par ces deux liquides.

Plus soluble dans les alcalis et les carbonates alcalins que dans l'eau, elle l'est entièrement et sans altération, dans l'acide acétique; elle l'est aussi dans les acides sulfuriques et hydrochloriques qui en convertissent une partie en une substance soluble dans l'alcool.

Elle est attaquable par l'acide nitrique avec émission de gaz azote, à l'instar des matières animales, dont elle diffère par une résistance très prononcée à la putréfaction.

La solution aqueuse donne, avec l'acétate et le sur-acétate de plomb un précipité blanc sale, dont la matière pseudo-organique fait partie, précipite lentement la solution de proto-chlorure d'étain, ainsi que le deuto-chlorure de mercure. Elle forme, avec l'infusion de noix de galle, un précipité floconneux, brunâtre, mais n'éprouve aucun changement apparent de la part de la solution d'eau.

L'addition de quelques gouttes de nitrate d'argent convertit, avec le concours de l'air, la glairine ainsi dissoute en un précipité brun-rouge, tandis que le liquide surnageant retient une teinte analogue.

Soumise à la distillation, elle donne—une huile

9*

empyreumatique, d'un brun jaunâtre; d'une odeur forte, soluble dans l'alcool, et louchissant alors par l'addition d'eau.

— Un liquide aqueux, jaune, opaque, peu abondant; combinaisons savonneuses de l'huile empyreumatique avec l'ammoniaque, dont l'odeur augmente par l'addition de quelques gouttes de potasse.

— Du carbonate d'ammoniaque.

— Du gaz acide hydro-sulfurique. Il est probable que le soufre qui le produit n'est pas partie constitutive de la barégine, car, lavée à plusieurs reprises, elle perd ce principe.

— De l'acide carbonique.

— Du gaz hydrogène carboné.

— Un résidu charbonneux de nature animale, produisant un cyanum quand on le calcine avec un alcali, et par suite de l'acide hydro-organique quand l'eau réagit sur ce principe.

Voilà ce que l'analyse chimique nous démontre. Voyons maintenant ce que les auteurs en ont pensé, et ce que nous devons nous-même en penser.

Bordeu, en comparant ces substances au blanc d'œuf, les envisageait tantôt comme une matière graisseuse, tantôt comme étant de la nature du soufre et brûlant après la dessiccation à l'instar de ce combustible. Ce n'était pas une opinion : il y avait beaucoup de recherches à faire, disait-il lui-même; le temps nous apprendra beaucoup : je ne puis me persuader qu'elles n'aient pas des usages fort étendus.

Bayen la regardait comme un mélange de soufre et de terre, unies par une portion de matière grasse; il signale son analogie avec les produits organiques. (*Opus. chim.*, t. I, p. 49.)

Lemonnier découvrit cette substance tenue en dissolution dans les eaux de Barèges; il nota la précipitation de flocons gélatineux qu'il compare au frai de grenouilles. Il leur reconnaît la faculté de se décomposer au feu, après dessiccation, en exhalant l'odeur de laine brûlée, et d'éprouver la combustion à la manière des substances végétales, en répandant une odeur de bitume.

Duchanoy les attribuait à la décomposition du foie de soufre argileux.

Vauquelin, en 1800, prononça le premier que c'était une substance très analogue à l'albumine et à la gélatine animale, donnant, comme elle, à la distillation de l'ammoniaque et une huile empy-reumatique fétide, offrant les propriétés de la corne, et conséquemment de nature très azotée. C'est aussi l'opinion de Chaptal.

Suivant quelques naturalistes modernes, ces concrétions ne seraient que des êtres organisés, intermédiaires entre les végétaux et les animaux destinés par la nature à vivre dans les eaux thermales. D'après ce point de vue, M. Bory-de-Saint-Vincent range les glaises des eaux sulfureuses dans la famille des arthrodicés, en la tribu des oscillariés et dans le genre anabaïne.

M. Gimbernat leur a donné le nom de zoogène, M. Lonchamp celui de barégine, et M. Anglada celui de glairine.

Celui de barégine constate son existence à nos eaux, qui lui doivent, n'en doutons pas, une grande partie de leur propriété. Aujourd'hui, ce que l'on connaît sur les propriétés de cette substance doit nous faire penser que c'est une matière analogue aux matières végétales azotées, qu'elles résultent de l'agrégation de molécules exportées par les eaux, dont la réunion est favorisée par le contact de l'air, et même devant avoir un commencement de vie et même d'animalisation.

Cette matière, par sa constance dans ces eaux, semble se lier étroitement au mode d'élaboration qui, dans le sein de la terre, fait naître les eaux sulfureuses, et doit jouer un grand rôle dans le mode d'action de ces eaux.

Toute imitation des eaux où l'on n'a tenu aucun compte de cet ingrédient si remarquable, est nécessairement très imparfaite, et la substitution que l'on y fait de la gélatine et de l'albumine est très peu légitimée par la théorie. L'existence de cette substance dans les eaux de Barèges les rendent très peu propres à être longuement conservées pour le besoin de la thérapeutique.

Il nous reste à parler de la chaleur qui entre dans la composition des eaux de Barèges. On a longuement disserté pour savoir si cette chaleur était de même nature que celle des eaux qui ont été chauffées à nos foyers. Je crois cette question oiseuse ; autant vaudrait-il demander si la chaleur du feu est de même nature que la chaleur animale, dont le tact peut distinguer un si grand nombre de variétés sans que le thermomètre le plus sensible indique la moindre variation par ses degrés.

Ne faisons point d'expériences pour savoir si les eaux thermales se refroidissent plus lentement que les eaux échauffées artificiellement ; mais bornons-nous au tact qui, dans les maladies, nous fait distinguer des états que nous demanderions en vain à nos instruments. Ajoutons simplement qu'à

Bourbonne on boit avec plaisir l'eau à 45 degrés, ce que l'on ne ferait pas avec l'eau chauffée artificiellement; qu'à Barèges l'eau la plus chaude laisse à la bouche un sentiment de fraîcheur que l'eau chauffée à la manière ordinaire ne lui donnerait pas certainement.

Ne cherchons pas davantage le rôle que l'électricité peut remplir par ses propriétés calorifères et dissolvantes que l'on ne peut plus lui contester aujourd'hui; mais bornons-nous à l'appréciation de leurs effets sur l'économie, ce qui sera moins difficile et certainement plus utile à l'objet que nous nous proposons.

DES EAUX DE BARÈGES ARTIFICIELLES.

Après avoir démontré que toutes les analyses qui ont été faites des eaux de Barèges naturelles ne méritent aucune confiance, puisque l'on a ignoré jusqu'à ce moment leur véritable composition. Il est facile de prévoir ce qu'il me reste à dire sur l'imitation de ces eaux, et ce que l'on doit penser de ces différentes formules, dans lesquelles on a fait dominer, suivant les connaissances de l'époque, tantôt le soufre en suspension, précipité du sulfure de potasse et de soude par l'acide sulfurique; tantôt le gaz hydrogène sulfuré, dégagé des hydro-sulfures de potasse ou de soude; de l'eau hydro-sulfurée simple, suivant le formulaire des hôpitaux militaires.

La soude caustique, d'après la préparation *secrète* des néothermes, qui ne mérite pas plus l'approbation que lui a donnée l'Académie de Médecine que toutes ces autres formules, tour-à-tour préconisées, puis tombées dans l'oubli ou le mépris. Toutes les personnes qui ont fait usage des eaux de Barèges naturelles et des artificielles savent que ces dernières n'ont aucune ressemblance avec les eaux naturelles : leur action sur l'économie diffère encore plus que leurs différences physiques ; et malheureusement l'on ne peut soutenir, avec M. Pariset *, que *ce qu'il y a d'essentiel à Barèges se trouve aujourd'hui aux néothermes, et que les malades trop faibles pour se faire transporter jusqu'aux Pyrénées en retrouveront presque l'équivalent dans la rue Chantereine, avec cet*

---

* Rapport à l'Académie de médecine, séance du 26 juin 1832.

avantage de plus qu'ils en pourront jouir toute l'année. Avant d'imiter une chose, il faut la connaître; espérons que l'on arrivera à ce but. Mais comment y joindra-t-on cet air pur, cette pression atmosphérique si inférieure à celle de la plaine, ces combinaisons immédiates de la nature qui, seules, peuvent rendre leur administration intérieure non-seulement favorable à la santé, mais même sans danger pour le malade? La nature nous offre ce que l'art ne peut imiter; c'est le **diamant** dont nous connaissons la composition, et que personne n'est parvenu à reformer malgré sa simplicité. L'analyse des eaux y démontre des carbonates, des hydrochlorates et des sulfates à diverses bases, qui se tiennent paisiblement en dissolution dans la même eau, sans donner lieu à des réactions qui ont toujours lieu lorsque nous cherchons à les contrefaire.

DE L'USAGE DES EAUX EN GÉNÉRAL.

Lorsque l'on fait attention à l'usage fréquent que les anciens faisaient des bains, on ne peut douter que l'expérience n'eût sanctionné leur emploi, et s'empêcher d'en conclure que l'on pourrait les employer utilement plus souvent qu'on ne le fait aujourd'hui.

Les sources thermales sur-tout étaient honorées à l'égal des divinités, et si la superstition a été pour quelque chose dans l'abus que l'on en faisait, on peut aussi attribuer au fanatisme l'aversion que les premiers chrétiens apportèrent contre leur usage, après en avoir expulsé les divinités et détruit les monuments. Autrefois il y avait abus; de nos jours on les a trop négligées. Je ne dis pas que l'on ne prenne souvent les eaux inutilement, qu'elles ne soient quelquefois pour le médecin un moyen pour se débarrasser d'un malade qu'il n'a plus l'espoir de guérir ; mais il n'est pas moins certain qu'il existe beaucoup d'affections qui pourraient être traitées avec efficacité par les eaux minérales dès leur début, ou peu après leur invasion, tandis que l'on préfère employer tous les remèdes, voire même les plus extraordinaires, avant de recourir au plus naturel et au plus simple, parce -qu'il faudrait se déplacer. On n'emploie le plus souvent les eaux que comme dernier moyen, quand on n'espère plus rien des autres, et si quelque chose doit surprendre après cela, c'est la fréquence des résultats heureux que l'on obtient encore malgré l'époque tardive à laquelle on se décide à y recourir, le peu de soin que l'on apporte dans la manière d'en faire usage, et sur-tout malgré l'absence de bonnes indications sur les eaux qui auraient été les plus favorables.

Un ouvrage, qui embrasserait d'un point de vue impartial l'ensemble des eaux thermales, qui les classerait d'après les propriétés particulières et bien constatées de chacune d'elles, et sur-tout qui préciserait celles dont il convient de faire usage dans tel ou tel genre de maladies, remplirait la plus grande lacune qui existe aujourd'hui dans l'art de guérir. Un professeur d'un grand talent avait fait espérer de voir satisfaire un besoin d'autant plus grand, que la facilité des voyages et l'envie de se déplacer augmentent tous les jours; malheureusement l'attente générale a été trompée, et l'on ne reconnaît pas dans *le Traité des eaux minérales* cette exactitude de descriptions, cette vérité de faits qui caractérisent les ouvrages de M. Alibert quand il traite des sujets observés par lui-même. Des monographies faites consciencieusement pourraient seules diriger dans un semblable travail; mais comment se fier à tous les traités particuliers quand on connaît le zèle des hommes pour les établissements à la tête desquels ils se trouvent placés, cette complaisance involontaire pour des sources avec lesquelles ils s'identifient pour ainsi dire ; quand on sait que l'*auri fames* sait exagérer leurs effets salutaires, et souvent même fermer les yeux sur les dangers de leur administration. Ce que l'on écrit dans les livres se confirme rarement dans la pratique ; on croit être utile à soi-même et au pays en employant des promesses hasardées pour mettre des eaux en vogue, tandis qu'on leur nuit réellement. Ce zèle imprudent, ces promesses déçues finissent toujours par éloigner la foule que l'on avait attirée un instant ; elle aurait augmenté peu à peu et s'y serait fixée, si on ne les eût conseillées qu'à des malades qui pouvaient en retirer des avantages réels, ou du moins qui n'y eussent point éprouvé de résultats fâcheux. J'ai vu des localités ainsi encombrées un instant et entièrement abandonnées peu de temps après, tandis que d'autres lieux moins prônés, moins fréquentés, se maintiennent dans un état toujours croissant de prospérité, malgré le peu de soins que l'on prend pour les rendre agréables.

Le plus grand service qu'un médecin puisse rendre à un établissement thermal, c'est de spécifier les cas où ces eaux sont spécialement indiquées *indispensables* ; ceux dans lesquels elles partagent des propriétés communes avec d'autres eaux, qu'il convient alors d'indiquer ; les cas où leurs effets sont douteux, ceux enfin dans lesquels on pourrait craindre qu'elles devinssent nuisibles ou même dangereuses. En consultant un semblable travail avant d'aller aux eaux, chacun saurait à l'avance les résultats qu'il est en droit d'en attendre : on ne verrait plus tant de personnes trompées décrier les eaux; et le médecin prendrait, avec l'établissement qui lui est confié, cette considération, premier but auquel doive tendre un homme qui sent toute la dignité de sa profession.

Ces données générales m'ont semblé indispensables avant d'entrer en matière sur la partie médicale des eaux de Barèges. J'ai tâché de mettre en pratique ce que je juge indispensable pour tous les établissements de ce genre; heureux d'avoir indiqué la route, si cet exemple est suivi par des gens plus capables, mais dont l'impartialité ne pourra être plus grande que celle dont je me suis fait un devoir dans cet ouvrage.

En attendant qu'un travail général soit exécuté dans le but indiqué plus haut, il serait à désirer que tout malade décidé à faire usage des eaux, écrivit à l'un des médecins ou chirurgiens de l'établissement sur lequel on veut le diriger; qu'il lui adressât un petit mémoire à consulter renfermant une note exacte des circonstances qui ont accompagné et suivi le développement de sa maladie, les moyens qui ont été employés pour la combattre, leur action, son état actuel, enfin son tempérament avant et après les accidents qu'il a éprouvés. Ce n'est que sur ces données que le médecin pourra juger si les eaux conviennent à la personne qui le consulte, et il doit se faire un devoir de répondre consciencieusement à la confiance que l'on met en lui. Si le malade a négligé cette précaution, que je regarde comme essentielle, il faut qu'il se loge aussitôt son arrivée, qu'il se repose un jour ou deux avant de faire appeler quelqu'un pour le diriger. Le médecin qui entendrait avant ce temps sa confession ne pourrait reconnaître sûrement son état, que la fatigue rend méconnaissable. Il faut sur-tout qu'il se mette en garde contre le zèle indiscret de certains docteurs qui relancent comme une proie un pauvre malade au sortir de sa voiture, qui, sans connaître son tempérament et même le genre de sa maladie, lui ont assuré un bain particulier, donné une ordonnance avant qu'il ait eu le temps de se reconnaître. Ce n'est pas ainsi que doit agir un médecin vraiment digne de ce titre ; et, cependant, je me vois forcé de signaler une semblable conduite, parce qu'elle est malheureusement trop commune dans certaines localités, et qu'il est indispensable qu'un étranger soit en garde contre des gens aussi indignes de la profession qu'ils exercent et de la confiance publique.

ACTION GÉNÉRALE DES EAUX DE BARÈGES.

Les eaux de Barèges sont *essentiellement stimulantes;* elles agissent toujours en développant un mouvement fébrile dans l'économie.

Dans l'état de santé, leur action se fait remarquer par une chaleur générale, accompagnée de sécheresse et d'une acidité particulière de la peau*;

---

* M. Le Monier a démontré, par des expériences rigoureuses, que la *transpiration pendant le bain* faisait éprouver au corps une perte de poids assez considérable. Il a trouvé, au moyen d'un appareil très ingénieux, que se baignant dans le bain du Fond il avait perdu constamment de 7 à 18 onces de son poids après

le pouls devient plus fort et plus élevé, les sécrétions sont diminuées, le sommeil est troublé par des rêves qui prouvent que les organes génitaux participent à cette surexcitation; l'appétit disparaît jusqu'à ce que l'habitude fasse cesser peu à peu ces phénomènes, ou que la nature elle-même ait rétabli l'équilibre par un mouvement sur le gros intestin, ou par des sueurs abondantes. Après cela l'appétit revient, la transpiration s'établit par tout le corps, les forces augmentent jusqu'à des limites cependant que l'on ne doit pas tenter de dépasser sans s'exposer à une nouvelle série de phénomènes analogues aux premiers, mais qui pourraient avoir de fâcheux résultats. Cet état se développe très ra-

une demi-heure. La respiration n'éprouvait aucun changement, le pouls n'était pas plus fréquent, seulement il était *plus fort et plus élevé*. A la source du Tambour, après 6 minutes d'immersion, la sueur ruisselait de son visage et tout son corps était rouge et gonflé; une minute après, l'agitation était violente, le pouls très fréquent et ses vibrations très étendues. Une dernière minute provoqua des étourdissements. Sorti du bain, il avait perdu 20 onces en 8 minutes. S'étant remis 22 minutes dans le bain du Fond pour terminer sa demi-heure, il perdit encore 9 onces de son poids.

pidement chez les tempéraments sanguins, athlé-
tiques, et chez les personnes dont le système nerveux est très impressionnable; les sujets faibles et
délicats, à prédominence lymphatique, les sup-
portent beaucoup plus facilement, et même quelquefois sans éprouver les phénomènes que nous
venons de signaler.

Je pourrais rapporter un grand nombre d'exemples de personnes bien portantes qui ont été in-
commodées pour avoir pris seulement quelques
bains, comme on prend un bain ordinaire. M. Gasc
cite l'observation d'une jeune fille de quatre ans
prise de convulsions violentes dont elle faillit être
la victime, après deux ou trois bains qu'on avait
conseillés comme moyen de propreté.

Dans l'état de maladie, ces eaux agissent en
développant un état fébrile véritable; elles ne guérissent qu'en faisant passer à l'état aigu des affections devenues chroniques chez des sujets dont
les réactions vitales n'étaient plus assez fortes pour
amener la résolution. On a dit qu'elles agissaient
en provoquant une crise par les sueurs. François
Bordeu ne pensait pas qu'elles fussent nécessaires;
il a vu beaucoup de crises de cette espèce ne point
amener la terminaison des maladies, tandis que
beaucoup d'autres guérissent sans crises. J'ai été à

portée de faire la même observation; mais j'ai remarqué aussi que les malades chez lesquels une exacerbation de symptômes n'a pas lieu, ne doivent pas être regardés comme sûrement débarrassés, quoiqu'en apparence guéris. Ainsi, les rhumatismes qui ont disparu peu à peu sans éprouver de récrudescence, les affections de la peau qui se sont dissipées peu à peu sans augmentation première de leurs symptômes, et pour ainsi dire effacées par l'action dissolvante de l'eau, sont sujettes à récidive. Quoique nos organes intérieurs soient plus éloignés de nos moyens d'investigation, les réactions sympathiques nous ont démontré que les choses s'y passaient de la même manière.

Comment les principes des eaux si peu abondants, si peu actifs par eux-mêmes, peuvent-ils produire, sur l'économie, des effets si remarquables? N'est-ce pas au moyen de leur extrême division, que nous ne pouvons pas obtenir dans nos laboratoires? *n'est-ce pas d'une manière homœopathique qu'elles agissent sur la plupart des affections qu'elles guérissent?* Je ne fais qu'indiquer cette nouvelle voie ouverte à l'observation, et je me bornerai à constater que dans l'état de santé, leur action se porte spécialement sur la peau et sur le système musculaire; il n'est pas rare de voir se développer, après leur usage, des éruptions *passagères* de la nature des affections herpétiques, et des douleurs analogues aux rhumatismes.

MODE D'ADMINISTRATION DES EAUX.

La manière de prendre les eaux est loin d'être indifférente ; elle entre pour beaucoup dans les résultats que l'on en obtient. Celles de Barèges surtout demandent une grande attention de la part du médecin. Il doit diriger les influences qu'exercent sur ses malades l'action propre des eaux, la raréfaction de l'air à des hauteurs aussi considérables et les variations fréquentes de l'atmosphère ; c'est cependant ce dont on se doute le moins à Barèges. Une vieille routine, je dirai plus, une sorte de superstition fait craindre les effets que l'on retire des eaux, plutôt comme un miracle auquel il ne faut pas regarder de si près, que comme le résultat physiologique d'une série de phénomènes vitaux qu'il faut savoir favoriser et diriger de manière à en retirer les résultats les plus avantageux. J'ai dû faire ces observations, parce que depuis quelque temps chacun fait tellement ce qui lui plaît à Barèges, que l'on a fini par penser que, pour prendre les eaux, il n'y avait qu'à se jeter dedans à corps perdu, sans faire autre chose. J'ai vu des personnes arriver à Barèges avec la volonté de prendre une certaine quantité de bains, se baigner deux et même trois fois par jour, pour avoir plutôt complété leur nombre et rester moins de temps à Barèges, jusqu'à ce que des accidents graves vinssent leur apprendre, à leurs dépens, que l'on ne joue pas impunément avec ces eaux. J'insiste sur cette observation, parce que la facilité avec laquelle on supporte un certain nombre de bains et le bien-être que l'on éprouve, font croire que l'on en supportera un plus grand nombre avec la même facilité. On croit pouvoir faire exception à la règle commune jusqu'à ce qu'on ait fait la triste expérience du contraire.

Il est impossible de fixer des règles particulières pour chaque cas et chaque maladie, parce qu'une variété infinie de circonstances et de constitutions exigeraient des connaissances et des détails infinis; c'est pourquoi je me contenterai de généraliser les principes d'après lesquels on doit se conduire aux eaux de Barèges. Je tâcherai en même temps de résoudre des questions de pratique assez importantes pour que nous nous y arrêtions quelque temps.

EST–IL NÉCESSAIRE DE SE SOUMETTRE A UNE PRÉPARATION AVANT DE FAIRE USAGE DES EAUX DE BARÈGES ?

Je pense que , dans la plupart des cas, une préparation est nécessaire, et je ne puis mieux faire que de citer ici l'opinion de Meighan, qui nous a laissé des règles si précises et des remarques profondes sur les bains de Barèges. « Avant de commencer un traitement par ces eaux, il est nécessaire de donner au malade, s'il vient de faire un voyage, un petit intervalle de repos, et de le saigner s'il y a un peu de réplétion dans les vaisseaux ; c'est un moyen préparatoire nécessaire pour qu'elles puissent circuler avec aisance et exercer plus facilement leurs qualités salutaires *. » Il ajoute qu'un vomitif et un purgatif sont souvent indiqués avant de faire usage de ces eaux ; il veut même que l'on répète l'emploi de ces évacuations à plusieurs reprises. Je regarde une saignée géné-

* General rules , with , remarks , for the use of Barèges. Bath and waters. 1 and 2.

rale ou locale nécessaire dans beaucoup de cas, et même indispensable si l'on a affaire à un tempérament sanguin, s'il existe une disposition du sang à se porter vers quelques organes essentiels à la vie dans les affections de la peau, avec douleur ou susceptibilité de cet organe, dans les cas de rhumatisme où l'on remarque encore un peu de douleur. Une évacuation par les purgatifs me semble moins nécessaire; je la croirais même nuisible dans beaucoup de cas. L'expérience m'a prouvé qu'un régime adoucissant et délayant, une évacuation sanguine, quelques demi-lavements, dont le premier est rendu, tandis que l'intestin, préparé par lui, peut garder le second, suffisent, dans la plupart des circonstances, pour déterminer une détente que les purgatifs n'amènent pas toujours, et qui alors ne font qu'irriter davantage les organes du malade. J'en dirai autant pour les moyens à employer dans le cours du traitement; seulement, à cette époque, les purgatifs doux me semblent offrir des résultats plus favorables que dans le début.

DOIT-ON SUIVRE UN RÉGIME EN PRENANT LES EAUX ?

On n'insiste pas assez à Barèges sur le régime que les malades doivent suivre; rien n'est cependant plus important pour rendre plus favorable l'action des eaux. C'est pourquoi j'en fixerai les règles d'après les praticiens qui m'ont précédé et les observations qui me sont propres.

Il faut avoir l'esprit libre de toute peine et de tout souci; penser que l'on est venu à Barèges pour sa santé, et que l'on doit laisser toute espèce de travail en entrant dans la gorge qui y conduit. Descannets a dit qu'il fallait se coucher et se lever de bonne heure : cette règle n'est pas générale et doit être soumise à l'état du temps. Quelquefois il fait très froid et très humide le matin et le soir; c'est le cas de l'appliquer et de se promener dans la journée; mais comme il arrive souvent, si le temps est pur le matin et le soir, il faut en profiter pour aller respirer l'air embaumé de la montagne; il vaut mieux alors dormir pendant quelques heures au moment où le soleil ne laisse plus d'ombrage et brûle la gorge de Barèges.

Il faut éviter l'usage des viandes grasses et salées, du vin pur, des liqueurs fortes, du café, mais je suis loin de penser que le lait, les fruits, la salade même soient contraires à ceux qui font usage des eaux; je les leur recommanderai même, si leur estomac s'en trouve bien. Les viandes sèches et la privation des végétaux dans la plupart des pensions rendent indispensable cet aliment pour calmer l'état d'excitation auquel ce régime et l'action propre des eaux ne peuvent manquer d'amener.

Descannets regarde, avec raison, le mariage comme un obstacle au rétablissement de la santé pendant l'usage des eaux.

Enfin, on peut résumer les règles de régime à suivre pendant l'usage des eaux à ce précepte : éviter toutes les causes physiques et morales d'excitation, comme tout ce qui pourrait affaiblir l'économie : emploi modéré de tout.

EST-IL INDIFFÉRENT DE PRENDRE DES BAINS A UNE SOURCE OU A UNE AUTRE.

Quoique la nature des eaux paraisse peu varier dans les diverses sources, certaines causes ne rendent pas indifférent le choix de celles que l'on doit employer. Nous avons vu que le bain le plus actif était la piscine militaire, qu'après lui venaient les bains Polard, les bains Neufs, les bains de l'Entrée, la Piscine des pauvres. Ces bains conviennent principalement aux personnes lymphatiques, aux sujets d'un tempérament peu prononcé, dans les maladies de la peau, les rhumatismes, les scrophules, les ankyloses, les plaies entretenues par la présence de corps étrangers; il est souvent prudent de ne les employer qu'après avoir fait usage des bains tempérés : il faut observer que ces bains, et sur-tout ceux de la piscine militaire, ne conviendraient pas dans le cas de disposition à la pléthore sanguine; que leur action serait nuisible chez les sujets d'un tempérament nerveux; qu'ils pourraient devenir mortels chez les sujets menacés d'une congestion pulmonaire ou cérébrale et dans les affections du cœur. M. Gasc cite l'observation d'un officier venu à Barèges pour combattre des douleurs vagues des membres, et pour fortifier les cicatrices dont il était couvert. Vu l'extrême irritabilité de cet officier et une disposition bien marquée aux congestions du cerveau, il fut décidé qu'on lui ferait prendre les eaux minérales avec beaucoup de précaution. En effet, on lui donna les bains de la Chapelle; mais le malade les trouvant un peu froids, il fut envoyé à la Piscine. A peine fut-il dans l'eau, que le sang lui monta à la tête et qu'il eut une fausse attaque d'apoplexie ; il fallut le transporter chez lui et le saigner pour réveiller ses sens engourdis. Il se rétablit assez promptement. On lui fit prendre de nouveau les bains, mais en s'en tenant aux tempérés. Il partit de Barèges dans un état très satisfaisant de santé*.

Les bains tempérés conviennent aux tempéraments sanguins et bilieux ; ceux qui ont un tempérament sec et brûlant, dit *Descannets*, doivent faire usage des bains doux. On les emploie avec utilité dans les maladies de la peau, avec exaltation de la sensibilité de cet organe, les rhumatismes passés depuis peu à l'état chronique ; et une grande partie des malades envoyés à Barèges doivent commencer à faire usage de ces eaux avant de passer à une température plus élevée.

Les sources moins chaudes paraissent contenir une plus grande quantité de principes gazeux, et produisent des effets analogues à ceux que l'on obtient des eaux de Saint-Sauveur ; leur action est sur-tout favorable dans les affections nerveuses,

* *Gasc*, observ. LXIII, 2ᵉ série.

dans les maladies des voies urinaires, chez les personnes d'une constitution délicate et dont les organes de la circulation ne remplissent pas leur fonction d'une manière régulière.

A QUELLE HEURE DOIT-ON PRENDRE LES BAINS?

Généralement l'heure des bains est assez indifférente pour la santé, si elle ne l'est pas toujours pour la commodité. Le petit nombre de baignoires dont on peut disposer à Barèges, relativement à la quantité des malades qui s'y trouvent réunis, doit faire passer sur les inconvénients qui ne tiennent qu'à cette considération. Si cependant le bain pris à certaines heures apportait dans la digestion, dans le sommeil ou dans d'autres fonctions, un trouble difficile à réparer, il faudrait s'en abstenir plutôt que de continuer une médication qui pourrait devenir nuisible.

Le bain du matin est ordinairement préféré, je ne sais pourquoi; cela dépend de l'habitude plutôt que de toute autre considération raisonnée. Celui du soir, avant de se coucher, me paraît aussi convenable; il évite l'ennui de s'habiller plusieurs fois dans le jour, et ne dérange en rien les habitudes

de la vie, circonstances qui ne sont pas sans considération ; il favorise souvent le sommeil, et peut
ainsi tourner à l'avantage des malades : s'il provo-
quait de l'agitation, de l'insomnie, il faudrait s'en
abstenir.

Mais celui qui, sans contredit, dans le plus
grand nombre des cas, doit obtenir la préférence,
est celui de midi à quatre heures, comme les Romains le pratiquaient ; pendant ce moment, on a
le grand avantage de n'être point exposé aux variations subites de la température et de pouvoir se
reposer le corps pendant les grandes chaleurs du
jour ; les matinées et les soirées froides et humides
de Barèges en font presque une règle dans les maladies graves. Lorsque le temps est beau le matin
ou le soir, il vaut mieux en profiter pour la promenade ; elle deviendrait impossible ou fatigante
aux autres heures du jour.

La distance à observer entre les repas et le bain
doit toujours être prise en considération. Généralement parlant, on ne doit jamais se baigner avant
que la digestion soit terminée, c'est-à-dire trois ou
quatre heures après le repas ; cependant, si l'estomac demandait quelque chose le matin, il vaudrait
mieux prendre un bouillon, une tasse de lait, un
potage, même *immédiatement* avant de se baigner,

que de laisser souffrir cet organe par un jeûne trop prolongé. On digère aussi facilement dans le bain que partout ailleurs ; le médecin Posydonius le recommandait au sortir des festins où l'on s'était gorgé de toutes sortes d'aliments. A Rome, il était devenu à la mode de souper dans son bain. J'ai eu à Barèges et à Caldas l'exemple de deux personnes qui n'ont rétabli leur digestion que par ce moyen : il faut remarquer qu'il serait très dangereux de se plonger dans l'eau une ou deux heures après le repas, quand la digestion est commencée ; l'important est de ne point troubler cette fonction.

La durée ordinaire du bain est d'une heure. Lorsqu'on le prend chaud, il vaut mieux rester un peu moins dans l'eau ; une fois le mouvement établi du centre à la circonférence, il serait nuisible de vouloir le porter trop loin. Pour les bains frais, on doit encore prendre de plus grandes précautions : il ne faut jamais attendre que le froid devienne assez grand pour causer une sensation pénible et un frisson qui amènerait infailliblement un accès fébrile, ce qui ne peut être utile dans aucun cas. Pour les bains tempérés, je suis de l'avis de Meighan, quand il dit que l'on peut, sans inconvénient, y rester autant qu'on le veut, et que l'on s'en trouve souvent mieux quand il est continué

deux heures et plus. Il est toujours plus avantageux de les employer ainsi, que de prendre deux
bains le même jour, méthode des plus nuisibles
par le trouble que l'économie reçoit du double
mouvement qui s'établit du centre à la circonférence, et de la double réaction à laquelle il donne
lieu. Il est rare que les malades qui ont employé
ainsi les eaux de Barèges n'en aient pas été incom-
modés, souvent même d'une manière grave, après
quelques jours seulement.

J'ai déjà dit qu'il n'existait à Barèges aucun appareil qui méritât le nom de *douche*, et j'ai indiqué le moyen d'y remédier. En attendant cette
amélioration, qui peut encore se faire attendre
long-temps, je vais indiquer les avantages que
l'on peut retirer des appareils existant aujourd'hui,
et les précautions à prendre pour qu'elles ne deviennent pas nuisibles.

La disposition de la *douche du Tambour* la
rend favorable au développement d'une grande
quantité de vapeurs; son action est plus générale
que locale; elle tend par-dessus tout à exciter fortement les fonctions de la peau; elle favorise la
transpiration sans trop affaiblir le corps, et devient ainsi éminemment utile dans les affections
profondes du système cutané et dans les rhuma-

tismes invétérés; mais on s'aperçoit de son impuissance toutes les fois qu'il est nécessaire d'agir fortement et d'une manière mécanique sur une partie du corps, dans les ankyloses et dans les entorses; dans les relâchements articulaires et la rétraction des muscles; alors elle détermine souvent un effet contraire à l'effet de la partie que l'on voulait obtenir, l'afflux du sang au lieu du dégorgement; ce qui est d'autant plus fâcheux, que les bains de Barèges conviennent essentiellement dans ces affections, et qu'il est probable, qu'employés en douche véritable, à des températures variées, ces eaux produiraient les effets les plus avantageux.

L'action que la douche du Tambour exerce sur le système artériel et pulmonaire doit faire surveiller son usage chez les personnes d'un tempérament sanguin, disposées aux congestions vers la tête ou vers le poumon : de trop nombreux exemples ont prouvé que son action pouvait devenir funeste, quand on faisait de ce moyen un usage imprudent ou immodéré. Elle fatigue moins les personnes lymphatiques, faibles, délicates, d'une constitution épuisée, pourvu que le système nerveux ne soit pas trop prédominant et que l'on ne fasse pas abus de ce moyen. La réaction qui a lieu doit être le guide le plus sûr pour fixer le temps que l'on doit employer à cette médication, et la manière de la rendre utile. Je dois ajouter à ces conseils quelques règles générales données par un auteur que je me plais à citer toutes les fois que j'en trouve l'occasion *.

« Les cavités du corps, c'est-à-dire, la tête, la poitrine et le ventre, ne doivent pas être exposées aux douches aussi librement que le corps. » J'ai vu l'apoplexie, la péritonite, une inflammation des plus violentes de la vessie et du testicule suivre l'emploi de la douche sur ces organes.

« Quand une partie est délicate, l'application de la douche doit être modérée ; il faut la suspendre entièrement en cas d'inflammation, et au lieu de cela faire des fomentations d'eau tempérées qui, en peu de temps, produisent le soulagement que l'on désire. »

Je ne crois pas, comme Meighan, que l'on puisse faire usage de la douche le matin et le soir, si cela est nécessaire. J'ai toujours vu les accidents suivre la tolérance que l'on a eue pour une semblable pratique ; je me suis même convaincu que le corps ne supporte que difficilement le même jour l'action

* Meighan, *ouvrage cité.*

11

de deux immersions dans une même journée; quelque courte que soit leur durée, elles donnent lieu à deux mouvements opposés du sang vers la peau et vers les organes intérieurs, et fatiguent promptement, et d'autant plus que l'on est plus fort et les réactions plus vives. Je pense avec lui que, dans le cas où les bains et les douches seraient nécessaires, les premiers doivent précéder de manière à disposer les parties à recevoir, avec plus d'efficacité, l'influence de la douche. Je pense encore avec lui, que dix, douze ou quinze minutes sont le temps le plus long que l'on doive y passer; j'en ai déjà fait pressentir la raison, la réaction étant le but que l'on se propose, une durée plus longue ne pourrait que l'affaiblir en portant le ressort des organes au-delà des limites que l'on ne peut dépasser sans danger.

DOIT-ON SE COUCHER OU RESTER LEVÉ, SE REPOSER OU SE PROMENER APRÈS LES BAINS ET LES DOUCHES?

Ces questions ne peuvent être résolues que d'une manière générale : on doit agir d'après les effets que l'on veut développer. Dans le plus grand

nombre de cas, c'est la transpiration qu'il s'agit de
favoriser ; il faut alors, immédiatement en sortant
du bain, se faire couvrir d'un vêtement complet
de molleton ou de laine, et se faire porter dans un
lit bien échauffé ; si la transpiration avait cessé
pendant ce trajet, il faudrait la ranimer en prenant un verre d'eau thermale ou de quelque infusion aromatique bien chaude ; s'il y avait apparence de concentration des forces sur l'estomac,
quelques cuillerées d'une boisson froide dévelop-
peraient presque subitement le mouvement à l'extérieur.

Si l'on veut produire un effet tonique dans les
paralysies, les constitutions épuisées, il faut empêcher qu'une transpiration trop abondante ne
produise l'effet opposé à celui que l'on veut déterminer ; le malade sera vêtu plus légèrement,
et ne se mettra au lit que lorsqu'il commencera à
sentir un peu de fraîcheur à la peau ; si malgré cette
précaution la transpiration était excessive, quelques onctions huileuses pourraient être d'une
grande utilité.

Si l'on veut favoriser l'action des reins et un
passage rapide de liquide par la vessie, il ne faudra pas se coucher, mais se promener en buvant
de demi-heure en demi-heure un verre d'eau
thermale.

DE L'USAGE INTERNE DE L'EAU DE BARÈGES.

Généralement on associe l'usage interne de l'eau
de Barèges à ses bains. Employée ainsi, elle favorise la transpiration en même temps qu'elle agit
sur nos organes par ses principes médicamenteux.
L'époque la plus favorable pour boire ces eaux,
est le matin avant le déjeûner ; deux à trois verres,
de quart d'heure en quart d'heure, suffisent ordinairement ; une plus grande quantité est rarement
suivie de résultats plus avantageux et peut occasioner des dérangements. J'ai observé aussi que la
même quantité de ce liquide introduite dans l'estomac à des distances ainsi rapprochées, fatiguent
bien moins la plupart des malades que prise à des
époques éloignées de la journée. L'estomac, comme
tous nos organes, peut bien travailler pendant un
temps plus ou moins long, mais il a aussi besoin
d'un repos et d'une certaine durée avant de pouvoir être remis de nouveau à l'ouvrage sans le fatiguer.

Il est important de boire ces eaux à leurs sources, avant qu'elles n'aient rien perdu de leurs principes volatils, et parce que leur chaleur les rend

plus agréables à boire et plus faciles à digérer; moins chaudes, elles deviennent fades, exhalent une odeur désagréable, et nos organes en reçoivent souvent une impression fatigante.

Les phénomènes qu'elles développent sont loin d'être les mêmes chez les différents sujets, c'est pourquoi il faut toujours commencer leur usage par des doses modérées, en surveillant avec soin leur action. Si elles ne fatiguent pas les voies digestives, si elles passent facilement, on en augmentera la dose jusqu'à des limites que l'on ne doit jamais dépasser, quatre à cinq verres par jour. Si l'estomac les supportait avec peine, si elles provoquaient un sentiment de pesanteur, des nausées, on les emploiera coupées avec le lait, l'eau d'orge, ou une infusion aromatique. Meighan a trouvé que le lait était le *meilleur antidote* à l'effet excitant; il a remarqué en outre que les personnes chez lesquelles le lait se digère mal, peuvent, dans une matinée, en boire une bouteille et plus, lorsqu'il est coupé avec l'eau de Barèges. Dans quelques circonstances, une infusion aromatique m'a semblé produire des effets aussi avantageux.

Il est très rare que les fonctions digestives se maintiennent dans leur intégrité naturelle; le premier signe de trouble se manifeste ordinairement par la constipation, la perte de l'appétit; l'effet opposé ne vient qu'après. Ces deux états ne sont que des phénomènes différents d'une même cause, l'irritation du tube digestif, et doivent être combattus de la même manière. Avant tout, il faut commencer par suspendre les bains et l'eau en boisson pendant deux à trois jours; quelques tisanes rafraîchissantes, quelques demi-lavements émollients suffisent ensuite pour rétablir le calme dans ces organes. Si la constipation persistait, s'il s'y joignait une douleur permanente à la tête, il faudrait recourir à quelques sangsues, et même à la saignée générale, quelques pilules purgatives empêchent ensuite cet état de se renouveler; mais s'il persistait, si l'érétisme était trop fort, le meilleur remède à employer, le seul même convenable, serait quelques bains d'eau ordinaire, dans lesquels on peut faire entrer quelques plantes émollientes ou sédatives *.

---

* Ce motif, et quelques autres faciles à apprécier, la difficulté de se procurer une baignoire, les vaisseaux et le feu nécessaires pour préparer un bain particulier, rendent indispensable l'établissement d'un bain d'eau ordinaire à Barèges : le cabinet, n° 4, sans usage, pourrait être utilisé de cette manière; et le feu qui sert à

Un trop grand relâchement sera combattu de la même manière; seulement on pourra ajouter aux demi-lavements quelques préparations narcotiques; une décoction émolliente amylacée et opiacée est ce qui réussit le mieux : les bains d'eau émolliente seront encore un des moyens les plus utiles dans cette circonstance. On ne peut porter trop d'attention aux fonctions de l'estomac; les maladies pour lesquelles on fait usage des eaux de Barèges sont souvent accompagnées de lésions particulières du tube digestif, quand elles n'en dépendent pas entièrement; et c'est à leur rétablissement que sont dus, beaucoup plus fréquemment qu'on ne le pense, les succès que l'on obtient de leur emploi.

chauffer le linge des baigneurs, disposé convenablement, serait plus que suffisant pour entretenir, à une température convenable, la quantité d'eau nécessaire à ce service.

PENDANT COMBIEN DE TEMPS DOIT-ON FAIRE USAGE DES EAUX DE BARÈGES? DOIT-ON LES PRENDRE DE SUITE OU METTRE QUELQUE INTERVALLE ENTRE LES BAINS?

Ces questions sont plus importantes à résoudre que l'on ne pourrait le croire d'abord. Il est des malades qui, pour rendre leur guérison plus prompte et plus certaine, ne mettent aucune borne dans le nombre de leurs bains et le temps qu'ils y passent; ces deux moyens sont aussi peu utiles l'un que l'autre. J'ai observé que si après vingt bains les eaux n'ont produit aucun effet, il fallait se reposer pendant quelques jours avant de les reprendre. On peut alors leur associer une médication rationnelle, et si malgré ces moyens une seconde saison de vingt bains n'apportait aucun changement dans l'état du malade, il doit y renoncer tout-à-fait. Il faut observer un semblable repos, lorsque les eaux ont produit un effet favorable; il ne faut pas chercher à trop obtenir de suite; ce temps de repos, loin d'être perdu, favorise l'action des eaux; ainsi suspendues et reprises, elles produisent toujours des résultats plus avan-

tageux que si l'on s'obstinait à continuer leur usage
pendant le même temps, sans interruption. Je
pourrais rapporter un grand nombre de faits à
l'appui de ce que j'avance; on verrait l'apoplexie
venant détruire tout-à-coup des espérances que
l'effet favorable des eaux avait fait naître; l'ana-
sarque envahissant des tissus dans lesquels la force
revenait graduellement; l'hydropisie de poitrine
remplaçant des asthmes et des catarrhes pulmonaires anciens qui avaient éprouvé déjà une très
grande amélioration, mais que cet heureux changement donnait l'espoir de voir disparaître complétement en continuant plus long-temps l'usage
des eaux. Je citerai à ce sujet l'aveu naïf de Des-
cannetz qui a observé les effets que je viens de
signaler. « Souvent, dit-il, les eaux ne font point
de mal; mais si on les continue d'une manière indis-
crète, elles provoquent les vomissements, le hoquet,
des douleurs, la perte ou la dépravation de l'appétit, ce qui demande de les interrompre pendant
quelques jours. Il survient encore des accidents
faute de garder un régime de vie rafraîchissant, et
l'on tombe par là dans des insomnies, dans des
convulsions et des vertiges, soit par l'impression
trop forte de la chaleur des eaux, soit par l'abus
que l'on fait des bains, et *si l'on ne conseille pas*

trop librement d'interrompre l'usage des eaux quand elles ne passent pas, c'est parce que l'on craint de rebuter ceux qui ont commencé à les prendre. » C'est là le point difficile pour un médecin ; il en est peu qui ne cèdent à l'impatience d'un malade qui, s'il ne se baigne pas, ne veut plus rester dans un lieu aussi triste que Barèges, et qui regarde comme un temps perdu les jours qu'il passe sans se plonger dans une eau dont il espère son retour à la santé.

Généralement, le nombre de bains nécessaires pour un traitement ordinaire, est de quarante à cinquante, divisés en deux saisons, et séparés par un repos de quatre à huit jours. Deux mois de séjour sont le temps le plus long que l'on doive passer à Barèges, à moins de circonstances particulières et qu'il est impossible de prévoir à l'avance.

CONSIDÉRATION SUR LES MALADIES POUR LESQUELLES LES EAUX DE BARÈGES SONT RECOMMANDÉES.

Ces considérations doivent être regardées comme le résumé pratique de tous les faits observés à Barèges et leur application à la connaissance de l'action des eaux dans chaque genre de maladies. Ces observations, qui font la base de ce travail, s'élèvent à plus de deux mille. De ce nombre, cinq cents appartiennent aux différents auteurs qui ont écrit sur Barèges, aux Bordeu et à M. Gasc; les autres, c'est-à-dire plus de quinze cents me sont particulières.

Pour mettre plus d'ordre dans l'étude des maladies dont je dois parler, je commencerai par celles du système cutané, parce qu'elles s'offrent plus fréquemment à notre observation, et parce que la peau est l'organe sur lequel on peut le plus facilement étudier leur manière d'agir et apprécier leurs effets.

MALADIES DE LA PEAU.

Ces affections sont très nombreuses, très variées dans leurs formes et dans leurs principes; pour cela même les moyens à employer pour les combattre doivent être différents selon un grand nombre de circonstances. Cependant les eaux de Barèges ont toujours été administrées indifféremment et de la même manière, seules, ou avec leur accompagnement obligé de tisane amère et de sirop dépuratif pour toutes les affections dartreuses, parce que ce nom de dartre, adopté généralement, a fait confondre par les malades et souvent par les médecins eux-mêmes, des lésions de la peau de nature tout-à-fait différente. De même, c'est parce que l'on a traité d'une manière semblable des dartres développées sous des influences extérieures et celles qui tenaient à une disposition particulière, souvent même héréditaire, que l'on a trouvé tant de différence dans les résultats obtenus par les eaux pour le traitement des dartres; c'est parce que l'on n'a fait attention qu'au phénomène extérieur; la dartre, dans les maladies de la peau, dépendant d'une influence contagieuse et dans celles qui étaient dues à des sympathies méconnues de certains organes, que l'on a été si souvent trompé dans l'action présumée des eaux sur ces maladies. Ce n'est qu'en tenant compte de toutes les circonstances qui les accompagnent, causes occasionelles, nature des tissus affectés, influence sympathique des organes, et en associant à l'usage des eaux de Barèges une médication rationnelle active, que l'on peut augmenter le nombre des cas dans lesquels elles peuvent devenir utiles. C'est à cette manière de traiter les dartres que j'ai dû, dans ces deux dernières années sur-tout, les guérisons nombreuses que j'ai obtenues à Barèges dans ce genre d'affections.

DARTRE SQUAMMEUSE.

Je réunirai dans un même cadre toutes les lésions du système cutané qui ont pour caractère
général une chute continue ou périodique de
squammes analogues à du son ou de la farine,
dans lesquelles la peau ne présente le plus souvent
aucune altération bien sensible ou seulement une
rougeur plus ou moins intense, mais qui ne se
convertit jamais en surfaces ulcérées, et dont l'essence paraît être dans le défaut d'action des vaisseaux exhalants de cet organe.

Ces dartres se présentent avec des caractères
assez variés; elles ont été décrites sous les noms
d'*éphélides*, de *dartre furfuracée*, de *lèpre*, *dartre
squammeuse*, *dartres lichénoïdes*, *icthyose*, suivant leurs divers degrés d'intensité, suivant qu'elles
consistaient en une légère poussière se détachant de la peau, ou que les squammes étaient
adhérentes, dures et finissaient même par ressembler à des écailles de poisson. Chacune de ces
variétés, quoique tenant à la même lésion, diffèrent cependant assez entre elles par la cause de

leur développement et par leur caractère plus ou moins rebelle, pour que nous en parlions séparément.

Les *éphélides ou dartres hépathiques, taches de rousseur*, les plus bénignes en apparence, ne se manifestent souvent que par le changement de couleur de certains points de la peau; elles sont quelquefois accompagnées d'une démangeaison légère, et plus rarement elles sont suivies d'une desquammation sensible. Elles résistent cependant presque toujours à l'action des eaux employées sans auxiliaires, et paraissent même augmenter d'intensité par les bains chauds. Les moyens les plus favorables pour obtenir leur disparition sont les bains tempérés et même froids associés à l'usage interne du calomélas.

Les *dartres furfuracées volantes*, dues à des causes extérieures, comme celle des boulangers, des plâtriers, cèdent promptement à l'usage des bains chauds, de la piscine sur-tout; celles qui se développent chez les enfants et dont le siége principal est aux genoux et aux grandes articulations, celles qui affectent les personnes lymphatiques, se guérissent sûrement par les mêmes moyens en leur associant l'usage des boissons amères, toniques, parmi lesquelles la tisane faite avec la fleur de genêt à balais, ou avec la racine de gentiane jaune, me semble tenir le premier rang.

Cette même affection se développe fréquemment sous l'influence d'un soleil tropical ; alors elle est le plus ordinairement liée avec un dérangement des fonctions digestives, et présente un caractère plus rebelle ; il en est de même de celle qui se manifeste chez les personnes d'un tempérament bilieux : dans ces deux circonstances, cette maladie est sujette à de fréquents retours, si l'on se borne à l'emploi des eaux. Les amères et les toniques qui convenaient dans la variété précédente ne font que les exaspérer. Lorsque l'éréthisme de la peau est violent, la saignée doit être employée avant tout ; après ce moyen, les bains tempérés ou même un peu frais, l'usage interne des boissons acidulées et des purgatifs salins, un régime végétal sévère m'ont semblé les moyens les plus propres à les combattre.

La *lèpre ou dartre furfuracée arrondie* ne cède que lentement à l'action des eaux employées seules. La tisane amère, les bains chauds, l'emploi de l'iodure de soufre à l'extérieur produisent des effets avantageux chez les enfants et les individus faibles ; les saignés générales et les bains tempérés deviennent utiles si le sujet est jeune, fort et sanguin.

Les purgatifs et sur-tout le mercure doux réussissent mieux chez les personnes d'un tempérament bilieux ou lymphatiques.

Les *dartres squameuses* sont modifiées d'une manière avantageuse par les bains chauds et la douche; leur action peut être favorisée par l'usage interne de la teinture de cantharides administrée avec les précautions convenables; ce moyen réussit sur-tout chez les sujets lymphatiques, et peut être regardé comme indispensable à employer quand tous les autres ont échoué.

Lorsque *la dartre lichénoïde* a beaucoup d'épaisseur, il est bon de ramollir préalablement la croûte qui s'oppose à l'action des eaux, avec des frictions alcalines, le savon noir ou une dissolution de potasse ; si ce moyen n'est pas suffisant, les acides étendus peuvent modifier ces surfaces avec avantage, mais l'application locale qui paraît le mieux convenir dans ce cas, est celle d'une pommade composée de proto-nitrate de mercure, incorporé dans l'axonge à la dose de vingt grains par once de graisse; on en frotte matin et soir les surfaces endurcies.

L'*icthyose* est une maladie regardée comme incurable, les eaux de Barèges ne la guérissent pas, mais elles sont un excellent palliatif contre les douleurs qu'elle provoque. On a vu un homme célèbre ne trouver que dans nos bains un soulagement aux douleurs intolérables qui déchiraient son existence ; chaque année il revenait à Barèges, et y trouvait un soulagement qu'aucune autre source ne pouvait lui procurer ; et c'est à cette cause que nous devons les plus belles pages qui aient été écrites sur les Pyrénées.

Si tous ces moyens ont échoué, si, après une saison de vingt bains, on n'aperçoit aucun changement notable dans l'état de ces diverses variétés de la dartre squameuse, il faut, sans attendre davantage, associer aux eaux l'usage des préparations arsénicales, employées avec tant de succès à l'hôpital Saint-Louis : il est rare que la réunion de ces moyens n'amène pas la guérison radicale de ces affections.

Jai cru devoir joindre ici le tableau des résultats du traitement de ces maladies à l'hôpital de Barèges depuis cinq années. Sur 200 affections de ce genre ,

126 ont été guéries ou réputées telles;
85 ont éprouvé une amélioration
    très sensible ;
33 n'ont donné aucun signe de changement;

6 ont été exaspérées par l'usage
des eaux;

Sur ce nombre de guérisons, j'ai constaté vingt-
deux rechutes, sans compter celles dont je n'ai
pas eu connaissance. J'ai de plus fait une remarque sur laquelle il est bon de fixer l'attention des
personnes qui vont à Barèges : c'est qu'après ces
récidives, nos eaux ont toujours une action bien
moins favorable que la première fois qu'elles sont
employées. C'est alors le cas de faire usage des
eaux de Luchon que M. Roux, dans son parallèle
de ces eaux avec celles de Barèges, met au-dessus
de ces dernières dans ce genre d'affection. La seule
chose qu'elles puissent faire craindre, c'est la ré-
vulsion trop prompte du principe dartreux et son
transport sur un organe essentiel à la vie. Je pourrais citer plusieurs exemples de ces accidents,
tandis que je n'ai rien vu de semblable arriver par
l'usage de celles de Barèges.

DARTRES PUSTULEUSES.

J'ai réuni sous cette dénomination toutes les
affections de la peau caractérisées, dans leur origine, par la présence de petites tumeurs circons-

crites, formées par l'épanchement d'un fluide purulent qui soulève l'épiderme, quelles que soient
les formes qu'elles affectent après cette première
période de leur développement. Ces différentes
formes ont reçu les noms particuliers de *ecthyma*,
lorsque des pustules à bords enflammés, larges,
arrondis, sont remplacées par une croûte plus ou
moins épaisse, recouvrant une surface ulcérée et
souvent profonde par l'élévation de ses bords.

L'*impétigo* ou *la dartre crustacée* n'en diffère
que par l'absence d'inflammation et par des croûtes
en général épaisses, jaunâtres ou verdâtres, ru-
gueuses, offrant quelquefois l'aspect d'une écaille
d'huître.

La *dartre mentagre* est caractérisée par l'érup-
tion successive de petites pustules acuminées ordinairement, précédées de rougeur et de chaleur
au menton, avec un sentiment de tension douloureuse, et se couvrant peu à peu de croûtes
brunâtres qui tombent ordinairement, sans suin-
tement, comme cela a lieu dans l'affection précédente.

C'est dans ces genres d'altération de la peau,
qu'une médication générale doit presque toujours
accompagner l'usage des eaux de Barèges. Lorsque
ces affections se développent chez des personnes

d'un tempérament sanguin, la saignée doit toujours précéder les autres moyens; les bains doivent être employés à une température douce et peu élevée; et encore, administrées ainsi, les eaux de Barèges produisent-elles souvent une excitation qu'il ne faut pas empêcher de se développer, mais qu'il est nécessaire de savoir arrêter à temps. Les moyens les plus convenables, lorsque cela arrive, sont, en premier lieu, la suspension des bains, l'emploi des lotions et des cataplasmes émollients, et les boissons rafraîchissantes. Ce n'est qu'après la diminution de tous les symptômes inflammatoires, que les bains doivent être employés de nouveau. On agira de la même manière, si les phénomènes inflammatoires se manifestent une seconde fois : ce n'est qu'après des alternatives plus ou moins fréquentes, plus ou moins longues d'amélioration ou d'exacerbation, que l'on voit disparaître ces maladies. Les moyens intérieurs à employer, sont l'eau thermale et les boissons rafraîchissantes acidules. — Lorsqu'après un assez grand nombre de bains, l'*echtyma* ou l'*impétigo* restent stationnaires, on peut essayer la cautérisation des surfaces ulcérées, au moyen d'une solution de nitrate d'argent, ou avec un acide concentré que l'on promène sur les parties ulcérées avec une

barbe de plume, en ayant soin d'arroser immédiatement après, la partie avec l'eau thermale, pour
qu'il n'agisse pas trop profondément. C'est ainsi
que l'on parvient à amener la guérison de ces
dartres humides qui font la désolation des malades
et le tourment de leurs médecins. On prescrira un
régime sévère, l'emploi d'un exutoire continué
pendant tout l'hiver qui suit ce traitement, et la
privation absolue de toute boisson alcoolique pour
consolider leur guérison. Sur 76 personnes affectées
de ce genre de dartres, j'ai constaté :

39 guérisons.

30 améliorations sensibles.

6 états sans aucun changement.

4 exaspérations assez fortes pour me forcer de
suspendre entièrement l'usage des eaux, après plusieurs tentatives inutiles. Dans ce dernier cas,
assez rare comme on le voit : on pourrait avoir
recours aux bains de Saint-Sauveur : on pourrait
même commencer leur traitement par ces eaux,
et prendre ainsi une saison de vingt bains, avant
de monter à Barèges, suivant l'expression consacrée dans le pays.

La *dartre mentagre* est celle qui offre le plus de
résistance contre les moyens employés pour la
combattre; le régime le plus sévère doit toujours

accompagner son traitement; il faut, dans le prin-cipe, calmer l'irritation et l'engorgement sous-cutané par des émollients et des dégorgements de sang; les purgatifs dérivatifs doivent lui être associés pendant le cours du traitement; sur la fin, on attaquera les pustules qui resteraient indolentes, lorsque les autres sont en voie de guérison, avec les caustiques mercuriaux. Lorsque l'état inflammatoire et l'engorgement du tissu cellulaire ont disparu entièrement, les eaux de Barèges ne tardent pas de rendre à la peau le ton et l'élasticité qui lui manquent. Je ne dois pas négliger de dire que pour empêcher la récidive, il faut suspendre pendant tout le temps du traitement, et même longtemps après, l'usage du rasoir, j'ai vu beaucoup de rechutes qui n'ont pas eu d'autre cause que l'irritation que produit toujours cet instrument sur une partie inégale et délicate. Les ciseaux peuvent être employés sans crainte à couper la barbe, et s'ils sont courbes, on s'habitue promptement à la faire aussi bien qu'avec le rasoir.

DARTRES PAPULEUSES.

Les affections de la peau que je désigne sous ce
nom, d'après M. Biett, sont caractérisées par de
petites élevures solides et rénittentes, ne contenant
ni sérosité, ni pus, et accompagnées d'un prurit
plus ou moins vif, quelquefois même intolérable.
Les variétés que jai été à même d'observer à Barèges sont :

Le *lichen simple* ou réuni en groupe circonscrit,
arrondi, ressemblant au résultat de l'urtication.

Le *lichen agrius* accompagné d'une exfoliation
farineuse.

Le *prurigo* général ou fixé aux parties génitales,
à l'anus, etc. Toutes ces variétés de l'altération et
de l'accroissement morbide des papilles de la peau
éprouvent peu de changement par l'usage des eaux
de Barèges employées sans moyens auxiliaires. Les
guérisons que j'ai obtenues ont toujours été dues
en partie au traitement général auquel les malades ont été soumis en prenant les bains.

Dans le *lichen agrius*, les saignées locales, les
lotions acidulées, les bains tempérés et même

presque froids, sont les moyens qui me paraissent devoir obtenir la préférence.

Le *prurigo* des parties génitales et de la marge de l'anus a été combattu, avec avantage, par la saignée générale, de fréquentes applications de sangsues et de cataplasmes émollients; l'usage des lavements gélatineux est indispensable lorsque cette affection s'étend jusqu'à la muqueuse du rectum; ils doivent être administrés comme je l'ai déjà dit par demi, de manière à pouvoir être absorbés.

Je possède quelques observations qui m'ont prouvé que les eaux de Cauterets avaient fait disparaître quelques affections semblables que les eaux de Barèges avaient irritées. Dans ces maladies, les rechutes sont souvent à craindre.

SYPHILIDES.

Je réunirai sous ce nom, à l'exemple de M. Alibert, toutes les éruptions survenues sous l'influence du virus vénérien, et j'ajouterai souvent par l'usage immodéré des moyens employés pour le combattre. Elles affectent diverses tissus de la peau et se rapprochent ainsi des dartres que nous avons étudiées; mais elles en diffèrent assez par des caractères particuliers et sous le rapport du traitement qui leur convient, pour en former une classe à part. Les signes qui les font distinguer au premier coup d'œil, sont : une teinte cuivreuse et jamais franchement inflammatoire, des squames toujours minces, sèches et grisâtres ; des croûtes épaisses, verdâtres, quelquefois noires, toujours dures et sillonnées ; leur siége presque constant au front, à la face, aux ailes du nez, au dos, aux épaules et à la poitrine, enfin une odeur particulière, quelquefois infecte. Les variétés les plus remarquables de cette affection, sont la *roséole syphilitique* avec ses taches cuivreuses disparaissant par le tact, et recouvertes d'une exfoliation farineuse accompagnée d'un léger prurit.

La *syphilide pustuleuse*, dont les ulcérations profondes, sont fixées le plus souvent aux jambes et se font remarquer par une auréole cuivrée.

La *syphilide tuberculeuse*, présentant toutes les formes possibles de tubercules, mais le plus souvent irrégulières, et ayant son siége le plus ordinaire aux épaules et le long de la colonne vertébrale.

Enfin, la *syphilide squameuse* qui affecte le

plus souvent les mains et les pieds, et dont les écailles blanchâtres se détachent par fragments secs et irréguliers.

Toutes ces variétés ne sont que les symptômes des désordres développés sous l'influence du virus syphilitique ou des mercuriaux employés pour le combattre. Les eaux de Barèges semblent agir en portant une stimulation douce sur le système glanduleux et sur la peau, et peut-être aussi en neutralisant l'effet délétère des mercuriaux sur l'économie.

Les bains qui réussissent le mieux dans la *roséole syphilitique* et la *syphilide pustuleuse* accompagnée d'ulcérations, sont les bains tempérés et même un peu frais; la *syphilide tuberculeuse* peut être soumise à des bains plus actifs; les douches même sont indiquées sur la fin de leur traitement et sont indispensables pour faire disparaître complétement la *syphilide squameuse*.

Dans la seconde et la troisième variété, les eaux développent presque toujours un état inflammatoire plus franc que celui produit par la maladie; il faut savoir le faire tourner à l'avantage des malades, en combinant les bains avec les émollients, et en sachant les suspendre et les reprendre à propos. Dans beaucoup de cas, il ne faut pas se borner à ces moyens, mais leur associer le sirop de Larrey, la décoction de gaïac et de salsepareille, la tisane de Seltz, le sous-carbonate d'ammoniaque pour combattre les symptômes généraux. Lorsque la syphilide pustuleuse est à son déclin, on peut favoriser la résolution des pustules avec une pommade dont le proto-nitrate ou le proto-iodure de mercure fait la base. On peut toucher les ulcérations avec le nitrate acide de mercure. Les douleurs sont quelquefois calmées avec le cérat hydro-cyanique, ou plus simplement avec un simple cataplasme émollient que l'on fait assez léger pour ne pas fatiguer la partie malade, et que l'on renouvelle souvent.

Un cas de *pian* bien caractérisé a été guéri par l'usage des eaux; un autre qui avait résisté à tous les moyens employés pour le combattre, a été amélioré d'une manière si remarquable dans l'espace d'un mois, qu'il est à croire qu'il en aura été débarrassé complétement, et cela d'autant plus sûrement qu'il était désigné pour être envoyé une seconde année aux eaux, si la maladie se renouvelait.

Traitées par l'usage des eaux et des sudorifiques ordinaires, sur 22 affections de cette nature :

5 ont été guéries.

6 ont été améliorées.

11 n'ont éprouvé aucun effet de l'usage des eaux.

Cinq autres malades traités par la combinaison des préparations iodurées et des eaux de Barèges ont été guéris; à l'exception d'un seul, dont l'état a cependant éprouvé un changement des plus avantageux.

TEIGNE.

Je n'ai eu l'occasion d'observer à Barèges que deux cas de teigne : l'un a été guéri complétement; l'autre guéri aussi, six ans auparavant, par l'usage des bains de Barèges, avait éprouvé un retour de cette maladie par un séjour assez prolongé en Afrique. Il a été débarrassé une seconde fois de cette affection par le même moyen.

Un malade affecté d'une décoloration partielle du tissu dermoïde, censée survenue à la suite de fatigues nombreuses et d'affections morales profondes, a éprouvé une amélioration des plus grandes dans son état par l'usage des eaux de Barèges.

AFFECTION DES TISSUS MUSCULAIRES FIBREUX ET TENDINEUX.

Les maladies de ces tissus sont généralement améliorées par l'usage des eaux de Barèges; je ne dis pas guéries, parce que toutes sont plus ou moins sujettes aux récidives par leur nature. Pour que les bains leur soient favorables, il faut qu'elles ne soient plus à l'état aigu, car dans ce cas, elles agraveraient certainement tous les symptômes de la maladie, et pourraient occasioner des accidents graves si elles n'avaient pas été administrées avec la plus grande prudence.

La *rhumatalgie* ou douleur rhumatismale, affecte diverses parties du corps et principalement la partie moyenne des membres ou les muscles les plus considérables du tronc, sans siége bien fixe, développée à la suite de blessures, de contusions, de fatigues, revenant à des époques indéterminées, aux variations de l'atmosphère ou par d'autres causes, ne présente de phénomène sensible, que la douleur et l'amaigrissement plutôt que le gonflement de la partie quand elle dure depuis quelque temps, éprouve de grands avantages de l'action des eaux de Barèges appliquées d'abord en bains, puis en douches. On favorisera utilement l'action de la peau par la boisson de cette eau, à la quantité de deux ou trois verrées par jour; les frictions sèches et le massage après le bain ont plusieurs fois favorisé la résolution d'engorgements indolents survenus dans les parties affectées de douleurs.

Sur 3oo cas, annotés avec exactitude, de douleurs rhumatismales :

    125 ont cédé entièrement à l'action des eaux.

    136 ont été très manifestement améliorés.

     35 seulement n'ont éprouvé que peu de changement.

      3 ont été exaspérés.

J'ajouterai même que sur les trente-six cas de rhumatismes portés sur mes tableaux comme n'ayant éprouvé que peu d'effet des eaux, il en est trois à ma connaissance dont les douleurs ont disparu peu de temps après leur usage; dans les trois cas exaspérés, la maladie était dans un état tellement aigu, que j'avais prédit aux malades ce qui devait leur arriver : un d'eux revenu une seconde année à Barèges, y a laissé ses béquilles, qu'il ne portait pas l'année précédente, parce qu'il était trop affecté pour pouvoir s'en servir. Pour tranquilliser les malades qui, après quelques bains pourraient s'effrayer de voir reparaître ou augmenter leurs douleurs, je les avertirai que le premier effet de nos eaux est de ranimer ou de renouveler tous les rhumatismes anciens avant de les calmer ; cette exacerbation momentanée peut même être regardée comme un signe favorable de l'action des eaux sur ces maladies. J'avertirai aussi que les douleurs rhumatismales ne se guérissent presque jamais complétement, il leur reste toujours quelque disposition à reparaître ; je n'entends donc par guérison que l'effet que produisent les eaux d'éloigner les accès et de diminuer leur intensité de manière à les rendre supportables pendant un certain nombre d'années, après lesquelles les malades ont besoin de revenir de nouveau, retremper leur corps aux sources qui leur ont été favorables.

Dans le *lumbago* ou *rhumatisme lombaire*, les eaux de Barèges sont rarement employées sans avantages pour les malades. Lorsque le sujet affecté est fort sanguin, on est obligé quelquefois de faire précéder les bains par une deplétion sanguine ; la douche doit être appliquée avec prudence et ménagement sur la colonne vertébrale. J'ai vu l'inflammation des reins et de la vessie suivre son application intempestive et immodérée sur les parties.

De 65 cas de lumbago traités à Barèges,

17 ont été guéris,

40 améliorés sensiblement,

6 seulement n'ont éprouvé aucun changement sensible,

2 ont éprouvé les accidents que j'ai signalés plus haut par l'emploi immodéré des douches.

L'*arthritis* ou *rhumatisme articulaire* demande l'attention la plus sérieuse de la part du médecin appelé à déterminer si les eaux de Barèges seront favorables pour combattre une affection de ce genre chez un malade qui vient le consulter, parce qu'il existe un grand nombre de cas où elles seraient employées sans utilité et quelquefois même seraient dangereuses. En thèse générale, on peut assurer que l'arthritis ne peut être qu'exaspéré par l'action de nos eaux tant qu'il est à l'état aigu, pour qu'elles lui soient favorables, il faut qu'il soit passé à l'état chronique et même depuis un temps assez long; à cette époque même, si les articulations affectées avaient conservé une trop grande sensibilité, la saignée générale peut être utile; dans tous les cas, il faut commencer l'emploi des eaux par les bains tempérés et ne permettre les douches qu'après s'être assuré qu'elles n'exciteront pas trop l'état du malade, il faut surveiller avec attention l'état des voies digestives et aider l'action des eaux par l'emploi fréquent des purgatifs. Lorsqu'il ne reste de cette affection que du gonflement, de la faiblesse et de la rigidité des articulations, les eaux de Barèges sont essentiellement indiquées, et l'on peut assurer d'avance la disposition de tous ces symptômes consécutifs, quelles que soient leur ancienneté et leur gravité. C'est pour n'avoir pas fait ces distinctions, que M. Gasc a dit trop généralement, qu'elles étaient d'un effet incertain et dangereux dans le rhumatisme articulaire.

Les eaux de Luchon et de Cauteretz paraissent partager les mêmes propriétés que celles de Barèges dans ces affections : voilà ce que dit à ce sujet M. Roux que nous avons déjà cité. « Généralement, les eaux de Luchon sont très utiles dans les engorgements lymphatiques et les crispations convulsives que causent presque tous les rhumatismes ; il n'en est pas qui tienne contre les eaux de Luchon. » Il fait partager ces propriétés par celles de Barèges. S'il y a réaction fébrile à craindre, celles de Cauteretz me paraissent plus favorables ; mais dans tous les cas, dit encore M. Roux, il faut toute l'attention du médecin pour les rendre utiles, de nuisibles qu'elles deviendraient entre des mains peu habiles.

Lorsque l'origine héréditaire, à la suite de travaux du cabinet ou à la suite d'affection des voies digestives ; lorsque le siége primitif de l'arthritis (les pieds, les mains), lorsque la nature de l'inflammation qui l'accompagne, la couleur rosée de la partie, les symptômes qui la suivent, les nodus, les callosités, la déformation des articulations, enfin l'état de l'estomac, peuvent faire soupçonner que l'on a un *rhumatisme goutteux* à combattre, il ne faut pas conseiller l'usage des eaux de Barèges, et si le malade est sur les lieux, il faut bien se garder de lui promettre une guérison que l'expérience ne peut pas faire espérer. L'effet le plus avantageux que les eaux puissent produire dans cette affection, est d'éloigner ses accès, lorsqu'on les prend dans les intervalles de repos que laisse cette maladie. Prises lorsqu'il existe encore des phénomènes inflammatoires, cette maladie, quoique passée à l'état chronique, est toujours exaspérée par nos eaux, et les malades quittent Barèges aussi malades qu'à leur arrivés.

Sur onze goutteux que j'ai traités à Barèges, deux ont pensé que leurs accès avaient été éloignés, et leur intensité diminuée par l'usage des eaux de Barèges ; deux sont partis dans un état meilleur qu'à leur arrivée, après avoir éprouvé plusieurs exacerbations qui m'ont forcé de suspendre fréquemment l'usage des eaux; six n'ont éprouvé aucun changement sensible dans leur état; le dernier a vu se renouveler sous leur influence un des accès de goutte les plus violents qu'il eût éprouvés. M. Gasc, d'après les observations recueillies par lui, dit positivement que les eaux de Barèges sont contre-indiquées dans la goutte.

D'après Bordeu, les eaux chaudes sont, *peut-être*, plus favorables que celles de Barèges aux goutteux; mais ce n'est, comme on le voit, qu'une présomption appuyée sur deux observations qui prouveraient presque le contraire, puisque, dans la première, une femme, vers l'époque critique et par la diminution du flux menstruel, affectée d'une douleur à la cuisse qui peu à peu s'avança jusqu'au pied, fut prise, pendant qu'elle faisait usage des eaux Bonnes, d'un accès de goutte qui ne cessa que par une hémorrhagie violente de la matrice; après cela, l'écoulement menstruel a pris son cours ordinaire, et la malade fut guérie tout-à-fait. Dans le second cas, il ne s'agit que d'un commencement de goutte accompagné de digestions pénibles : les eaux chaudes rendirent la santé à ce malade; mais les accidents reparurent, et il fallut encore employer les mêmes moyens pour les dissiper. Les eaux de Bourbonne me paraissent agir avec plus d'avantage dans cette affection, par la dérivation favorable qu'elles produisent presque toujours sur le canal intestinal. Si l'on veut, après ce que je viens de dire, faire usage des eaux de Barèges pour combattre la goutte, on fera bien de leur associer, selon les phénomènes qui se développeront, les applications de sangsues, conseillées par Paulmier, associées à l'usage du quinquina à l'intérieur, selon la méthode de Held. On favorisera la dissolution des concrétions crayeuses, avec des liniments alcalins et camphrés, une tisane faite avec la bière et la racine de bardane, dont l'action sur le système urinaire a été consacrée par Linné, par le titre d'*urinaria alba*. Mais, je le répète, on ne parviendrait jamais par l'usage seul des eaux, à guérir cette maladie, quelque légère qu'elle pût être.

RÉTRACTIONS MUSCULAIRES.

Je n'ai remarqué aucun effet avantageux des eaux de Barèges dans les *rétractions musculaires*, *à la suite de lésions tendineuses et nerveuses*; sur sept cas observés par moi, un seul a éprouvé une amélioration sensible, cinq n'ont éprouvé aucun changement, et les eaux ont donné lieu, dans le dernier, à des convulsions presque tétaniques. M. Gasc cite quatre exemples de ce genre : l'un d'eux chez lequel les doigts étaient tellement contractés qu'ils avaient l'air implantés dans la main, a été amélioré sensiblement ; un second a été guéri ; les deux autres n'avaient éprouvé aucun effet sensible des eaux.

Lorsque ces rétractions surviennent à la suite de douleurs rhumatismales, les eaux de Barèges produisent ordinairement des résultats avantageux : dans quatre observations de semblables cas, deux ont été guéris, un a obtenu une amélioration sensible, un seul n'a éprouvé que très peu d'effet de l'usage des eaux.

Les *atrophies*, les *formications*, les *tremblements* survenus à la suite de rhumatismes, sont avantageusement modifiés par l'usage des bains et douches de Barèges. Sur 27 cas observés, 7 guérisons ont été obtenues, 16 améliorations, 4 sans résultat.

MALADIES DES TISSUS OSSEUX ET SYNOVIAUX.

ANKYLOSES.

Les engorgements chroniques, gêne des mouvements, les crépitations articulaires occasionés par l'épaississement ou la surabondance de la synovie, à la suite de rhumatismes ou d'entorse, les fausses ankyloses occasionées par le repos nécessaire pour la consolidation des fractures, sont des affections qui se présentent fréquemment à Barèges, et sur lesquelles ses eaux agissent de la manière la plus favorable.

Lorsque l'ankylose est complète, elle est au-dessus des ressources de l'art; les eaux de Barèges ne peuvent dissoudre la substance qui a soudé entre elles les surfaces articulaires, et il serait dangereux de rompre mécaniquement des adhérences souvent utiles, dont la destruction pourrait donner lieu à des accidents, à des caries bien autrement graves que l'infirmité que l'on veut combattre.

M. Gasc prétend que les eaux de Barèges soulagent tout au plus dans l'ankylose fausse, quoiqu'il cite en même temps six observations dans lesquelles il a vu cinq améliorations très sensibles. Je ne suis pas de son avis, et je pourrais citer, à l'appui de l'opinion opposée, plus de cent exemples d'après lesquels on peut établir en principe que pour peu qu'il reste de mobile dans la partie, quand même le mouvement ne serait sensible qu'au tact, on peut conserver l'espoir de le rappeler par l'usage des bains et sur-tout par celui des douches de Barèges. On aidera l'action des eaux en imprimant aux articulations de légers mouvements et en les soumettant à une douce pression avec la main, pour favoriser la résolution des engorgements qui accompagnent souvent ces affections, ainsi que la sécrétion synoviale, dont l'altération est presque toujours la cause directe ou la conséquence immédiate de ce défaut de mouvement.

Les eaux favorisent la diminution des cals volumineux et difformes qui gênent les mouvements des membres ; dans l'écartement de la rotule, cinq observations de sujets chez lesquels les eaux ont amené le retour complet de la force et de la mobilité de l'articulation , suffisent pour les préconiser dans des circonstances semblables.

Dans les luxations que l'on n'a pu réduire, les eaux de Barèges n'ont pas , quoiqu'on ait pu dire, une action assez grande pour déterminer le dé-gorgement de l'articulation , et rendre possible la rentrée de la tête de l'os dans sa cavité ; mais elles peuvent favoriser les mouvements du membre dans la nouvelle articulation qui se forme , et lui rendre une partie de la force qu'il a perdue.

Les observations sur lesquelles j'établis mon opinion sur ces affections, sont au nombre de 159 ; 39 malades ont été entièrement guéris, 96 sensiblement améliorés, et 31 n'ont éprouvé aucun changement bien marqué dans leur état.

GANGLIONS.

On a essayé l'usage de nos eaux pour obtenir la résolution de tumeurs indolentes développées sur la gaîne des tendons, sur-tout au poignet et aux pieds, auxquelles on a donné le nom de *ganglions* ; mais je n'en ai vu aucun résultat notable dans les six cas que j'ai été à même d'observer. Les bains

et la douche employés, même pendant un temps
très considérable, n'ont apporté aucun changement dans ces tumeurs, dont l'écrasement ou
plutôt l'extirpation sont les seuls moyens de se débarrasser quand elles gênent les mouvements, et
qu'il vaut mieux conserver jusqu'à ce qu'elles dis-
paraissent comme elles sont venues, quand elles
ne présentent, comme c'est l'ordinaire, d'autres inconvénients que l'ennui que l'on éprouve de leur
existence.

TUMEURS BLANCHES.

Il n'existe pas de maladies dont on se soit occupé
davantage, et sur le traitement desquelles on soit
cependant si peu d'accord. Si j'ajoute quelques
lignes à tout ce que l'on a écrit sur ce sujet, c'est
que les cas nombreux que j'ai eu l'occasion d'observer à Barèges, en même temps, me paraissent
de nature à pouvoir éclairer ces contradictions.
En recherchant l'origine de ces maladies et en
interrogeant les malades sur les moyens employés
pour les combattre à leur début, je me suis convaincu que si l'art avait échoué si souvent contre
elles, c'est que chaque praticien apportait dans

leur traitement une règle de conduite, basée plutôt
sur une théorie générale que sur l'observation des
causes éloignées qui les ont produites. Toutes les
fois que la théorie ne s'est point trouvée en rapport avec la constitution ou l'idiosyncrasie particulière du malade, la maladie a été augmentée et
non détruite, et c'est précisément ces derniers cas
pour lesquels on a recours à nos eaux. Pour rendre
plus sensible ce que j'avance, et pour donner en
même temps un exemple des principaux modes de
traitement qu'il convient d'employer dans les circonstances les plus fréquentes de cette affection,
je citerai deux cas de tumeur blanche au genou,
que j'ai en ce moment sous les yeux. Dans le premier, un sujet d'une constitution forte, d'un tempérament sanguin, tombe de cheval et se fait une
violente contusion au genou ; on appelle un chirurgien qui traite cet accident par les résolutifs et les
vulnéraires ; l'eau-de-vie camphrée et l'extrait de
saturne sont appliqués en fomentations ; le mal augmente, la douleur provoque la fièvre, on veut calmer les accidents avec de l'opium ; inutiles moyens !
On appelle un second médecin qui change le mode
de traitement ; la saignée générale est mise en usage,
et quatre-vingts sangsues appliquées successivement, parviennent à calmer les accidents les plus

graves. Mais les surfaces articulaires ayant déjà éprouvé de l'altération, et l'altération des capsules synoviales avait été trop profonde, pour qu'elles pussent reprendre si promptement leurs fonctions; une fausse ankylose conduisit à Barèges ce jeune homme, auquel une saignée et quelques sangsues, appliquées aussitôt après cet accident, auraient évité toutes ces souffrances.

Dans le second cas, le sujet était lymphatique, décoloré, épuisé par de longues souffrances, une constitution faible a donné lieu à plusieurs chutes sur le genou, et chaque fois, le gonflement douloureux qui en était la suite, a été combattu par des applications de sangsues sans que jamais elles aient apporté une amélioration sensible dans les accidents; enfin, après un certain nombre de rechutes, la maladie faisant toujours des progrès, on s'est décidé à employer la cautérisation profonde par le feu, et aujourd'hui la maladie a déjà beaucoup diminué d'intensité. Dans ce cas, les moyens employés dans l'observation précédente, et sur la fin l'application de quelques vésicatoires, auraient sans doute réussi. Tous deux sont aujourd'hui à Barèges où ils font usage de nos eaux, avec un égal succès, quoiqu'elles leur soient administrées d'une manière bien différente. Chez l'un,

j'emploie les bains à une température basse presque
froide; j'accompagne ce moyen d'une médication
intérieure tonique, et d'une alimentation forti-
fiante; l'autre prend les bains de piscine, la douche
la plus active; il est mis à un régime sévère, délayant et rafraichissant, à cause de sa constitution
pléthorique; tous les deux sont en voie de guérison. S'il reste encore un peu de rigidité et de gonflement dans ces articulations, à leur départ de
Barèges, j'engagerai l'un à faire usage des bains
émollients, gélatineux. Le second emploiera les
vésicatoires sur la partie, ou, si ce moyen ne suffit
pas, de fortes cautérisations à l'aide du feu.

D'après cette double observation, on peut se
faire une idée des modifications que ce traitement
doit recevoir dans les diverses espèces de tumeurs
blanches, dont on vient chercher la guérison à
nos eaux. Occasionée par des douleurs rhumatismales invétérées ou fréquemment répétées, une
entorse renouvelée plusieurs fois ou que l'on n'a
pas assez ménagé survenue à la suite de contusions violentes mal traitées; chez un sujet fort,
d'un tempérament sanguin, bilieux ou nerveux,
les déplétions sanguines, générales et locales, immédiatement après l'accident, des bains tempérés
à son arrivée à Barèges, plus chauds quand la cha-

leur et la douleur ont diminué ; des douches, quand
il n'existe plus que de la raideur ou un reste d'ankylose, tels sont les moyens qui amènent presque
toujours la diminution et souvent la résolution
complète de ces gonflements chroniques. Si au
contraire les douleurs qui accompagnent et pré-
cèdent ordinairement ces lésions ont commencé
sans cause bien déterminée, si elles n'ont pas cédé
à l'emploi des saignées et des émollients destinés
à les combattre chez un sujet lymphatique, à
fibres molles, décolorées, la maladie est bien plus
grave et réclame des soins tout différents ; une
médication générale tonique, une habitation saine,
aérée et exposée au soleil, des bains tempérés
presque frais, n'excitant ni la fièvre ni même la
sueur, de courte durée pour qu'il y ait une réaction plus forte ; jamais de douche, tant qu'il exis-
tera de la chaleur ou de la douleur ; mais, au contraire, des bains de moins en moins chauds à
mesure que les symptômes commencent à diminuer ou sont sur le point de disparaître tout-à-
fait.

Lorsque l'ancienneté de la maladie, une douleur
vive dans l'articulation, un point très douloureux
au tact et sur-tout une plaie fistuleuse, peuvent
faire soupçonner ou donner la certitude de l'alté-

ration des surfaces articulaires, le repos le plus absolu de la partie malade devient indispensable; je dis de la partie malade, parce que le reste du corps pourrait souffrir d'un repos trop général; un bandage approprié, ne comprimant que les parties éloignées, l'usage des béquilles sont les moyens de mettre en repos les parties malades; les promenades en voiture, les mouvements des extrémités supérieures, et les frictions sèches sur les différentes parties du corps, peuvent remplacer utilement le mouvement général, indispensable au maintien de la santé et au libre exercice de la nutrition.

Résultats obtenus à Barèges dans le traitement de cette affection.

Sur vingt-et-un cas : guérisons, quatre; améliorations, dix; effet nul, six; défavorable, un.

LUXATIONS SPONTANÉES.

Dans la maladie connue sous le nom de luxation spontanée commençante, je ne suis pas de l'avis de M. Gasc, quand il prétend *que les eaux de Ba-*

règes sont tout-à-fait impuissantes; il a dû s'assurer lui même du contraire, puisque dans trois
cas rapportés par lui dans ses nouvelles observations sur Barèges, le premier malade atteint d'une
inflammation chronique de l'articulation coxo-fé-
morale droite, arrivé le 1er juin, est parti le 27
août dans un état remarquable d'amélioration;
chez le second, le membre déjà sorti de sa cavité
n'a pu y rentrer, mais les douleurs se sont un peu
calmées; il rapporte en troisième lieu l'observation
d'un conseiller des mines, guéri, par l'usage des
eaux de Barèges, d'une luxation spontanée de l'é-
paule gauche, dans laquelle l'humérus rentrait
assez facilement dans sa cavité; mais on soupçonne
déjà un commencement de carie de la tête de cet
os, la guérison spontanée de la dixième observation, peuvent encore être rangée dans les cas de
guérison. J'ajouterai à ces faits qui me semblent
convaincants, deux cas d'abaissement de l'épaule
survenus lentement à la suite de maladies chroniques chez les sujets lymphatiques et scrophu-
leux, qui ont entièrement été guéris par nos bains.

La *coxalgie* résiste davantage à leur usage que
la luxation dont je viens de parler. J'ai cependant
constaté deux guérisons bien manifestes, quoiqu'elles n'aient eu lieu qu'après plusieurs années

de persévérance, dans l'usage des bains et des douches de Barèges. Entre autres, un officier de marine du port de Brest, affecté depuis deux ans de coxalgie, avec alongement considérable de la cuisse, accompagné d'engorgement du genou et de flétrissure des muscles, pour laquelle tous les moyens curatifs, depuis les sangsues jusqu'aux moxas, avaient été employés inutilement. Il arriva aux eaux de Barèges, pouvant à peine se traîner sur des béquilles; et chaque année apportait une amélioration sensible dans son état, il finit par obtenir une gérison radicale après trois années de persévérance.

Sur dix-sept cas de luxations spontanées, observés par moi depuis quatre ans, cinq ont été guéris, huit ont éprouvé une amélioration très sensible, et quatre malades seulement sont partis dans le même état qu'à leur arrivée.

DÉPÔTS PAR CONGESTION.

On donne le nom de dépôt par congestion, à une accumulation de matière purulente, existant dans un lieu plus ou moins éloigné de celui où elle a été produite ; c'est un symptôme d'une autre affection, plutôt qu'une affection particulière. Ces collections annoncent presque toujours la carie de quelques parties osseuses, qui, elle-même, est le plus souvent précédée par des douleurs sourdes et profondes vers le point affecté. Le plus fréquemment, c'est la colonne vertébrale qui est le siége de ces désordres ; alors il se joint aux douleurs sourdes des lombes, une gêne plus ou moins grande dans les mouvements de l'épine dorsale, et un affaiblissement notable des extrémités inférieures ; d'autres fois, c'est l'articulation de la cuisse avec le bassin qui est la cause de ces désordres ; enfin, presque tous les points de la charpente osseuse, placés au-dessous de couches musculaires épaisses, peuvent donner lieu à cette affection. La matière formée par la carie des os, trouvant une trop grande résistance pour pouvoir se faire jour au-dehors, et pressée par les contractions répétées des muscles, se fraye un passage entre les lames du tissu cellulaire qui les sépare, jusqu'à ce qu'elle vienne aboutir sous la peau : la partie inférieure de la région lombaire, la partie interne de la cuisse, sont les points où ce genre de collection se présente le plus souvent, quoique les autres points du corps n'en soient pas exempts pour cela.

14

Dans tous les cas, l'affection des os forme toujours la première période de ce genre de lésion; la seconde est constituée par le dépôt par congestion; la dernière commence lorsque la nature a déterminé l'ouverture de cette tumeur; une grande quantité de matière sanieuse et purulente s'échappe de cette plaie, et cet écoulement continue sous la forme d'un pus blanchâtre plus ou moins mélangé de stries sanguines, et d'une sanie purulente qui donne la mesure de l'altération des os.

Ce genre de lésion organique, un des plus graves que l'on connaisse, est lui-même la suite d'une altération profonde des solides et des liquides de l'économie; et c'est en agissant sur cet état général, que les eaux de Barèges peuvent devenir favorables. Si la maladie est arrivée à sa troisième période, si la fièvre hectique s'est emparée du malade, nos eaux ne pourraient qu'accélérer une catastrophe presque inévitable à ce point de gravité. Cependant, si le sujet était jeune, si les organes n'étaient pas entièrement formés, si la nutrition s'exécutait d'une manière passable, et qu'il n'existât pas de fièvre de suppuration, on ne doit pas perdre l'espoir de la voir se terminer d'une manière favorable. Jai vu deux enfants de sept et de neuf ans, guéris entièrement par l'usage des eaux seulement, et j'en ai un troisième sous les yeux, jeune enfant de Toulouse, âgé de dix ans, issu de parents lymphatiques, ayant une sœur également scrofuleuse, chez lequel une tumeur indolente au bas de la fesse, fut suivie promptement de la luxation complète du fémur et de plusieurs plaies fistuleuses donnant issue à une sanie purulente pour lequel nos eaux ont produit les résultats les plus avantageux. L'état général avait éprouvé une amélioration des plus sensibles ; l'affection locale avait elle-même diminué beaucoup d'intensité par l'usage des eaux : deux mois après son départ, toutes ses plaies étaient cicatrisées ; on le croyait guéri, et sa mère avait négligé le vésicatoire que j'avais ordonné pour remplacer l'exutoire naturel de la nature ; on avait mis de côté les frictions sèches que j'avais recommandées pour donner un peu de ton à la peau. Il a été repris au printemps de douleurs sourdes dans la colonne vertébrale qui a déjà presque entièrement cédé aux mêmes moyens que ceux employés pendant la saison précédente, les bains, les tisanes amères, une alimentation tonique, et l'insolation.

Je ne terminerai pas cet article sans parler de certaines circonstances particulières qui accompagnent la marche et le traitement des dépôts par

14*

congestion pendant que l'on fait usage des eaux.
J'ai dit que la première période consistait dans l'altération commençante des surfaces osseuses; c'est
à cette époque que les moyens les plus énergiques
doivent être employés : ceux qui agissent sont les
vésicatoires volants, les cautères appliqués au
moyen de la potasse caustique, et par-dessus tout
les moxas. Les douches sur la colonne pourraient
peut-être produire des effets avantageux, mais il
serait imprudent de s'arrêter à ce moyen seul, qui
serait certainement insuffisant.

Lorsque le dépôt commence à se former, il ne
faut employer aucun moyen particulier pour le
faire disparaître : le médecin ne doit le regarder
que comme un symptôme de plus qui éclaire son
diagnostic sur la maladie qu'il doit combattre et
sur laquelle il faut qu'il porte toute son attention.

Si la tumeur devient plus considérable, il faut
la soutenir par un bandage propre à empêcher la
peau de s'altérer, un emplâtre agglutinatif; ce
n'est que dans le cas où son volume deviendrait
assez considérable pour incommoder le malade,
ou si la peau distendue, amincie ou commençant
à s'altérer, faisait craindre de s'ouvrir naturellement, qu'il faudrait se décider à y pratiquer une
ouverture naturelle, avant que la désorganisation

fût poussée plus loin. Dans ce cas, il faudrait pratiquer une ponction à la tumeur, ou y passer un séton, de manière à favoriser le retour des parois du sac sur elles mêmes, et empêcher l'introduction de l'air qui, à ce que l'on prétend, imprime au pus un caractère d'âcreté qui devient la cause de nouveaux désordres : c'est un préjugé qu'il faut respecter dans une maladie si grave, où l'on ne doit rien prendre sur soi de contraire aux opinions admises. Mais lorsque la maladie principale semble enrayée, et qu'il ne reste plus que la tumeur, il faut la traiter comme une maladie purement locale; en favoriser d'abord la résolution par tous les moyens que l'art peut offrir : compression douce, frictions légères, vésicatoires, etc. ; si tous ces moyens n'ont produit aucun ou très peu d'effet, il faut ouvrir largement ce dépôt sans craindre l'introduction de l'air; plus l'ouverture sera grande, plus on aura de facilité à déterger ce foyer et à agir sur le sinus qui l'accompagne toujours. En agissant d'une manière différente, on conserverait toujours une plaie fistuleuse que l'on ne parviendrait à guérir qu'avec les plus grandes difficultés. L'introduction de l'air est un préjugé tellement peu à craindre, que j'ai vu employer souvent sans accidents, comme sans avantage, l'injection de l'eau thermale dans ces cavités, et certes, l'air s'y introduisait aussi en même temps que ce fluide encore plus irritant. En agissant d'une manière différente, on conserve indéfiniment une plaie fistuleuse désagréable, fatigante, dangereuse, dont il serait fort difficile de débarrasser le malade.

CARIE.

La carie est une altération particulière de la substance des os analogues aux ulcères des parties molles. Le tissu de l'os, soumis à une inflammation primitive, se ramollit et finit par donner lieu à une matière dont la consistance varie de même, depuis la sanie la plus liquide jusqu'au pus le mieux formé.

Lorsque cette altération dépend d'une cause externe qui a lésé directement la substance des os, comme une blessure, ou fracturé ces mêmes os, comme une chute violente, ou déterminé une inflammation de leur tissu, comme des contusions violentes, les eaux agissent de la manière la plus favorable, quelle que soit la gravité des désordres. Elles détergent les parties malades, accélèrent la séparation des parties mortes d'avec celles qui peuvent être conservées en favorisant le développement des bourgeons charnus, et assurent ainsi une guérison qui paraît quelquefois miraculeuse. Je pourrais citer un grand nombre d'exemples à l'appui de ce que j'avance ; mais je me bornerai à rapporter une observation dans laquelle les résultats obtenus ont surpassé tout ce qu'il était possible d'attendre.

Le sieur B..... tombe d'un second étage sur le pavé ; il se casse les deux jambes à leur partie inférieure, les calcanéum sont en même temps brisés, l'astragale du pied droit est sorti de sa cavité, et plusieurs petits os du tarse sont pour ainsi dire broyés. On veut appliquer un bandage ; mais bientôt une inflammation des plus violentes se développe, et trois ou quatre abcès à chaque pied laissent voir au fond de leurs foyers des os cariés, et les désordres les plus graves. Deux années se passèrent dans des souffrances plus ou moins grandes, sans voir aucun changement qui pût faire espérer une guérison prochaine ou même éloignée. Ce malade, arrivé à Barèges, les eaux lui sont administrées alternativement en bains généraux et en bains locaux ; plusieurs inflammations partielles, et de temps en temps un mouvement fébrile général, me forcent d'en suspendre l'usage et de les remplacer par des fomentations émollientes; enfin, après trois mois de soins, les bourgeons charnus se développent de toutes parts, remplissent l'intervalle des os manquant, et le malade sort de Barèges dans l'état le plus favorable. Un an après j'ai revu ce malade, et je pus m'assurer que la cicatrisation de toutes ces surfaces était parfaite et durable. Deux mois après la sortie des eaux, il s'était vu entièrement guéri, les pieds étaient déformés et ne présentaient plus que l'apparence de deux poings fermés, sur lesquels il pouvait cependant marcher sans trop de difficulté à l'aide d'un bâton.

Les *scrofules* donnent souvent naissance à des caries plus ou moins étendues des os spongieux, ou bien elles les entretiennent lorsque d'autres causes les ont déterminées. C'est principalement sur les petites articulations aux poignets, aux pieds, que cette affection porte ce genre de désordres : il n'est cependant pas rare de les voir envahir d'autres articulations. Ce n'est point alors la carie qui doit fixer l'attention du médecin, mais l'état général du sujet. Il faut, avant tout, s'occuper de la maladie principale. S'il existe un mouvement fébrile, de la soif, de la chaleur, de la toux, il faut bien se garder d'employer les eaux de Barèges : les seuls moyens locaux qui puissent être permis, sont les lotions avec l'eau thermale mélangée avec une quantité égale de décoction gélatineuse et de son; ce n'est qu'après avoir obtenu la chute du mouvement fébrile, au moyen de boissons acidules et gommeuses, des amères légers, que l'on pourra commencer l'usage des bains généraux; car j'ai observé que les bains locaux agissaient toujours d'une manière peu favorable, quand les bains généraux ne peuvent être employés, et que, lorsqu'ils sont dangereux, les bains locaux donnent toujours lieu à des accidents plus ou moins graves. Règle générale : les bains doivent être toujours employés à une température basse dans le début du traitement des caries scrofuleuses ; il faut les suspendre toutes les fois qu'ils déterminent un mouvement fébrile ; ce n'est qu'après de longues et fréquentes alternatives de bains thermaux et de repos, que l'on arrive à des résultats souvent inespérés d'après toutes les contrariétés que l'on a éprouvées dans le cours d'un mouvement semblable. Si l'on agit d'une manière opposée, si l'on continue les bains malgré la fièvre, malgré la douleur des parties affectées, on doit s'attendre à des accidents graves qui peuvent mettre en danger, non-seulement le membre affecté, mais la vie même des malades.

Je pourrais citer trois exemples de caries survenues à la suite d'accidents et entretenues par une disposition lymphatique scrofuleuse, pour lesquels les eaux administrées sans ménagement, ont mis les malades à la porte du tombeau. Appelé dans ces circonstances à voir ces malades, ce ne fut que par les moyens le plus énergiques, les saignées générales et locales, une diète rigoureuse et des bains émollients, que je pus me rendre maître des accidents que l'on avait laissé, je pourrais même dire qu'on avait fait développer ; moi-même, la première année de mon séjour à Barèges, je fus sur le point de perdre un malheureux qu'une sorte d'apathie, causée par l'espérance de guérir, avait fait résister à toutes les douleurs qu'il souffrait sans se plaindre, espérant que les eaux agissaient et qu'il se guérirait en les continuant jusqu'à la fin. Dans un cinquième cas, je ne fus appelé qu'au moment où les eaux ayant déterminé la gangrène d'une partie du poignet, et l'ouverture de l'artère radiale, il ne restait plus d'autre manière d'agir que l'amputation du membre. Cette opération, pratiquée sans presque aucune chance de succès, réussit heureusement, tant il est vrai de dire que les ressources de la nature sont au-dessus de celles de l'art.

Les exemples que je viens de rapporter ne doivent pas effrayer, mais ils doivent seulement mettre en garde contre l'usage immodéré que l'on fait de moyens très bons par eux-mêmes, et lorsqu'ils sont employés avec prudence, mais qui peuvent devenir funestes, s'ils sont administrés sans règles et sans mesure.

Sur vingt-huit cas de carie des os, traités à Barèges depuis quatre ans, douze ont été guéris, six ont éprouvé une amélioration sensible, sept n'ont obtenu aucun résultat avantageux, et trois ont éprouvé des accidents qui ont compromis l'existence de ces malades.

AFFECTIONS CÉRÉBRALES.

M. Gasc s'exprime ainsi au sujet de l'emploi des eaux de Barèges dans les diverses maladies du cerveau : « en général, dans les affections qui ont leur siége dans l'encéphale, dans les inflammations aiguës et chroniques de cet organe, dans les maladies qui suivent ou qui accompagnent l'apoplexie, dans toute disposition même à cette dernière, dans le vertige, il faut s'abstenir des eaux de Barèges. » Bordeu, il y a long-temps, avait

tiré les mêmes conclusions d'une longue pratique :
c'est une vérité constante, dit-il, dans ses recherches sur les maladies chroniques, que nos eaux ne
guérissent que très rarement les paralysies *par
cause au cerveau*, bien décidées et parfaites. Willis
a fait mention de certains paralytiques que les eaux
thermales, non-seulement ne soulagent point,
mais incommodent beaucoup. Il est prudent, dit-il,
dans la *paralysie cérébrale*, de prendre l'avis d'un
médecin, avant de faire usage des eaux thermales,
et je ne suis pas surpris qu'un paralytique dont
parle Helvigius, qui était guéri, ou plutôt soulagé
par les eaux, et qui, dans la crainte d'une rechute,
fit usage des mêmes eaux, fut atteint de nouveau de
sa paralysie et tomba dans un état pire qu'auparavant. Le mieux, dans toute paralysie cérébrale confirmée, est de s'abstenir des eaux minérales. Bordeu
rapporte plusieurs exemples des mauvais effets des
eaux dans ces maladies. Un vieillard, cruellement
tourmenté par un rhumatisme qui fut suivi d'une
paralysie, dans laquelle l'œil, la langue et l'oreille
étaient très engourdis et presque insensibles, les
eaux de Bagnères n'ayant produit aucun effet,
celles de Barèges n'en occasionèrent que de mauvais. Le malade fut obligé de les abandonner.
M. Gasc cite l'exemple d'un particulier qui avait

en plusieurs attaques d'apoplexie à la suite desquelles il était resté paralysé. Ayant fait usage des
eaux de Barèges, sans prendre conseil de personne,
il mourut tout-à-coup en sortant de l'eau, après
le troisième ou le quatrième bain. J'ai vu le même
accident arriver à un homme de quarante ans, qui
prenait la douche pour des douleurs rhumatismales. Il était sujet à des éblouissements fréquents
et mourut d'une attaque d'apoplexie sous la douche
même.

Sans multiplier davantage les exemples que je
pourrais citer, je vais tâcher de préciser d'une manière plus tranchée qu'on ne l'a fait jusqu'à présent, les circonstances qui, dans les différentes
espèces d'affections du cerveau ou de ses dépendances, peuvent rendre nos eaux d'un emploi nuisible, indifférent ou avantageux. J'espère par ce
moyen rendre un service aux malades, en les empêchant d'entreprendre un long voyage pour des
affections dans lesquelles ces eaux ne pourraient
produire aucun effet avantageux, et sur lesquelles
au contraire elles pourraient avoir une action défavorable.

Dans l'*épilepsie*, les bains de Barèges et sur-tout
ses douches sont essentiellement contre-indiquées.
Bordeu les a toujours vu exaspérer et rapprocher

les accès, et j'ai eu l'occasion de voir se développer un mouvement semblable ou de l'empêcher d'avoir lieu, en faisant prendre le bain de la piscine, ou celui presque froid de la Chapelle, à un malade que je fus obligé de renvoyer après quelque temps de tentatives infructueuses.

Dans l'*hydrocéphale*, je ne crois pas qu'il soit prudent de les employer; mais dans les mouvements irréguliers des extrémités inférieures des autres parties du corps, je les ai vu produire des effets avantageux chez une jeune fille qu'une frayeur vive avait jeté dans cet état avec un trouble excessif dans toutes les fonctions; l'usage des bains favorisa l'écoulement des menstrues, et la guérit parfaitement d'une maladie qui n'avait d'analogue que dans l'affection connue sous le nom de *chorée* ou *danse de Saint-Gui*.

J'en ai vu d'assez bons effets dans deux cas de paralysie des extrémités inférieures et de la langue avec mouvements irréguliers et presque automatiques occasionés par le développement irrégulier des os du crâne, le premier, après une blessure à la tête, le second, par les efforts exercés sur sur cet organe pendant l'accouchement.

HÉMIPLÉGIE.

La paralysie de la moitié latérale du tronc peut être distinguée en *hémiplégie avec compression du cerveau, et en hémiplégie sans compression de cet organe*. La première est le plus souvent le résultat d'une attaque d'apoplexie, et subsiste long-temps après, entretenue soit par un engorgement des vaisseaux sanguins, soit par un épanchement véritable, soit par une espèce d'atrophie des nerfs eux-mêmes. Dans les premiers cas, les eaux de Barèges sont essentiellement nuisibles, mortelles même. Deux symptômes que je regarde comme contre-indicatifs sont, le premier, une douleur permanente dans les membres affectés de paralysie, le second, la contracture des muscles fléchisseurs qui opposent une résistance presque convulsive à leur redressement. J'ai toujours vu les malades ainsi affectés, retirer peu d'avantage des eaux de Barèges, et le plus souvent même ne pas pouvoir les supporter sans danger. Le symptôme opposé, la flaccidité des muscles et leur inertie dans les mouvements qu'on veut imprimer au membre supérieur sur-tout, sont des signes favorables de la possibilité de l'amélioration, si-non la guérison de cette infirmité.

L'hémiplégie par cause de compression céré-brale, peut provenir d'une *lésion traumatique* qui a déterminé l'altération du cerveau, et par suite une paralysie permanente de la moitié du corps. Les eaux administrées avec prudence, peuvent favoriser la résolution de l'épanchement qui entretient cet état; j'en citerai un exemple bien frappant : M. E......, fils d'un général distingué de l'empire, reçut dans l'œil droit un coup de fleuret qui pénétra dans la substance cérébrale, et détermina des convulsions violentes et la para-lysie du côté gauche. A son arrivée à Barèges, il pouvait à peine s'appuyer sur sa jambe et faire usage de son bras. Les eaux, en bains et en douches, quoique prises sans précaution et de la manière la moins rationnelle, déterminèrent assez promptement un changement avantageux dans cet état, et je ne doute pas que les douches de Bourbonne, appliquées avec prudence sur la tête et sur la colonne vertébrale, ne finissent par l'améliorer de manière à la rendre très supper-table.

Dans l'hémiplégie sans compression du cerveau,

survenue graduellement ou par une commotion de la moelle épinière, les eaux de Barèges offrent des avantages bien plus marqués que dans la paralysie cérébrale.

Quand elle dépend d'une *affection rhumatismale* qui a occasioné un affaiblissement graduel du système nerveux, quand elle doit son origine à des fatigues longues ou à des chagrins violents, ou si elle survient à la suite d'une affection vénérienne, d'exostoses, de douleurs ostéocopes, les eaux de Barèges peuvent être employées très utilement.

Elles le sont de même dans l'hémiplégie développée sous l'influence délétère des vapeurs de charbon, des préparations de plomb, d'arsenic, de mercure, chez les ouvriers qui travaillent ces métaux, ou chez les personnes qui font usage de leurs composés; paralysie à laquelle on pourrait donner le nom d'*hémiplégie par empoisonnement.*

PARAPLÉGIE.

Quoique la paralysie de la partie inférieure du corps soit considérée comme une affection plus grave qne les autres espèces de paralysie, les eaux de Barèges agissent d'une manière plus favorable sur elle que dans l'hémiplégie; on remarque même que, dans cette dernière, l'action des eaux se manifeste plus promptement sur le membre abdominal que sur l'extrémité supérieure. Dans les deux espèces, la cause étant la même (l'interruption de l'action nerveuse dans la partie du corps affecté), on a, dans celle-ci, le grand avantage de pouvoir agir avec plus de facilité et plus d'énergie, sans avoir à craindre les dangers qui peuvent survenir dans l'hémiplégie, à cause du voisinage du cerveau. M. Gasc rapporte quatre exemples de paralysie occasionée par la déviation de la colonne vertébrale ou par la compression de la moelle alongée, qui toutes ont éprouvé une amélioration très sensible par l'usage de nos eaux : la paralysie de la vessie n'est point une contre-indication de leur usage. Dans ces affections, celles qui cèdent le moins facilement, sont les paraplégies qui surviennent chez des sujets replets, dont le corps est surchargé de graisse et chez lesquels l'estomac semble avoir augmenté d'activité, malgré le repos du corps. On n'obtient leur guérison que par une longue persistance dans les mêmes moyens, un régime sévère, un courage très grand chez les malades, et par-dessus tout, en ne laissant pas s'affaiblir graduellement par un repos mal entendu, des organes qui ont besoin de redoubler d'activité pour appeler à eux une vitalité qui est sur le point de leur échapper.

PARALYSIES DIVERSES.

J'ai vu les eaux de Barèges produire des résultats avantageux dans une espèce de *paralysie mobile* occupant successivement plusieurs points du corps, et s'emparant d'un nouvel organe à mesure qu'elle en abandonnait un autre.

Je n'ai aucun exemple qui m'ait prouvé qu'elles pussent être utiles dans la paralysie du *nerf optique*. Cependant, si l'amaurose était survenue subitement après la suppression de quelques maladies de la peau, de la goutte ou de douleurs rhumatismales, il pourrait être utile d'essayer ce moyen, si les autres remèdes, capables de rappeler l'affection dont on soupçonnerait la métastase, avaient échoué.

Dans la surdité, des exemples assez nombreux m'ont prouvé qu'elles n'étaient presque jamais utiles et que souvent elles pouvaient produire des résultats facheux. Il serait sur-tout peu prudent d'en faire usage, si un écoulement abondant par l'oreille, des douleurs violentes à la région temporale, ou quelques autres causes, pouvaient faire diagnostiquer une carie du rocher ou la formation d'un dépôt dans l'intérieur du crâne.

J'ai observé trois cas d'*aphonie* plus ou moins complète; deux ont cédé à l'usage des eaux : le premier dépendait de douleurs rhumatismales qui s'étaient portées sur le larynx après un exercice violent de cet organe; dans le second, l'aphonie était survenue à la suite d'une fièvre ataxique: elle durait depuis deux ans et fut guérie par les douches sur la nuque en moins de vingt jours ; dans le troisième cas sur lequel les eaux ne produisirent aucun résultat, l'aphonie était due à une irritation chronique de toute l'arrière-bouche et de ses dépendances. Bordeu rapporte deux observations dans lesquelles les eaux de Barèges ont produit des effets aussi avantageux. Une femme desséchée par le marasme, et dont la voix était presque éteinte, fut guérie par les bains et par les douches de Barèges.

Je possède trois exemples de *paralysie de la langue :* deux ont cédé à l'usage des eaux, et le troisième a été amélioré sensiblement.

Sur quarante - cinq paralysies traitées depuis quatre ans à l'hôpital de Barèges, deux ont été complétement guéries pendant leur séjour aux eaux, et quatre plus ou moins long-temps après leur départ des Pyrénées ; trente ont été améliorées très sensiblement, cinq n'ont éprouvé aucun effet de l'action des bains et des douches, et deux n'ont pu les supporter.

Malgré ces résultats assez avantageux obtenus par les eaux de Barèges, je suis loin de les regarder comme les seules convenables dans ce genre d'affection. Je considère au contraire toutes les eaux thermales toniques, soit sulfureuses, soit salines, comme répondant parfaitement aux indications à remplir dans le traitement des paralysies, c'est-à-dire comme capables de ranimer la vitalité des organes dans lesquels elle semble éteinte ; ainsi les eaux de Luchon, celles de Cauteretz, celles de Bourbonne peuvent être employées avec plus ou moins d'avantage ; les dernières sur-tout, à cause de la force de leurs douches, doivent être mises en usage, lorsque les autres n'ont pas produit d'effets assez marqués ; il est même bon d'employer alternativement les eaux sulfureuses et les eaux salines pour agir sur la vitalité avec des principes qui possèdent chacun une action particulière sur les divers tissus dont notre corps est composé.

NÉVRALGIES.

Je désignerai, sous cette dénomination, des douleurs quelquefois très vives, suivant ordinairement, d'une manière assez exacte, la ramification d'un nerf qui ne présente le plus souvent que très peu ou même point de gonflement, et revenant par accès plus ou moins éloignés. La plus fréquente et l'une des plus douloureuses est celle qui se porte sur le nerf fémoro-poplité, et que l'on connaît davantage sous le nom de *sciatique*. Sur treize cas rapportés par M. Gasc, cinq ont été guéris et sept soulagés. J'ai été moins heureux : sur vingt-huit cas, huit seulement m'ont paru en voie de guérison, et dix améliorés légèrement ; huit autres n'ont éprouvé aucun changement dans leur état, et chez les deux derniers, les douleurs ont été exaspérées considérablement. Malgré ces succès, les anomalies de ce genre d'affection sont si nombreuses, et il est si difficile de constater si ces guérisons n'ont pas été de simples rémissions que la nature seule aurait produites, que je ne sais pas encore si l'on doit regarder les eaux de Barèges comme un moyen de guérison à proposer dans les cas de névralgie essentielle. Il n'en est pas de même si cette affection alternait avec des douleurs rhumatismales, comme cela arrive fréquemment, avec une affection syphilitique, avec des dartres, comme j'en ai vu d'assez nombreux exemples ; je puis même dire que la plupart des cas de guérisons que j'ai observés, pouvaient tous rentrer dans les complications dont je parle ; ce qui me porte encore davantage à conclure que les malades affectés de *sciatique*, *sans complication aucune*, ne doivent pas être envoyés à Barèges.

J'en dirai autant par analogie des autres névralgies que je n'ai pas été à même d'observer à Barèges.

J'ai vu chez deux malades des contractions spasmodiques de la mâchoire améliorées par les eaux de Barèges ; il n'en est pas de même de celles qui arrivent aux muscles à la suite de lésions nerveuses ou de piqûre des tendons ; j'ai toujours remarqué que l'on obtenait peu d'effet des eaux de Barèges dans cette affection, et qu'elles ne faisaient qu'augmenter leur intensité par leur action tonique : des eaux moins actives, moins excitantes, réussiraient dans ces cas, mieux dans ces affections ; et les résultats que j'ai obtenus par l'usage de celles de Saint-Sauveur, dans une affection de cette nature et dans un tic douloureux de la face, me font penser qu'on pourrait les employer avec avantage dans les lésions de cette nature.

SCROFULES.

Je suis arrivé à une maladie fréquente, grave et qui réclame d'autant plus toute notre sollicitude, qu'elle se manifeste le plus souvent sous les dehors de la santé la plus florissante et même de la plus grande beauté. Chez les personnes atteintes de cette dégénérescence, les contours gracieux et arrondis de leur figure, la blancheur éclatante et rosée de leur peau, des yeux grands et humides, une physionomie douce et mélancolique, excitent l'admiration des gens du monde; tandis que le médecin observateur distingue déjà sous cette enveloppe brillante, l'affreuse maladie qui doit bientôt la flétrir; et la connaissance du peu de ressources que l'art peut offrir dans ce cas, lui fait d'autant plus regretter d'avoir connu ces personnes, que chez elles les charmes du corps sont presque tou-

jours accompagnés de toutes les qualités du cœur
et d'une résignation que rien ne peut altérer.

Depuis long-temps, les eaux minérales et sur-
tout celles de Barèges et de Bonnes sont vantées
dans le traitement de ces maladies. Bordeu les
regardait comme la médication la mieux appropriée à leur nature, agissant sur toute la machine,
produisant des révolutions permanentes sur les
organes et à un degré nécessaire, quoique avec une
douceur convenable.

Lemonnier a préconisé leur usage combiné
avec l'emploi des préparations mercurielles *. Sans
admettre les explications de Bordeu sur la manière d'agir de ce médicament, qu'il fait passer de
mailles en mailles par toutes les lames du tissu
cellulaire, en brisant les concrétions qu'il ren-
contre, je pense comme lui que le mercure peut
offrir des résultats avantageux dans ces maladies,
et que l'action réunie des eaux et de ses diverses

* Il a été conduit à cet emploi par les écrits de War-
ton qui dit positivement que les écrouelles sont souvent
détruites par la salivation ; par Amatus Lusitanus, qui
en a vu beaucoup être guéries par les frictions mercurielles.

préparations peut être d'une grande utilité dans beaucoup de circonstances.

Plus tard, la découverte du principe actif de l'éponge fit regarder l'iode comme le véritable remède contre les affections scrofuleuses, mais les résultats que l'on a obtenus de l'emploi de ce nouvel agent et de ses nombreux composés n'ont pas répondu aux espérances qu'il avait données.

Nous n'avons donc pas encore de spécifique contre cette maladie souvent incurable, et si l'on peut espérer la modifier quelquefois d'une manière avantageuse, ce n'est que par des moyens variés, différents, appropriés à la constitution de chaque malade, et aux différents degrés et symptômes que présente cette maladie; c'est pourquoi je crois rendre un service important, en indiquant les principaux traits capables de faire reconnaître ce que l'on peut espérer ou craindre de l'emploi des eaux de Barèges, dans les diverses formes qu'elle affecte et les moyens qui, unis à elles, m'ont semblé modifier avec le plus d'avantage, soit l'économie générale, soit les divers symptômes qui se présentent le plus fréquemment.

Pour le diagnostic, je ne puis mieux faire que de citer l'opinion de Bordeu, dont la dissertation sur les écrouelles peut encore être regardée comme un des meilleurs traités qui aient été écrits sur cette matière.

« Le premier soin en voyant un écrouelleux, est d'examiner s'il est curable, ou s'il n'est pas dangereux de le traiter.

» Si c'est un adulte, il guérit plus difficilement qu'une personne plus jeune : Wiseman les regardait même comme incurables.

» Si c'est une femme qui n'est pas réglée, soit à cause de son âge, soit à cause de sa constitution, il ne faut pas entreprendre de la traiter.

» Enfin, quand même le malade serait un enfant, si son mésentère est pris depuis long-temps, s'il souffre jusqu'à un certain point, s'il a la fièvre et souvent le dévoiement, s'il est sujet à une toux sèche et à une difficulté de respirer, avec les hypochondres élargis, la face pâle, et tout le corps fort maigre, nous croyons qu'il convient de ne pas lui administrer des remèdes, et qu'il est vraisemblablement incurable. »

La meilleure manière de traiter les scrofules serait de les attaquer dès leur principe, dès que ja blancheur de la peau, la grosseur des lèvres, la vivacité de l'esprit, jointes à une voix rauque. aux épaules élevées, feraient soupçonner une disposition à cette maladie : si c'est un enfant né de parents ayant cette disposition, il faut le faire allaiter par une autre nourrice, ou mieux encore par une chèvre ; plus tard on peut combiner le lait avec l'usage des eaux bonnes ; on doit les baigner dans l'eau froide en les y laissant assez peu de temps pour qu'il y ait une réaction facile de la peau ; s'il survient des engorgements, des glandes du cou, il faut favoriser leur opération plutôt que de chercher à les faire disparaître ; c'est une gourme qu'il faut que les enfants jettent comme la plupart des animaux. Bordeu va même plus loin ; il propose d'inoculer les scrofules après avoir disposé l'enfant convenablement.

Les eaux, dans ce premier degré, sont parfaitement indiquées, mais il ne faut pas se borner à les employer en bains ; il est encore plus nécessaire de les administrer à l'intérieur, seules, ou mieux avec du petit-lait ou du lait fraîchement tiré. Cet aliment médicamenteux, loin d'être nuisible dans ces maladies, comme on le pense communément, a été mis au rang de leurs spécifiques les plus grands par Wiseman, qui s'est beaucoup occupé de ces maladies ; les purgatifs, et sur-tout le mercure doux, doivent être employés en même temps s'il y a constipation ; on a obtenu quelquefois de cette

manière , la diminution des engorgements abdominaux qui avaient résisté à tous les autres
moyens.

Le *second degré* est caractérisé par l'engorgement des glandes et leur ulcération, le gonflement
et la carie des os spongieux , la décoloration et la
bouffissure du visage , le gonflement et l'œdème
des extrémités , etc. Cet état doit être regardé
comme une crise de la nature , qu'il faut surveiller
mais qu'il serait dangereux de faire cesser trop
tôt , malgré l'incommodité qui en résulte pour les
personnes affectées. Les bains ne doivent être employés qu'avec ménagement à cette période de la
maladie , et seulement tempérés et de courte
durée; il faudrait les suspendre, si l'on s'aperce-
vait que la diminution des symptômes extérieurs
fût suivie d'une toux sèche et opiniâtre , si les digestions devenaient difficiles , si le ventre se tu-
méfiait. Si une petite fièvre lente revenant le soir
et le matin, s'emparait du malade , il faudrait se
hâter de quitter Barèges , et aller chercher sous un
climat plus chaud et moins variable , des moyens
hygiéniques et des soins propres à seconder les
efforts de la nature , dont les ressources sont bien
au-dessus de celles de l'art.

Le *troisième degré* est , pour nous , caractérisé

par une dégénérescence générale du tissu cellulaire sous-cutané : cet état pourrait passer pour de l'embonpoint, et en imposer à tout autre qu'à un observateur. Arrivé à ce point, les désordres les plus graves se portent tantôt sur un organe, tantôt sur un autre ; une petite toux s'empare du malade; les digestions se font difficilement ou cessent même entièrement ; la moindre cause extérieure donne lieu à des désordres locaux, que ces malades regardent comme leur seule indisposition, et dont ils occupent uniquement leurs médecins. Tantôt c'est une entorse que l'on ne peut guérir, une douleur à la hanche que l'on traite de rhumatisme ou de sciatique, un malaise dans la colonne vertébrale que l'on attribue à un effort. Tous ces accidents négligés ou même soignés, finissent par amener la carie des os, des dépôts par congestion et des plaies fistuleuses intarissables. Alors les fonctions générales reprennent leur marche naturelle, et ces personnes se regardant comme presque guéries, viennent aux eaux pour faire cesser un écoulement qu'il est nécessaire de respecter, et d'où dépend ordinairement la vie du malade. Je pourrais citer beaucoup d'exemples à l'appui de ce que j'avance, mais je me bornerai à deux, que je regarde comme concluants et dignes de toute l'attention des malades et des méditations des médecins. On verra qu'il ne va pas moins de la vie ou de la mort, d'administrer à propos ou à tort les eaux de Barèges dans certains cas bien caractérisés.

La première observation est de Bordeu : « Nous fûmes consulté, il y a neuf ans, dit-il, par une fille âgée de vingt-cinq ans, qui, depuis l'âge de quinze ans, avait des glandes au cou, qui avait toujours été mal réglée, dont le ventre se bouffit et se durcit ensuite, sans doute par des tumeurs au mésentère et à la matrice ; qui avait les deux mamelles squirrheuses, qui vomissait presque tout ce qu'elle prenait, qui avait de temps en temps les extrémités inférieures fort enflées, la face bouffie, pâle et plombée, qui avait perdu les dents, craché du sang et des purulences, et qui enfin, ne pouvait uriner qu'en se sondant elle même, ce qu'elle ne faisait jamais qu'en se blessant et en rendant le sang avec l'urine. »

« Tout bien examiné, nous crûmes qu'il était de notre prudence de ne point attaquer une pareille maladie ; car par où commencer et comment s'y prendre ? en un mot, nous conseillâmes à la malade de vivre comme elle l'entendrait sans pourtant faire aucun excès, et d'éviter sur-tout toutes sortes de donneurs de remèdes de quelque état

qu'ils fussent. Qu'est-il arrivé ? c'est que cette malade vit encore ; elle va et vient ; elle travaille
autant qu'il est possible avec les mêmes infirmités
qu'elle a toujours ; elle fait presque tous les jours
du sang par les urines, en se sondant ; elle crache
tantôt des matières purulentes, tantôt du sang; elle
a des accès de fièvre fort vifs de temps en temps,
et avec tout cela elle vit et nous ne doutons pas
qu'elle n'eût succombé aux remèdes. »

La seconde est à peu près la contre-partie de
celle-ci, et est tirée de ma pratique. Une jeune
personne de vingt-deux ans, arriva l'année dernière à Barèges, pour une carie de l'extrémité supérieure du fémur datant de plus de quatre ans,
après avoir passé par tous les degrés de coxalgie,
de dépôt par congestion, et de luxation spontanée
avec plaies fistuleuses ; une figure ronde et pleine,
avec les contours les plus délicats, des membres
arrondis et potelés, une coloration rosée, en auraient imposé pour la plus parfaite santé, si la
blancheur de son teint, une transparence de cire,
la bouffissure de la face et de fréquentes infiltrations
des extrémités, ne nous avaient averti de la nature
de cette affection : la respiration était souvent
embarrassée, les digestions nulles, une cuillerée
de lait produisait quelquefois des orages difficiles à

calmer, la menstruation était interrompue depuis les premiers symptômes de sa maladie.

Elle était venue à Barèges en 1829 , et son état avait semblé s'améliorer après l'ouverture des plaies fistuleuses; elle avait la plus grande confiance dans nos eaux ; elle avait entrepris un voyage fatigant dans l'espoir de se guérir : je n'osai la renvoyer sans faire quelques essais, que je me promis de surveiller avec la plus grande prudence. Quatre bains d'eau tempérée à 26 degrés , et d'une demi-heure de durée, lui furent administrés ; toutes les fonctions se faisaient un peu mieux. Au cinquième, une légère douleur de tête me fit suspendre leur emploi ; toux légère, oppression , cuisson de la langue ; ce petit orage dura quarante-huit heures. Après quatre jours de repos , quatre nouveaux bains furent administrés ; nouveaux symptômes pectoraux, la cuisse devient douloureuse, l'écoulement purulent diminue; des cataplasmes sont appliqués sur la partie ; il survient une petite diarrhée; quelques lavements émollients, puis amylacés, puis opiacés, ne peuvent arrêter la fréquence des envies d'aller à la garde-robe; dix sangsues produisent un léger soulagement, pendant leur application et tant que dure l'écoulement du sang; retour des mêmes symptômes, nouvelles sangsues remplacées par d'autres après leur chute ; cette fois la diarrhée ne se calme plus, une douleur vive se développe à la région du foie ; quelques sangsues sont appliquées , avec le même succès d'abord , puis sans résultats ; quelques émollients calment un peu la malade, mais pour un moment seulement. Un vésicatoire sur les plaies fistuleuses de la cuisse n'amène aucun soulagement ; enfin cette malheureuse meurt après quatre jours de souffrances. Avec la prudence de Bordeu, cette jeune personne serait encore avec sa carie, sa toux, son estomac sans digestion ; mais elle vivrait !

Une jeune personne qui se trouvait à Barèges à la même époque, en 1829, pour une affection tout-à-fait semblable, fut guérie par nos eaux, d'un ulcère au pied et d'une coxalgie commençante ; on lui conseilla le mariage : elle mourut le jour de ses noces suffoquée par une tumeur intérieure , développée entre les lames du médiastin , qui occasionait , depuis la suppression de ces accidents , une oppression légère à laquelle on ne faisait aucune attention.

On voit d'après cela, avec quelle circonspection il est nécessaire d'agir dans des cas semblables. Je n'en terminerais pas, si je m'abandonnais à détailler toutes les précautions qu'il faut prendre tour à tour, pour rendre utiles des moyens qui paraissent bien innocents, et qui donnent lieu à des regrets bien grands quand on les a négligés ; l'inspection du malade et la comparaison des effets observés dans des cas analogues, peuvent seuls déterminer le diagnostic que l'on doit porter sur leur curabilité ou leur incurabilité, par l'usage des eaux de Barèges, et diriger le médecin dans les moyens qu'il doit employer pour favoriser leur emploi, ou du moins pour les empêcher de devenir nuisibles.

Sur vingt-cinq cas observés en quatre années, dans différents degrés de cette affection, dix ont été guéris, douze améliorés d'une manière remarquable, trois ont été exaspérés, et parmi eux, un a succombé aux eaux, et un autre quelque temps après.

ULCÈRES DE DIVERSE NATURE.

Il n'est point d'affections sur lesquelles les eaux de Barèges agissent avec tant d'efficacité que les *ulcères atoniques* ; elles raniment la circulation, et donne du ton à la peau ; elles changent le mode de vitalité de la partie malade, et amènent la guérison par une modification générale qu'elles opèrent

16*

dans l'économie. La manière de les employer est
en bains, tempérés sur-tout, et en boisson ; la
méthode des bains locaux m'a paru tout-à-fait
opposée au but que l'on se propose. S'agit-il d'une
ulcère à la jambe ? on plonge cette extrémité dans
l'eau la plus chaude possible, on attire le sang
vers cette partie, et au bout d'un certain temps on
est tout étonné de voir augmenter cette affection,
au lieu de la guérison que l'on attendait. Si l'on
veut prendre des bains locaux, il faut les employer
presque froids, de l'eau de la Chapelle et pas davantage. On peut ainsi alterner un bain général
tempéré ou un peu chaud, et un bain local très
tempéré. On pourrait même faire usage avec
avantage, de l'eau de la source froide tempérée
de Visos, qui paraît jouir de propriétés supérieures
à celles de Barèges pour leurs vertus cicatrisantes.

J'ai vu des *ulcères scorbutiques* tellement graves
qui, semblables aux scrofules, avaient détruit
plusieurs os des doigts et de la main, céder rapidement à l'usage des eaux de Barèges employées
de la même manière.

Les *ulcères carcinomateux* en éprouvent moins
d'avantages. Je n'ai été à même d'en observer qu'un
petit nombre, dans lesquels les eaux m'ont semblé
produire des effets plus désavantageux que favo-

rables. Un cancer au nez a été exaspéré fortement par l'usage de ces eaux, et une glande squirrheuse à la mamelle a pris une accroissance rapide sous leur influence. Si l'on en faisait usage, ce devrait être toujours en bains très tempérés : ce sont ceux qui, dans ce cas, m'ont paru porter le moins de trouble dans l'économie. Elles sont on ne peut plus utiles pour rendre sans danger la suppression de vieux exutoires, *cautères* ou *vésicatoires* dont on voudrait se débarrasser. Je ne parlerai pas des ulcères scrofuleux, dartreux, teigneux, psoriques : nous en avons traité au sujet des maladies qui les produisent.

MARASME.

Dans la maladie des *organes intérieurs*, les eaux de Barèges sont bien rarement recommandées, quoique depuis long-temps on ait des preuves nombreuses de leur utilité dans les dérangements qui en dépendent. Voici comme Meighan s'exprimait à ce sujet il y a près de cent ans, et son opinion est pour moi du plus grand poids dans les matières d'observation. « Excepté dans les affections externes, on a jugé peu de maladies propres à être

soumises à leur influence salutaire, mais l'analogie nous a heureusement appris à étendre leur
usage, et l'expérience nous a constamment confirmé dans l'opinion favorable que nous avions
conçue de cette nouvelle application. » Il les recommande particulièrement dans les constitutions
détériorées par les fatigues ou par l'intempérance,
dans les convalescences longues et difficiles; dans
la vieillesse même, dernière maladie à laquelle on
ne peut remédier. Elle peut servir, dit-il, à en
ajourner autant qu'il est possible, la catastrophe
inévitable. Il rapporte plusieurs exemples bien propres à confirmer l'éloge qu'il fait de ces eaux dans
ces diverses circonstances; et je ne puis m'empêcher de traduire ici celles qui me semblent les
plus dignes d'être connues.

« Une personne de Toulouse, âgée d'à peu près
quarante ans, réduite au dernier degré du marasme
par les excès et l'intempérance, fut envoyée à Barèges dans le seul espoir que les bains apporte-
raient quelque amélioration dans une affection hé-
morrhoïdale, dont les douleurs la réduisaient à
l'état le plus déplorable, parce qu'après toutes les
tentatives que l'on avait faites sur elle, on regardait
son état comme désespéré.

» Son estomac était incapable de digérer et

même de supporter aucune nourriture solide ; la perte de la mémoire avait apporté dans sa tête une confusion d'idées qu'il était impossible de débrouiller ; il était sujet à de fréquentes pertes de liqueur séminale, et un tremblement continu l'empêchait de tenir une plume dans sa main. Une maigreur extrême, une anxiété continuelle, et la décomposition de ses traits, caractérisaient chez lui de la manière la plus hideuse la décadence de la nature.

» Je l'engageai à commencer par boire, à la source la plus chaude, une petite quantité d'eau coupée avec égale partie de lait, et je lui fis adopter pour toute nourriture un peu de crême fraîche et du lait.

» Au bout de quelques jours, il put goûter les douceurs du repos, et à la fin de la seconde semaine, il commençait déjà à sentir un changement des plus heureux et des plus remarquables dans sa constitution. Je lui permis alors les bains tempérés que j'accompagnai de fréquents demi-lavements avec l'eau la plus chaude. Ces moyens réunis firent cesser ses douleurs hémorrhoïdales, et tous ses pores semblèrent s'ouvrir pour recevoir les sucs nutritifs qui n'y circulaient plus depuis long-temps ; au point qu'après un mois et demi, cet homme qui ne paraissait pour ainsi dire qu'une ombre, fut rendu au libre exercice de toutes ses fonctions. »

» M. de Beaujat, gentilhomme de Toulouse, âgé de près de 97 ans, encouragé par ce qu'il avait entendu dire de Barèges à des personnes qui y avaient été percluses et en étaient revenues avec l'usage de leurs membres, s'y fit transporter sans considérer les circonstances décourageantes que son grand âge apportait à sa guérison.

» A peine capable de se soutenir sur ses béquilles, car par une conséquence nécessaire de la nutrition de nos organes, les conduits nourriciers étaient sur le point de s'obstruer, et la rigidité des tendons des ligaments et de toutes les parties annonçait la perte future de tous les mouvements aussi bien que de l'existence, il prit des bains tempérés; je lui fis joindre à cela l'usage externe de l'eau la plus chaude mêlée avec le lait. Il continua ces deux médications avec tant de succès, que chaque jour il acquérait un nouveau degré de vigueur et de mouvement; six semaines après, il était dans le cas de se promener seul à l'aide d'une canne. »

GASTRITES. GASTRALGIES.

Quoique dans les *affections des organes diges-tifs*, les eaux de Barèges soient rarement employées, cependant j'ai eu assez souvent l'occasion de voir leurs effets sur ces maladies, pour me croire obligé de consigner ici le résultat de mes observations.

Je pense, comme M. Gasc, que les eaux de Barèges sont contraires dans les gastrites et les gastro-entérites ; mais combien de fois n'est-il pas arrivé de prendre pour des inflammations ce qui n'était que des affections nerveuses des voies digestives, et dans ce cas, elles peuvent produire les effets les plus avantageux.

Dans les phlegmasies chroniques de ces organes, elles peuvent même être employées avec succès, et déterminer leur guérison en les faisant passer momentanément à l'état chronique ; dans un grand nombre d'exemples que je pourrais citer, j'ai reconnu des symptômes bien sensibles d'irritation après le cinquième ou sixième jour, et l'amélioration n'a eu lieu que lorsque ce mouvement légèrement inflammatoire a été calmé.

La meilleure manière d'employer les eaux de Baréges, dans ces cas, est de commencer à les prendre à l'intérieur, coupées d'abord avec le lait, de n'y joindre l'usage des bains que tous les deux à trois jours, et seulement de ceux dont la température ne dépasse pas 28° Réaumur. On diminuera peu à peu la quantité de lait, mais on ne les boira jamais entièrement pures, de même que l'on ne fera jamais usage des bains trop chauds. On ne poussera pas non plus la quantité de leur boisson à plus de deux à trois verres que l'on prendra toujours à jeun, en se promenant, et jamais passé l'heure du repas, ni le soir.

Si cependant, après quelque temps, ces eaux fatiguaient, il serait bon de recourir à celles de Cauteretz, qui passent pour les eaux véritablement spécifiques dans les maladies de l'estomac, dans les obstructions, les digestions difficiles avec quelques symptômes inflammatoires; et je puis citer l'exemple de trois personnes que, les eaux de Baréges excitant trop fortement, et même de manière à provoquer des accès de fièvre, je fus obligé d'envoyer à Cauteretz, et qui sont revenues parfaitement rétablies de ces affections.

Sur dix gastrites chroniques bien caractérisées, que mon service de l'hôpital m'a offert

l'année dernière, simples ou unies à d'autres affections, une seulement a été guérie, deux améliorées, et quatre n'ont éprouvé aucun changement
sensible, ou n'ont pu continuer à en faire usage.
(De ce nombre, deux ont été guéries aux eaux de
Cauteretz.) La dernière a été exaspérée de la manière la plus violente.

Sur dix gastralgies, trois ont été guéries, cinq
améliorées, deux seulement n'en ont éprouvé aucun soulagement.

Dans les coliques, les diarrhées opiniâtres, les
renvois, les flatulences, Meighan a vu les eaux de
Barèges produire les effets les plus heureux ; j'ai
été à même d'en observer de semblables sur deux
dames affectées d'une sécrétion intestinale gluti-
neuse, qui avait remplacé des flueurs blanches ;
chez une troisième, la maladie occasionée par
une cause que je ne pus découvrir, mais laissant
au milieu des matières fécales une collection de
mucosités semblables, comme elle le disait elle-
même, à un gros crachat ; et accompagnée de
douleurs lombaires, qui l'avaient fait prendre pour
la sécrétion d'une carie vertébrale, cette maladie
fut améliorée d'une manière sensible.

*Dans les engorgements des viscères abdomi-
naux*, malgré ce que dit Meighan de l'efficacité

des eaux de Barèges, j'en ai vu trop rarement des effets avantageux pour les conseiller. Quand ces engorgements sont venus à la suite de fièvres intermittentes, ils provoquent souvent leur retour ; sur treize cas observés par moi, deux ont été guéris, trois améliorés, et sept ont été obligés de cesser l'usage des bains par le retour de la fièvre, par un état inflammatoire ou par d'autres causes analogues.

Le docteur Roux, dont nous avons déjà parlé dans le parallèle qu'il fait de quelques eaux des Pyrénées, s'exprime ainsi : » Dans les obstructions du foie, de la rate, du mésentère, du pancréas, les eaux de Luchon sont plus toniques que celles de Barèges, mais moins émollientes et moins douces ; elles sont plus propres aussi à exciter des fontes dans les corps vigoureux et cacochymes, mais dès que la fièvre paraît vouloir se mettre de la partie, que la douleur est marquée et que les nerfs sont irrités, on doit avoir recours aux eaux de Barèges. Je suis assez de cet avis ; mais j'ajouterai si celles de Barèges excitent encore trop, ayez recours à celles de Cauteretz ou à celles de Saint-Sauveur, en essayant de boire de l'eau de la source de Hontalada.

Les personnes bilieuses, ou qui sont attaquées

de légères *jaunisses*, trouvent un soulagement
bien marqué et assez prompt aux eaux de Bagnères; les eaux de Cauteretz et les Chaudes l'empor-
tent à cet égard sur celles de Barèges et de Bonnes
(Bordeu); cet effet provient de ce que les eaux de
Bagnères sont beaucoup plus purgatives que celles
de Cauteretz et les chaudes, et que celle-ci le sont
un peu plus que les Bonnes et celles de Barèges qui
constipent souvent. Meighan attribue cependant de
grandes vertus à nos eaux dans les cas de jaunisses,
et il cite à cette occasion deux exemples bien remarquables; mais je n'ai remarqué aucun fait qui
puisse confirmer ce qu'il avance.   .

Le docteur Thierry rapporte à ce sujet l'observation de M. Despretz, médecin du roi d'Espagne,
qui fut guéri à Barèges, d'obstructions et d'un ré-
trécissement du canal intestinal. M. Gasc regarde
ces eaux comme indiquées dans l'hépatite et la
splénite. Je crois qu'il y a encore beaucoup d'observations à faire à ce sujet.

HÉMORRHOÏDES.

Les eaux de Barèges disposent aux hémorrhoïdes,
et font disparaître par cette voie, un grand nombre

de maladies chroniques. Bordeu cite plusieurs exemples de constitutions détériorées , que les eaux de Barèges ne guérirent ou n'améliorèrent qu'en rappelant un flux hémorrhoïdal supprimé , ou en le développant. J'ai vu une affection de la peau, des plus rebelles , qui avait été palliée trois fois par un traitement mercuriel, par un traitement au moyen des bains de vapeurs , enfin, par un traitement sudorifique, et qui revenait huit jours après la suspension des traitements et qui disparut tout-à-fait après le développement des vaisseaux hémorrhoïdaux, que les eaux de Barèges et un assez grand nombre de petites applications de sangsues avaient favorisés.

Elles sont très utiles pour détruire les tubercules qui remplacent souvent les tumeurs hémorrhoï-dales ; elles en provoquent la résolution , et dé-barrassent le malade de duretés qui dégénéreraient facilement en véritables fistules , si l'on n'y faisait pas attention.

MALADIES DES ORGANES DE LA RESPIRATION.

Dans les *affections chroniques de la muqueuse bronchique et pulmonaire,* les eaux de Barèges , ont été quelquefois employées avec avantage , surtout prises à l'intérieur, et coupées avec le lait fraîchement tiré ou élevé à peu près à la température de ces eaux , pour en empêcher la décomposition par leur refroidissement dans les bronchites chroniques. Dans les catarrhes pulmonaires elles favorisent l'expectoration , et déterminent ainsi la terminaison de ces maladies qui fatiguent et épuisent le malade. Les eaux de Barèges prises en bains ne produisent pas des effets aussi avantageux , et l'on est souvent obligé d'en suspendre l'usage.

Sur quatorze cas observés par moi, trois catarrhes pulmonaires , dont l'un durait depuis plusieurs années, ont été guéris entièrement ; un quatrième a éprouvé une diminution considérable dans la quantité de l'expectoration et dans les efforts fatigants qu'elle occasionait. Cinq n'ont éprouvé aucun changement dans leur état, et chez les cinq autres, le froid , la basse pression de l'atmosphère ainsi que les eaux , ont déterminé des symptômes d'irritation qui m'ont forcé d'en suspendre l'usage et de conseiller des eaux moins actives , une température plus chaude et un air moins léger que celui de Barèges.

Pour éclairer ceux qui auraient besoin de recourir aux eaux des Pyrénées , dans des maladies semblables, je consignerai ici l'opinion de Bordeu, sur la manière dont agissent les différentes sources des Pyrénées occidentales dans ces maladies.

« Les eaux de Bagnères, dit-il, rendent la respiration laborieuse dans ceux qui ont la poitrine délicate ou une disposition au catarrhe, soit prochaine, soit éloignée; elles leur causent un serrement de cette partie qui est plus ou moins marqué. Les autres eaux, au contraire, ouvrent et dégagent la poitrine, propriété qui est un peu moins énergique dans les eaux chaudes et de Cauteretz, que dans celles de Barèges et de Bonnes; ces dernières ont quelque chose de béchique et procurent souvent l'expectoration; elles ont cet avantage, principalement sur les premières, qu'elles n'occasionent qu'un crachotement en irritant les entrailles. »

L'on voit d'après cela, que les eaux qui vaudraient le mieux, si celles de Barèges fatiguaient, et si l'air et le climat n'étaient point convenables, sont celles de Bonnes. Je crois cependant que dans beaucoup de circonstances, on pourrait se contenter de descendre à Saint-Sauveur, et d'y faire usage en même temps de bains tempérés, pris de trois en trois jours, et de l'eau de la fontaine de Hontalada. Quelques expériences heureuses que cette source nouvellement découverte fournira, font espérer à la médecine un nouveau moyen de rétablir la santé altérée dans les affections de poitrine.

Il est des cas, où les eaux de Barèges ont produit des effets tellement remarquables, que je n'oserais citer les observations propres, si je n'en avais trouvé de semblables consignées dans Meighan et Bordeu.

Un jeune soldat fut atteint d'une pleuro-pneumonie des plus aiguës, qui se termina par une accumulation de liquide entre les deux plèvres, et pour laquelle on fut obligé de pratiquer l'opération de l'empième. Trois mois après, à son arrivée à Barèges, il crachait abondamment des matières purulentes, et il ne s'en échappait pas moins par la plaie fistuleuse de la poitrine; il fit usage de l'eau de la buvette coupée avec du lait, à la dose d'un verre d'abord, puis jusqu'à quatre; il prenait en outre un bain tempéré tous les trois jours : les premiers fatiguèrent un peu ce malade, mais peu à peu il se trouva mieux, et il en aurait pris tous les jours avec plaisir si je ne le lui eusse défendu expressément. Cinquante jours après, les crachats étaient muqueux et peu abondants, la plaie s'était cicatrisée, et tout annonçait le rétablissement de sa santé lorsqu'il partit de Barèges.

Chez un second malade, une plaie fistuleuse de la poitrine à la suite d'un coup de feu, dont la balle était restée dans le médiastin antérieur, sans doute, les eaux de Barèges produisirent une diminution notable des symptômes de toux, et diminuèrent l'écoulement purulent, qui auparavant, occasionait un malaise considérable toutes les fois qu'il venait à être moins abondant. Les eaux Bonnes ont produit des effets analogues dans un cas semblable, rapporté par Bordeu.

D'après cela, on voit que nos eaux ou celles de Bonnes, peuvent être employées utilement toutes les fois que la muqueuse bronchique seule est malade, ou que le tissu pulmonaire ne l'est que par une cause traumatique. Il n'en serait pas de même, si le parenchyme pulmonaire était lui-même affecté, et s'il y avait un commencement de phthisie bien caractérisée; dans ces cas, les eaux ne pourraient, malgré leurs vertus, combattre les mauvais effets qu'un air trop léger et qu'un climat trop variable pourraient produire sur de semblables affections.

Je ne terminerai pas l'histoire de nos eaux dans les affections de la poitrine, sans rapporter un exemple frappant de la bonté de leurs effets dans les lésions les plus graves de l'appareil de la respiration.

Un jeune officier, épuisé par une vie active d'officier de hussards, arrive à Barèges dans l'état le plus déplorable. Il souffrait depuis plusieurs mois de la poitrine ; il avait eu une toux opiniâtre et un crachement abondant de matières purulentes et glaireuses ; son côté gauche avait considérablement diminué d'ampleur et offrait un son mat très prononcé ; les mouvements du cœur étaient irréguliers, il éprouvait une dyspnée assez forte à la moindre fatigue, et la toux était alors augmentée et accompagnée d'une expectoration assez abondante de matières glaireuses. Il portait au côté un large séton que l'on avait placé là comme une dernière ressource.

Je voulais l'envoyer aux eaux Bonnes ; mais, sollicité par lui, je lui permis de rester quelque temps à Barèges pour essayer l'effet des eaux et du climat.

Il buvait chaque matin deux verres d'eau coupée, avec moitié lait ; il prit des bains à la source du n° 16 ; en laissant entre chaque bain un jour d'intervalle, ses forces et sa santé revinrent si promptement, qu'après deux mois de traitement, il put aller à Gavarnie et au pic du midi, sans éprouver la moindre incommodité dans sa santé.

Je l'ai revu l'année suivante : il avait repris le

17*

train de la garnison et n'avait éprouvé que quelques légers accès de toux et quelques stries sanguines dans la matière de l'expectoration. Et l'eau en boisson et les bains employés de la même manière, consolidèrent la santé dont il jouit en ce moment.

ASTHME.

Dans l'asthme, les eaux de Barèges ont été fortement préconisées, et ont trouvé de nombreux détracteurs. Je vais rapporter l'opinion des médecins qui ont observé et consigné dans leurs ouvrages l'effet des eaux sur ce genre de maladie : j'espère pouvoir, de ces données et des résultats de ma propre expérience, tirer des conséquences propres à fixer l'opinion publique sur un fait médical aussi important pour les médecins que pour les malades.

Jean Moulans est le premier qui ait cru reconnaître les propriétés dont nous parlons, dans l'eau d'une source nouvellement découverte de son temps, et dont Louis XIV fit faire le bain neuf. « Je rapporterai, dit-il, une expérience que j'ai faite de cette dernière eau. Étant à Barèges, auprès de madame de Vantadour, un homme des environs me demandant secours contre un asthme qui le gênait extraordinairement, et voyant que j'étais loin des secours des remèdes, je le fis saigner et lui conseillai de boire de cette eau qui sort de la chambre du roi. Il en but sept matins, et dès le second, il s'en trouva tellement soulagé, qu'au septième, il en fut tout-à-fait guéri et n'a plus ressenti d'attaque de ce mal, ce qui fait voir que c'est le soufre qui prévaut sur les autres minéraux, et pour le bain, elle ne le cède pas en vertus à celle du grand bain. Il y a plusieurs personnes qui en ont bu depuis ce temps là, et s'en sont bien trouvées pour l'asthme seulement : il était juste que cette eau venant par les ordres du roi, elle fît des miracles, puisque toute la vie de ce grand monarque en est remplie. »

On ne peut faire aucun cas de cette observation qui n'a été dictée que par la flatterie ; ou bien plutôt il ne s'agit que d'une affection aiguë de la poitrine que la saignée aura guérie et dont la boisson de l'eau aura favorisé la terminaison. Mais il existe d'autres faits non moins extraordinaires, recueillis par un médecin étranger à la France, et par conséquent désintéressé dans la question, et dont l'ouvrage entier, pour ce qui regarde les

choses d'observation, est écrit avec un style trop
simple et trop naïf pour que l'on puisse révoquer
en doute son témoignage. Je cite donc avec une
entière croyance, deux des observations rapportées par Meighan.

« Un capucin de Condom était depuis plusieurs
années tourmenté par un asthme humide, accompagné de dépérissement général et d'un crachement de mucosités aqueuses avec une gêne de
la respiration qui avait augmenté successivement
depuis quatre années, au point de le mettre dans
l'impossibilité de se coucher dans un lit.

» Après avoir bu pendant quinze jours de l'eau
tempérée, il commença à expectorer avec moins de
difficulté ; la respiration devint plus facile, et l'amélioration augmenta si rapidement, qu'un mois
après il pouvait dormir penché sur un double
oreiller.

» Il ajouta à ce traitement quelques verres de
l'eau la plus chaude, en continuant toujours l'usage
de la tempérée, matin et soir et même au repas ;
il fut purgé à des intervalles raisonnables avec le
sirop de tabac, et les évacuations se succédant à
souhait, débarrassèrent les vaisseaux pulmonaires
de la matière qui les remplissait et les tenait dis-

tendus. Après six semaines, il retourna chez lui parfaitement guéri de sa maladie. »

« Un horloger anglais, âgé de trente-six ans, souffrant depuis huit ans d'une oppression et d'une dyspnée habituelle avec peu ou point d'expectoration, s'était déterminé à quitter le climat de Madrid pour celui de Londres qu'il espérait devoir lui être plus favorable. En passant par Bayonne, on lui conseilla d'essayer l'usage des eaux de Barèges. Arrivé à ce sanctuaire de la santé, comme on peut appeler ce lieu, il commença à faire usage des eaux tempérées pendant quelque temps; il cracha des mucosités visqueuses, mêlées avec une matière granuleuse, qui devint de plus en plus abondante pendant cinq semaines, ce qui le soulagea considérablement. Sur la fin, ses accès de toux augmentant, il vomit de petites pierres dont le poids s'élevait à deux gros et vingt grains; il fut purgé plusieurs fois avec de la manne dissoute avec le petit-lait, en continuant toujours à boire les eaux et à prendre les bains pendant trois mois. Après ce temps, il fut entièrement débarrassé de sa maladie et eut le plaisir de pouvoir reprendre l'établissement qu'il avait en Espagne. »

Voici des faits bien clairs, bien détaillés, qui ont bien l'apparence de la vérité; à côté de cela voyons ce que dit Bordeu sur cette maladie.

« La renommée porte que Fagon, premier médecin du roi, guérit radicalement un asthme par les eaux de Barèges qu'il fit prendre d'abord en boisson. Ce fait a été depuis consigné dans l'histoire. Quant à moi, voici ce que j'ai vu : 1° quatre asthmatiques, deux vieux et deux jeunes, à qui les eaux de Barèges en boisson procurèrent une expectoration abondante et du soulagement ; 2° deux autres asthmatiques que les eaux de Barèges incommodèrent d'abord, et en qui elles ne produisirent depuis aucun effet sensible ; 3° un vieillard, sujet autrefois à un flux hémorrhoïdal et à un asthme avec grande oppression, lequel fut soulagé par une abondante expectoration excitée par ces mêmes eaux ; 4° un gentilhomme, bilieux, lequel était atteint depuis douze ans pendant l'été, d'un asthme qui disparaissait aux approches de l'automne; la boisson des eaux chaudes de Barèges, sans lui causer ni excrétion ni commotion sensible dans la poitrine, le préserva cette année de son attaque ; 5° une jeune fille affligée de violentes convulsions de la poitrine, du diaphragme et du cœur, laquelle se trouvait bien de celles de Barèges, dont la boisson avait fait craindre la suffocation de la matrice. »

Voilà huit cas, parmi lesquels cinq ont éprouvé une amélioration sensible des eaux de Barèges ; sur les trois autres elles n'ont produit aucun effet défavorable. Dans une autre partie du même ouvrage, il émet une opinion bien différente sur ces eaux. » J'ai vu, dit-il, parmi les asthmatiques, une femme qui fut attaquée d'une hémoptysie le cinquième jour de l'usage des eaux de Bagnères, de la fontaine de la reine. Tout le monde sait qu'un grand nombre d'asthmatiques ont usé des eaux Bonnes, de celles de Barèges, des Chaudes et de celles de Cauteretz; enfin, on compterait à peine deux ou trois sujets, j'entends parmi les adultes, attaqués d'un asthme confirmé, qui aient été bien guéris par nos eaux ; car il faut distinguer le soulagement de la guérison parfaite. Au reste, l'asthme n'est-il pas souvent incurable ?

Dans un troisième lieu, il rapporte plusieurs exemples dans lesquels les eaux thermales ont favorisé l'expulsion de matières dures, de lambeaux, de vomiques anciennes, et des mucosités qui ont amené la guérison des malades ; j'en citerai un exemple. « Une femme, qui depuis trois mois était affligée d'une violente toux, avec crachement de sang, rendit en crachant une pierre de la grosseur d'un pois, et bientôt après, le pus ; les eaux de

Bonnes guérirent l'ulcère et ramenèrent l'embonpoint de la malade. »

Voilà des résultats bien différents, énoncés non-
seulement par des auteurs différents, mais ce qu'il
il y a de plus surprenant par le même, dans un
travail publié d'une seule fois. M. Gasc n'éclair-
cit pas davantage la question, puisque dans les
deux asthmatiques observés par lui, l'un asthma-
tique et rhumatique, ne fut guéri que de ses rhumatismes, mais n'éprouva aucune amélioration du
côté de l'asthme; l'autre affecté d'un asthme humide
ancien, avec une bronchite chronique, n'obtint
qu'un bien faible soulagement de la part des eaux
minérales sulfureuses, qu'il prit en bains et coupées
avec le lait. J'ai moi-même un assez grand nombre
d'observations que l'on pourrait citer, pour ou
contre les effets favorables de ces eaux. J'en étais à
ce point d'indécision, lorsqu'en parcourant les
nombreuses observations que j'ai réunies sur ces
maladies, et en mettant d'un côté toutes celles de
guérison, et toutes celles dans lesquelles les eaux
n'avaient produit aucun effet, je m'aperçus que
ces dernières avaient toutes pour cause une pré-
disposition héréditaire, une conformation vicieuse
de la poitrine, une maladie organique du cœur et
des organes de la respiration, tandis que l'asthme

curable dépendait de l'état de la muqueuse bronchique, irritée par des catarrhes successifs, par
l'atmosphère délétère, produits par certaines
émanations minérales ou animales, par la chaleur
des hauts fourneaux, par quelque répercussion
d'autres affections.

Par rapport aux symptômes, ce sont ordinairement les plus inquiétants et les plus tenaces qui
offrent le plus de chances de guérison; ainsi, une
expectoration abondante, une toux violente, l'impossibilité d'un repos horizontal; ne doivent pas
ôter l'espoir de la guérison, tandis qu'une toux
sèche, des retours périodiques, le froid des extrémités, un état plus nerveux qu'humoral, sont des
signes qui peuvent faire craindre à juste raison que
cette affection ne soit incurable, et même aggravée
par les eaux.

Dans tous les cas, la seule manière utile d'administrer les eaux dans cette affection, est en
boisson chaude, coupée avec demi-partie de lait,
trait au moment même de s'en servir; en bain de
vapeur sans immersion dans l'eau : ainsi, passer une
demi-heure assis dans un coin de la douche, tandis
qu'un autre en fait usage, ou à la piscine militaire,
quelques bains à trois ou quatre jours de distance; de
peu de durée, et dans lesquels la poitrine ne plonge

pas en entier; l'usage convenable de l'ipécacuanha, qui dans ce cas, agit plutôt comme antispasmodique, relâchant et détersif, plutôt que comme vomitif et purgatif; un régime sévère lacté, l'exercice du matin avant la grande chaleur, tels sont les moyens dont j'ai vu l'emploi être assez souvent suivi de la guérison des malades, pour pouvoir le conseiller à tous ceux auxquels les signes que nous avons donnés de la curabilité de l'asthme, peuvent faire désirer l'usage des eaux de Barèges.

Je ne veux pas prétendre par là, qu'elles soient les seules ou même les meilleures à employer dans ces cas; mais ce sont les seules jusqu'à présent sur lesquelles j'aie fait des expériences suivies. Je n'ôte donc rien aux eaux Bonnes et à celles de Cauteretz, à leur réputation dans ces maladies, mais je pense par analogie, que l'on doit employer ces eaux de la même manière, et aider de même leurs effets par les moyens dont nous avons parlé plus haut.

AFFECTION DES VOIES GÉNITO-URINAIRES.

Les eaux de Barèges ont une action très marquée sur les organes *génito-urinaires*, dont elles excitent assez fortement toutes les fonctions. Je n'en connais aucune qui, prises en bains, disposent davantage à l'acte de la génération; elles pourraient être employées avec avantage dans les circonstances où il s'agirait de réveiller ces organes engourdis par des maladies chroniques, l'épuisement ou même l'âge le plus avancé.

Dans la *néphrite* et les *coliques néphrétiques*, les bains chauds de Barèges, loin de soulager les malades, augmentent sensiblement leurs douleurs, et s'opposent au passage des graviers à travers des conduits resserrés, par leur action trop tonique. Les bains les plus tempérés, au contraire, calment les douleurs, et peuvent favoriser la sortie et peut-être même la dissolution des corps étrangers qui en sont la première cause ; c'est, je pense, à la basse température des eaux de Saint-Sauveur, que l'on doit attribuer les bons effets que l'on a obtenus dans cette affection par leur usage , et le mauvais effet que celles de Barèges ont souvent occasioné dans ces maladies. A Saint-Sauveur, les malades ne peuvent élever la température de leurs bains au-dessus d'un degré qui pourrait les rendre nuisibles, tandis qu'à Barèges , ils sont toujours pressés d'arriver aux degrés les plus élevés , croyant par la, hâter leur guérison, et poussant le manque de jugement , jusqu'à penser que les douleurs qu'ils éprouvent, sont un signe de l'action favorable des eaux , tandis qu'elles sont une preuve certaine du contraire. Administrées de 25° à 28° degrés, je ne doute pas qu'elles ne fussent aussi avantageuses que celles de Saint-Sauveur, mais il est peut-être prudent d'avoir plutôt recours à ces dernières.

Meighan rapporte l'observation d'un magistrat de Bordeaux, attaqué de coliques néphrétiques, dont il fut entièrement débarrassé après dix semaines de séjour à Barèges. « Dans les moments de ses plus grandes souffrances , il était toujours soulagé immédiatement par les bains *les plus tempérés*, et n'éprouva pas moins d'avantages des lavements de l'eau la plus chaude.

» Durant le second mois, il continua à rendre une quantité de glaires avec des pierres graveleuses, dont quelques-unes étaient de la grosseur de petites lentilles. » Aussi Meighan regarde-t-il l'usage des *eaux tempérées* de Barèges en bains et demi-bains, les lavements de l'eau la plus chaude, et la boisson de cette eau coupée avec du lait, comme le moyen le plus sûr de soulager ces douleurs, d'élargir les passages, et de faciliter l'émission de la matière des graviers , et même d'en opérer la dissolution.

M. Gasc considère ces effets comme peu certains. Pour moi, j'ai vu plusieurs malades obtenir des effets avantageux de leur administration, en bains très tempérés, et en boisson mêlée avec égale partie de petit-lait. On peut ajouter à cette boisson la décoction de l'*uva ursi*, que nos montagnes nous offrent dans son état de fraîcheur : on peut même la rendre encore plus diurétique par une légère addition de bicarbonate de soude. Après le bain et après l'usage interne de l'eau, il ne faut pas se coucher, mais se promener le matin et sans fatigue, pour faciliter le passage de ces liquides par les voies urinaires, au lieu de l'exciter à sortir par la transpiration cutanée.

Beaucoup de rhumatismes lombaires ont été confondus avec les coliques néphrétiques, il est cependant bien important de distinguer ces deux maladies, car les douleurs qui sont essentiellement favorables à la première, pourraient devenir très dangereuses pour la seconde.

Dans la *cystite aiguë et même chronique*, les eaux de Barèges ne peuvent guère être conseillées ; j'ai même vu plusieurs exemples d'exacerbations assez graves, produites par leur usage en bains trop chauds. M. Gasc, rapporte l'exemple d'un malade dont les bains chauds avaient exaspéré la maladie, et que les eaux de Saint-Sauveur améliorèrent mais ne guérirent pas entièrement. Dans le *catarrhe chronique de la vessie*, il faut examiner avec attention les causes qui le détermine et qui peuvent encore l'entretenir. S'il dépendait de matières graveleuses formées dans les reins ou dans la vessie, les moyens que nous avons indiqués plus haut, devraient être mis en usage. Si, au contraire, ils étaient dus à quelques rétrécissements du canal de l'urètre, nos eaux ne pourraient produire aucuns effets avantageux. S'il était entretenu par la présence d'une pierre dans la vessie, on pourrait les essayer en prenant les précautions que nous indiquerons plus bas. Dans tous les cas, les bains chauds ne pourraient convenir ni en bains ni en injection ; ce ne serait qu'aux bains tempérés de Barèges ou à ceux de Saint-Sauveur, que l'on pourrait avoir recours dans nos Pyrénées. A l'intérieur elles devraient êtres employées comme nous l'avons dit précédemment.

On a beaucoup vanté le pouvoir des eaux de Barèges contre *la pierre*. Le docteur Desault, dans un mémoire publié en 1736, à Bordeaux, après des observations nombreuses faites par lui à Barèges, et d'après des expériences sur un grand nombre de calculs vésicaux, n'a pas craint de mettre ces eaux au rang des plus puissants lythonthriptiques, il dit avoir vu un moine ayant dans la vessie une pierre, dont la présence avait été constatée à plusieurs reprises d'une manière évidente, qui fut guéri dans une saison, seulement en buvant des eaux. Il a fait macérer dans l'eau des calculs vésicaux qui ont presque tous diminué de volume, et dont quelques-uns s'y sont entièrement dissous. Meighan vante de même les vertus dissolvantes ; mais comme il ne parle de cette affection que d'après l'ouvrage de Desault, on ne peut citer son autorité. Je n'ai moi-même aucune observation à citer qui me soit propre ; mais je pense qu'après les procédés nouveaux employés pour broyer la pierre dans la vessie, il serait facile de s'assurer de la nature de la pierre, avec un instrument moins volumineux que celui employé pour sa destruction complète ; et si l'on trouvait qu'elle fût formée d'acide urique ou d'urate d'ammoniaque, on pourrait essayer l'usage des eaux de Barèges, en bain, boisson, lavement, injection, parce que ces pierres sont dissoutes assez facilement dans ce menstrue : on pourrait tirer de cette épreuve des conséquences avantageuses sur les opérations les plus convenables à employer selon la nature des calculs. Formés d'oxalate de chaux, jaunes, tuberculeux, il faudrait les attaquer par l'instrument brisant ; siliceux et jaunâtres, l'opération de la taille serait préférable ; enfin , blancs crayeux , formés de phosphate amoniaco-magnésien , on pourrait tenter les injections d'eau acidulée avec l'acide nitrique ou hydro-chlorique.

Dans les *rétrécissements du canal de l'urètre* , les eaux de Barèges ne peuvent produire aucun effet avantageux. Trop chaudes , elles augmente-raient la maladie ; tempérées , elles ne la détrui-raient pas.

Je les ai seulement vu amener quelques chan-gements favorables dans quelques cas de lésions dues à des cautérisations intempestives de cet organe. Je ne puis m'empêcher à ce sujet , de dire combien de malheureux nous arrivent chaque année , chez lesquels l'emploi inconsidéré d'un moyen très bon en lui-même , a produit de rava-ges auxquels il est d'autant plus difficile de remé-dier , que les dérangements des facultés cérébrales les accompagnent presque toujours.

Dans les affections de *la matrice et de ses dé-pendances*, les eaux de Barèges ne doivent être employées qu'avec les plus grands ménagements. Trop chaudes , elles augmentent constamment le mal ; à une température moins élevée , elles peu-vent devenir utiles pour favoriser ou régulariser la menstruation chez les jeunes personnes dont les règles tardent à paraître, ou lorsqu'elles ont été supprimées par une des causes nombreuses qui peuvent troubler cette fonction si importante à leur santé.

Elles ne sont pas moins utiles pour combattre les écoulements des femmes, connus sous le nom de fleurs blanches. Elles conviennent sur-tout lorsque cette affection tient à une atonie profonde de toute l'économie, lorsqu'elle est due à la métastase d'une affection dartreuse, ou à la suppression de la sécrétion mammaire lorsque l'on ne nourrit pas les enfants. Bordeu rapporte plusieurs exemples de guérisons par l'usage des eaux, entre autres celui d'une femme d'un tempérament fort chaud, que les eaux de Barèges en boissons et les bains et demi-bains tempérés guérirent de fleurs blanches qui coulaient depuis six mois sans relâche, avec une suppression entière du flux menstruel. A ces symptômes se joignaient la fièvre, la maigreur, la faiblesse et un grand dérangement dans les fonctions de l'estomac. Dès les premiers jours du traitement, les fleurs blanches furent beaucoup plus abondantes qu'elles ne l'étaient auparavant; ce qui lui donna lieu d'attendre une fièvre critique, laquelle parut effectivement avec une légère sueur. Cette fièvre fut de courte durée et la malade ne

tarda pas à recouvrer ses fonctions; ses règles cou-
lèrent vers le quarantième jour, et elle put se
retirer bien guérie. Les eaux Lanerre, à Bagnères,
ont guéri de même des femmes atteintes de fleurs
blanches depuis plusieurs années. J'ai vu une femme
lymphatique qui n'était venue à Barèges que pour
accompagner ses deux enfants scrofuleux, auxquels ces eaux avaient été prescrites : elle me
parla de son état, et je l'engageai à profiter de
cette occasion pour se débarrasser d'une incommodité contre laquelle elle avait épuisé toutes les
ressources de l'art; la première année cet écoulement diminua considérablement, et les règles
supprimées depuis long-temps, reprirent leur
cours, quoique d'une manière peu régulière; elle
est revenue une seconde année, et lorsqu'elle partit
tout annonçait une guérison assurée.

Si cet écoulement provenait d'une phlegmasie
chronique de la matrice ou de ses annexes, s'il dépendait d'un cancer ou d'un polype de cet organe,
d'une irritation locale profonde, les eaux de Barèges ne pourraient que déterminer une augmentation dans les symptômes de ces maladies, et il
faudrait, si l'on voulait faire usage des eaux, se
contenter d'employer celles de Saint-Sauveur, ou
les plus tempérées de Cauterets.

Dans tous les cas, avant de chercher à supprimer ces écoulements, il est nécessaire d'étudier avec beaucoup de soin les causes qui les ont déterminées, celles qui les entretiennent encore, et examiner s'il ne serait pas plus nuisible qu'avantageux de les supprimer.

J'ai reçu, il y a quelques jours, deux lettres de personnes guéries l'année dernière de fleurs blanches, l'une à Barèges, et l'autre à Saint-Sauveur. La première a été reprise, au commencement de l'hiver, d'une affection hystérique à laquelle elle était sujette avant que cet écoulement parût, et dont elle ne m'avait point parlé; la seconde, peu de temps après sa sortie des eaux, a éprouvé un crachement de sang qui ne s'est calmé qu'en rappelant l'irritation vers les organes où elle existait précédemment.

Si l'on juge un écoulement de nature à pouvoir être combattu par nos eaux, si l'on ne craint pas une métastase dangereuse sur d'autres organes, la meilleure manière de les employer, est la boisson coupée d'abord avec une infusion de coquelicots, et sur la fin tout-à-fait pure; on fera usage des bains tempérés et seulement de deux jours l'un; les injections m'ont rarement présenté des résultats avantageux. La cause en est facile à comprendre, c'est que cette maladie est rarement locale, mais presque toujours entretenue par une disposition générale de l'économie, qu'il faut combattre par des moyens généraux. Je dois ajouter aussi que toutes les fois que j'ai voulu employer contre cette affection les amères, les toniques, les résines, les ferrugineux sur-tout, prétendus stomachiques et spécifiques contre ces affections, je n'ai obtenu que des résultats éphémères suivis le plus souvent de nouveaux désordres de l'économie, de spasmes nerveux, de palpitations, de digestions difficiles : les boissons acidules au contraire, les purgatifs doux, les infusions légèrement diaphorétiques, m'ont offert des ressources beaucoup plus avantageuses contre ces maladies.

SYPHILIS.

Dans les maladies vénériennes, les eaux de Barèges agissent d'une manière tout-à-fait différente, suivant qu'elles sont récentes ou passées à l'état chronique. Dans le premier cas, elles exaspèrent tous les symptômes. Les ulcères sont enflammés et desséchés, les écoulements sont rendus plus douloureux, les engorgements des glandes durcissent et restent stationnaires, enfin, leur action est tout-à-fait opposée à celle des bains ordinaires.

Lorsque la période inflammatoire de ces maladies est passée, elles favorisent au contraire l'action des médicaments employés pour déterminer leur guérison. Meighan nous a laissé plusieurs exemples de traitements mercuriels, dans lesquels l'usage de ces eaux a contribué pour beaucoup à la promptitude, à la sûreté et à la commodité de la guérison. Sa manière d'administrer le mercure dans ce cas, consiste à l'employer en friction sur les membres, immédiatement après le bain et avec de fréquents repos. Il a pu ainsi administrer l'onguent mercuriel, préparé avec une quantité égale de mercure et de graisse, à la dose de deux gros à une demi-once, et sans donner lieu à aucun accident. Bordeu cite plusieurs exemples de guérison des affections vénériennes par l'usage des eaux de Barèges, sans le secours du mercure. Entre autres, deux jeunes gens qui furent *fort soulagés* de gonorrhées virulentes avec inflammation. Ils prirent d'abord les eaux de la Chapelle, puis ceux de l'entrée, c'est-à-dire des bains presque frais. Ils buvaient l'eau chaude, coupée avec du lait, sans employer les préparations mercurielles.

Dans les affections syphilitiques invétérées, les eaux de Barèges ont été assez souvent employées avec avantage : elles le sont peut-être encore plus dans les accidents qui surviennent après l'abus des préparations mercurielles ; on peut même dire que les eaux, comme toutes les préparations sulfureuses, sont le véritable antidote du mercure. François Bordeu a consigné dans le journal de Médecine de 1760, des observations qui prouvent que les tumeurs, les glandes, les caries, les tremblements qui ont résisté au mercure, se guérissent souvent par les eaux de Barèges. Je pourrais multiplier à l'infini, des exemples de plaies ulcéreuses aux aînes, à la suite de bubons dont on n'a pu obtenir la cicatrisation que par ce moyen ; de testicules endurcis et indolents, à la suite de l'inflammation de ces organes, dont les eaux ont déterminé la résolution. Malgré cela, je ne pense pas qu'il fût prudent d'en faire usage dans le cas de dégénérescence squirrheuse ou de sarcocèle bien formé. Je n'en ai retiré aucun effet sensible dans les cas d'hydrocèle, et j'ai regretté plus tard, de n'avoir pas pratiqué l'opération qui lui convient, en la faisant suivre, à plusieurs reprises, d'injections avec l'eau thermale pour en déterminer la cure radicale.

Elles font souvent reparaître les anciens écoulements du canal de l'urètre; ordinairement, après l'avoir ranimé ainsi pendant un certain temps, elles suffisent pour le faire disparaître.

Elles sont sans action sur les végétations vénériennes, et sur les fissures qui se manifestent souvent à la marge de l'anus; elles semblent même les exciter et empêcher leur guérison.

Les maux de gorge de même nature, et tous les désordres qui les accompagnent, résistent de même à cette médication.

Dans les exostoses et les douleurs ostéocopes, une seule année d'observation a fait dire à M. Gasc, qu'elles soulagent tout au plus quelquefois le malade; il aurait pu dire, le plus souvent, puisque les cinq cas dans lesquels il les a employées, furent plus ou moins soulagés par les eaux de Barèges, comme il le dit lui-même. Une plus longue expérience lui aurait fait voir qu'elles guérissent assez souvent, mais toujours après un usage de plusieurs années. Sur trente-neuf observations d'exostoses et de douleurs ostéocopes, observées par moi, sept ont été entièrement guéries, trois la première année, deux la seconde et deux la troisième; vingt-cinq ont éprouvé une amélioration sensible, six n'ont obtenu aucun soulagement, et trois sont partis plus souffrants qu'à leur arrivée; ordinairement les exostoses se terminent par résolution , en laissant le plus souvent un gonflement indolent qui devient éburné , mais qui est quelquefois sujet à donner lieu à de nouvelles douleurs , quand elles persistent avec beaucoup de gonflement : deux expériences m'ont prouvé qu'un moxa ou le cautère appliqué immédiatement sur l'os , de manière à obtenir une exfoliation , amènent la cessation des douleurs , le repos et la guérison de cette affection douloureuse. Je traite en ce moment un malade chez lequel cette altération de l'os s'est opérée elle-même : la douche a donné lieu à un dépôt , et au fond j'ai trouvé l'os carié à une profondeur de quatre lignes : depuis ce moment, ce malade repose , et tout fait espérer une guérison sinon prompte du moins assurée.

FISTULE A L'ANUS.

Je parlerai de la fistule à l'anus, parce que, comme le disait le docteur Roux il y a soixante ans , les eaux de Barèges ont des prétentions sur cette maladie. Elles étaient même tellement en réputation pour cela , anciennement , que Louis XIV atteint

de cette incommodité , envoya des fistuleux à
Barèges et aux eaux Bonnes , pour faire l'essai
de ces eaux. Leurs partisans étaient partagés .
lorsque le roi se décida pour l'opération. Meighan
dit à ce sujet, que leurs vertus sont également remarquables pour détruire la grave infirmité, nommée fistule à l'anus, qui sont quelquefois au-dessus
des secours de l'art , et qui persistent souvent à
fatiguer les malades après qu'ils ont subi les opérations les plus pénibles ; les deux exemples qu'il
cite pour prouver ce qu'il avance , ne sont pas
assez complets pour ne pas laisser croire qu'il
s'agissait seulement, dans ces deux cas, de fausses fistules, ne communiquant pas avec l'intestin; ce qui le
ferait penser encore davantage, c'est ce qu'il ajoute
plus bas. M. de la Pugeade , chirurgien distingué
de Toulouse , est si convaincu des pouvoirs salutaires des eaux de Barèges, dans des cas semblables
à ceux-ci , comme aussi dans les maladies hémorrhoïdales externes et internes , que , quoique très
habile opérateur , il envoie souvent ses malades
pour en être guéris avec sûreté et facilité , faisant
seulement de simples incisions , lorsque le cas
l'exige , pour mettre plus à découvert le siége du
mal. Si la maladie nécessite une opération complète,
il manque rarement de les diriger sur ces eaux .

aussitôt qu'il le peut, pour en amener plus sûrement la réussite.

J'ai vu quelques fistuleux à Barèges; nos eaux ne les ont pas guéris, mais je puis dire qu'elles ont singulièrement diminué les duretés et les callosités qui s'opposaient à leur prompte terminaison, au moyen de l'opération; et je ne doute nullement qu'employées dans le but de rendre l'opération plus facile, moins douloureuse, et leur guérison plus prompte, ces eaux ne produisent les plus heureux effets : il en est de même de leur action sur les callosités et les suintements . qui restent souvent après cette opération, et qui peuvent donner naissance à de nouveaux désordres. Les eaux de Bonnes et de Saint-Sauveur me paraissent pouvoir remplir les mêmes indications.

PLAIES ET CORPS ÉTRANGERS.

Les eaux de Barèges ont une action tout-à-fait différente sur les plaies, selon qu'elles sont récentes ou en suppuration; dans le premier cas, elles les irritent, développent autour d'elles une auréole d'un rouge livide, accompagnés de vives douleurs, et pourraient donner lieu à un état inflammatoire grave, si l'on en continuait l'usage : je note cet effet pour ne laisser aucun doute sur leurs propriétés excitantes.

Dans les plaies suppurantes, au contraire, elles favorisent le développement des bourgeons charnus, ou détergent les chairs baveuses ; mais pour obtenir une cicatrisation prompte et durable, il faut suspendre fréquemment leur usage, pour laisser le temps à la matière exsudée de prendre un peu de consistance.

Les circonstances ou les eaux de Barèges se montrent au-dessus de toutes les eaux, c'est lorsque l'on veut déterger un ulcère profond, détruire des callosités, fondre, pour ainsi dire, les parois d'une fistule ancienne, ou déterminer la sortie des corps étrangers qui peuvent les entretenir.

Je n'en finirais pas si je voulais énumérer toutes les ressources qu'elles peuvent offrir pour la guérison des plaies entretenues par la présence des projectiles vulnérants ; par des esquilles, par des corps étrangers de toute espèce, des os cariés, nécrosés, etc. ; il faudrait pour cela, rapporter tout ce qu'a dit Meighan de leur puissance expultrice ; il faudrait parcourir cent quarante cas observés par moi-même dans l'espace de quatre années : en voyant pour ainsi dire les tissus se ramollir , les engorgements se résoudre , les parties contractées par les souffrances se détendre, on se rendrait compte de la facilité avec laquelle, parmi ces cas nombreux traités avant de venir aux eaux par tous les moyens possibles, trente-huit ont été guéris entièrement , soixante-seize améliorés, tandis que chez vingt-quatre malades seulement, elles n'ont opéré aucun effet; ce qui serait sur-tout à remarquer, c'est que sur un aussi grand nombre , aucun n'a éprouvé d'accident ni même d'incommodité capable de nécessiter la suspension des bains.

Après cet exposé rapide de ces résultats , je me bornerai à quelques considérations sur le traitement de ces lésions qui, je puis le dire , avant mon arrivée à Barèges, étaient abandonnés aux seuls secours de la nature et au caprice des malades.

Il faut toujours commencer par le bain tempéré pour ramollir et détendre les parties souffrantes ; examiner après cela avec attention la cause des désordres; voir si les corps étrangers qui l'entretiennent , peuvent être expulsés par les seules forces de la nature; et si une main hardie et conduite par la connaissance parfaite des parties ne

pourrait pas l'aider plutôt que de la laisser se consu-
mer en efforts souvent superflus , qui peuvent
épuiser les forces du malade par la persistance des
douleurs et par des suppurations intarissables ;
si l'on ne peut agir ainsi, il faut employer les bains
chauds et même les douches , pour exciter une
inflammation salutaire qui favorise l'expulsion des
corps étrangers, ou qui faisant connaître sa position , permette d'employer alors les moyens convenables pour en délivrer le malade.

Je pourrais citer un grand nombre de cas, où j'ai
été assez heureux pour favoriser par de semblables
moyens , des guérisons inespérées ; mais j'ai déjà
dépassé de beaucoup les bornes que je voulais
donner à un *Essai*, que les circonstances m'ont
forcé de livrer au public plus tôt que je n'aurais
voulu.

Je terminerai par quelques réflexions que je
soumets au jugement de mes confrères, aussi bien
qu'à celui des malades pour lesquels je les fais particulièrement.

C'est que 1° les eaux de Barèges sont rarement
indifférentes dans leur application ;

2° Autant elles sont avantageuses, si elles sont
employées avec prudence et modération, autant

elles peuvent devenir nuisibles, si l'on ne suit d'autres bornes que le caprice des malades;

3° Quand même on remarquerait pendant leur emploi une amélioration toujours croissante, il ne faudrait pas les continuer trop long-temps, et songer à ce qui arrive à un ressort que l'on tend outre mesure;

4° Enfin, malgré l'efficacité des eaux, il est très peu de cas où l'art ne soit appelé à jouer un des rôles principaux dans la guérison des maladies traitées par elles. Il faut toujours diriger leur emploi, souvent aider leur action, et quelquefois ne les regarder que comme des auxiliaires heureux de médications plus puissantes, que le médecin seul peut appliquer.

Ce n'est qu'en agissant ainsi, que l'on arrivera au seul but que je me suis proposé dans cet ouvrage, celui de concourir en quelque chose au bien être de mes semblables.

EAUX THERMALES

DE

SAINT-SAUVEUR.

EAUX THERMALES

DE

SAINT-SAUVEUR.

——

J'ai souvent parlé dans cet ouvrage des eaux de Saint-Sauveur et de leurs effets, que les malades dont j'ai dirigé le traitement m'ont mis à même d'observer. J'ai dit que l'analogie de leurs principes et de leur action à la même température, pouvait permettre de les employer souvent avec avantage, les unes après les autres; c'est pourquoi je ne veux pas terminer ce travail sans donner un aperçu sur cet établissement.

Saint-Sauveur est placé dans l'angle méridional de la vallée triangulaire de Luz, que forment en se réunissant, les gorges de Gavarnie, de Pierrefitte et de Barèges.

Suspendu sur une corniche, à deux cent quarante pieds au-dessus du Gave, et adossé à des rochers qui le dominent encore davantage, il offre au voyageur un des points de vue les plus pittoresques des Pyrénées.

19*

Sa position à cinquante mètres au-dessous de Barèges, exposée au soleil levant et au midi, abritée au couchant par la montagne immense qui le sépare de Cauterets, fait qu'au milieu des neiges dont les points environnants sont couverts, la température s'y maintient constamment élevée au-dessus de o°, et le rend propre à servir de lieu d'hivernage très convenable pour les malades qui ne voudraient pas s'exposer aux fatigues d'un long voyage, avant de reprendre, une seconde année, les eaux dans les Pyrénées.

On fait dater la découverte de ces eaux de la même époque que celles de Barèges. Un évêque de Tarbes exilé à Luz, fit, dit-on, élever dans le voisinage des sources, une chapelle avec cette inscription sur le frontispice *vos haurietis aquas de fontibus Salvatoris.* C'est à cela que l'on attribue le nom de Saint-Sauveur ; mais il est aussi probable que ce fut le nom de ce lieu, qui fit adapter à cette chapelle ce passage de saint Paul.

Malgré cette prétention, il est certain qu'au milieu du siècle dernier, malgré le grand nombre d'étrangers qui venaient à Barèges, Saint-Sauveur était encore à peine connu. Meighan et Bordeu n'en parlent qu'à peine et même pas du tout, autant que je puis m'en rappeler, dans leurs ouvrages, qui, au contraire, renferment des documents précieux sur les eaux de Cauterets, de Bagnères de Luchon, et les eaux Bonnes et les Chaudes. Le docteur Thierry, régent de la faculté de Paris, visitant les eaux des Pyrénées, écrivait en 1752 ; « On m'a assuré, qu'à une petite lieue de là (Barèges), il se trouve des eaux analogues à celles de Barèges, et dont on peut tirer grand parti. »

Des vers de Bertin nous apprennent que vers la fin du siècle dernier, l'établissement thermal ne consistait qu'en un grand bassin, recouvert par une voûte creusée en partie dans le roc.

> Sous une voûte ténébreuse,
> Où pend, où brille en perle une onde sulfureuse,
> Des veines d'un rocher recouvert d'un vieux mur,
> S'échappe à gros bouillons une onde sulfureuse,
> Qui, tombant dans le marbre ou sur la pierre creuse,
> Y dépose un limon doux, savonneux et pur.

On prenait le bain dans ce bassin, et la chaleur y attirait une grande quantité de couleuvres que leur familiarité et leur innocuité auraient fait passer chez les anciens pour des divinités tutélaires des eaux ; mais aujourd'hui on les a presque entièrement chassées du sanctuaire , au moyen de grilles placées à l'entrée des conduits par lesquels elles s'introduisaient jusque dans les baignoires.

Tablu de Bersegua , professeur de droit à l'uni-versité de Pau , mit le premier en vogue ces eaux dont il avait éprouvé sur lui-même les vertus ly-thontriptiques ; il fit à ces bains des améliorations considérables , et eut pour cela l'autorisation d'ouvrir entre la maison qu'il occupait et l'établissement , une porte qui donne lieu aujourd'hui à un procès entre la commune et le propriétaire actuel de cette maison.

Depuis cette époque , Saint-Sauveur a toujours été en s'agrandissant , et sous la restauration , la présence de deux princesses , mit ces eaux à la mode , et leur donna une vogue que leur position heureuse et leurs propriétés remarquables , leur conserveront. C'est l'époque glorieuse de Saint-Sauveur , et deux colonnes de marbre ont été élevées pour en perpétuer le souvenir.

Saint-Sauveur est beaucoup mieux bâti que Ba-règes , les logements y sont plus frais et plus com-modes. M. Fabas y a fait construire un très beau sallon de réunion ; les promenades y sont jolies et faciles , la route de Luz , le chemin de Sagos et le pont de Gonteaux, permettent de les étendre assez loin, sans beaucoup de fatigue ; cependant Saint-Sauveur est triste, on s'y promène peu et l'on s'y réunit encore moins qu'à Barèges. Ce ne sont pas les officiers qui empêchent les réunions, comme le dit M. Lonchamp ! c'est tout simplement à Saint-Sauveur, comme à Barèges, parce que l'on ne va guère à ces eaux que souffrant, parce que la petite quantité d'eau oblige les malades à se baigner à différentes heures du jour, et que la disposition des maisons ne permet pas de manger à des tables communes, qui forment ordinairement un noyau de réunion et de plaisirs que rien ne peut remplacer ici.

L'établissement thermal consiste en une galerie très élégante, soutenue par des colonnes et formant les trois côtés d'une cour dont le quatrième donne une échappée charmante à la vue sur le Gave et la route de Gavarnie. On y descend par un superbe escalier, et l'on peut se promener à couvert, en attendant l'heure de son bain.

Toutes les sources qui existaient anciennement, sont réunies aujourd'hui en un seul réservoir, placé sous la rue. La température de l'eau est de 28 degrés Réaumur ; elle est distribuée de là, à la douche et aux cabinets qui seront au nombre de

seize, lorsque tous les travaux seront supprimés.
Le plus ou moins d'éloignement de la source,
donne de un demi à trois degrés de différence dans
la chaleur du bain : les plus près sont presqu'à 28°,
et les plus éloignés, le n° 1, n'a pas plus de 25°.

Les propriétés physiques de cette eau sont à
peu près les mêmes que celles de Barèges; elles
sont seulement plus fades au goût, et se digèrent
moins facilement : ce que j'attribue en grande partie
à leur moindre chaleur.

Leur analyse chimique n'a pas été mieux faite
que celle de Barèges. D'après les derniers résultats
donnés par M. Lonchamp, chaque litre d'eau contiendrait :

Sulfure de sodium	0,025360
Sulfate de sodium	0,038680
Chlorure de sodium	0,073598
Silice	0,050710
Chaux	0,001847
Magnésie	0,000252
Soude caustique	0,005201
Potasse caustique	des traces
Ammoniaque	des traces
Barégine	des traces
Gaz azote	4 centim. cubes.

Je ne ferai que rappeler les propriétés médicales les plus remarquables, pour ne pas répéter ce que j'en ai dit dans le cours de cet ouvrage en traitant de chaque maladie.

Elles conviennent dans les rhumatismes, passés depuis trop peu de temps à l'état chronique pour faire usage de celles de Barèges.

Dans les affections du système nerveux, sciatiques, névralgies.

Dans les maladies des organes gastriques et pulmonaires, lorsque l'on a besoin d'aider l'usage de ces eaux par une chaleur plus élevée que la température ordinaire de Barèges.

Dans les affections des voies urinaires, la néphrite, le catarrhe vésical, la pierre, la gravelle.

Enfin, toutes les fois que celles de Barèges étant indiquées, une disposition particulière du sang à se porter à la tête ou aux organes pulmonaires, empêche d'en faire usage.

SOURCES DE HONTALADE ET DE VISOS.

On a fait, depuis peu, des essais sur quelques sources négligées, qui se trouvent à peu de distance de Saint-Sauveur et de Luz; les résultats que l'on a obtenus, méritent qu'on leur assigne une place parmi les eaux minérales des Pyrénées, et je dois particulièrement aux malades qui viennent à Barèges et à Saint-Sauveur, de leur signaler de nouvelles ressources qui peuvent leur offrir la découverte de ces sources.

La première est la source de HONTALADE (*Hont-de-lasades*, fontaine des Fées). Je ne puis mieux faire que de rapporter ici la description et l'analyse que M. Bérard, professeur à la faculté de Montpellier, en a fait l'année dernière.

« Cette source se trouve aujourd'hui sous une grotte formée artificiellement dans un rocher schisteux noirâtre. L'eau minérale arrive à la surface de bas en haut. On a creusé dans le rocher une espèce de bassin autour de l'endroit d'où sort l'eau minérale; les parois en ont été construites en bonne maçonnerie, afin d'isoler autant que possible cette eau des eaux naturelles qui l'entourent. Ce bassin est couvert par une voûte, et l'eau minérale qui s'y rassemble en sort à plein tuyau par un canon de la grosseur d'un canon de fusil. A la distance d'un mètre et demi, tombe en abondance de la voûte de la grotte, de l'eau ordinaire, qui n'a aucune saveur et qui paraît très vive et très pure ; cette eau s'écoule dehors par un canal pratiqué autour du réservoir dont on a parlé. La température de l'eau minérale prise dans le tuyau par où elle s'échappe, est de 21° 7 cent. (17° 4 R.); celle de l'eau naturelle qui se précipite à côté, est de 10° cent. (8° R.) On estime que cette source est de 50 mètres plus élevée que celle de Saint-Sauveur.

L'eau minérale de Hontalade est parfaitement limpide ; elle a l'odeur et la saveur des eaux appelées sulfureuses ; elle paraît au premier abord sans action sur les papiers réactifs ; mais, si on laisse pendant quelques instants cette eau en contact, dans un flacon fermé, avec du papier de tournesol rougi, elle reprend sa teinte bleue d'une manière bien évidente ; ce qui annonce que l'eau minérale a une action alcaline.

On a cherché à déterminer par des moyens appropriés, la quantité d'acide hydro-sulfurique (hydrogène sulfuré), qu'elle contient ; elle s'est trouvée de 5 parties sur 1,000 parties d'eau en volume : cette détermination a été prise à la source.

Le gaz hydro-sulfurique n'est pas le seul que contienne l'eau de Hontalade. Quand on la reçoit de la source dans un verre, on voit, au bout de quelques instants une foule de petites bulles de gaz naître dans cette eau, et venir crever à la surface. Si on l'introduit dans une fiole et qu'on la chauffe, on voit aussi une très grande quantité de petites bulles se former au fond du vase et s'échapper ensuite, et ce phénomène ne s'arrête que quand l'eau est parvenue à l'ébullition. Ce gaz a été recueilli et a été reconnu pour du gaz azote pur, entraînant seulement très peu de gaz hydro-sulfurique pendant son dégagement. L'eau en contient 17 parties sur 1000 estimées en volume.

L'eau de Hontalade contient, comme presque toutes les eaux sulfureuses, cette substance savonneuse particulière, à laquelle les chimistes donnent aujourd'hui le nom de *glairine* ou *barégine*; elle se dépose en filaments blancs sur les pierres sur lesquelles l'eau coule au sortir de la grotte; d'ailleurs la présence de cette matière est bien constatée par l'évaporation de l'eau. Si on en prend un litre, par exemple, qu'on l'évapore avec soin dans une capsule, jusqu'à ce qu'il ne reste plus que 5 à 6 centimètres cubes, et qu'on l'abandonne à elle-même pendant une nuit, elle se prend en une gelée qui ressemble à de l'empois d'amidon. La proportion de cette substance peut difficilement être déterminée avec exactitude, parce qu'on ne connaît pas encore le moyen de la séparer ; cependant, en la détruisant par la calcination en vases ouverts, on doit avoir une estimation très rapprochée : on a trouvé par ce moyen que l'eau de Hontalade contenait sur 10000 parties en poids, 260 parties de barégine supposée sèche et exempte d'eau.

Quant aux sels, l'eau de Hontalade ne contient que des sels à base de soude de chaux et de magnésie, et ces bases sont saturées par les acides sulfurique, hydro-chlorique, carbonique et la silice.

Quand on évapore l'eau de Hontalade jusqu'à siccité et qu'on redissout ensuite les sels qui ont été ainsi séparés, dans peu d'eau distillée, cette disposition est évidemment alcaline ; il existe donc dans l'eau un alcali soluble ; cet alcali est la soude, car on s'est assuré qu'il n'existe point de potasse dans cette eau minérale ; quand les sels sont séparés par l'évaporation totale de l'eau, cette soude se trouve alors à l'état de carbonate, mais il n'est pas probable qu'elle existât ainsi dans l'eau minérale ; ce qu'il y a de plus vraisemblable, c'est que la soude était primitivement unie à l'acide hydrosulfurique, et que pendant l'évaporation, l'acide carbonique de l'air a déplacé l'acide hydro-sulfu-

rique et s'est combiné avec la soude ; en effet , dès
que l'eau s'est évaporée seulement à moitié , elle a
déjà perdu tout le gaz hydro-sulfurique (hydrogène sulfuré) qu'elle contenait.

La totalité du poids des sels contenus dans
10,000 grammes d'eau est de 1,369 ; on en a déterminé la valeur et les proportions par les procédés connus.

Il résulte de cette analyse et des considérations
ci-dessus, que l'eau minérale de Hontalade contient en gaz :

Gaz hydro-sulfurique combiné avec la soude. . . . .   5/1000 de son volume.
Gaz azote. . . . .   17/1000 de son volume.

Sur 10,000 grammes, cette eau contient les
substances ci-après :

Barégine ou glairine. . . . . . .   260 grammes.
Soude et acide hydro-sulfurique. 316
Chlorure de sodium (sel ord^{re}). 760
Sulfate de magnésie (sel d'Epsom). 40
Carbonate de chaux.   63
Carbonate de magnésie.   45
Silice.   145

L'expérience a prouvé que cette eau a été utilisée avec succès contre diverses névroses, telles que migraines, maux d'estomac et coliques.

Des toux accompagnées de crachement de sang, probablement déterminées par un orgasme nerveux fixé sur la poitrine, lui ont dû leur guérison.

L'analyse chimique démontre aussi que l'usage de cette eau serait très approprié contre les névralgies partielles ou générales, l'hystérie, les suppressions menstruelles, les palpitations de cœur et autres maladies qui affectent le système nerveux.»

La seconde est la source de Visos : elle surgit dans une roche schisteuse abondante en sulfure de fer, à une petite demi-lieue de Luz, au couchant du petit village de Visos, en face de ceux de Sargos et de Grust : le sentier qui y conduit est une des plus jolies promenades que l'on puisse faire aux environs de Luz.

Cette eau, connue depuis un temps immémorial, dans la vallée de Barèges, est employée par ses habitants pour guérir les ulcères atoniques et de mauvaise nature; ils la regardent comme infaillible dans le traitement des agneaux qui ne peuvent se tenir sur leurs jambes à la suite de rhumatismes, auxquels ils sont sujets dans les lieux humides.

MM. Sabas, père et fils, paraissent l'avoir employée avec avantage dans le traitement des ulcères
baveux, et la considéraient comme une des eaux
les plus détersives et les plus vulnéraires des Pyrénées : les expériences que je fais en ce moment
sur ces eaux, m'ont confirmé dans la bonne opinion que l'on doit en avoir.

Voilà ce qu'en dit M. Bérard, qui a étudié cette
eau pendant son séjour à Barèges, en 1833.

« Cette eau minérale froide à la source, telle
qu'elle m'a été remise dans une bouteille, est
claire et limpide ; elle n'avait rien déposé lorsque
je l'ai examinée, c'est-à-dire, quelques heures
après qu'elle avait été apportée de la source.

Elle a l'odeur des eaux sulfureuses, et les réactifs amènent évidemment la présence de l'acide hydro-sulfurique (hydrogène sulfuré).

Cette eau minérale contient aussi du gaz acide
carbonique, car elle précipite l'eau de chaux et les
sels de plomb, etc. ; le précipité formé par les sels
de plomb, que j'ai examiné particulièrement, est
un mélange de beaucoup de carbonate de plomb ,
et d'un peu de sulfate de plomb. C'est cet acide
carbonique, qui tient en dissolution le carbonate
de magnésie et de chaux, que cette eau contient
aussi.

L'ébullition devrait dégager la plus grande partie de ce gaz acide; c'est ce que je n'ai pourtant pas éprouvé.

L'eau de Visos renferme une substance de nature organique, analogue à la barégine, dite glairine, mais qui, cependant, m'a paru en différer par quelques propriétés. La proportion de cette substance, estimée en la détruisant par le feu, a été, sur 10,000 g^r d'eau minérale, de 0, g^r 340 g^r.

Quand on évapore l'eau de Visos dans une capsule, pendant cette opération, il se sépare une poudre blanche qui s'attache en partie aux parois de la capsule et qui est un mélange de carbonate de chaux et de carbonate de magnésie; et si on pousse l'évaporation jusqu'à siccité et qu'on calcine, la matière noircit et répand une odeur bitumineuse qui est encore plus sensible quand on décompose les carbonates qui font partie de ce résidu, par un acide.

L'acide carbonique, qui se dégage alors, a une odeur d'asphalte très prononcée, de sorte que l'eau de Visos est bitumineuse, et que c'est le mélange de ce bitume, qui donne à la matière organique qu'elle contient les propriétés particulières dont j'ai parlé.

20

La totalité des sels contenus dans l'eau minérale de Visos, a été, d'après une seule analyse
que j'ai faite et qui demanderait sans doute à être
répétée pour qu'on pût ajouter une foi entière à
ces nombres, de 2, g^r 247, sur 10,000 g^r d'eau
minérale. Ces sels sont principalement des carbonates et des sulfates ; ils ont pour base principalement, la chaux et la magnésie ; il y en a aussi
à base de soude.

Voici les résultats définitifs de mon analyse.

L'eau de Visos contient du gaz hydrogène sulfuré.

Elle contient aussi en plus grande quantité de
l'acide carbonique, mais je ne l'ai point déterminé. Elle contient de plus, sur 10,000 g^r, les
substances suivantes.

Substance organique, mêlée probablement de bitume.	0, g^r 140
Carbonate de chaux.	1, 267
Carbonate de magnésie.	0, 256
Sulfate de chaux.	0, 490
Sulfate de magnésie.	0, 050
Chlorure de calcium, dit muriate de chaux.	0, 180

Chlorure de sodium et carbonate de soude en petite quantité.

La température de cette eau, à la source, est de 9 degrés Réaumur.

FIN.

TABLE DES MATIÈRES.

Avant-propos.   I

Bibliographie.   v

Motifs de cet ouvrage.   1

Aperçu historique sur la Vallée de Barèges.   8

Découverte des eaux.   12

État actuel de Barèges.   22

Topographie physique.   24

Du Bastan.   26

Des montagnes.   31

Sources thermales.   42

De la chaleur et de l'origine de ces sources.   50

Établissement thermal.   56

Piscines.   63

Douches.   66

Buvette.   71

Administration de l'établissement.   Ib.

Tarif et réglement des Eaux thermales de Barèges.   77

   Observations sur ce Réglement.   *Ib.*

   Tarif.   78

Réglement.   87

Hôpital militaire.   104

Routes, promenades, voitures.   113

Propriétés physiques de l'eau de Barèges.   120

Composition chimique.   122

De la barégine.   129

Des eaux de Barèges artificielles.   136

De l'usage des eaux en général.   138

Action générale des eaux de Barèges.   144

Mode d'administration des eaux.   148

Est-il nécessaire de se soumettre à une préparation avant de faire usage des eaux de Barèges ?   150

Doit-on suivre un régime en prenant les eaux ?   152

Est-il indifférent de prendre des bains à une source ou à une autre.   153

A quelle heure doit-on prendre les bains ?   156

   La distance à observer entre les repas et le bain.   157

Doit-on se coucher ou rester levé, se reposer ou se promener après les bains et les douches ?   162

De l'usage interne des eaux de Barèges.   164

Pendant combien de temps doit-on faire usage des eaux de Barèges ? Doit-on les prendre de suite ou mettre quelque intervalle entre les bains ?   168

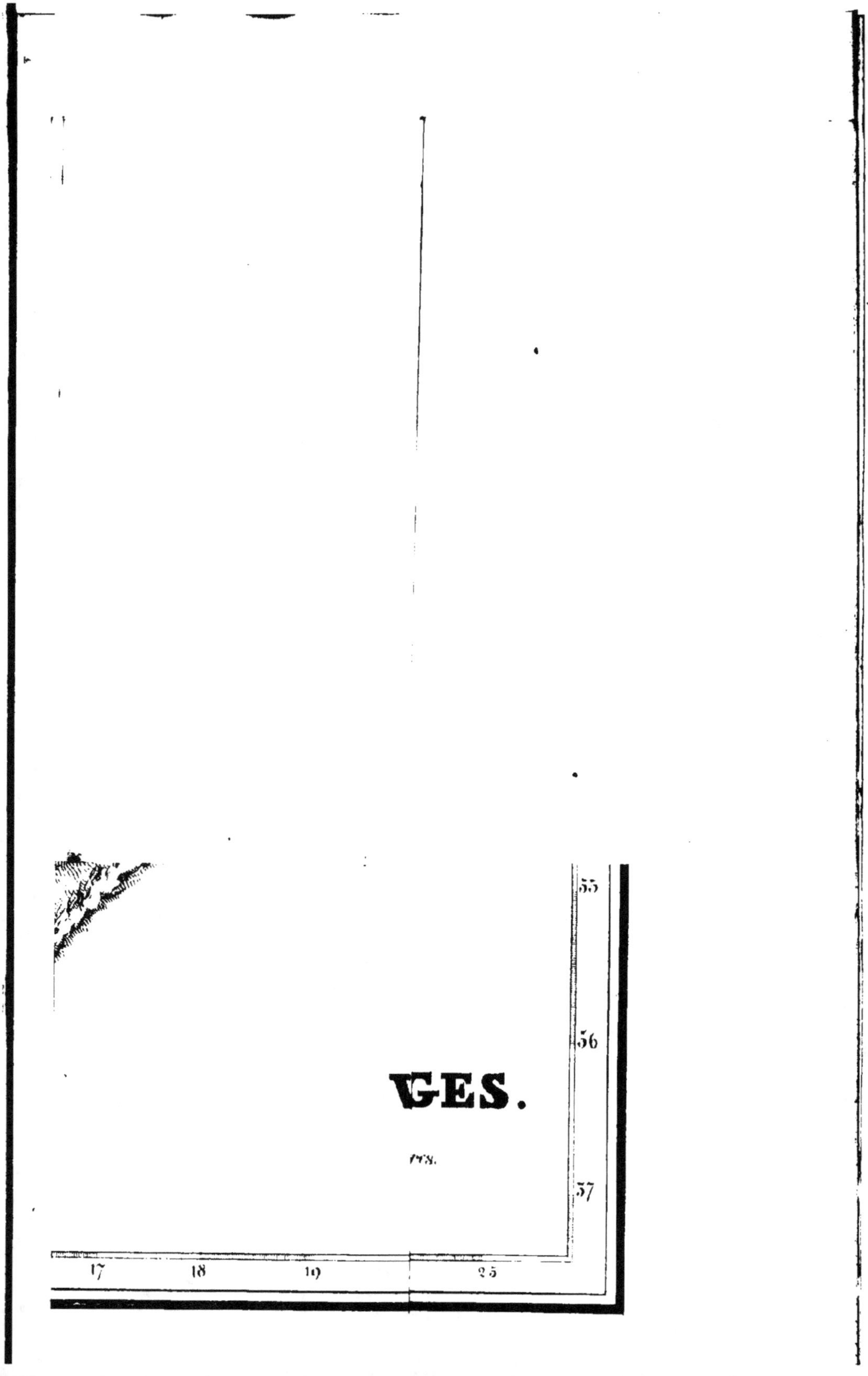

GES.

55

56

57

17   18   19   25

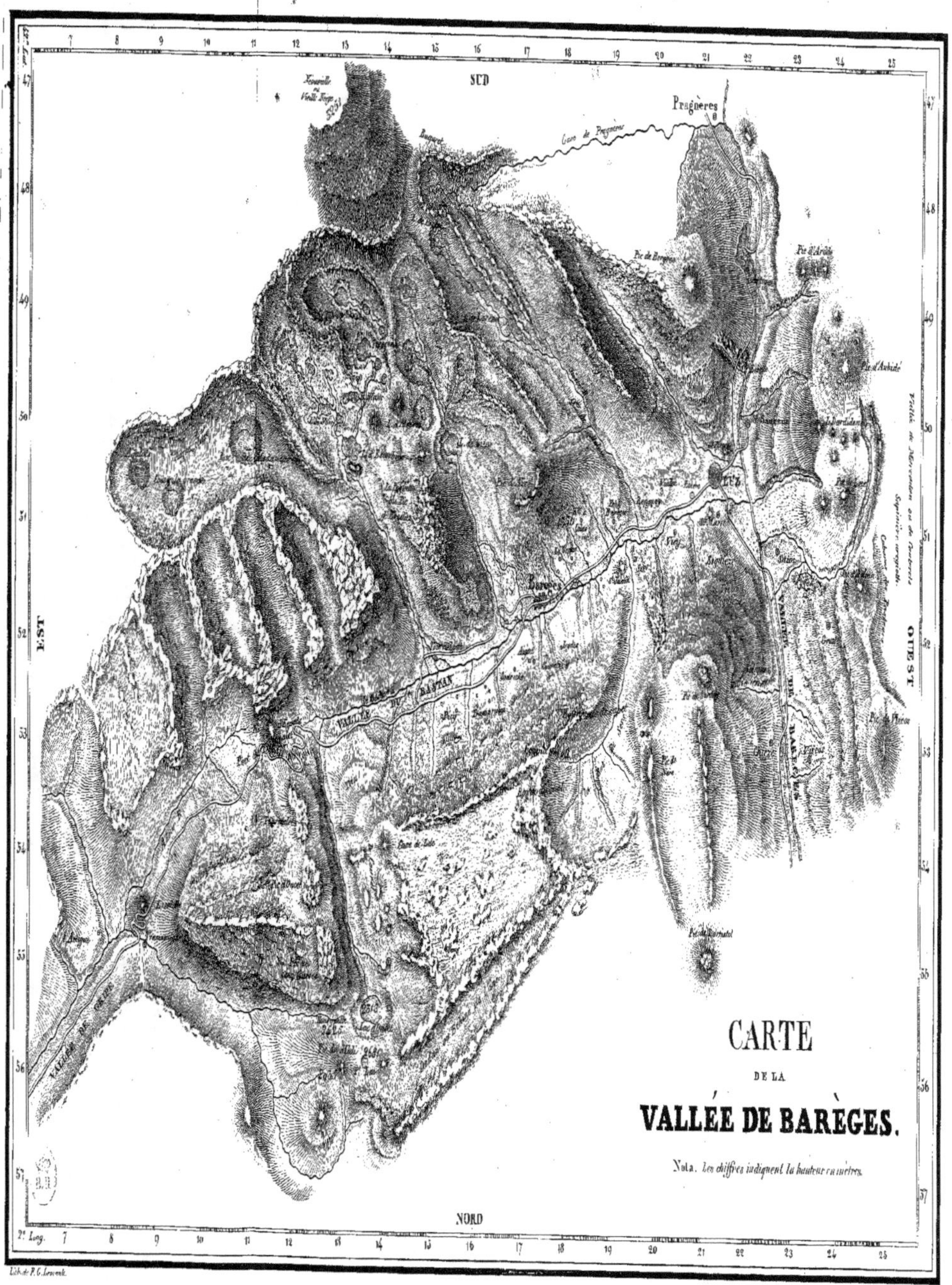

SUD
NORD
EST
OUEST
Pragnères
Gave de Pragnère
Luz
Barèges
CARTE
DE LA
VALLÉE DE BARÈGES.
Nota. Les chiffres indiquent la hauteur en mètres.
Lith. de P. G. Lorvent.